中国法学会研究会支持计划
最高人民法院审判理论研究会主持

中国法院类案检索与
裁判规则专项研究

信用卡诈骗案件
裁判规则

唐亚南 主编

法律出版社
LAW PRESS·CHINA

最高人民法院审判理论研究会
类案同判专项研究首席专家组组长
曹士兵

首席专家组成员（以姓氏笔画为序）：

丁文严　王保森　王　锐　王毓莹　牛　凯　代秋影
包献荣　刘俊海　李玉萍　李　明　杨　奕　吴光荣
沈红雨　宋建宝　张勇健　陈　敏　范明志　胡田野
钟　莉　俞秋玮　姜俊禄　唐亚南　曹守晔　韩德强
黎章辉

信用卡诈骗案件裁判规则

主　编：唐亚南
副主编：张国全
专家组（以姓氏笔画为序）：
孙　岩　谷嘉城　赵　十

中国法院类案检索与裁判规则专项研究说明

最高人民法院“五五改革纲要”提出“完善类案和新类型案件强制检索报告工作机制”，周强首席大法官提出法官办案应当进行案件检索。为配合司法体制综合配套改革，落实周强首席大法官的指示要求，循序推进人民法院类案同判工作，中国应用法学研究所组织了最高人民法院审判理论研究会及其下设18个专业委员会的力量，开展中国法院类案检索与裁判规则专项研究，并循序推出类案检索与裁判规则研究成果。

最高人民法院审判理论研究会及其分会的研究力量主要有最高人民法院法官和地方各级人民法院法官、国家法官学院和大专院校专家教授、国家部委与相关行业的专业人士，这些研究力量具有广泛的代表性，构成了专项研究力量的主体。与此同时，为体现法为公器，应当为全社会所认识，并利用优秀的社会专业人士贡献智力力量，专项研究中也有律师、企业法务参加，为专项研究提供经验与智慧，并参与和见证法律适用的过程。以上研究力量按照专业特长组成若干研究团队开展专项研究，坚持同行同专业同平台研究的基本原则。

专项研究团队借助大数据检索平台，形成同类案件大数据报告，为使用者提供同类案件裁判全景；从检索到的海量类案中，挑选可索引的、优秀的例案，为使用者提供法律适用参考，增加裁判信心，提高裁判公信；从例案中提炼出同类案件的裁判规则，分析裁判规则提要，提供给使用者参考。从司法改革追求的目标看，此项工作能够帮助法官从浩如烟海的同类案件中便捷地找到裁判思路清晰、裁判法理透彻的好判决（即例案），帮助法官直接参考从这些好判决中提炼、固化的裁判规则。如此，方能帮助法官在繁忙工作中实现类案同判。中国法院类案检索与裁判规则专项研究，致力于统一法律适用，实现法院依法独立行使审判权与法官依法独立行使裁判权的统一。这也正是应用法学研究的应有之义。

专项研究的成果体现为电子数据和出版物(每年视法律适用的发展增减),内容庞大,需要大量优秀专业人力长期投入。有关法院裁判案件与裁判内容检索的人工智能并不复杂,算法也比较简单,关键在于“人工”,在于要组织投入大量优秀的“人工”建设优质的检索内容。专项研究团队中的专家学者将自己宝贵的时间、智力投入到“人工”建设优质内容的工作中,不仅需要为统一我国法律适用、提升裁判公信力作出贡献的情怀,还需要强烈的历史感、责任感,具备科学的体系思维和强大的理性能力。此次专项研究持续得越久,越能向社会传达更加成熟的司法理性,社会也越能感受到蕴含在优质司法中的理性力量。

愿我们砥砺前行。

编写组

二〇一九年五月十六日

前　　言

信用卡诈骗犯罪是金融诈骗犯罪中的一种，是严重破坏社会主义市场经济秩序的犯罪，包括使用伪造的信用卡，或者使用虚假的身份证明骗领的信用卡；使用作废的信用卡；冒用他人信用卡；用恶意透支的方法进行信用卡诈骗活动。随着信用卡逐渐普及，利用信用卡犯罪的案件也越来越多，司法机关在办理此类案件时面临越来越多的法律适用问题。本书选择了刑事司法实践中常见多发、法律适用分歧较大的有关信用卡诈骗罪定性、数罪、犯罪数额认定等方面问题，围绕20条裁判规则，在大数据检索分析的基础上，遴选出了60个可供参考的例案，以期对依法惩治信用卡诈骗犯罪，统一法律适用、促进司法公正有所裨益。

撰稿人（按撰稿顺序排列）：

辽宁省辽河中级人民法院院长张国全，负责规则第1、2、3、6、9、11、14、18条的撰写；

辽宁省辽河中级人民法院刑一庭副庭长孙岩，负责规则第4、15、16、17条的撰写；

辽宁省辽河人民法院刑庭法官赵十，负责规则第8、12、19、20条的撰写；

辽宁省辽河人民法院研究室法官助理谷嘉诚，负责规则第5、7、10、13条的撰写；

全书由人民法院新闻传媒总社编辑唐亚南统稿。

目　录

信用卡诈骗案件裁判规则第 1 条：
银行或者其他金融机构发行的电子支付卡只要具备消费支付、信用贷款、转账结算、存取现金等全部功能或者部分功能的，都属于刑法意义上的信用卡

〔**规则描述**〕：全国人民代表大会常务委员会《关于〈中华人民共和国刑法〉有关信用卡规定的解释》（以下简称《信用卡解释》）规定："刑法规定的'信用卡'，是指由商业银行或者其他金融机构发行的具有消费支付、信用贷款、转账结算、存取现金等全部功能或者部分功能的电子支付卡。"可见，立法机关的意图很明确，就是通过立法解释进一步扩大并统一刑法意义上"信用卡"的范围认定，即针对银行或者其他金融机构发行的电子支付卡，只要其具备消费支付、信用贷款、转账结算、存取现金等全部功能或者部分功能的，都属于刑法意义上的信用卡，所以，冒用借记卡、储蓄卡的行为，属于信用卡诈骗的行为。

一、类案检索大数据报告

时间：2020 年 8 月 30 日之前，案例来源：Alpha 案例库，案件数量：5834 件，数据采集时间：2020 年 8 月 30 日，本次检索共获取认定信用卡诈骗罪中信用卡的范围，2020 年 8 月 30 日之前 5834 篇裁判文书。如图 1－1 所示，从案件年份分布情况可以看出当前条件下刑事案例数量的变化趋势。

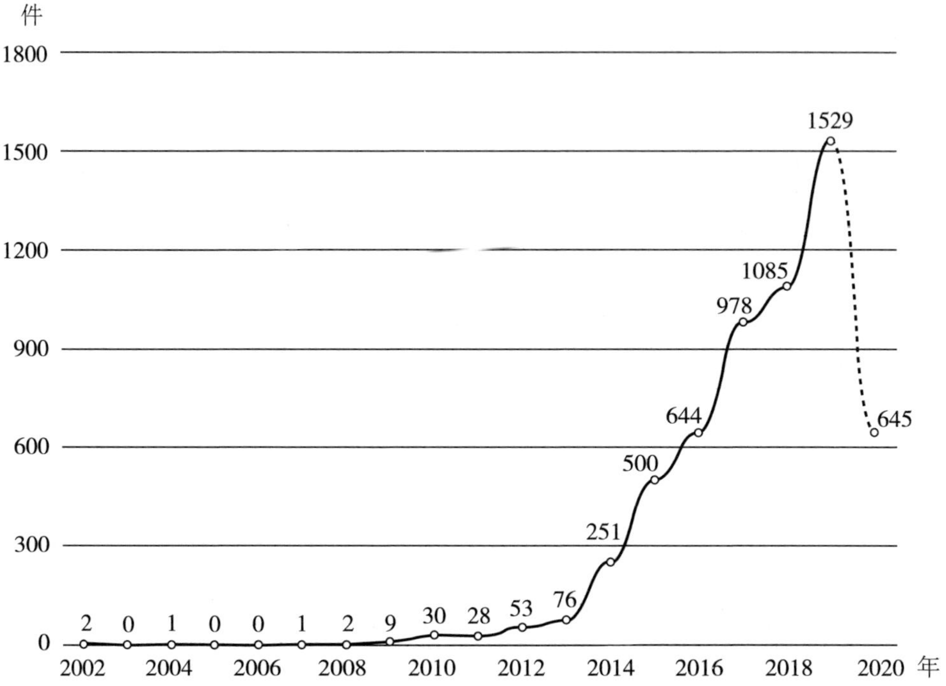

图 1 -1　案件年份分布情况 *

如图 1 -2 所示,从案件主要地域分布情况来看,当前案例主要集中在广东省、福建省、浙江省,分别占比 9.29% 、7.23% 、7.16% ,其中广东省的案件量最多,达到 542 件。

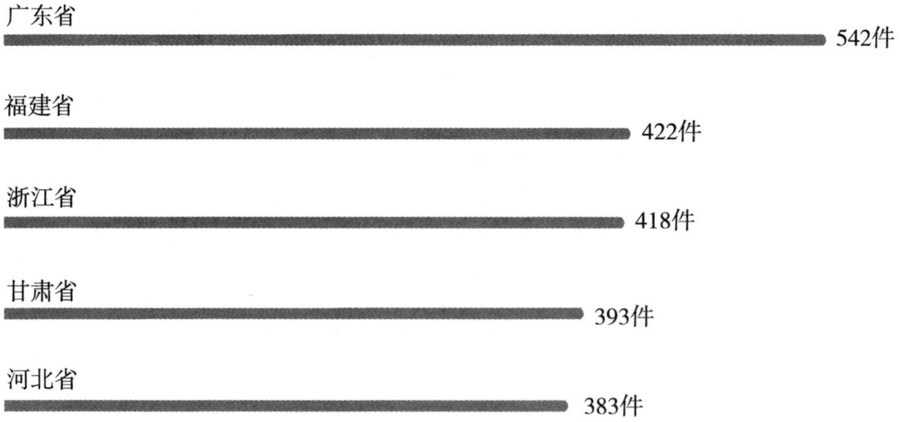

图 1 -2　案件主要地域分布情况

* 本书图表中的虚线部分表示该年度数据统计中,未能全部涵盖。

如图 1 -3 所示,从案件案由分类情况可以看出,当前最主要的案由是刑事,有 3743 件,占一半以上;其次是民事、国家赔偿、执行、行政。

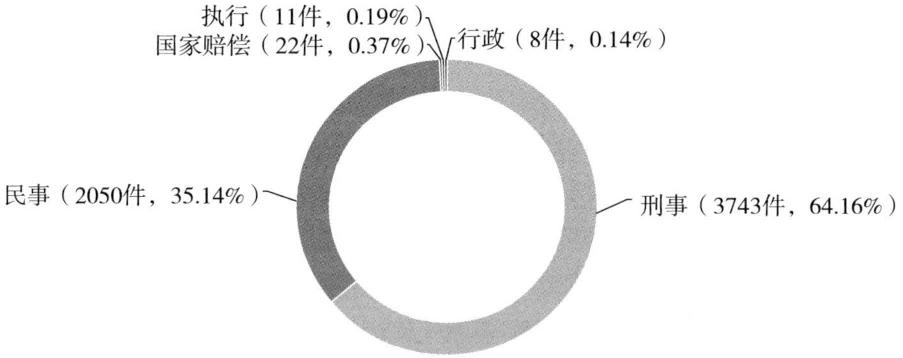

图 1 -3　案件案由分类情况

如图 1 -4 所示,从案件程序分类统计可以看出当前的审理程序分布状况,一审案件有 3634 件,二审案件有 1963 件,再审案件有 168 件,执行案件有 39 件,国家赔偿与司法救助案件有 30 件。

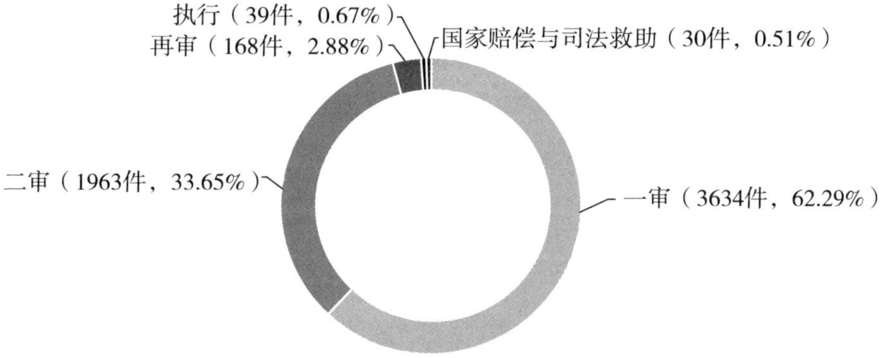

图 1 -4　案件程序分类情况

如图 1 -5 所示,通过对主刑的可视化可以看出,当前条件下包含有期徒刑的案件有 4560 件,包含拘役的案件有 142 件,包含无期徒刑的案件有 296 件,包含死刑的案件有 18 件,包含管制的案件有 10 件。

图 1－5　案件判决主刑情况

二、可供参考的例案*

例案一｜张某信用卡诈骗案

【法院】

北京市第二中级人民法院

【案号】

(2015)二中刑终字第01821号

【诉讼主体】

抗诉机关:北京市朝阳区人民检察院

原审被告人:张某

【基本案情】

被告人张某于2005年1月18日13时许,在北京市朝阳区望京西园221号博泰大厦一层农业银行大厅内,发现林某遗忘在ATM里的农业银行储蓄卡,遂更改密码据为已有。于2005年1月19日在望京南湖中园交通银行ATM上取走5000元,1月20日在望京南湖东园工商银行ATM上取走1900元。张某被抓获归案后赃物已被起获,退赔的6900元已发还林某。检察院指控被告人张某犯信用卡诈骗罪,于2004年6月6日向法院提起公诉。

---

* 例案中引用的法律法规等规范性文件,涉及的地名、机构名称、机关名称等均以裁判文书生效时为准。全书同。

【案件争点】

如何认定信用卡诈骗中的信用卡范围。

【裁判要旨】

一审法院认为，张某在拾得他人遗失的银行储蓄卡以后，冒用银行卡所有人的名义通过银行自动提款机取款，数额较大，其行为符合诈骗罪的犯罪构成，应予惩处。关于本案的定性，由于银行储蓄卡不是信用卡，故对被告人利用储蓄卡实施的犯罪行为，不能依照法律或者立法解释中关于信用卡的有关规定定罪处刑。公诉机关以信用卡诈骗罪对张某进行指控，定性不当，予以纠正。宣判后，检察院提出抗诉。抗诉理由是：一审法院认定张某犯诈骗罪，定性不准，适用法律有误，张某的行为应当构成信用卡诈骗罪。北京市人民检察院第二分院的出庭意见是：原判认定的事实清楚，证据确实、充分，足以认定，但原判定性不准，适用法律有误，原审张某的行为应当构成信用卡诈骗罪，建议二审法院撤销原判，依法改判。

二审法院经审理认为，原审张某以非法占有为目的，隐瞒事实真相，冒用他人的信用卡骗取钱财，数额较大，其行为已构成信用卡诈骗罪，依法应予惩处。对于区检察院所提抗诉意见及北京市人民检察院第二分院支持抗诉的意见，经查，根据《信用卡解释》的规定，《刑法》规定的"信用卡"，是指由商业银行或者其他金融机构发行的具有消费支付、信用贷款、转账结算、存取现金等全部功能或者部分功能的电子支付卡；张某在捡拾他人遗失的具有存取现金功能的电子支付卡后，多次使用该卡到银行的ATM提取现金，其行为符合信用卡诈骗罪的特征。抗诉的意见成立，予以采纳。一审法院认定张某犯罪的事实清楚，证据充分，审判程序合法，但对张某定罪及适用的附加刑均不当，应依法予以改判。

例案二 | 周某、童某与张某信用卡诈骗案

【法院】

甘肃省武威市中级人民法院

【案号】

(2019)甘06刑终12号

【诉讼主体】

原公诉机关：甘肃省天祝藏族自治县人民检察院

上诉人(原审被告人)：周某、童某

原审被告人:张某

【基本案情】

2017 年 10 月至 2018 年 3 月,被告人周某伙同童某,利用童某中国邮政储蓄银行工作人员身份篡改该行储户联系电话或骗取他人信用卡资料,冒用他人信用卡单独或共同进行信用卡诈骗活动,被告人张某、罗某(另案处理)为返点分成,明知被告人周某骗取他人财物,而利用网络积极发布虚假广告或提供通信工具等,致使他人财物被骗,共实施信用卡诈骗作案 11 起,诈骗金额共计 71,902 元,其中被告人周某单独作案 2 起(其中 1 起未遂),诈骗金额 6900 元;被告人周某伙同被告人童某作案 3 起,诈骗金额 36,903 元;被告人周某伙同被告人张某作案 2 起,诈骗金额 14,350 元;被告人周某伙同被告人张某、涉案人员罗某作案 1 起,诈骗金额 4829 元。被告人童某单独作案 3 起,诈骗金额 8920 元。综上所述,被告人周某单独和伙同童某、张某诈骗数额共计 62,982 元;被告人童某单独和伙同周某诈骗数额共计 45,823 元;被告人张某伙同周某、罗某诈骗数额共计 19,179 元。

具体犯罪事实为:

(一)被告人周某信用卡诈骗事实

1. 2018 年 2 月 9 日,被告人周某以提升信用卡额度为由,通过兰州市城关区居民胡某骗取胡某妹妹胡某 1 的身份证号码、银行卡、验证码等信息,用自己的微信绑定胡某 1 的信用卡以微信零钱方式从卡内共提现 5400 元。后被告人周某以信用卡提额需要大额交易流水通过胡某骗取胡某 1 的支付宝账户和登录验证码,登录胡某 1 的支付宝从其银行卡分二次提取现金 1500 元。被告人周某先后共骗得胡某 16,900 元并挥霍。

2. 2018 年 3 月 9 日,被告人周某通过微信昵称“工商银行房产抵押”以提升信用卡额度为由,获得甘肃省乡民马某信任后,从马某处骗取其亲戚高某身份证号码、信用卡号等信息并要求马某在储蓄卡内存入 2500 元,欲用微信绑定高某信用卡骗取卡内现金,未实施即被天祝藏族自治县公安局民警抓获。

(二)被告人周某与被告人童某共同信用卡诈骗事实

1. 2017 年 10 月 7 日,被告人童某利用安远营业所工作之便,为天祝藏族自治县村民齐某更换邮政储蓄卡时,将储户齐某的联系电话号码更换为周某的电话号码并录入客户信息系统,后将储户齐某信息提供给被告人周某。10 月 8 日、11 月 9 日,被告人周某通过微信绑定齐某邮储银行卡,分多次将银行卡内 3903 元现金转至其微信零钱上后独自挥霍。案发后,被告人童某向被害人齐某退还现金 3900

元,并取得被害人谅解。

2. 2017年11月25日,被告人童某利用其在安远营业所工作之便,为古浪县黑松驿镇村民刘某办理存款业务时,在录入储户刘某信息时,将联系电话录为被告人周某电话,并将储户刘某信息提供给被告人周某。11月29日,被告人周某通过自己微信绑定刘某邮储银行卡,以微信零钱方式提取卡内现金14,000元,事后给被告人童某分赃10,000元,被告人周某得赃款4000元。案发后,被告人童某向被害人刘某退还现金14,000元,并取得被害人谅解。

3. 2018年1月2日,被告人童某将天祝藏族自治县村民王某储户身份证银行卡信息提供给被告人周某,被告人周某冒充中国邮储银行甘肃省天祝藏族自治县安远营业所工作人员,以积分兑换奖品为由向储户王某骗取手机验证码,后绑定储户王某银行卡后以零钱充值方式提取王某卡内现金19,000元独自挥霍。案发后,被告人童某向被害人王某退还现金19,000元,并取得被害人谅解。

(三)被告人周某、张某信用卡诈骗事实

1. 2018年2月24日,罗某(另案处理)以办理信用卡额度为由,介绍天祝藏族自治县村民吴某1添加被告人张某微信,被告人张某又将吴某1介绍给被告人周某。2月26日,被告人张某通过周某微信“工商银行房产抵押”联系添加吴某父亲吴某2,以提升信用卡额度为由骗取吴某2身份证号码、农行信用卡号、手机验证码等信息,提取吴某2卡内现金4829元。案发后,被告人张某向被害人吴某2退赔损失5000元并取得被害人谅解。

2. 2018年2月28日,被害人天祝藏族自治县村民罗某1冷经吴某仁介绍添加被告人张某微信,被告人张某将被害人介绍给周某,后被告人周某通过微信“工商银行房产抵押”以提升信用卡额度为由,骗取罗某1冷身份证号码、建行卡号、手机验证码等信息,以财付通方式提取罗某1冷卡内现金5000元。案发后,被告人张某向被害人罗某1冷退还现金5000元,并取得被害人谅解。

3. 2018年3月4日,被告人周某通过微信昵称“工商银行房产抵押”以提升信用卡额度为由,获得宁夏石嘴山市区居民马某信任后,从马某处骗取马某女朋友贠某的身份证号码、银行卡号、验证码等信息,用张某微信绑定贠某银行卡,以微信零钱方式提取被害人贠某卡内现金9350元,所获赃款与被告人张某挥霍。

(四)被告人童某信用卡诈骗事实

1. 2018年1月27日,被告人童某通过微信以提升信用卡额度为由,骗取天祝藏族自治县村民郭某的身份证号码、工行信用卡号、微信绑定银行卡验证码等信息，用自己微信绑定郭某信用卡，诈骗郭某卡内现金1520元。案发后，被告人童某向郭某退还现金1800元，并主动赔偿损失3400元。

2. 2018年1月31日，被告人童某以提升信用卡额度为由，向天祝藏族自治县村民徐某骗取身份证号码、工商银行信用卡号、微信支付验证码等信息，通过财付通方式提取被害人徐某卡内现金2400元后挥霍。案发后，被告人童某向徐某退还现金2400元。

3. 2018年2月12日，被告人童某通过微信以提升信用卡额度为由，骗取天祝藏族自治县村民哈某的身份证号码、建行信用卡号、微信账号、登录密码及手机验证码等信息，登录被害人微信后绑定银行卡提取被害人哈某卡内现金5000元挥霍。案发后，被告人童某向被害人哈某退还现金5000元并取得被害人谅解。

原判另认定，被告人周某于2011年5月11日因犯盗窃罪被甘肃省兰州市城关区人民法院判处有期徒刑2年6个月，并处罚金1000元，2013年6月26日刑满释放。

【案件争点】

储蓄卡是否属于信用卡。

【裁判要旨】

一审法院认为，被告人周某以非法占有为目的，单独和伙同他人冒用他人信用卡，进行信用卡诈骗活动，数额巨大；被告人童某、张某以非法占有为目的，冒用他人信用卡或为被告人周某实施信用卡诈骗提供帮助，进行信用卡诈骗活动，数额较大，应当以信用卡诈骗罪追究刑事责任。被告人周某、童某在共同犯罪中起主要作用，系主犯。被告人张某在共同犯罪中起次要辅助作用，系从犯，应当从轻处罚。被告人周某曾因故意犯罪被判处有期徒刑，在刑罚执行完毕后5年内再犯应当判处有期徒刑以上刑罚之罪，系累犯，应当从重处罚。三被告人归案后，如实供述其犯罪事实，系坦白，可以从轻处罚。被告人童某退回全部赃款，被告人张某退回部分赃款，可酌情从轻处罚。宣判后，上诉人（原审被告人）周某以其属从犯、储蓄卡并不具有信用卡的功能，原判定罪量刑有误等为由提出上诉。上诉人（原审被告人）童某的上诉理由是：(1)上诉人童某在案件中起了次要作用，是从犯。(2)上诉人童某具有坦白情节，退清全部违法所得，取得被害人谅解，原判量刑偏重。要求判处缓刑。在二审庭审中，上诉人（原审被告人）童某及其辩护人辩解、辩护提出郭某、徐某的钱是童某在案发前退还的。上诉人（原审被告人）童某的辩护人的辩护意见是：(1)原判定性不当，而应为盗窃或普通诈骗。(2)上诉人童某在本案中不是主犯。(3)本案涉及的储蓄卡不属于信用卡。要求对上诉人童某从轻、减轻处罚。出庭的检察人员的意见是：原判事实清楚，证据确实、充分，定罪准确，量刑适当，建议驳回上诉，维持原判。

二审法院经审理认为，关于上诉人(原审被告人)童某的辩护人辩护提出本案涉及的储蓄卡不属于信用卡的问题，经查，根据《信用卡解释》规定，本案涉及的银行卡符合《刑法》规定的"信用卡"，该辩护意见不予采纳。关于上诉人(原审被告人)童某上诉提出其为从犯和其辩护人提出童某不是主犯的问题，经查，这一辩解、辩护理由与查明的事实和证据不符，均不能成立。关于上诉人(原审被告人)童某的辩护人提出原判定性不当的问题，经查，根据《刑法》第196条第1款第3项和最高人民法院、最高人民检察院《关于办理妨害信用卡管理刑事案件具体应用法律若干问题的解释》(法释〔2018〕19号，以下简称《信用卡解释二》)第5条第2款第3项的规定，原判定性准确，这一辩护意见不予支持。原判事实清楚，证据确实、充分，定罪准确，量刑适当，审判程序合法。

例案三 | 张某、张某1信用卡诈骗案

【法院】

浙江省台州市中级人民法院

【案号】

(2019)浙10刑终312号

【诉讼主体】

原公诉机关：浙江省台州市黄岩区人民检察院

上诉人(原审被告人)：张某1

原审被告人：张某

【基本案情】

2018年10月3日上午，被告人张某1、张某经预谋到台州市黄岩区，采用上述"丢钱、捡钱、假装分钱"的手段，对路过此处的王某实施诈骗，骗得王某的中国农业银行和台州银行银行卡各一张及其密码，还以防止联系需暂时保管手机为由，骗得王某价值801元的OPPO手机一部。后二被告人以需一起到银行查验为由而脱身，并通过ATM取走王某银行卡里的15,900元。

2018年10月11日、12月8日，被告人张某、张某1先后被公安机关抓获。

【案件争点】

银行卡是否属于信用卡。

【裁判要旨】

一审法院认为,被告人张某1、张某相互结伙,冒用他人信用卡,进行信用卡诈骗活动,数额较大,其行为均已构成信用卡诈骗罪,依法应予惩处。公诉机关指控二被告人的罪名成立。被告人张某1在前罪有期徒刑刑罚执行完毕后,5年内再犯应当判处有期徒刑以上刑罚之罪,系累犯,且另有其他诈骗犯罪前科,依法并酌情予以从重处罚;被告人张某在前罪假释期满之日起,5年内再犯应当判处有期徒刑以上刑罚之罪,系累犯,依法予以从重处罚。二被告人归案后均能如实供述主要犯罪事实,认罪态度较好,依法对二被告人均予以从轻处罚。二被告人的违法所得,依法应予追缴。宣判后,被告人张某1上诉称,原判认定的第一节和第二节中分别是存折和储蓄卡并不是信用卡,其行为属于普通诈骗,并不是信用卡诈骗,故原判适用法律错误,导致量刑畸重,请求依法改判。出庭检察员认为,原判认定第一节事实确实是存折并非银行卡,请法庭查清事实后依法裁判。

二审法院经审理认为,被告人张某1、张某以非法占有为目的,骗取他人信用卡并使用,从ATM取得15,900元,属数额较大,其行为均已构成信用卡诈骗罪;还采取虚构事实隐瞒真相的方法,骗取他人财物共计人民币15,100余元,属数额较大,两被告人的行为又均构成诈骗罪,依法实行数罪并罚。被告人张某1、张某系累犯,依法予以从重处罚;归案后能坦白,依法予以从轻处罚。关于上诉理由及出庭检察员的意见,经查,(1)被告人张某1上诉及出庭检察员认为,原判认定第一节事实即两被告人从被害人贺某1处骗得系邮政储蓄存折并非银行卡的意见,经查属实,依法予以认定。原判因此认定事实错误,导致对该节事实的适用法律和定罪错误,依法予以改判。故被告人张某1就该部分提出的上诉理由成立,予以采信。(2)根据立法解释,《刑法》规定的信用卡是指由商业银行或者其他金融机构发行的具有消费支付、信用贷款、转账结算、存取现金等全部功能或者部分功能的电子支付卡。故被告人张某1上诉称原判认定的第二节即从被害人王某处骗得两张银行卡不能认定为信用卡的理由与法不符,不予采信。原判审判程序合法。

三、裁判规则提要

如何认定信用卡诈骗罪中的"信用卡"范围是此类案件的争议焦点,借记卡等银行卡是否属于信用卡,为此要明确"信用卡"的含义。

（一）银行业“信用卡”的定义

银行业定义的借记卡是指发卡银行向持卡人签发的，没有信用额度，持卡人先存款、后使用的银行卡。借记卡按功能不同分为转账卡、专用卡和储值卡。借记卡不能透支。转账卡具有转账、存取现金和消费功能；专用卡是在特定区域、专用用途（百货、餐饮、娱乐行业以外的用途）使用的借记卡，具有转账、存取现金的功能；储值卡是银行根据持卡人要求将资金转至卡内储存，交易时直接从卡内扣款的预付钱包式借记卡。信用卡又叫贷记卡，是由商业银行或信用卡公司对信用合格的消费者发行的信用证明。其形式是一张正面印有发卡银行名称、有效期、号码、持卡人等内容，背面有磁条、签名条的卡片。持有信用卡的消费者可以到特约商业服务部门购物或消费，再由银行同商户和持卡人进行结算，持卡人可以在规定额度内透支。信用卡分为贷记卡和准贷记卡，贷记卡是指持卡人拥有一定的信用额度、可在信用额度内先消费后还款的信用卡；准贷记卡是指持卡人按要求交存一定金额的备用金，当备用金账户余额不足支付时，可在规定的信用额度内透支的准贷记卡。通说的信用卡一般单指贷记卡。我国银行业自 20 世纪 80 年代初开始开展信用卡业务，1996 年 1 月 26 日中国人民银行颁布了《信用卡业务管理办法》，其中第 3 条规定：“本办法所称信用卡，是指中华人民共和国境内各商业银行（含外资银行、中外合资银行，以下简称商业银行）向个人和单位发行的支付工具。信用卡具有转账结算、存取现金、消费信用等功能。”该规定将贷记卡和借记卡一并归入“信用卡”范围。而 1999 年 1 月 5 日颁布的《银行卡业务管理办法》第 2 条则规定：“本办法所称银行卡，是指由商业银行（含邮政金融机构，下同）向社会发行的具有消费信用、转账结算、存取现金等全部或部分功能的信用支付工具。商业银行未经中国人民银行批准不得发行银行卡。”第 5 条规定：“银行卡包括信用卡和借记卡。”第 6 条规定：“信用卡按是否向发卡银行交存备用金分为贷记卡、准贷记卡两类。”2011 年 1 月 13 日，原中国银行业监督管理委员会公布施行的《商业银行信用卡业务监督管理办法》第 7 条规定：“本办法所称信用卡，是指记录持卡人账户相关信息，具备银行授信额度和透支功能，并为持卡人提供相关银行服务的各类介质。”因此，按照前述金融学中概念区分，三个例案所涉及的银行卡或储蓄卡均属于借记卡。为何对被告人均以信用卡犯罪定罪处罚，那么就要明确《刑法》中“信用卡”的定义。

(二)刑法中"信用卡"的定义

关于信用卡定义,刑法解释与一般解释不同。我国1979年《刑法》没有规定信用卡诈骗罪,全国人大常委会于1995年6月30日公布的《关于惩治破坏金融秩序犯罪的决定》第14条首次规定了信用卡诈骗罪,该规定被我国1997年《刑法》吸收,故可认为信用卡诈骗罪中信用卡的含义是参照1996年《信用卡业务管理办法》理解,即既包括贷记卡也包括借记卡。但在1999年《银行卡业务管理办法》将信用卡重新定义后,刑法理论界产生了分歧,有观点认为,借记卡不是信用卡诈骗罪的犯罪对象,主要理由是:《刑法》对专业领域专有名词的理解应该同该专业领域的规定保持一致,且信用卡诈骗罪的客观方面始终包含恶意透支行为,持借记卡行骗与持信用卡行骗侵犯的客体不同,不具备透支功能的借记卡不能成为该罪的犯罪对象。也有观点认为,我国《刑法》关于信用卡诈骗罪的行为方式共规定了4项,其中只有恶意透支不能适用借记卡使用范围,而其他行为中,持借记卡诈骗都可能与持贷记卡诈骗造成一样的社会危害性,从刑法立法原意、法益保护角度、解释论角度分析,借记止应被归入广义信用卡范围。审判实务中也产生了刑法中信用卡的含义是否需要随之变化的问题,对于行为人冒用他人借记卡的行为,以信用卡诈骗罪、诈骗罪及金融凭证诈骗罪定罪的均有出现。为准确界定分歧,保证判决一致性,2004年12月29日通过的《信用卡解释》规定:"全国人民代表大会常务委员会根据司法实践中遇到的情况,讨论了刑法规定的'信用卡'的含义问题,解释如下:刑法规定的'信用卡',是指由商业银行或者其他金融机构发行的具有消费支付、信用贷款、转账结算、存取现金等全部功能或者部分功能的电子支付卡。"可见,刑法意义上的信用卡既包括一般解释中的信用卡,也包括借记卡。故例案一中,被告人捡拾他人遗失在ATM里的农行储蓄卡并利用该卡冒名取款,例案二中,被告人单独或分别共同用微信绑定被害人银行卡或储蓄卡,通过微信转账或提取卡内现金,例案三中,被告人共同骗取他人银行卡并使用的行为均属于《刑法》第196条第1款第3项所称"冒用他人信用卡"情形。

(三)骗取他人银行储蓄存折并使用的行为如何定性

例案三中,被告人张某1、张某虚构事实、隐瞒真相从被害人贺某1处骗取银行储蓄存折并取走1万元的行为应如何定性。依照国务院发布施行的《储蓄管理条例》第3条规定:"本条例所称储蓄是指个人将属于其所有的人民币或者外币存入储蓄机构，储蓄机构开具存折或者存单作为凭证，个人凭存折或者存单可以支取存款本金和利息，储蓄机构依照规定支付存款本金和利息的活动。”可见，储蓄存折属于金融凭证，骗取他人银行储蓄存折行为不能用信用卡诈骗罪的规定来调整。而依照《刑法》第194条第2款的规定，金融凭证诈骗罪客观方面构成要件是使用伪造、变造的委托收款凭证、汇款凭证、银行存单等其他银行结算凭证，上述行为也不能用金融凭证罪来调整。该例案中，二被告人以非法占有为目的，采取虚构事实隐瞒真相的方法，骗取他人财物1万元，数额较大，符合诈骗罪的构成要件，故应以诈骗罪定罪处罚。

四、辅助信息

高频词条：

《刑法》

第194条 有下列情形之一，进行金融票据诈骗活动，数额较大的，处五年以下有期徒刑或者拘役，并处二万元以上二十万元以下罚金；数额巨大或者有其他严重情节的，处五年以上十年以下有期徒刑，并处五万元以上五十万元以下罚金；数额特别巨大或者有其他特别严重情节的，处十年以上有期徒刑或者无期徒刑，并处五万元以上五十万元以下罚金或者没收财产：

（一）明知是伪造、变造的汇票、本票、支票而使用的；

（二）明知是作废的汇票、本票、支票而使用的；

（三）冒用他人的汇票、本票、支票的；

（四）签发空头支票或者与其预留印鉴不符的支票，骗取财物的；

（五）汇票、本票的出票人签发无资金保证的汇票、本票或者在出票时作虚假记载，骗取财物的。

使用伪造、变造的委托收款凭证、汇款凭证、银行存单等其他银行结算凭证的，依照前款的规定处罚。

第196条 有下列情形之一，进行信用卡诈骗活动，数额较大的，处五年以下有期徒刑或者拘役，并处二万元以上二十万元以下罚金；数额巨大或者有其他严重情节的，处五年以上十年以下有期徒刑，并处五万元以上五十万元以下罚金；数额特别巨大或者有其他特别严重情节的，处十年以上有期徒刑或者无期徒刑，并处五万元以上五十万元以下罚金或者没收财产：

（一）使用伪造的信用卡，或者使用以虚假的身份证明骗领的信用卡的；

（二）使用作废的信用卡的；

（三）冒用他人信用卡的；

（四）恶意透支的。

前款所称恶意透支，是指持卡人以非法占有为目的，超过规定限额或者规定期限透支，并且经发卡银行催收后仍不归还的行为。

盗窃信用卡并使用的，依照本法第二百六十四条的规定定罪处罚。

第266条 诈骗公私财物，数额较大的，处三年以下有期徒刑、拘役或者管制，并处或者单处罚金；数额巨大或者有其他严重情节的，处三年以上十年以下有期徒刑，并处罚金；数额特别巨大或者有其他特别严重情节的，处十年以上有期徒刑或者无期徒刑，并处罚金或者没收财产。本法另有规定的，依照规定。

《信用卡解释二》

第5条 使用伪造的信用卡、以虚假的身份证明骗领的信用卡、作废的信用卡或者冒用他人信用卡，进行信用卡诈骗活动，数额在五千元以上不满五万元的，应当认定为刑法第一百九十六条规定的“数额较大”；数额在五万元以上不满五十万元的，应当认定为刑法第一百九十六条规定的“数额巨大”；数额在五十万元以上的，应当认定为刑法第一百九十六条规定的“数额特别巨大”。

刑法第一百九十六条第一款第三项所称“冒用他人信用卡”，包括以下情形：

（一）拾得他人信用卡并使用的；

（二）骗取他人信用卡并使用的；

（三）窃取、收买、骗取或者以其他非法方式获取他人信用卡信息资料，并通过互联网、通讯终端等使用的；

（四）其他冒用他人信用卡的情形。

《信用卡解释》

全国人民代表大会常务委员会根据司法实践中遇到的情况，讨论了刑法规定的“信用卡”的含义问题，解释如下：

刑法规定的“信用卡”，是指由商业银行或者其他金融机构发行的具有消费支付、信用贷款、转账结算、存取现金等全部功能或者部分功能的电子支付卡。

现予公告。

全国人民代表大会常务委员会《关于惩治破坏金融秩序犯罪的决定》

第14条 有下列情形之一，进行信用卡诈骗活动，数额较大的，处五年以下有期徒刑或者拘役，并处二万元以上二十万元以下罚金；数额巨大或者有其他严重情节的，处五年以上十年以下有期徒刑，并处五万元以上五十万元以下罚金；数额特别巨大或者有其他特别严重情节的，处十年以上有期徒刑或者无期徒刑，并处没收财产：

（一）使用伪造的信用卡的；

（二）使用作废的信用卡的；

（三）冒用他人信用卡的；

（四）恶意透支的。

盗窃信用卡并使用的，依照刑法关于盗窃罪的规定处罚。

最高人民检察院《关于拾得他人信用卡并在自动柜员机（ATM机）上使用的行为如何定性问题的批复》

浙江省人民检察院：

你院《关于拾得他人信用卡并在ATM机上使用的行为应如何定性的请示》（浙检研[2007]227号）收悉。经研究，批复如下：

拾得他人信用卡并在自动柜员机（ATM机）上使用的行为，属于刑法法规标题中华人民共和国刑法（1997修订）制定机关全国人民代表大会效力等级法律公布日期1997.03.14时效性已被修改第一百九十六条第一款第（三）项规定的"冒用他人信用卡"的情形，构成犯罪的，以信用卡诈骗罪追究刑事责任。

《银行卡业务管理办法》

第2条 本办法所称银行卡，是指由商业银行（含邮政金融机构，下同）向社会发行的具有消费信用、转账结算、存取现金等全部或部分功能的信用支付工具。

商业银行未经中国人民银行批准不得发行银行卡。

《储蓄管理条例》

第3条 本条例所称储蓄是指个人将属于其所有的人民币或者外币存入储蓄机构，储蓄机构开具存折或者存单作为凭证，个人凭存折或者存单可以支取存款本金和利息，储蓄机构依照规定支付存款本金和利息的活动。

任何单位和个人不得将公款以个人名义转为储蓄存款。

信用卡诈骗案件裁判规则第2条：

骗取他人信用卡及密码，未得到持卡人的授权，使用他人信用卡消费、取现属于冒用他人信用卡的行为，构成信用卡诈骗罪

〔**规则描述**〕：认定信用卡诈骗罪中冒用行为应从取款人取款权的来源方面进行判断，不能机械地从取款人与实际持卡人是否一致出发，认为不一致即构成冒用。如果未得到持卡人的授权，行为人使用他人银行卡取款的行为，破坏的是银行对卡内存款的占有关系，属于冒用他人银行卡的情形，应当以信用卡诈骗罪来认定。

一、类案检索大数据报告

时间：2020年8月30日之前，案例来源：Alpha案例库，案件数量：26,705件，数据采集时间：2020年8月30日，本次检索共获取认定信用卡诈骗罪中冒用行为，2020年8月30日之前26,705篇裁判文书。如图2－1所示，从案件年份分布情况可以看出当前条件下刑事案例数量的变化趋势。

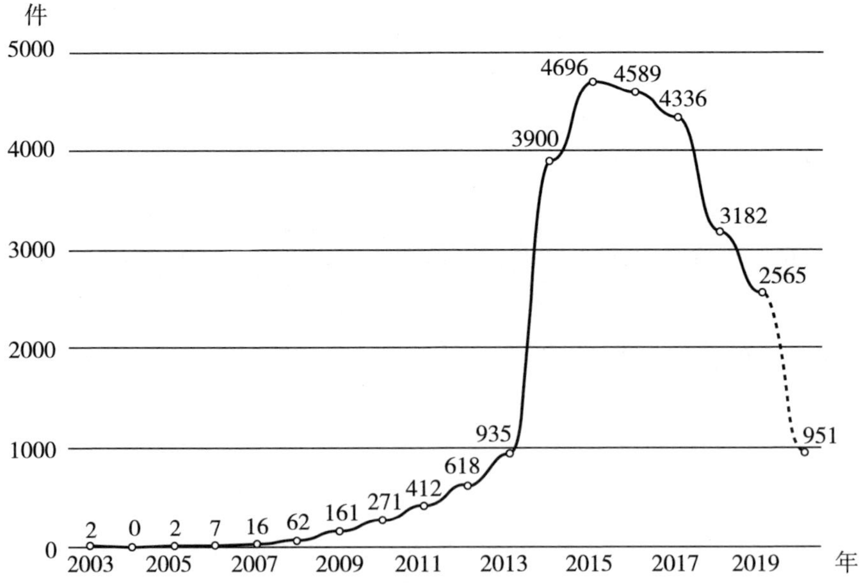

图2－1　案件年份分布情况

如图 2 -2 所示，从案件主要地域分布情况来看，当前案例主要集中在上海市、福建省、广东省，分别占比 12.98%、12.63%、10.83%，其中上海市的案件量最多，达到 3466 件。

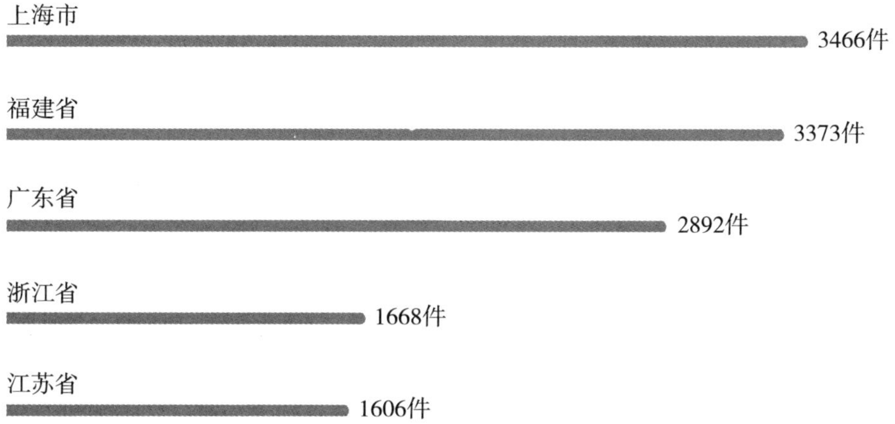

图 2 -2　案件主要地域分布情况

如图 2 -3 所示，从案件案由分类情况可以看出，当前的案由分布由多至少分别是刑事、民事。

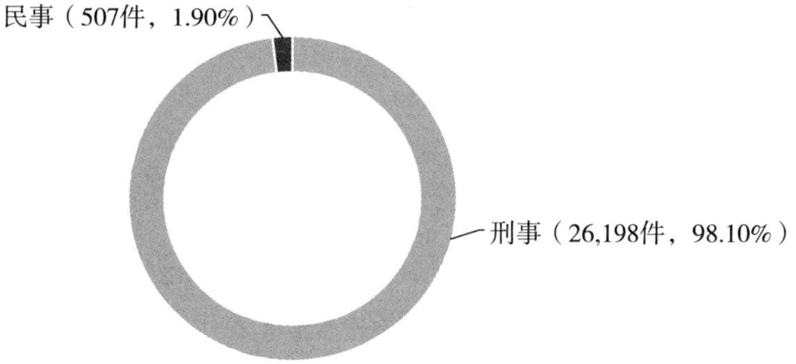

图 2 -3　案件案由分类情况

如图 2 -4 所示，从案件的程序分类统计可以得出当前的审理程序分布状况，其中一审案件有 23,959 件，二审案件有 2622 件，再审案件有 93 件，执行案件有 7 件，其他 24 件。

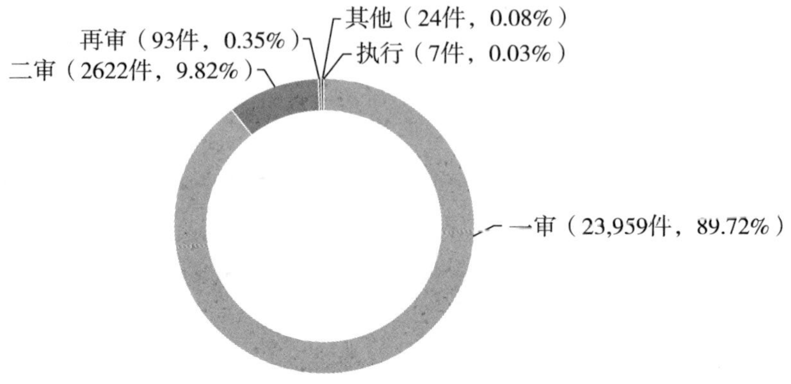

图 2－4　案件程序分类情况

如图 2－5 所示，通过对主刑的可视化可以看出，当前条件下包含有期徒刑的案件有 21,016 件，包含拘役的案件有 4089 件，包含无期徒刑的案件有 91 件，包含死刑的案件有 12 件，包含管制的案件有 10 件。

图 2－5　案件判决主刑情况

二、可供参考的例案

例案一 | 安某文、冉某建、刘某远信用卡诈骗案

【法院】

福建省三明市中级人民法院

【案号】

（2015）三刑终字第255号

【诉讼主体】

原公诉机关：福建省永安市人民检察院

上诉人（原审被告人）：安某文、冉某建、刘某远

【基本案情】

2014年8月以来，被告人安某文、冉某建、刘某远经事先预谋商量，分配角色，分别冒充丢钱、捡钱、司机等人员身份，通过丢钱的方式诱骗被害人参与分钱，然后按照事先设定的套路方式，各人担任不同角色，骗取被害人现金，或骗取银行卡及密码后到银行ATM取款或购物消费。其中：

一、信用卡诈骗

1. 2014年10月26日，被告人安某文、冉某建、刘某远经预谋分工，由被告人刘某远驾驶闽C33×××花寇轿车，被告人安某文冒充丢钱男子，被告人冉某建冒充捡钱男子，在长乐市两港工业区华源公司路段，利用"捡钱分钱"的方式互相配合，诱使被害人罗某英回宿舍取出本人的中国邮政储蓄卡交出并告知密码，之后，在长乐县漳港街道农村信用社ATM取现20,000元，消费27,970元。三被告人将中国邮政储蓄卡交还被害人罗某英后，编造借口让罗某英下车等待，即驾车携款逃离。

2. 2014年11月8日，被告人安某文、冉某建、刘某远经预谋分工，由被告人刘某远驾驶闽D08×××雅阁轿车（套牌闽G38×××），由被告人安某文冒充丢钱男子，被告人冉某建冒充捡钱男子，在沙县金沙园三明机床厂附近路段，利用"捡钱分钱"的方式互相配合，诱使被害人张某德将随身携带的中国农业银行储蓄卡、中国工商银行储蓄卡交出，并告知密码。被告人刘某远用骗得的两张储蓄卡到沙县西山村商贸大厦邮政储蓄银行ATM分别取款11,900元、8500元。之后，三被告人编造借口让被害人张某德下车等待，即驾车携款逃离。

综上所述，被告人安某文、冉某建、刘某远信用卡诈骗二起，共计价值68,370元。

二、诈骗

2014年10月29日，被告人安某文、冉某建、刘某远经预谋，由被告人刘某远驾驶闽E08×××雅阁轿车（套牌闽G19×××），被告人安某文冒充丢钱男子，被告人冉某建冒充捡钱男子，在永安市尼葛开发区华伟阳光涂料厂附近路边，利用"捡钱分钱"的方式互相配合，诱使被害人谭某芳在被告人安某文的陪同下，前往永安

市北大桥邮政银行取款7000元。之后三被告人编造借口让被害人谭某芳下车等待,即驾车携款逃离。

【案件争点】

通过欺骗行为获得实际持卡人授权进而提取款项的行为是诈骗还是信用卡诈骗罪。

【裁判要旨】

一审法院认为,被告人安某文、冉某建、刘某远经预谋后,以虚构事实、隐瞒真相的方法,骗取被害人财物,数额较大;被告人安某文、冉某建、刘某远经预谋后,骗取被害人信用卡后并使用,数额巨大,三被告人的行为均分别构成诈骗罪、信用卡诈骗罪。三被告人属共同犯罪。三被告人一人犯数罪,应数罪并罚。判决认定被告人安某文犯信用卡诈骗罪,判处有期徒刑5年6个月,并处罚金人民币5万元;犯诈骗罪,判处拘役5个月,并处罚金人民币2000元,决定执行有期徒刑5年6个月,并处罚金人民币5.2万元;被告人冉某建犯信用卡诈骗罪,判处5年6个月,并处罚金人民币5万元;犯诈骗罪,判处拘役5个月,并处罚金人民币2000元,决定执行有期徒刑5年6个月,并处罚金人民币5.2万元。被告人刘某远犯信用卡诈骗罪,判处有期徒刑5年6个月,并处罚金人民币5万元;犯诈骗罪,判处拘役5个月,并处罚金人民币2000元,决定执行有期徒刑5年6个月,并处罚金人民币5.2万元,原审被告人安某文、冉某建、刘某远上诉称:三起诈骗的方式及手段相同,应全部认定为诈骗罪。一审判决量刑太重,请求二审法院依法改判。

二审法院认为,关于上诉人安某文、冉某建、刘某远提出其不构成信用卡诈骗罪的上诉意见。经查,在案证据证实,上诉人安某文、冉某建、刘某远于2014年10月26日在福建省长乐市两港工业区华源公司路段骗取被害人罗某英储蓄卡,并冒用该储蓄卡提取现金2万元,消费27,970元;于2014年11月8日在沙县金沙园附近骗取被害人张某德储蓄卡,并冒用该储蓄卡提取现金20,400元。《信用卡解释》规定的"信用卡",是指由商业银行或者其他金融机构发行的具有消费支付、信用贷款、转账结算、存取现金等全部功能或者部分功能的电子支付卡。据此规定,上诉人安某文、冉某建、刘某远骗取并冒用的储蓄卡属于规定的"信用卡",故上诉人安某文、冉某建、刘某远的行为符合信用卡诈骗罪的构成要件,该上诉理由不能成立,法院不予采纳。上诉人安某文、冉某建、刘某远以虚构事实、隐瞒真相的方法,骗取他人信用卡并使用,数额巨大,其行为构成信用卡诈骗罪。上诉人安某文、冉某建、刘某远以虚构事实、隐瞒真相的方法,骗取他人财物,数额较大,其行为构成诈骗罪。上诉人安某文、冉某建、刘某远一人犯数罪，应数罪并罚。裁定驳回上诉，维持原判。

例案二 | 乐某财信用卡诈骗案

【法院】

福建省三明市中级人民法院

【案号】

(2018)闽04刑终311号

【诉讼主体】

原公诉机关：福建省大田县人民检察院

上诉人(原审被告人)：乐某财

【基本案情】

一、信用卡诈骗

2017年12月1日至2018年1月9日，被告人乐某财因没有收入来源，萌生骗取他人财物的念头，遂谎称可以免费帮助被害人提高信用卡授信额度，从被害人茅某1和陈某1处骗取信用卡后，冒用信用卡内资金计61,961.65元，具体如下：

1. 2017年12月1日，被告人乐某财以可以免费帮助被害人茅某1提高信用卡授信额度为由，骗得茅某1名下的兴业银行信用卡(卡号62×××07)和平安银行信用卡(卡号62×××86)及交易密码后，使用茅某1手机向平安银行申请了20,000元的备用金，将茅某1的平安银行信用卡额度临时提高至26,000元，后将该二张信用卡内资金冒用。同月14日，乐某财谎称要打电话向银行客服申请提额，在使用茅某1手机的过程中，从茅某1支付宝的蚂蚁借呗中转账2500元至茅某1兴业银行信用卡，并将转账相关短信删除，后通过信用卡将该款冒用。

截至2018年1月4日，乐某财冒用茅某1兴业银行和平安银行信用卡内资金分别为7472.38元和26,213.90元。

2. 2018年1月6日，乐某财在帮陈某1办理POS机业务时得知陈某1有一张未开卡使用的建设银行信用卡(卡号62×××57)，欲骗取该信用卡使用，遂谎称要帮助陈某1提高该信用卡的授信额度，骗得陈某1该信用卡及交易密码，于当日将该信用卡内资金冒用。同月8日，乐某财谎称往信用卡内存钱提额会更快，诱骗陈某1分别通过微信和支付宝往陈某1的建设银行信用卡内转入资金1800元和

19,212 元,后通过该信用卡将该笔资金冒用。

截至 2018 年 1 月 10 日,乐某财冒用陈某 1 建设银行信用卡内的资金共计 28,701.17 元。

二、诈骗

2017 年 12 月 14 日至 2018 年 1 月 9 日,被告人乐某财以让茅某 1 尝试扫描乐某财提供的二维码看能否套现为由,骗得被害人茅某 1 支付宝花呗资金 4804.76 元;以帮助被害人陈某 1 提升信用卡额度为幌子,骗得被害人陈某 1 支付宝花呗资金 988 元。具体如下:

1. 2017 年 12 月 14 日,被告人乐某财因没钱使用,遂想骗取茅某 1 的钱款使用。当日,被告人乐某财以让茅某 1 尝试扫描其提供的二维码看能否套现,若能套现将于次日归还钱款为由,诱骗茅某 1 用支付宝扫描其提供的二维码,从茅某 1 的支付宝花呗中以消费的形式转账 4804.76 元至乐某财的支付宝账户。当日该款到账后,乐某财未予归还。

2. 2018 年 1 月 8 日,被告人乐某财虚构要帮被害人陈某 1 加快提升信用卡授信额度的事实,诱骗陈某 1 扫描其提供的二维码,从陈某 1 支付宝的花呗应用中转出 988 元至乐某财本人的支付宝账户。

2018 年 1 月 10 日,被告人乐某财自动向大田县公安局投案,到案后如实供述了自己的罪行。截至 2018 年 1 月 19 日,被告人乐某财共向被害人茅某 1 退还冒用信用卡资金及诈骗所得共计 38,532.80 元,并取得了被害人茅某 1 的书面谅解。

【案件争点】

虚构事实,隐瞒真相,骗取他人信用卡后套现的行为应如何定性。

【裁判要旨】

一审法院认为,被告人乐某财以非法占有为目的,虚构免费帮助他人提高信用卡授信额度的事实,骗取他人信用卡并使用,冒用他人信用卡内资金共计 61,961.65 元,数额巨大;以非法占有为目的,虚构事实,隐瞒真相骗取他人财物共计 5792.76 元,数额较大,其行为分别构成信用卡诈骗罪和诈骗罪。被告人乐某财一人犯数罪,应当数罪并罚。被告人乐某财有犯罪前科,应酌情从重处罚。案发后,被告人乐某财自动向公安机关投案,如实供述了自己的罪行,系自首,依法可以减轻处罚;被告人乐某财赔偿被害人茅某 1 的全部损失,并取得被害人茅某 1 的书面谅解,可以酌情从轻处罚。判决认定被告人乐某财犯信用卡诈骗罪,判处有期徒刑 4 年,并处罚金 5 万元;犯诈骗罪,判处拘役 5 个月,并处罚金 2000 元;合并执行有期徒刑 4

年，并处罚金人民币5.2万元。继续追缴被告人乐某财未退赃款29,699.17元，待追缴后发还被害人陈某1。

原审被告人乐某财上诉称：(1)其申请的平安银行信用卡2万元的备用金，是银行的贷款产品。其使用陈某1信用卡套现的28,701.17元中，其中21,012元是陈某1转入的资金，不是透支款。上述金额不应计入信用卡诈骗金额。(2)其有自首、退赔等从轻、减轻处罚情节，请求二审法院减轻处罚。

二审法院认为，关于上诉人乐某财提出其冒用信用卡的部分资金属备用金及持卡人转入的资金，该部分金额应从信用卡诈骗金额中扣除的上诉意见。经查，2017年12月，上诉人乐某财骗取茅某1的平安银行信用卡后，使用茅某1手机向平安银行申请了2万元备用金，并冒用该信用卡予以套现。2018年1月，上诉人乐某财骗取陈某1的建设银行信用卡后，以加快提额进度为由，诱骗陈某1转入该信用卡账户21,012元，并冒用该信用卡予以套现。根据《刑法》及相关司法解释的规定，骗取他人信用卡并使用的，属冒用信用卡，应按信用卡诈骗罪定罪处罚。据此规定，乐某财骗取他人信用卡后，使用信用卡套现备用金及用户资金的行为，均属冒用信用卡的行为，应认定为信用卡诈骗。故该上诉意见与法律规定不符，法院不予采纳。上诉人乐某财以提高授信额度为诱饵，骗取他人信用卡并使用，冒用他人信用卡内资金共计61,961.65元，其行为已构成信用卡诈骗罪，数额巨大。上诉人乐某财虚构事实，隐瞒真相，骗取他人财物共计价值5792.76元，数额较大，其行为已构成诈骗罪。乐某财一人犯数罪，应当数罪并罚。裁定驳回上诉，维持原判。

例案三 | 曹某顺、王某信用卡诈骗案

【法院】

广东省佛山市中级人民法院

【案号】

(2015)佛中法刑二终字第89号

【诉讼主体】

原公诉机关：广东省佛山市南海区人民检察院

上诉人(原审被告人)：曹某顺、王某

【基本案情】

原审判决认定，2014年5月14日18时许，被告人曹某顺、王某经密谋以假冒

香港人身份借银行卡的方法骗取钱财后，两人在老家租赁了一辆小汽车并购买了几副假车牌和一张假香港身份证。两人驾车来到佛山市南海区狮山镇松岗松夏工业园亚德客自动化有限公司附近路段时，见被害人吴某独自徒步经过，便对其声称从香港过来做生意，且认识其公司黄经理，因一批货物被海关扣押需借其银行卡汇款，骗得吴一张中国银行卡、一张中国邮政银行卡和密码，后共取走两张银行卡内50,000元。

同年7月15日19时许，被告人曹某顺、王某来到狮山镇塘头油榨村村口球场边以同样的方式诈骗被害人李某时被民警抓获。民警从两被告人处扣押小汽车车牌四副、黑色小轿车一辆、香港居民身份证一张、行驶证（所有人为马某、号牌号码为苏E×××××）一个以及从被告人曹某顺处扣押了现金1825元，从被告人王某处扣押了现金5964.5元。

【案件争点】

行为人以虚构事实骗取被害人信用卡和密码后，从信用卡内取走钱款的事实如何定性。

【裁判要旨】

一审法院认为，被告人曹某顺、王某以非法占有为目的，冒用他人信用卡，骗取他人财物，数额巨大，其行为均已构成信用卡诈骗罪。判决被告人曹某顺犯信用卡诈骗罪，判处有期徒刑5年，并处罚金5万元。被告人王某犯信用卡诈骗罪，判处有期徒刑5年，并处罚金5万元。

宣判后，原审被告人曹某顺、王某上诉及两人的辩护人提出辩护意见称曹某顺、王某的行为只构成诈骗罪，不构成信用卡诈骗罪；诈骗金额只有49,800元；案发后已积极赔偿被害人经济损失并取得谅解，原审量刑过重。

二审法院审理认为，关于上诉人曹某顺、王某及其辩护人提出的本案只构成诈骗罪，不构成信用卡诈骗罪的上诉意见及辩护意见，经查，根据上诉人曹某顺、王某在侦查阶段的供述，被害人吴某的陈述等证据证实，两上诉人作案的手段是先假冒香港人和被害人公司黄经理朋友的身份与被害人搭讪，在取得被害人初步信任之后，又以公司货物被海关扣押需要现金周转，其香港银行卡在内地无法取款，需要借用被害人银行卡接收转账等借口骗取到被害人的银行卡和密码，最后通过柜员机取现或转账，从而达到诈骗他人钱财的目的。认定本案是信用卡诈骗犯罪还是涉及信用卡的普通诈骗犯罪，关键在于被害人是否基于错误认识对信用卡内的存款作出自愿处分。综合本案证据，被害人基于两上诉人虚构的事实产生错误认识后，将信用卡交给两上诉人并告知其密码，同意两上诉人使用涉案信用卡接收转账，但未同意或授权两上诉人使用该信用卡里面的存款，此时两上诉人并未取得涉案信用卡的完整使用权，而且骗取到信用卡不等于骗取到信用卡里面的钱款，必须使用信用卡才能取得里面的财物，两上诉人超出被害人的意愿和授权，使用涉案信用卡并取走里面的存款，是冒用他人信用卡的行为，该行为不但侵犯了他人的财产权，也侵犯了信用卡管理秩序。依照2009年12月3日最高人民法院、最高人民检察院发布的《关于办理妨害信用卡管理刑事案件具体应用法律若干问题的解释》（法释〔2009〕19号，已被修改，以下简称《信用卡解释一》）第5条第2款的规定，冒用他人信用卡包含了骗取信用卡并使用的情形，本案两上诉人的行为符合信用卡诈骗罪的构成。裁定驳回上诉，维持原判。

三、裁判规则提要

（一）冒用他人信用卡的含义

“冒”的意思是冒充，“用”的意思是使用，所谓“冒用”，就是指冒充使用，蕴含着行为人的“使用”行为当然违反被“冒充”人的意思之义。中国人民银行《银行卡业务管理办法》第28条第3款规定：“银行卡及其账户只限经发卡银行批准的持卡人本人使用，不得出租和转借。”从该条规定可以看出，只要是使用他人信用卡的行为，均侵犯了信用卡管理秩序。但是，信用卡诈骗罪中使用他人信用卡的行为不仅侵犯了信用卡管理秩序，还侵犯了他人财产权益。如果行为人以他人的名义进行的“使用”不违反该人的意志，而是经过其同意或者授权的，其行为人没有信用卡诈骗的犯罪故意与非法占有他人财物之目的，并不产生侵犯他人财产权益的结果，对此则不宜认定认为“冒用”，而应属于“代理”，不具有可罚性。例如，子女使用父母信用卡，妻子使用丈夫信用卡，即使违反了信用卡管理规定，但并不产生侵犯他人财产权益的结果。综上所述，所谓“冒用他人信用卡”，是指非持卡人未经持卡人同意或授权，擅自以持卡人的名义使用持卡人的信用卡购物、消费、取现等骗取财物的行为。冒用他人信用卡有别于使用伪卡、废卡，后者均是不具有效用或者失去效用的信用卡，前者是真实有效的信用卡，因此，冒用他人信用卡的前提，必然存在冒用之前获取信用卡的行为。在司法实践中，经常发生的获取行为有拾得、代管、代领、骗取、盗窃等，从本质上看，无论使用人获取信用卡的方式如何，只要他未经合法持卡人同意或授权而使用信用卡，就属于《刑法》规定的冒用信他人信用卡的行为。行为人获取他人信用卡的方式可能影响对其行为的法律性质，如《刑法》第

196 条第 3 款规定，盗窃他人信用卡并使用，构成犯罪的，应以盗窃罪追究刑事责任。所以，在判定某行为是否属于刑法意义上的冒用他人信用卡的时候，不能机械地从取款人与实际持卡人是否一致出发，认为不一致即构成冒用，必须对行为人从取款人获取信用卡的方式严格审查。例案二中被告人乐某财以可以免费帮助被害人茅某 1 提高信用卡授信额度为由，骗得茅某 1 名下的信用卡，但被告人取得信用卡后申请了备用金，使用银行卡内资金，其获取信用卡是取得了持卡人的同意，但其使用信用卡未获得持卡人的同意或授权。其行为属于冒用他人信用卡。

（二）通过欺骗行为获得实际持卡人授权进而使用的行为应认定为一般诈骗

通过欺骗行为获得实际持卡人授权进而消费、取现是指合法持卡人因被行为人欺骗后而将信用卡交付并告知密码，允许其使用的行为。但信用卡与信用卡内的现金属于两个不同的概念，取得信用卡并不等于取得信用卡内的现金。但当持卡人同意或者授权行为人使用信用卡时，实际上等同于将信用卡内的现金交给行为人。例如，子女向父母要钱，父母没有现金，将手中的信用卡交给子女使用。但是，当行为人采取欺骗方法，使持卡人产生认识错误，从而将其信用卡交给行为人并同意或者授权行为人使用，以致造成其信用卡内的资金行为人取走的结果，这种情形与行为人采取欺骗方法使持卡人产生认识错误从而直接将其手中的现金交给行为人因而导致持卡人现金被骗没有本质的区别。整个过程可描述为：行为人欺骗持卡人同意行为人利用其信用卡账户内资金—被害人向行为人交付信用卡和密码—行为人使用信用卡。从整个犯罪过程持卡人将其信用卡交给行为人并同意或者授权行为人使用是由于行为人的欺骗行为导致其认识错误而作出的意思表示，因而被行为人骗走其信用卡内资金的行为属于普通诈骗的行为。正如行为人通过欺骗手段让被害人向其交付冰箱，但被害人因无法回家取出冰箱交付，但将钥匙交给行为人让行为人到自己家里自行提取，行为人的行为属于诈骗，因其提取冰箱的行为得到被害人的授权，因此，并不违背被害人的意见，不应再评价为盗窃罪。如例案一中被告人安某文、冉某建、刘某远经虚构事实，诱使被害人谭某芳用银行卡取款 7000 元。被害人谭某完全基于错误认识交自愿交出 7000 元，所以是一般的诈骗。例案二中，乐某财以让他人扫描乐某财提供的二维码看能否套现为由，骗得被害人支付宝花呗资金，实际是被害人基于被告人虚构的事实产生错误认识，交出财物的行为，只侵犯了个人财产权，属一般诈骗。

(三)“骗取他人信用卡并使用”仅限于骗取他人信用卡并未取得他人同意使用的情况

骗取他人信用卡并使用是指行为人采取欺骗方法将持卡人的信用卡骗到手，但持卡人并没有同意或者授权行为人使用其信用卡，行为人违反持卡人的意志而使用其信用卡购物、消费、提取现金等骗取财物的情形。此种情形下，行为人未经持卡人的同意或者授权而擅自使用其信用卡，属于“冒用他人信用卡”。实践中常见的情形是，被告人虚构事实、以骗取被害人“同意”将本人的信用卡交给被告人，在这种情况下，必须全面、客观地审查被害人是否基于真正的自愿而交付信用卡，不能仅因被害人交付信用卡这一单一行为未受到威胁就认为被害人的行为完全基于自愿，就认定被害人真正同意将本人的信用卡交给被告人使用。此外，还应结合行为人的目的性进行考量，如果行为人以非法占有为目的，以信用卡为目标，通过欺骗手段获得持卡人信用卡和密码的，由于行为人先行为具有犯罪目的性，合法持卡人交付信用卡的行为本质上是违背其意志的，行为人的行为就属于“骗取他人信用卡”。因为被害人向行为人交付银行卡和密码并没有同意被告人使用，行为人在没有得到被害人授权使用银行卡内资金的情况下，通过持有银行卡及密码的外观欺骗银行，使银行误以为其具有使用银行卡内资金的权限而向其交付资金，其行为应构成信用卡诈骗罪。例案一中，被告人安某文等三人利用“捡钱分钱”的方式欺骗被害人交出信用卡及密码，使被害人基于错误认识将信用卡交给被告人并告知其密码，同意与被告人分钱，但未同意或授权被告人使用该信用卡里面的存款，被告人从卡中取现金的行为超出被害人的意愿和授权，是冒用他人信用卡的行为，该行为不但侵犯了他人的财产权，也侵犯了信用卡管理秩序，构成信用卡诈骗罪。例案三中，被告人曹某顺、王某通过虚假事实骗取被害人银行卡，被害人虽基于错误认识将银行卡交给曹某顺、王某二人，但并没有同意或授权曹某顺、王某使用信用卡，曹某顺、王某并未取得涉案信用卡的完整使用权，而且骗取到信用卡不等于骗取到信用卡里面的钱款，所以曹某顺、王某通过使用信用卡取得财物，构成信用卡诈骗罪。

(四)信用卡诈骗罪与涉及信用卡诈骗罪的关系

1. 信用卡诈骗罪评价的是使用行为的法益侵害性

信用卡诈骗罪，是指以非法占有为目的，违反信用卡管理法规，利用信用卡进行诈骗犯罪的一种。信用卡诈骗罪侵犯的法益是复杂客体的法益，一方面是他人财产法益，另一方面是社会主义金融管理秩序。具体分为两部分，一是行为人通过使用信用卡的行为侵犯他人财产权。在冒用型信用卡诈骗中，冒用他人信用卡是对金融管理秩序的破坏。但仅有冒用行为是不够的，例如，持卡人将自己的卡借给他人使用，或者实际用卡人在未得到持卡人使用后得到明确授权的情况下，使用他人信用卡，事后得到认可。这两种情况虽属于冒用，但没有侵犯他人财产所有权。如果未得到他人事前授权或事后认可，而占有他人信用卡使用的，就是侵犯了他人财产权利。二是行为人通过使用信用卡的行为侵犯了信用卡的管理秩序。我国《刑法》规定，侵犯信用卡管理秩序的犯罪有两种，一种是妨害信用卡管理罪，另一种是信用卡诈骗罪。妨害信用卡管理罪是通过非法持有、运输、伪造等对信用卡外在形态的控制。而信用卡诈骗罪是通过违法使用信用卡的行为实现对信用卡管理秩序的破坏，这种破坏必须通过对银行使用信用卡才能得以实现。冒用者占有他人信用卡有多种可能，既可能是基于合法原因占有他人信用卡，如代人办理、保管信用卡，也有可能是基于非法原因获取他人信用卡，如盗窃、抢劫、抢夺、骗取等，无论哪种方式获取，只是前因行为的区别。单从前因看，因信用卡本身没有任何价值，所以任何形式获取信用卡都不构成刑法意义上的财产型犯罪，只有使用他人信用卡的行为使银行误以为其具有使用信用卡的权限而向其交付，才构成犯罪。所以信用卡诈骗罪评价的是使用行为的法益侵害性。

2. 信用卡诈骗罪与涉及信用卡诈骗罪侵犯的客体不同

从刑法理论来看，《刑法》第 266 条关于诈骗罪的法条是普通法条，第 196 条关于信用卡诈骗罪的法条属于特别法条，二者系法条竞合的关系，依据法条竞合的处理原则，适用特别法条优于普通法条，所以可以看出信用卡诈骗罪中从诈骗罪中分离出来的特殊诈骗罪。首先从诈骗的方法看，《刑法》第 196 条第 1 款规定了信用卡诈骗罪的四种行为方式：(1)使用伪造的信用卡或者使用以虚假身份证明骗领信用卡；(2)使用作废信用卡；(3)冒用他人信用卡；(4)恶意透支。这些信用卡诈骗的行为方式虽有不同，但上述行为无一例外本质上都是通过违法使用信用卡这一特殊载体骗取财物，即较之普通诈骗，信用卡诈骗的客观方面还需要具备利用信用卡进行诈骗这一要件。如果行为人在诈骗他人财物的过程中虽然利用了信用卡，但其只是单纯利用信用卡来获取前欺骗行为所骗得的款项，则不宜认定为信用卡诈骗。其次从侵犯的客体来看，信用卡诈骗罪侵犯的是复杂客体，包括信用卡的管理秩序和公私财产所有权，而诈骗只侵犯公私财产所有权这一简单客体。所以说，《刑法》规定信用卡诈骗罪旨在禁止那些严重侵犯信用卡管理秩序的行为，而并非只要诈骗行为在一定程度上妨害了信用卡管理秩序的，就一律认定为信用卡诈骗罪。例案三中被告人曹某顺、王某主要实施了两个犯罪行为，即从持卡人吴某手中骗取银行卡，获知密码以及随后使用银行卡进行取款。其中曹某顺、王某从吴某手中骗取银行卡并获知密码，是由于曹某顺、王某实施了欺诈行为，使吴某将信用卡交给曹某顺、王某。从表现上看符合诈骗罪的逻辑结构，但信用卡是一种信用凭证，本身的价值是低的，并且银行卡所有人可以挂失信用卡使其失效，所以只骗取银行卡而不取款使用的行为并不会侵害卡的资金，不构成诈骗罪。只有当被告人曹某顺、王某冒用了被害人的名义，并且未得到被害人王某同意的情况下持银行卡取款，才构成了冒用型信用卡诈骗罪。

3. 行为人骗取信用卡后又超出持卡人同意或授权的取款数额而提取其卡内的资金，应以较重的罪名认定

在司法实践中还常会出现的情形是，行为人采取虚构事实或者隐瞒真相的诈骗方式取得他人信用卡，进而骗得持卡人同意或授权，但行为人持卡后超出持卡人同意或者授权的取款数而提取其卡内的资金。对此经持卡人同意的取款数额部分构成诈骗罪，而超出持卡人同意或者授权的取款数额部分构成信用卡诈骗罪。此种情形属于“一行为触犯数罪名”的想象竞合犯，根据“择一重罪处罚”的法律原则，应以其中较重的罪名定罪并从重处罚。至于诈骗罪与信用卡诈骗罪孰轻孰重，应具体案件具体分析。

四、辅助信息

高频词条：

《刑法》

第 196 条 有下列情形之一，进行信用卡诈骗活动，数额较大的，处五年以下有期徒刑或者拘役，并处二万元以上二十万元以下罚金；数额巨大或者有其他严重情节的，处五年以上十年以下有期徒刑，并处五万元以上五十万元以下罚金；数额特别巨大或者有其他特别严重情节的，处十年以上有期徒刑或者无期徒刑，并处五万元以上五十万元以下罚金或者没收财产：

（一）使用伪造的信用卡的；

（二）使用作废的信用卡的；

（三）冒用他人信用卡的；

（四）恶意透支的。

前款所称恶意透支，是指持卡人以非法占有为目的，超过规定限额或者规定期限透支，并且经发卡银行催收后仍不归还的行为。

《信用卡解释一》

第5条 使用伪造的信用卡、以虚假的身份证明骗领的信用卡、作废的信用卡或者冒用他人信用卡，进行信用卡诈骗活动，数额在5000元以上不满5万元的，应当认定为刑法第一百九十六条规定的“数额较大”；数额在5万元以上不满50万元的，应当认定为刑法第一百九十六条规定的“数额巨大”；数额在50万元以上的，应当认定为刑法第一百九十六条规定的“数额特别巨大”。

刑法第一百九十六条第一款第三项所称“冒用他人信用卡”，包括以下情形：

（一）拾得他人信用卡并使用的；

（二）骗取他人信用卡并使用的；

（三）窃取、收买、骗取或者以其他非法方式获取他人信用卡信息资料，并通过互联网、通讯终端等使用的；

（四）其他冒用他人信用卡的情形。

信用卡诈骗案件裁判规则第3条:

盗取未激活的信用卡并使用,应构成信用卡诈骗罪

〔**规则描述**〕:尚未激活的信用卡属于广义上的无效卡之一,由于犯罪人针对的犯罪对象仅是未激活的信用卡,其侵犯的客体不仅是财产权,还有金融管理秩序,符合信用卡诈骗罪的犯罪构成要件,因此,盗窃未激活的信用卡并挂失使用的行为构成信用卡诈骗罪。

一、类案检索大数据报告

时间:2020年8月30日之前,案例来源:Alpha案例库,案件数量:94件,数据采集时间:2020年8月30日,本次检索共获取认定信用卡诈骗罪中盗窃未激活的信用卡并使用的行为,2020年8月30日之前94篇裁判文书。如图3-1所示,从案件年份分布情况可以看出当前条件下刑事案例数量的变化趋势。

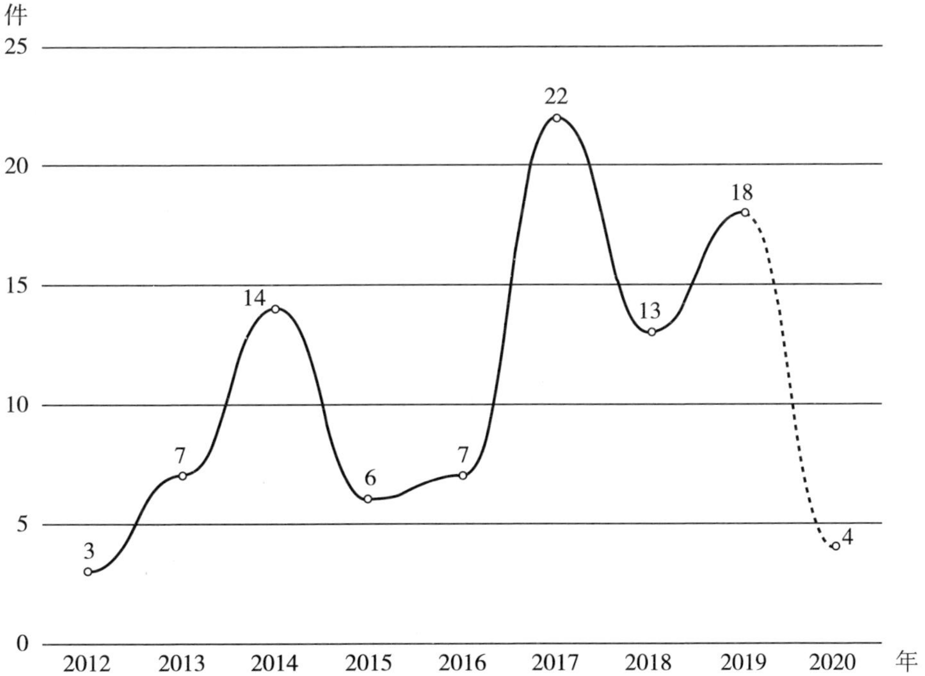

图3-1 案件年份分布情况

如图3－2所示，从案件主要地域分布情况来看，当前案例主要集中在浙江省、广东省、湖南省，分别占比11.70%、10.64%、10.64%，其中浙江省的案件量最多，达11件。

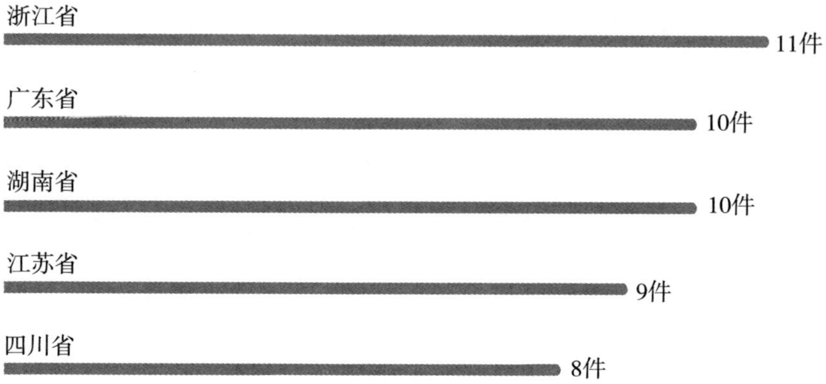

图3－2 案件主要地域分布情况

如图3－3所示，从案件的案由分类情况可以看出，当前的案由分布由多至少分别是刑事、民事。

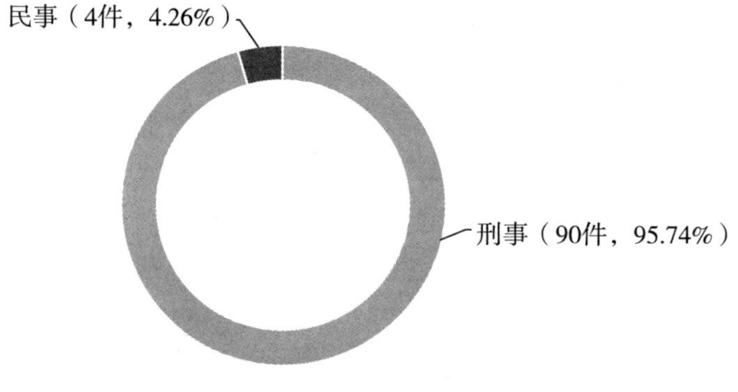

图3－3 案件案由分类情况

如图3－4所示，从案件的程序分类统计可以得出当前的审理程序分布状况，其中一审案件有78件，二审案件有15件，其他案件1件，并能够推算出一审上诉率约为19.23%。

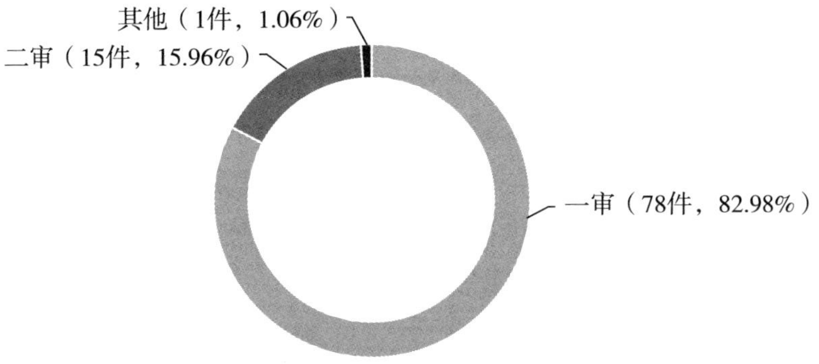

图 3 –4　案件程序分类情况

如图 3 –5 所示，通过对主刑的可视化可以看出，当前条件下包含有期徒刑的案件有 71 件，包含拘役的案件有 8 件，包含死刑的案件有 1 件。

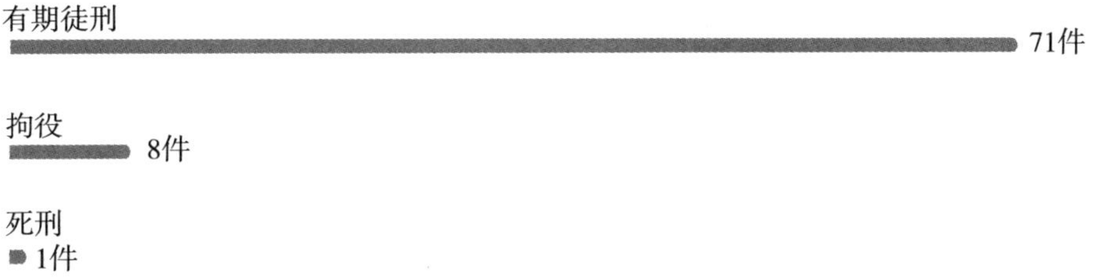

图 3 –5　案件判决主刑情况

二、可供参考的例案

例案一 ｜ 王某军、顾某举信用卡诈骗案

【法院】

江苏省无锡市中级人民法院

【案号】

(2013)锡刑二终字第 0072 号

【诉讼主体】

原公诉机关：无锡市惠山区人民检察院

被告人：王某军、顾某举

【基本案情】

2012年12月至2013年1月，被告人王某军至其所在的无锡市某太阳能有限公司前台翻阅邮件，查看是否有本人申领的银行信用卡时，发现有其同事被害人任某(2012年年底辞职)的浦发银行信用卡邮件，便趁前台工作人员不备，将邮件带走。随后，王某军通过拨打银行服务电话，提供信件中银行卡卡号、初始密码及身份资料等信息将该信件内银行卡激活后，伙同被告人顾某举先后冒用该卡提取现金、刷卡消费共计人民币(以下币种同)11,900元。同时，王某军还以委托他人制作的被害人孙某某的假身份证骗领户名为孙某某的招商银行信用卡，并冒用被害人孙某某的身份刷卡套现，共计1万元。其中王某军诈骗金额为21,900元，顾某举诈骗金额为9500元。

【案件争点】

窃取他人开卡邮件并激活信用卡使用的行为如何定性。

【裁判要旨】

一审法院认为，被告人王某军使用虚假的身份证明骗领户名为孙某某的信用卡套取现金；单独或者与被告人顾某举冒用户名为任某某的信用卡提取、套取现金，且二被告人进行信用卡诈骗活动的数额达到数额较大，均构成信用卡诈骗罪，其中冒用信某某的信用卡提取、套取现金的犯罪行为属共同犯罪。据此，依照《刑法》第196条第1款第1项、第3项，第25条第1款，第72条第1款、第3款；第64条之规定，判决被告人王某军犯信用卡诈骗罪，判处有期徒刑1年3个月，并处罚金人民币3万元；被告人顾某举犯信用卡诈骗罪，判处有期徒刑9个月，缓刑1年，并处罚金人民币2万元。

一审宣判后，被告人王某军以一审量刑过重，请求判处缓刑为由向江苏省无锡市中级人民法院提出上诉。江苏省无锡市中级人民法院在审理过程中，王某军申请撤回上诉。江苏省无锡市中级人民法院经审查，认为王某军自愿申请撤回上诉，意思表示真实，符合法律规定，遂裁定准许撤回上诉。

例案二 | 鲁某典信用卡诈骗案

【法院】

浙江省宁波市江北区人民法院

【案号】

(2014)甬北刑初字第148号

【诉讼主体】

公诉机关：浙江省宁波市江北区人民检察院

被告人：鲁某典

【基本案情】

2013年8月底，被告人鲁某典窃得被害人吴某放置于本区329国道甬江停车场2号仓库办公室柜子内尚未激活的中信银行信用卡一张(卡号：××××1038)，利用事先知晓的吴某的身份信息，以其名义挂失补办并"激活"新卡一张(卡号×××5791)，后分四次通过POS机刷卡套现人民币共计19,800元。

【案件争点】

盗窃尚未激活的信用卡邮件后挂失补办并"激活"使用新卡，其行为是盗窃还是冒用他人信用卡诈骗。

【裁判要旨】

法院生效判决认为：被告人鲁某典冒用他人信用卡，进行信用卡诈骗，数额较大，其行为已经构成信用卡诈骗罪。公诉机关指控被告人鲁某典信用卡诈骗罪罪名成立。被告人鲁某典归案后能如实供述自己的犯罪事实，依法予以从轻处罚；其当庭自愿认罪，酌情予以从轻处罚。判决被告人鲁某典犯信用卡诈骗罪，判处有期徒刑1年，并处罚金人民币2万元。

例案三 | 兰某龙、代某明信用卡诈骗案

【法院】

四川省泸州市中级人民法院

【案号】

(2017)川05刑终146号

【诉讼主体】

原公诉机关：四川省泸县人民检察院

上诉人(原审被告人)：兰某龙、代某明

【基本案情】

被告人兰某龙、代某明与涂某同为泸县平安保险公司工作人员，兰某龙与代某

明有借贷关系。2016年8月25日上午,被告人兰某龙趁无人之机盗走邮递员放置在泸县平安保险公司门卫室的一封挂号信,发现内有涂某申办的信用额度为2万元的信用卡一张,便起意利用POS机盗刷涂某信用卡。被告人兰某龙联系代某明帮忙获取激活信用卡短信验证码,承诺事成之后归还借款并支付2000余元好处费,被告人代某明表示同意。同年8月29日10时许,被告人代某明借工作之便取得涂某手机后立即联系被告人兰某龙启动信用卡激活程序,被告人兰某龙将涂某的信用卡激活后,被告人代某明立即删除了涂某手机上关于信用卡被激活的短信。同年9月1日2时30分许,被告人兰某龙在其卧室利用事前准备的POS机盗刷涂某信用卡19,986元,被害人涂某收到其信用卡被支取的短信后立即报案。

【案件争点】

盗窃未激活的信用卡并使用的行为是否属于冒用他人信用卡诈骗。

【裁判要旨】

一审法院认为,被告人兰某龙、代某明的行为已构成信用卡诈骗罪。共同犯罪中,被告人兰某龙系主犯,应对其全部犯罪承担责任;被告人代某明系从犯,应予从轻或者减轻处罚。被告人代某明系自首,可以从轻处罚。被告人兰某龙到案后能坦白交代其犯罪事实,可以酌情从轻处罚。被告人兰某龙在家人帮助下退清了赃款,被告人兰某龙、代某明取得了被害人的谅解,被告人兰某龙犯信用卡诈骗罪,判处有期徒刑1年2个月,并处罚金2万元。被告人代某明犯信用卡诈骗罪,判处有期徒刑7个月,缓刑1年,并处罚金1万元。

上诉人(原审被告人)兰某龙的上诉意见是,其属于盗窃信用卡并使用的行为,应以盗窃罪追究刑事责任;其具有自首情节;其犯罪工具仅涉及一台POS机,原判将扣押的与本案无关的物品全部没收错误,请求二审公正处理。原审被告人代某明对原审判决未提出异议。一审法院认为,被告人兰某龙、代某明窃取他人信用卡信息盗窃后,进行信用卡诈骗活动,数额较大,其行为触犯刑法,已构成信用卡盗窃罪。被告人兰某龙及辩护人关于其行为应定性的意见,经查,本案中被告人兰某龙虽有盗窃未激活信用卡行为,但本案主行为是窃取他人信用卡信息盗窃进而冒用他人信用卡的行为,根据相关法律规定和法律适用原则,应定性为信用卡诈骗罪,其辩护意见不能成立,法院不予采纳。判决被告人兰某龙犯诈骗卡诈骗罪,判处有期徒刑1年2个月,并处罚金2万元;被告人代某明犯信用卡诈骗罪,判处有期徒刑7个月,缓刑1年,并处罚金1万元。

二审法院认为,上诉人(原审被告人)兰某龙、原审被告人代某明窃取他人信用卡信息资料后，进行信用卡诈骗活动，数额较大，其行为已构成信用卡诈骗罪，依法应当追究刑事责任。关于上诉人兰某龙认为其行为应定性为盗窃罪的意见，经查：本案中兰某龙既有盗窃未激活信用卡的行为，也有窃取他人信用卡信息资料进而冒用他人信用卡的行为，且后行为对实施信用卡犯罪起关键作用，依法应当以信用卡诈骗罪追究刑事责任。维持原审对二上诉人的定罪量刑意见。

三、裁判规则提要

随着信用卡业务在我国的发展，信用卡数量在我国发行的越来越多。现实生活中，信用卡申请后银行往往以邮寄送达信用卡，并设置开卡激活程序。激活开卡主要是通过电话、网络核对申请人提供的相关个人信息，然后完成开卡程序。但实践中，由于各种原因，出现了很多未激活的信用卡被盗走后使用的案件。行为人盗取他人未激信用卡后，为了达到非法占有目的，冒用所掌握的持卡人信息激活信用卡，然后进行透支消费或提现。对于此种行为，实践中有两种观点，第一种意见认为构成盗窃罪。因为被告人盗窃信用卡后进行透支或者套现的行为，根据《刑法》第196条第3款规定，盗窃信用卡并使用的，依照《刑法》第264条即盗窃罪定罪处罚。第二种意见认为构成信用卡诈骗罪。理由是被告人盗窃的信用卡是没有被激活的，被告人通过骗得被害人激活信用卡后再冒用他人信用卡，不同于普通的盗窃信用卡后直接冒用的情形，这就出现了对于被告人骗得被害人激活信用卡的行为是否作特别评价的问题。此外，《刑法》第196条第3款所规定的信用卡是指他人真实有效的信用卡。未激活的信用卡尚不具备信用卡具有的消费、提取现金等支付功能，不是有效的信用卡，不属于《刑法》第196条第3款所规定的信用卡，因此，不能认定为盗窃罪。

（一）未被“激活”的信用卡不属于刑法上所规范的“信用卡”调整范围

在我国《刑法》对于信用卡的含义有明确规定之前，具有代表性的法规主要有两部：一是1996年中国人民银行发布的《信用卡业务管理办法》，第3条对信用卡的概念作了规定，虽然对信用卡的界定相对简单，对不同性质的卡片也尚未做明显区分，但明确信用卡具有转账结算、存取现金、消费信用等功能。二是1999年中国人民银行《银行卡业务管理办法》，对不同性质的银行卡有了更加细致的规定。其中第2条、第5条、第6条，分别对银行卡、信用卡、借记卡、贷记卡等做了明确的规定。由此，自1999年《银行卡业务管理办法》公布实施之后，对信用卡的认定有了明显变化，对各种卡片的性质和功能也有了更加细致的界定。虽然在金融法规对银行卡有了明确规定，但《刑法》中因为对信用卡的范围缺乏明确的法律及相关解释规定，而导致因金融法规规定的变化带来的对于司法实践中不同的银行卡的处理产生的巨大争议。因此，2004年12月全国人民代表大会常务委员会所颁布的《信用卡解释》，对于如何认定《刑法》上的“信用卡”的范围进行界定，规定“信用卡”是指由商业银行或者其他金融机构发行的具有消费支付、信用贷款、转账结算、存取现金等全部或者部分功能的电子支付卡。也就说明刑法意义上的信用卡，首先，它的载体是电子支付卡；其次，其发行主体只限于商业银行或者其他金融机构，其功能具有特定性，限于消费、信贷、存取款等。而未激活的信用卡不能满足第三点，也就是其还没有完成激活步骤，不具有信用卡必须具备的功能属性，因此，不能符合刑法规范对“信用卡”内涵及外延的要求。例案一中，王某军窃取的是银行寄给任某的开卡信件，此信件中的卡片尚未激活不具备消费支付、信用贷款等功能，属于广义上的无效卡范畴。

（二）盗窃他人未激活信用卡并使用的行为并非“盗窃信用卡并使用”的类化行为

1.《刑法》第196条第3款中的“信用卡”不包括未激活的信用卡

依据上述全国人民代表大会常务委员会所颁布的《信用卡解释》的规定来看，对于信用卡的性质的确定主要是其是否具有相关功能，只有真实有效的信用卡才能完整实现信用卡的功能，如果不是真实有效的信用卡即不具有相关功能的卡片，行为人使用这种卡片即不能侵害刑法所保护的某种法益，就不需要由刑法来调整。另外，从罪刑法定原则来看，当刑法没有在“信用卡”前使用任何定语时，无明确标记或者注明其范围是否应当包括无效的、虚假的，该信用卡一般应指真实有效的信用卡。类似情况，如《刑法》第263条的持枪抢劫、第128条第1款规定的非法持有、私藏枪支、弹药罪中的“枪支、弹药”，显然只能是真实、有效的“枪支、弹药”，持有玩具枪并不会侵犯公共安全和国家对枪支、弹药的管理制度，因此，不构成此罪。《刑法》第382条第1款规定的非法获取国家秘密罪中的“国家秘密”必须是关系国家安全和利益，依照法定程序确定，在一定时间内仅限特定人知晓的事项，虚假的消息则因不足以危及国家的安全与发展、未违反国家保密制度而被排除在外。《刑法》第280条规定的盗窃、抢夺、毁灭国家机关公文、证件、印章罪中的“公文、证件、印章”也要求是真实有效的，如果是虚假、作废的则无法实现行为人的犯罪目的。《刑法》第196条第1款对信用卡诈骗罪的四种方式作了规定，第1项使用伪造的信用卡，或者使用以虚假的身份证明骗领信用卡的，其本质都是“虚假”的，是指在不具备获取信用卡条件的情况下通过虚假行为获得了信用卡。第2项使用作废的作用卡，是指丧失效用的信用卡。第3项冒用他人信用卡中规定的“信用卡”不是第一项“虚假”的信用卡，也不是第2项中的“失效”的信用卡，是指“真实”且“未失效”的信用卡。据此我们可以推定认为《刑法》第196条第3款规定的“信用卡”应是上述《信用卡解释》中所定义的具备消费、支付、转账等全部或者部分功能，能够正常发挥其功能的真实的、有效的信用卡，无效卡、伪造卡、变造卡、涂改卡均不能归入其中。只有真实有效的信用卡才能承载财产价值，估计财产数额以及持卡人的信贷额度，才能据此定罪量刑。而未激活的信用卡不具有不特定价值，不具备购物、消费和支取现金的信贷功能，不属于《刑法》第196条第3款中盗窃信用卡中的信用卡。

2. 激活新卡并使用的行为不属于“盗窃信用卡并使用”中的“使用”行为

《刑法》第196条第3款规定：“盗窃信用卡并使用”以盗窃罪定罪处罚，其目的就是保护信用卡不被他人窃取并冒用。第196条第1款对信用卡诈骗罪的4种方式作了规定，即(1)使用伪造的信用卡，或者使用以虚假身份证明骗领信用卡的；(2)使用作废的信用卡的；(3)冒用他人信用卡的；(4)恶意透支的。前两项都有“使用”这个词，第三项的冒用无非也是冒名、冒充使用之意。所以“使用”原则上只有直接发挥信用卡功能的“使用”才是《刑法》第196条第3款规定的“使用”。《刑法》规定的以盗窃论处的“盗窃信用卡并使用”行为，是盗窃他人已激活信用卡并使用，行为人取得他人财物的行为是“盗窃信用卡”+“冒用他人信用卡”，而盗窃未激活信用卡并使用行为中，行为人获取他人信用财物的行为是“盗窃信用卡”+“非法激活他人信用卡”+“冒用他人信用卡”。所以，行为人只有通过欺骗方式激活他人信用卡才能实际控制信用卡并透支使用，如果持卡人挂失成功就失去了利用的价值。

例案二中被告人鲁某典窃取他人未激活信用卡后，冒用他人名义挂失补办新卡并进行刷卡套现，该行为超出“盗窃信用卡并使用”中的“使用”范畴，不应以盗窃罪认定。

3. 盗窃未激活信用卡并使用的行为，不符合《刑法》第196条第3款法律拟制的规定

所谓法律拟制，是将原本不符合某种规定的行为也按照该规定处理。据此，即

使某种行为原本不符合《刑法》的相关规定，但在《刑法》明文规定的特殊条件下也必须按相关规定论处。例如，《刑法》第 269 条规定："盗窃、诈骗、抢夺罪，为窝藏赃物、抗拒抓捕或者毁灭罪证而当场使用暴力或者以暴力相威胁的，依法第二百六十三条的规定定罪处罚"，此即法律拟制。因为该条规定的行为原来并不符合《刑法》第 263 条的构成要件，但第 269 条对该行为赋予与抢劫罪相同的法律效果。如果没有第 269 条的规定，对上述行为就不能以抢劫罪论处，而只能对前一阶段的行为分别认定为盗窃、诈骗、抢夺罪，对后一阶段的行为视性质与情节认定为故意伤害和故意杀人罪。而盗窃未激活信用卡并使用的行为，不符合法律拟制的规定。首先，法律拟制的适用要有明确的法律规定，法律拟制作为特殊的法律适用情形，是将一种与原规定不同的行为情形按照该条法律规定的情形处理。因此，必须有要明确的法律规定，否则滥用法律拟制将会造成司法混乱，法律无明文规定就不能依据拟制的相关规定进行处理。例如，《刑法》规定携带凶器抢夺的定抢劫罪，但如果携带凶器盗窃的，因为缺乏法律规定就不能也认为是抢劫。所以对于《刑法》第 196 条第 3 款虽然可以理解为法律拟制，但只是针对盗窃信用卡并使用的行为定盗窃罪。如果将盗窃未激活的信用卡的行为也直接适用，是违背刑法罪刑法定原则的。其次，刑法设置法律拟制，主要是因为两种行为侵害的法益是相同的或者相似的，并无重大区别，例如，"盗窃、诈骗、抢夺罪，为窝藏赃物、抗拒抓捕或者毁灭罪证而当场使用暴力或者以暴力相威胁的，依法第二百六十条的规定定罪处罚"。其在行为方式上与抢劫罪法益侵害程度大致相同或者相似，所以称为法律拟制。而对于《刑法》第 196 条第 3 款作出这样的规定，是因为被告人在窃取卡片以后进行取现、消费等行为，同样侵犯了持卡的财产权，所以对此刑法规定此款，可以视作法律拟制。但盗窃未激活的信用卡，通过挂失或者其他方式激活的行为，又包括冒用个人信用卡的行为，侵犯了新的法益，即信用卡管理秩序，这与法律拟制所要求的侵犯的法益相当或者相同是有明显不同的，所以，该种行为不符合法律拟制的规定。

（三）盗窃未激活信用卡并使用的行为属于冒用他人信用卡诈骗

1. 激活他人信用卡并使用的行为属于"冒用"他人信用卡行为

办理信用卡，多数都需要经过申领、审核、寄送、激活、使用这五个过程。申领人提交相关证据材料后，银行等机构进行审核，认为申领人符合信用卡签发条件的，会在 10 ~ 15 个工作日内，通过邮寄的方式将信用卡寄到申请人预先留下的联系地址，申领人签收后再通过自己预留的联系方式及提供的信息对信用卡进行激活并使用。"激活"有两种途径，一种是持办卡人的身份证明去银行柜台办理，另一种是使用申领时登记的联系电话拨打银行的服务电话，按照"语音提示"输入申领时预留的联系方式，才能开通使用，也就是说，信用卡只有成功"激活"，才能启用信用卡的各项功能，实现信用卡的不特定价值的转换。因此，"激活"信用卡的行为，是信用卡申办的最关键的程序。申报信用卡不代表一定使用信用卡，所以，激活信用卡是持卡人依据个人意识来决定是否对本人信用卡进行激活使用。这就要求必须是申领人本人或者授权他人才可以操作。如果行为人激活他人信用卡，就是违反了持卡人的真实意志，侵犯人他财产权的同时也侵害了国家对信用卡的管理制度，扰乱了正常的信用卡管理秩序。《银行卡业务管理办法》规定，仅持卡人本人有权使用信用卡，其他任何第三人都不得擅自予以使用，擅自使用即侵犯信用卡管理制度这一法益。盗窃未激活信用卡的行为侵害了两种法益，超出盗窃罪仅侵犯财产权这一法益的范围。例案一中，信件属于具有明确所有权指向的特殊物品，信封上必须注有收件人的姓名、地址、联系方式等信息，权利义务关系明确且所有权指向鲜明。收件人对邮件有绝对所有权。如果一旦其权益遭受到侵犯，仍享返还请求权、损害赔偿权等权利。被告人王某军在信用卡申领人不知情的情况下，利用截取的开卡信件及作为同事知晓申领人身份信息的便利，私自激活信用卡，并以信用卡卡主的身份刷卡取现或消费，侵犯他人财产权的同时也侵害了信用卡管理制度，属于"冒用他人信用卡"的行为。

例案二中鲁某典在窃取吴某未激活的信用卡后，利用知晓的吴某的身份信息，挂失、补办新卡，通过电话激活并刷卡套现。被告人鲁某典本质上不是秘密窃取，而是冒用他人身份欺骗银行。因为其只有冒用他人身份才能补办信用卡，才能顺利激活新卡并使用。所以鲁某典是通过冒用他人身份以及欺骗银行的方式实现信用卡的财产价值。

2. 该行为不是事后不可罚行为

所谓事后不可罚，是指行为人为了实现最终的犯罪目的，在实施一个犯罪行为之后，继而又实施的后续行为，该行为又构成其他犯罪，但是基于期待可能性原理，我们缺乏足够的理由对后续行为进行定罪量刑，因此，对该事后行为不作单独的法律评价。后续行为所侵害的法益须包含在前行为之中。也就是说，事后行为侵犯的社会关系没有扩大前行为社会关系的侵害范围，可以为前行为涵盖和吸收。例如盗窃他人贵重物品后，为毁灭罪证而对财物加以损毁的行为。其前行为是窃取他人贵重物品，已构成盗窃罪。后行为是前行为侵害他人财产权的继续，并不构成故意破坏财产罪。对于盗窃他人未激活信用卡后激活并使用的，其前行为是盗窃行为，这个盗窃行为因未激活信用卡本身不具备信用卡的必备属性，行为人窃取信用卡不能直接使用，无法满足盗窃罪对于数额较大的定罪要求，而后行为是激活并使用，侵害信用卡管理制度和财产权两种社会关系。因为其前的盗窃行为仅侵害公私财产所有权这一社会关系，事后行为侵害的法益并不能为其前的盗窃行为所涵盖。故不属于事后不可罚行为。

例案三中兰某龙盗窃了他人未激活的信用卡，符合非法取得他人信用卡的构成要件，而后又让代某明通过工作之便取得被害人手机，并启动激活程序，利用POS机进行盗刷，该行为不光侵犯了持卡人的财产所有权，也干扰了正常的信用卡管理制度，符合信用卡诈骗罪的犯罪构成。

3. 将盗窃未激活信用卡并使用的行为认定为信用卡诈骗罪，更符合罪刑相适应原则

我国《刑法》第196条规定，“进行信用卡诈骗活动，数额较大的，处五年以下有期徒刑或者拘役，并处二万元以上二十万元以下罚金……”第264条规定，“盗窃公私财物，数额较大的，或者多次盗窃、入户盗窃、携带凶器盗窃、扒窃的，处三年以下有期徒刑、拘役或者管制，并处或者单处罚金……”由此可见，在最低刑期上，信用卡诈骗罪高于盗窃罪。信用卡诈骗罪每一位阶的法定刑也均高于相对应的盗窃罪的法定刑，附加刑的处罚力度也高于盗窃罪。所以认定此行为为信用卡诈骗罪，既有利于打击非法手段取得信用卡并使用的犯罪行为，维护信用卡管理制度，又可以做到罪刑相适应。

四、辅助信息

高频词条：

《刑法》

第196条　有下列情形之一，进行信用卡诈骗活动，数额较大的，处五年以下有期徒刑或者拘役，并处二万元以上二十万元以下罚金；数额巨大或者有其他严重情节的，处五年以上十年以下有期徒刑，并处五万元以上五十万元以下罚金；数额特别巨大或者有其他特别严重情节的，处十年以上有期徒刑或者无期徒刑，并处五万元以上五十万元以下罚金或者没收财产：

（一）使用伪造的信用卡的；

（二）使用作废的信用卡的；

（三）冒用他人信用卡的；

（四）恶意透支的。

前款所称恶意透支，是指持卡人以非法占有为目的，超过规定限额或者规定期限透支，并且经发卡银行催收后仍不归还的行为。

盗窃信用卡并使用的，依照本法第二百六十四条的规定定罪处罚。

第264条 盗窃公私财物，数额较大的，或者多次盗窃、入户盗窃、携带凶器盗窃、扒窃的，处三年以下有期徒刑、拘役或者管制，并处或单处罚金；数额巨大或者有其他严重情节的，处三年以上十年以上有期徒刑，并处罚金；数额特别巨大或者有其他特别严重情节的，处十年以上有期徒刑或者无期徒刑。

《信用卡解释》

全国人民代表大会常务委员会根据司法实践中遇到的情况，讨论了刑法规定的“信用卡”的含义问题，解释如下：

刑法规定的“信用卡”，是指由商业银行或者其他金融机构发行的具有消费支付、信用贷款、转账结算、存取现金等全部功能或者部分功能的电子支付卡。

《信用卡解释二》

第5条 使用伪造的信用卡、以虚假的身份证明骗领的信用卡、作废的信用卡或者冒用他人信用卡，进行信用卡诈骗活动，数额在五千元以上不满五万元的，应当认定为刑法第一百九十六条规定的“数额较大”；数额在五万元以上不满五十万元的，应当认定为刑法第一百九十六条规定的“数额巨大”；数额在五十万元以上的，应当认定为刑法第一百九十六条规定的“数额特别巨大”。

刑法第一百九十六条第一款第三项所称“冒用他人信用卡”，包括以下情形：

（一）拾得他人信用卡并使用的；

（二）骗取他人信用卡并使用的；

（三）窃取、收买、骗取或者以其他非法方式获取他人信用卡信息资料，并通过互联网、通讯终端等使用的；

（四）其他冒用他人信用卡的情形。

《银行卡业务管理办法》

第5条 银行卡包括信用卡和借记卡。银行卡按币种不同分为人民币卡、外币卡；按发行对象不同分为单位卡（商务卡）、个人卡；按信息载体不同分为磁条卡、芯片（IC）卡。

第6条 信用卡按是否向发卡银行交存备用金分为贷记卡、准贷记卡两类。

贷记卡是指发卡银行给予持卡人一定的信用额度，持卡人可在信用额度内先消费、后还款的信用卡。

准贷记卡是指持卡人须先按发卡银行要求交存一定金额的备用金，当备用金账户余额不足支付时，可在发卡银行规定的信用额度内透支的信用卡。

第 7 条 借记卡按功能不同分为转账卡（含储蓄卡，下同）、专用卡、储值卡。借记卡不具备透支功能。

第 8 条 转账卡是实时扣账的借记卡。具有转账结算、存取现金和消费功能。

第 9 条 专用卡是具有专门用途、在特定区域使用的借记卡。具有转账结算、存取现金功能。

专门用途是指在百货、餐饮、饭店、娱乐行业以外的用途。

第 10 条 储值卡是发卡银行根据持卡人要求将其资金转至卡内储存，交易时直接从卡内扣款的预付钱包式借记卡。

信用卡诈骗案件裁判规则第 4 条：

拾得他人信用卡，无论是通过猜配密码再使用，还是利用既有密码当场取现，数额较大的，均构成信用卡诈骗罪

〔**规则描述**〕：拾得信用卡并使用包括捡拾后通过猜配密码或已知密码并消费、取现，也包括利用他人遗忘在 ATM 中正在运行的信用卡取现、转账的情形，两种情形行为人的行为均属于冒用他人信用卡，数额较大的，构成信用卡诈骗罪。

一、类案检索大数据报告

时间：2020 年 8 月 30 日之前，案例来源：Alpha 案例库，案件数量：3097 件，数据采集时间：2020 年 8 月 30 日，本次检索共获取认定信用卡诈骗罪中拾得信用卡并使用的行为，2020 年 8 月 30 日之前 3097 篇裁判文书。如图 4 - 1 所示，从案件年份分布情况可以看出当前条件下刑事案例数量的变化趋势。

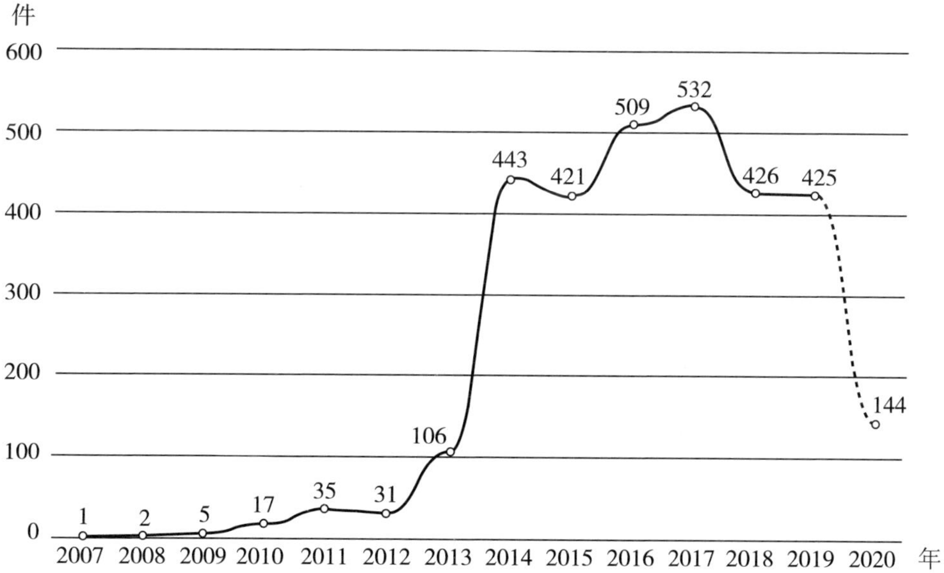

图 4 - 1 案件年份分布情况

如图 4 -2 所示,从案件主要地域分布情况来看,当前案例主要集中在福建省、广东省、湖南省,分别占比 15.43%、10.62%、7.81%,其中福建省的案件量最多,达到 478 件。

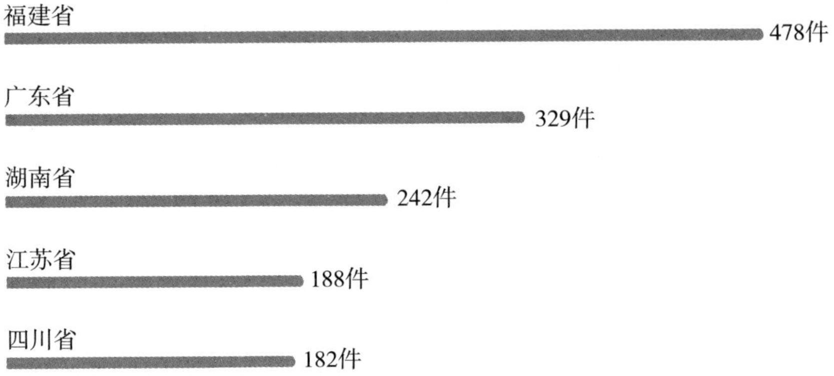

图 4 -2　案件主要地域分布情况

如图 4 -3 所示,从案件案由分类情况可以看出,当前的案由分布由多至少分别是刑事、民事。

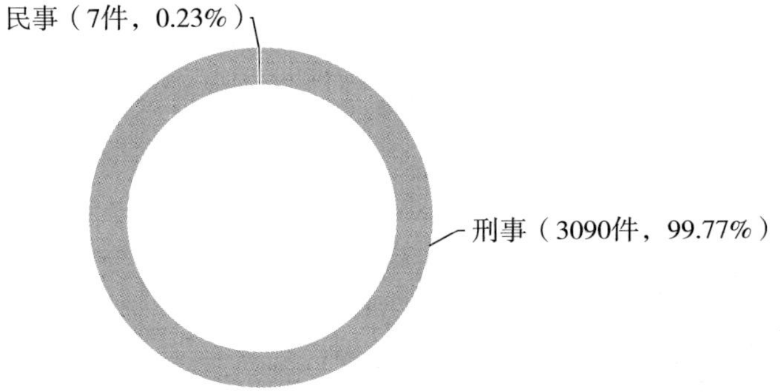

图 4 -3　案件案由分类情况

如图 4 -4 所示,从案件的程序分类统计可以得出当前的审理程序分布状况,其中一审案件有 2892 件,二审案件有 191 件,再审案件有 12 件,其他 2 件,并能够推算出一审上诉率约为 6.60%。

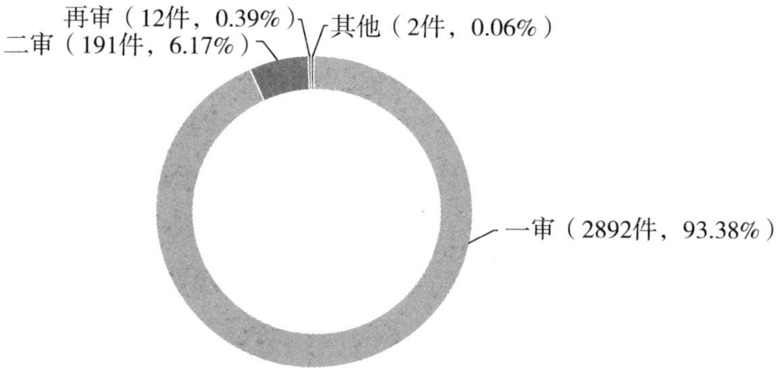

图4－4　案件程序分类情况

如图4－5所示，通过对主刑的可视化可以看出，当前条件下包含有期徒刑的案件有2043件，包含拘役的案件有770件，包含无期徒刑的案件有1件，包含死刑的案件有1件。

图4－5　案件判决主刑情况

二、可供参考的例案

例案一　沈某某信用卡诈骗案

【法院】

北京市第二中级人民法院

【案号】

（2005）二中刑终字第1835号

【诉讼主体】

原公诉机关：北京市朝阳区人民检察院

被告人:沈某某

【基本案情】

被告人沈某某于2005年1月23日,在中国工商银行北京市朝阳区华威西里储蓄所,使用被害人冯某某遗忘在ATM中的牡丹灵通卡从该ATM中取走人民币3900元,并将冯某某的牡丹灵通卡密码更改,于当日持该卡到中国工商银行北京市朝阳区劲松三区储蓄所柜台取走人民币12,200元。后沈某某被查获归案,赃款均起获和发还被害人冯某某。

【案件争点】

使用他人遗忘在ATM中正在运行中银行卡,是否属于冒用他人信用卡,ATM能否成为被骗的对象。

【裁判要旨】

一审法院经审理认为,被告人沈某某在拾得他人遗失的银行借记卡以后,冒用银行卡所有人的名义到银行柜台或者通过自动提款机取款,数额较大,其行为符合诈骗罪的犯罪构成,应予惩处。判决被告人沈某某犯诈骗罪,判处有期徒刑6个月。

一审宣判后,原公诉机关提出抗诉。抗诉理由是:根据《信用卡解释》,被告人沈某某冒用他人银行借记卡的行为属于冒用他人信用卡的行为,应以信用卡诈骗罪追究刑事责任,原判认定沈某某的行为构成诈骗罪,明显与上述立法解释相悖。

二审检察机关出庭意见是:原判认定事实清楚,证据确实、充分,但原审被告人沈某某的行为应认定为信用卡诈骗罪,原判对沈某某的行为定性不准,适用法律有误,建议二审依法改判。

二审法院审理认为,原审被告人沈某某在捡拾他人遗忘的牡丹灵通卡后,冒用该卡持有人的名义通过自动提款机和银行柜台取款,数额较大,其行为构成信用卡诈骗罪,依法应予惩处。根据《信用卡解释》,我国现行《刑法》中规定的信用卡包括作为借记卡的牡丹灵通卡,北京市朝阳区人民检察院关于原审被告人沈某某的行为构成信用卡诈骗罪的抗诉理由及北京市人民检察院第二分院支持抗诉的意见成立,予以采纳。一审法院判决认定沈某某冒用他人牡丹灵通卡的事实清楚,证据确实、充分,审判程序合法,但对沈某某的行为定罪不准,适用法律错误,对沈某某判处附加刑亦不当,依法予以改判。判决原审被告人沈某某犯信用卡诈骗罪,判处有期徒刑6个月,罚金人民币2万元。

例案二 | 刘某信用卡诈骗案

【法院】

江苏省金坛市人民法院

【案号】

(2007)坛刑初字第157号

【诉讼主体】

原公诉机关：江苏省金坛市人民检察院

被告人：刘某

【基本案情】

被告人刘某原为常州某大酒店服务员。2006年7月20日晚，受害人陈某等人在该酒店310包厢内用餐。餐后，陈某将信用卡交给在该包厢内服务的刘某，告知其密码，委托其到吧台付款。结账后，刘某将信用卡交还陈某。陈某等人离开后，刘某在打扫包厢时拾得陈某遗失在包厢内的该信用卡，遂于当晚及次日持该卡从自动取款机上取款8次，共计人民币18,900元。

【案件争点】

拾得已知密码的信用卡在自动取款机上取款，是否属于冒用他人信用卡。

【裁判要旨】

一审法院经审理认为，被告人刘某以非法占有为目的，隐瞒事实真相，冒用合法持卡人的名义，使用所持他人的信用卡取款，数额较大，其行为已构成信用卡诈骗罪。以信用卡诈骗罪判处被告人刘某有期徒刑1年6个月，并处罚金人民币2万元；其违法所得人民币18,900元应予退赔。

一审宣判后，被告人未上诉，检察院未抗诉，判决发生法律效力。

例案三 | 邬某某、阿某某信用卡诈骗案

【法院】

上海市浦东新区人民检察院

【案号】

(2019)沪0115刑初3297号

【诉讼主体】

公诉机关：上海市浦东新区人民检察院

被告人：邬某某、阿某某

【基本案情】

2019年4月17日13时许，被告人邬某某、阿某某在16号线惠南地铁站内的一公交卡充值机上捡到被害人韩某某遗落的1张汇丰银行信用卡，后在上海第一八佰伴商场的亚一金店内冒用被害人韩某某的信用卡，分别刷卡购买了价格为1152元的黄金戒指1枚、价格为1438.5元的黄金挂坠1个。

2019年4月18日19时许，被告人邬某某、阿某某在16号线惠南地铁站内的一公交卡充值机上捡到被害人黄某遗落的1张交通银行信用卡，后在上海浦东商场亚一珠宝专柜、浦东商场对面老凤祥银楼、上海市乐之语通讯东门大街店，冒用被害人黄某的信用卡，分别刷卡购买了价格为8485.2元的黄金手链1条、价格为5584.1元的黄金项链1条、价格共计为7196元的vivoX27移动电话2部。

【案件争点】

拾得他人信用卡，通过猜配密码进行使用，是否属于冒用合法持人身份进行欺骗的行为。

【裁判要旨】

法院审理认为，被告人邬某某、阿某某以非法占有为目的，违反信用卡管理法规，冒用他人信用卡进行信用卡诈骗活动，数额较大，其行为均已构成信用卡诈骗罪。公诉机关指控的事实清楚、证据确实充分，罪名成立，应予支持。阿某某主观上明知邬某某使用拾得的信用卡进行大额消费的情况，客观上直接参与了使用信用卡的行为，故两名被告人的行为均构成犯罪。

三、裁判规则提要

在现实生活中，拾得信用卡并使用分为性质不同的两种情形，第一种是在自动取款机中拾得他人遗忘在取款机中的信用卡。第二种是在其他地方拾得信用卡。第一种情形又可以分为两种情况：一是拾卡人拾得信用卡时，失卡人之前使用该信用卡的操作系统尚未退出页面，正在运行，拾卡人不需要重新输入密码可以直接根据取款机显示屏的指示进行操作，进而取得相应的钱款；二是拾卡人在自动取款机中拾得他人遗忘的信用卡时，自动取款机上一次操作系统已经退出页面，要想利用该卡取款，行为人必须重新输入密码，这与在其他地方拾得信用卡没有本质区别。

(一)准确认定使用拾得的信用卡是民事中的不当得利还是刑事犯罪行为

不当得利是民法中的概念,是指没有合法根据,使他人受到损失而自己获得利益的事实。构成不当得利必须同时具有四个要件:一是有一方取得财产利益;二是有一方受有损失;三是取得利益与所受损失之间具有因果关系;四是行为人的利益的取得没有法律上的根据,不受法律保护,获益人有义务将其所受不当利益返还受害人。其中,获得不当得利的人为受益人,也就是不当得利之债的债务人,受损失的人是受害人,是不当得利的债权人。在不当得利的受益人取得不当得利之前,主观上根本没有非法占有他人财物的故意。造成不当得利在民法中基于两种情形,一种情形是基于当事人之间的法律行为,一般而言是基于当事人之间存在合同关系,当合同被撤销或者宣告无效时,一方当事人因为合同约定取得的财产因为合同的无效或者撤销丧失了合法取得的依据而被认定为不当得利。另一种情形是基于不以人的意志而转移的事件而发生的。也就是说,不当得利的受益人获得不当利益是被动的,没有积极实施获取不当利益的行为。而拾得信用卡并使用的行为人主观上已经具有非法占有他人财产故意,侵犯了公民的合法财产,其行为的社会危害性已经远远超出了民法调整的范围,构成了刑事犯罪。在司法实践中应注意以下几点:第一,信用卡仅是一个金融凭证,要实现信用卡的财产利益必须要经过一系列的行为和手续。拾得信用卡不等于获得了信用卡内的财产利益。信用卡真实持卡人遗失了信用卡,但并没有放弃对信用卡内钱款的所有权。而法律评价的主要是使用信用卡的行为,而不是拾得信用卡的行为,行为人捡拾信用卡是纯粹的民事行为,但使用信用卡获得财产利益的行为则属于刑事犯罪行为。第二,如果信用卡真实持卡人丢失信用卡之后可以采取挂失、补领措施避免财产损失,那么行为人在拾卡后使用信用卡并不一定能获得利益,非法占有他人财物,真实持卡人也不必然有所损失,所以不必然地构成不当得利。第三,当拾得他人信用卡并使用的行为超过了民法的调整范围,进入了刑法调整范围的时候,就应当对其予以定罪而不能仅限于民事违法行为定性。因此,行为人拾得他人遗失的信用卡并使用,主观上具有非法占有其他人财产的故意,客观上实施了危害他人财产的行为,侵害了他人财产所有权,扰乱了金融管理秩序,符合刑事犯罪的构成要件,不属于民法中的不当得利。例案二中刘某拾到信用卡后,在知道失主是谁的情况下没有返还,并且利用已知的密码到 ATM 上进行取款,主观上已具有非法占有的他人财产的故意,侵犯了公民的合法财产,其行为的社会危害性已经超过了民法调整范围,具有刑事违法性,不是民法上的不当得利,应以犯罪进行处罚。

(二)拾得银行卡后通过猜配密码或是已知的密码进行消费、在银行柜台取现、在ATM上取现、转账的行为非秘密窃取,也非侵占他人财物,属于冒用他人名义

司法实践中对于此种行为有三种观点:第一种观点认为该行为属于秘密窃取,应定为盗窃罪;第二种观点认为行为人侵占了他人财物,构成侵占罪;第三种观点认为行为人的行为属于冒用他人名义,构成信用卡诈骗罪。所以准确区分盗窃、侵占、信用卡诈骗罪对实践有着重要意义。

1. 此种行为非秘密窃取,不构成盗窃罪

盗窃罪的根本特征是秘密窃取。所谓秘密窃取,是指行为人采用自认为不使人发觉的方法非法地将他人控制之下的财物转移到自己控制之下。认定秘密有三个要点:首先,秘密是以行为人主观上自以为他人不知为标准,即使客观上已被他人发觉,无秘密性可言,也不影响秘密窃取性质的认定;其次,秘密性的判断不能脱离行为的时空条件,只能以行为时是否自认为秘密作为判断标准;最后,秘密是针对财物所有人或者管理人而言的,当面进行的行为不存在秘密窃取的问题,而可能构成诈骗、抢劫等犯罪。而拾得信用卡并使用的行为非秘密窃取,不构成盗窃罪。第一,从侵犯的客体看,盗窃罪只侵犯了他人的财产权,而拾得信用卡并使用侵犯了发卡金融机构或者信用卡真实权利人的财产性权利外,更主要的是侵犯了国家的金融管理制度。第二,从非法取得财产的行为模式看,盗窃罪系由犯罪人自行直接将他人占有之下的财物秘密取走;而拾得信用卡并使用,以需要通过猜配密码或者伪造签名等方式引发他人认识错误,让其自己处分财产,主动交出财产。第三,从受害人处分财产的方式看,盗窃罪系违反受害人意志而取得财产的犯罪,受害人一般未察觉犯罪行为,其财产损失是由外力介入造成的,而拾得信用卡后猜配密码、伪造签名的行为都属于冒用他人名义,行为人隐瞒自己不是合法持卡人的真相欺骗受害人,使被害人误认为行为人是合法的持卡人而主动支付。即使是在ATM上使用,行为人也是需要输入密码,按程序操作,其冒用合法持卡的人行为使银行陷入错误认识进行支付。所以,拾得信用卡后通过猜配密码或已知密码使用的行为不是秘密窃取,不构成盗窃罪。

2. 拾得银行卡取现、消费的行为非侵占他人财物，不构成侵占罪

侵占罪，是指以非法占有为目的，将代为保管的他人财物非法占为己有，数额较大，拒不退还的，或者将他人的遗忘物、埋藏物非法占为己有，数额较大，拒不交出的行为。从犯罪构成理论上讲，构成侵占罪必须具备三个要件：一是行为人主观上必须出于故意，并且具有非法占有他人财物的目的；二是行为人在客观上将自己持有或者管理的他人财物非法占为己有，数额较大，并且拒不交出或者拒不退还；三是行为人的行为侵犯了他人的财物所有权。但拾得信用卡并使用的行为不构成侵占罪。第一，作为侵占罪犯罪对象的财物，应能为行为人持有，而行为人拾得信用卡并不等于其已经获得了信用卡里的资金。因为银行信用卡是一种具有消费支付、存取现金、转账结算等功能的电子支付卡，其不同于财产，本身无价值，只有被用于取款或消费结算时，才能体现出财产价值。行为人要想获得信用卡上的资金必须首先获知该信用卡密码，通过密码进行取款、消费。如果行为人没有后续的取款行为，则信用卡所有人的财产权益就不会受到侵害，财产也不会减少，信用卡所有人的财产权也不需要刑法加以保护。因此，占有捡得的信用卡并未占有其中的财物，只是具备了占有财物的前提，这与侵占罪中拾得他人遗忘物就可获取财产利益并侵犯他人财产权不同。所以遗落的银行信用卡不能成为侵占罪的犯罪对象。第二，侵占罪的行为人直接获得并非法占有了他人的合法财产，其犯罪对象应当是行为人已经持有的他人所有的合法财产。行为人非法占有的对象与他人合法持有的对象应当是同一的，至少可以直接置换。也就是说，侵占他人财物，拒不退还，但没有侵犯新的法益，而拾得信用卡并冒用的行为，因其冒用的行为侵犯了新的法益，所以属于冒用他人信用卡的行为，不是侵占行为。第三，从侵占罪的构成要件上来看，侵占罪的犯罪主体对侵占的财物要有一定的控制权和支配权。对于信用卡来说，卡上所体现的财产权益，在法律上属于信用卡所有人所有，在事实上由银行占有，拾得信用卡的行为人对信用卡的资金没有任何的使用权利。所以拾得信用卡并使用的行为不符合侵占罪的构成要件。例案二中刘某在取钱前并没有合法地占有自动取款机中的资金，其先产生不法占有目的，后实际占有钱款，其行为不符合侵占罪的要件特征。

3. 拾得银行卡后通过密码取现、消费的行为，属于冒用他人信用卡并使用，构成信用卡诈骗罪

首先，通过密码取现、消费系冒他人名义的行为。根据我国《银行卡业务管理办法》的规定，信用卡是银行以持卡者的信用为条件，发给用户用于购买商品、取得

服务或者提取现金的信用凭证。以此凭证,持卡人可以到指定的地点进行消费或者到 ATM 上取款。因此,信用卡是凭用户的真实身份资料办理,以用户的资信状况和担保为保障,同时它还具有透支功能,并不能出租或出让,更不能典当或抵押。这些规定都表明信用卡具有显著的身份特征,使用信用卡的人必须是合法的持卡人或经依法授权的人。但是信用卡除了具有记名的特征,信用卡还有密码特征,行为人若想实现信用卡的全部或者部分功能,必须拥有信用卡并同时具有信用卡的密码。行为人拾得他人信用卡后在特约商户或者 ATM 等终端媒介上使用,无论是通过已知的密码还是猜配密码使用,实质上是都是通过破解信用卡密码这一冒用行为的操作,也就是以冒充合法持卡人名义为手段使用信用卡。一方面,行为人使用信用卡是通过冒充持卡人名义的行为进行;另一方面,这种冒名行为未经合法持卡人同意或者授权。因为行为人非真实持卡人,所以行为人通过输入正确密码、模仿持卡人签名等行为向银行证明自己的"持卡人"资格,掩盖了其不是合法持卡人的事实真相,达到非法占有的目的。这种证明的行为实质上就是对银行的欺骗,即行为人用隐藏真相的行为使支付方产生了行为人即是合法持卡人的错误认识进而主动交付财产的行为,这种冒名行为必须具有欺骗性质,至于行为人是如何得到正确密码以及模仿的签名是否相似不是重点。随着经济的发展,如今我国银行基本形成了以下交易习惯,除 ATM 交易外,其余交易均需持卡人签名确认,凡使用密码进行的交易,只要输入密码正确,银行或支付方在形式上就认为信用卡现在的使用者就是信用卡的持有人。所以行为人通过输入密码证明自己具有持卡人资格的行为就是一种身份的盗用,冒充了信用卡持有人从而对信用卡进行了使用。因此,拾得信用卡,并通过密码使用的行为就是通过冒充合法持卡人的名义进行的。例案三中邬某某拾得信用卡,通过猜配密码的方式进行刷卡消费,实际就是冒用合法持卡人的名义,向商场隐瞒自己不是合法持卡人事实真相,骗取银行,进行消费,属于冒用他人名义使用信用卡,构成信用卡诈骗罪。

其次,拾得信用卡并使用行为有明确的被骗对象。对于拾得信用卡并对人使用的情形,行为人面对的是银行职员或者特约商户的工作人员等自然人,行为过程中,其采取了或者隐瞒自己不是合法持卡人的真相,或者虚构了持卡人身份信息的事实,银行职员或者特约商户工作人员在其虚构事实或者隐瞒真相的作用下陷入错误认识,进而处分了信用卡内的财产,因此,其对象就是上述银行职员或者特约商户的工作人员。而对于拾得信用并对机器使用的情形(包括使用遗留在自 ATM 内但退出程序的银行卡),行为人实际上借助了 ATM 等终端媒介,通过输入密码在相关机器的提示下自助实现信用卡部分或全部功能，从而非法占有他人信用卡内的财产，该类行为被骗对象就是ATM。提取存款的行为虽然带有一定秘密因素，但ATM对其取款信息是有明确记录的，并非作为财物保管人的银行对他人取款行为毫无知觉。另外从自动取款机的工作原理看，它本质上是银行预先将取款的程序和条件等内容以计算机软件这个载体进行了设定，并通过信用卡卡号和密码来对取款人的身体份进行识别，可以说银行的意思是通过自动柜员机进行表示并执行的，自动取款机是银行的意思延伸。在行为人发出取款指令后，自动取款机作出的判断实际上代表了银行的意志。

最后，我国法律已明确规定拾得信用卡并使用属于冒用他人信用卡的情形。最高人民检察院《关于拾得他人信用卡并在自动柜员机（ATM）上使用的行为如何定性问题的批复》指出，拾得他人信用卡并在自动柜员机（ATM）上使用的行为，属于《刑法》第196条第1款第3项规定的“冒用他人信用卡”的情形，构成犯罪的，以信用卡诈骗罪追究刑事责任。最高人民法院、最高人民检察院《信用卡解释二》第5条第2款规定：“刑法第一百九十六条第一款第（三）项所称‘冒用他人信用卡’，包括以下情形：（一）拾得他人信用卡并使用的；（二）骗取他人信用卡并使用的；（三）窃取、收买、骗取或者以其他非法方式获取他人信用卡信息资料，并通过互联网、通讯终端等使用的；（四）其他冒用他人信用卡的情形。”因此，行为人虚构自己是合法持卡人身份，隐瞒自己所持有的信用卡是捡拾这一真相，通过成功猜配密码或已知密码进行消费或者在ATM上使用，违背了银行的真实意志，从而达到了诈骗的目的，行为人的行为符合《刑法》规定冒用他人信用卡进行诈骗的行为规定，构成信用卡诈骗。例案二中刘某不是该信用卡的主人，也未经卡主陈某同意或者授权，却利用已知的密码冒充失主信息，骗取信任而提取现金。银行具有处分陈某信用卡资金的权限，自动取款机经验证后误认为刘某具有取款的合法资格而付款，因此，银行对处分财产行为的性质是明知的，在形式上是自愿的。刘某拿拾得的信用卡在自动取款机上取款，卡的所有人受害，银行被骗，其行为与在银行柜台上取款性质相同，实质上都是非持卡人冒用他人信用卡而骗取现金，不仅侵犯了公私财产所有权，而且侵犯了银行的信用卡管理制度，完全符合信用卡诈骗罪的构成要件。

（三）行为人利用他人遗忘在ATM内正在运行的信用卡取款、转账的行为，应认定为冒用他人名义，构成信用卡诈骗罪

使用他人遗忘在ATM上运行的信用卡，是指行为人利用他人插入ATM中且

已输入密码的信用卡处于运行状态的时机,直接取走或者转走他人卡内资金的行为。司法实践中,对于此种行为有两种观点,一种认为构成盗窃罪,另一种认为构成信用卡诈骗罪。所以在认定构成何种犯罪时应从行为人的犯罪手段、犯罪对象、卡内现金的属性、法律规定等方面来确认。

1. 从行为人的犯罪对象来看

从司法实践看,在不需要输入密码的前提下,ATM 能否被骗是认定行为人构成信用卡诈骗罪还是盗窃罪的关键。传统刑法理论常以被诈骗对象性质的不同为标准区分犯罪的性质,只有生命和意识,能够自我思维的自然人才能成为被骗的对象,而对于 ATM 等终端,认为是没有生命和意识的机器,不具有思维的能力来判断行为的性质,因此不会产生错觉,更不会在错误认识的支配下"自觉地"将自己所有或合法占有的财物交付给行为人,所以认为 ATM 不能被骗。但这种认识已经不能适应社会的发展,随着技术进步,以往出现人与人之间的信息交通往来,越来越多地向人与机器之间转变。越来越多的活动借助具有人工智能的自动化设备来完成,但这些设备终究离不开人的意识控制,并被赋予一定的目的和任务。这种形势下,就应当看到虽然行为人是通过机器实施侵害财产的行为,但是行为人有可能最终通过机器使设置机器或操作机器的人产生错误认识。行为人利用尚未退出操作页面的银行卡取款的行为,从局部看,行为人是通过自动取款机取得他人财产,但从整体看,ATM 是银行按相关技术设置了相关的程序,并进行管理、控制,ATM 是按照银行事先设置的程序向外吐钱,实际是在执行银行的指令。行为人以非法占有为目的想取出现金或者进行转账,必须对 ATM 输入指令,所以表面上是行为人通过 ATM 取得他人卡内存款,但本质是通过使用 ATM 欺骗银行,从而取得持卡人银行卡内的存款。所以不能认为行为是"秘密窃取"了持卡人的信用卡内资金,不能认定为盗窃罪。

2. 从遗失在 ATM 里的银行卡的现金属性来看

虽然持卡人将银行卡遗失在 ATM 内,但银卡行内的现金不属于遗忘物。遗忘物是指非出于占有人或者所有人之本意,偶然失去其占有的物品。其特点是,第一,脱离对其的占有不是该所有人故意为之;第二,行为人对该占有脱离物的占有,不是基于委托合同等法律关系。行为人使用他人遗留在取款机的银行卡取出的现金不能被认定为遗忘物。首先,银行卡并非遗忘物,所谓的遗忘物是具有一定价值的动产,而银行卡本身没有任何价值,所以不能认定为遗忘物。另外,对信用卡片本身的占有,并不等同于对信用卡的资金的占有。现金属于种类物,不记名也不能挂失，而银行卡是特定物，卡内储存有所有者的基本信息，可以挂失。信用卡与财产具有一定的联系，但信用卡充其量只是记载财产为内容的一种载体，其本身并不等于财产，如果要转化为财产必须有兑现的过程。其次，被害人遗忘的尚未退出操作程序的银行卡内的现金也不属于遗忘物。虽然被害人把银行卡遗忘在正在运行状态的取款机内，脱离了持卡人的占有，但遗忘在自动取款机中的信用卡并非已经完全处于失控的状态。银行卡内的资金仍属于真实持卡人所有并由银行占有，这种情形下只要行为人不实施取款或转账行为，行为人就不能占有卡内的资金，持卡人信用卡中的资金并不会产生损失。在拾得人不进行兑现期间，持卡人可以采取到银行挂失、冻结等措施保障其资金的安全，也就说明信用卡内的资金系由银行事实上占有的财物，并非遗忘物。因此，不能认为行为人使用持卡人遗忘ATM中的正在运行的信用卡属于拾得“他人的遗忘物”，不能认定为侵占罪。

3. 从行为人的犯罪手段来看

因为信用卡具有身份性，它是系商业银行或其他金融机构发行的，具有消费支付、存取现金等功能设置的电子支付卡。就存取款功能而言，信用卡是客户与银行之间签订的存款合同的凭证与载体。而根据存款合同约定，客户将资金存入银行后，款项便归银行占有、支配。所以行为人拾得他人遗留在ATM内的信用卡后在未取得卡主授权或者同意的情况下取款、转账，实质上是一种“冒用”他人信用卡的欺诈行为。“冒用他人信用卡”是指非持卡人擅自使用持卡人的信用卡的行为。所以只要信用卡的使用人是非持卡人，便是“冒用他人的信用卡”，至于行为人是自己输入密码还是让银行工作人员输入密码或者利用已经输好的密码，行为本质并无不同。行为人是否输入密码只是影响“冒用”持卡人的信用卡的行为环节的多少，而不影响“冒用”持卡人信用卡的行为的成立。况且ATM并非傻瓜式机器，是植入系统的机器人，ATM使用的“密码+摄像头”之验证方式的安全性不比人工柜员低。机器处于可提取状态不等同于可直接获取现金，要获取现金还要有后续的取现指令与支付。这就相当于在人工柜台向柜员出示身份证明，并不等同于获得了账户资金，只有发出取现指令，柜员交付现金后才属于持卡人所有。而行为人利用他人遗忘在ATM内正在运行的银行卡，必须是冒用合法持卡人的身份输入取款指令，致使银行误认为是合法持卡人在继续交易从而指令ATM处分财产。因此，行为人使用持卡人遗忘在ATM中正在运行中的信用卡的行为属于“冒用他人信用卡”，应以信用卡诈骗罪论处。

4. 从法律规定来看

我国法律已明确规定拾得信用卡并使用属于冒用他人信用卡的情形。最高人民检察院《关于拾得他人信用卡并在自动柜员机(ATM)上使用的行为如何定性问题的批复》规定:"拾得他人信用卡并在自动柜员机(ATM)上使用的行为,属于《刑法》第一百九十六条第一款第三项规定的'冒用他人信用卡'的情形,构成犯罪的,以信用卡诈骗罪追究刑事责任。"该批复既未限定信用卡的拾得范围,也未限定拾得的信用卡状态,所以遗忘在ATM中的信用卡可以成为拾得的对象,输入过密码的信用卡可以成为使用的对象。最高人民法院、最高人民检察院《信用卡解释二》第5条第2款明确规定"拾得他人信用卡并使用"属于冒用他人信用卡,从法律规定的文义上看并未限定信用卡的状态,所以不能据此排除正在运行状态中的信用卡。另外,从对信用卡秩序的破坏和对财产权利的侵犯上看,行为人使用输入密码后的信用卡与使用未输入密码的信用卡对信用卡秩序的破坏是相同的,两者的区别仅在于是否有输入密码的行为。如果说未输入密码行为人的主观恶性、社会危害性小些,在处理案件时可酌情考虑。

在司法实践中,虽然对拾得人信用卡后在ATM上使用有不同的认识,判决结果也不一定,但将拾得他人信用卡并使用的行为均认定为信用卡诈骗罪,能够节约司法资源,也能保证司法的统一性。因为,对于同一司法活动来说,在依法做到公平、公正、公开的同时,如果我们选择节约司法资源的做法,也就能提高司法效率。所以对于拾得信用卡并使用的情况,不需要区分使用对象,只要行为人的行为属于"拾得信用卡并使用"就将其定性为信用卡诈骗罪的做法更能节省司法资源。另外,行为人捡拾他人信用卡后通过ATM取款,与行为人捡拾他人信用卡后通过对银行柜台工作人员实施假冒签名等欺骗方法取款,在本质上并无不同,均同时侵害了他人财产权和金融管理秩序,且在现代科技发达的新形势下,前者呈常见多发的现象,因此,二者的社会危害性及刑事责任应无差别,对二者均按信用卡诈骗罪定罪处罚,其处罚结果可以达到刑法体系内的平衡,以此做到罪刑相适应。如果同一类型的案件出现了不同的判决结果无疑会影响司法公信力,造成社会不稳定,如果将使用遗留在ATM中正在运行的信用卡的行为为盗窃罪,使用在其他地方拾得的信用卡定为信用卡诈骗罪,就会导致因对象不同、定性不同而使司法标准不统一。而且将拾得信用卡并使用的行为认定为信用卡诈骗罪,符合《关于拾得他人信用卡并在自动柜员机(ATM)上使用的行为如何定性问题的批复》和《信用卡解释二》的规定。

四、辅助信息

高频词条：

《刑法》

第 196 条　有下列情形之一，进行信用卡诈骗活动，数额较大的，处五年以下有期徒刑或者拘役，并处二万元以上二十万元以下罚金；数额巨大或者有其他严重情节的，处五年以上十年以下有期徒刑，并处五万元以上五十万元以下罚金；数额特别巨大或者有其他特别严重情节的，处十年以上有期徒刑或者无期徒刑，并处五万元以上五十万元以下罚金或者没收财产：

（一）使用伪造的信用卡的；

（二）使用作废的信用卡的；

（三）冒用他人信用卡的；

（四）恶意透支的。

前款所称恶意透支，是指持卡人以非法占有为目的，超过规定限额或者规定期限透支，并且经发卡银行催收后仍不归还的行为。盗窃信用卡并使用的，依照本法第二百六十四条的规定定罪处罚。

第 264 条　盗窃公私财物，数额较大或者多次盗窃的，处三年以下有期徒刑、拘役或者管制，并处或者单处罚金；数额巨大或者有其他严重情节的，处三年以上十年以下有期徒刑，并处罚金；数额特别巨大或者有其他特别严重情节的，处十年以上有期徒刑或者无期徒刑，并处罚金或者没收财产；有下列情形之一的，处无期徒刑或者死刑，并处没收财产：（一）盗窃金融机构，数额特别巨大的；（二）盗窃珍贵文物，情节严重的。

《信用卡解释二》

第 5 条　使用伪造的信用卡、以虚假的身份证明骗领的信用卡、作废的信用卡或者冒用他人信用卡，进行信用卡诈骗活动，数额在五千元以上不满五万元的，应当认定为刑法第一百九十六条规定的“数额较大”；数额在五万元以上不满五十万元的，应当认定为刑法第一百九十六条规定的“数额巨大”；数额在五十万元以上的，应当认定为刑法第一百九十六条规定的“数额特别巨大”。

刑法第一百九十六条第一款第三项所称“冒用他人信用卡”，包括以下情形：

（一）拾得他人信用卡并使用的；

（二）骗取他人信用卡并使用的；

（三）窃取、收买、骗取或者以其他非法方式获取他人信用卡信息资料，并通过互联网、通讯终端等使用的；

（四）其他冒用他人信用卡的情形。

最高人民检察院《关于拾得他人信用卡并在自动柜员机（ATM）上使用的行为如何定性问题的批复》

浙江省人民检察院：

你院《关于拾得他人信用卡并在 ATM 上使用的行为应如何定性的请示》（浙检研[2007]227 号）收悉。经研究，批复如下：拾得他人信用卡并在自动柜员机（ATM 机）上使用的行为，属于刑法第一百九十六条第一款第（三）项规定的“冒用他人信用卡”的情形，构成犯罪的，以信用卡诈骗罪追究刑事责任。

信用卡诈骗案件裁判规则第5条：

利用他人支付宝秘密窃取他人钱款的，如直接通过交易密码从银行卡中处分、转移资金的，构成盗窃罪。通过重置他人支付宝账户密码、窃取银行卡信息等方式，利用支付宝窃取银行卡内资金的，则属冒用他人信用卡，构成信用卡诈骗罪

〔**规则描述**〕：支付宝交易模式的不同导致非法转移他人支付宝内或其绑定银行卡内钱款行为的司法认定不能一概而论。在被害人自己已经绑定银行卡的情况下，行为人窃取被害人的支付宝账户密码之后，通过支付宝交易密码从银行卡中处分、转移资金的，银行并未进行身份鉴别，认定为盗窃；如果通过重置他人支付宝账户密码、窃取银行卡信息等方式，秘密窃取支付宝所关联的银行卡内资金时，则属冒用他人信用卡，构成信用卡诈骗罪。

一、类案检索大数据报告

时间：2020年8月30日之前，案例来源：Alpha案例库，案件数量：65件，数据采集时间：2020年8月30日，本次检索共获取认定信用卡诈骗罪中秘密窃取支付宝所关联的银行卡内资金的行为，2020年8月30日之前65篇裁判文书。如图5-1所示，从案件年份分布情况可以看出当前条件下刑事案例数量的变化趋势。

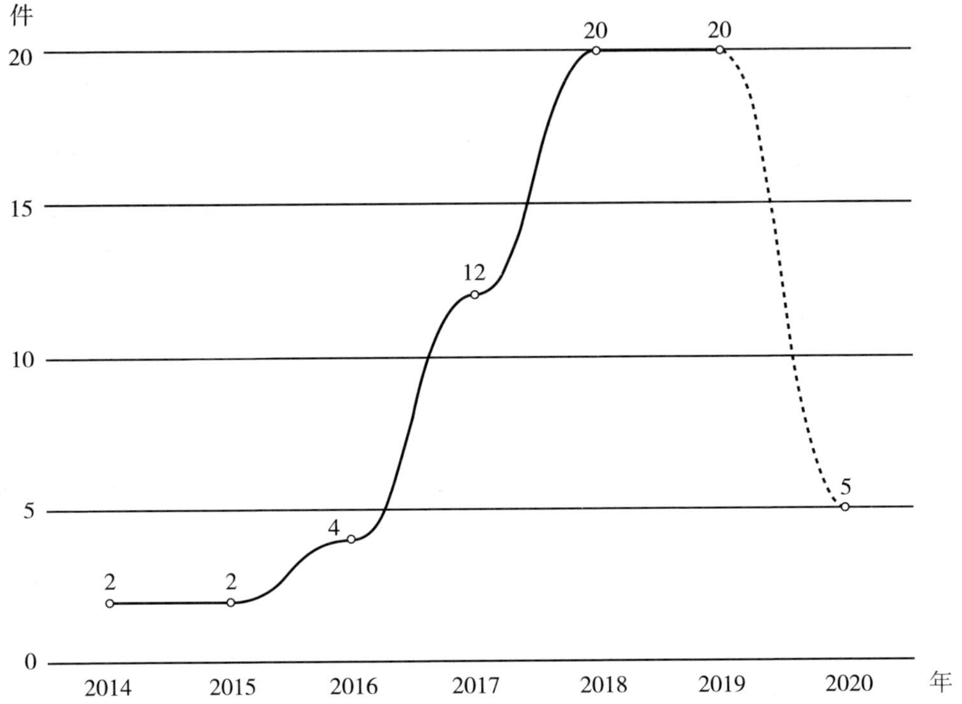

图 5－1　案件年份分布情况

如图 5－2 所示，从案件主要地域分布情况来看，当前刑事案例主要集中在浙江省、福建省、安徽省，分别占比 18.46%、15.38%、7.69%，其中浙江省的案件量最多，达到 12 件。

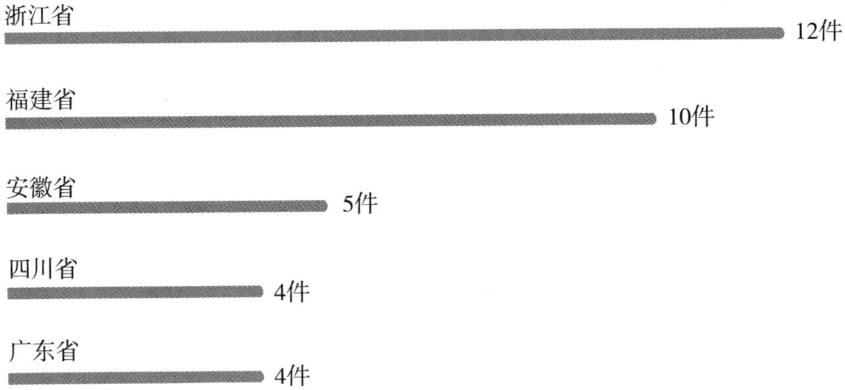

图 5－2　案件主要地域分布情况

如图5－3所示，从案件案由分类情况可以看出，刑事案件当前最主要的案由是侵犯财产罪，有40件，占一半以上；其次是破坏社会主义市场经济秩序罪，侵犯公民人身权利、民主权利罪，妨害社会管理秩序罪。

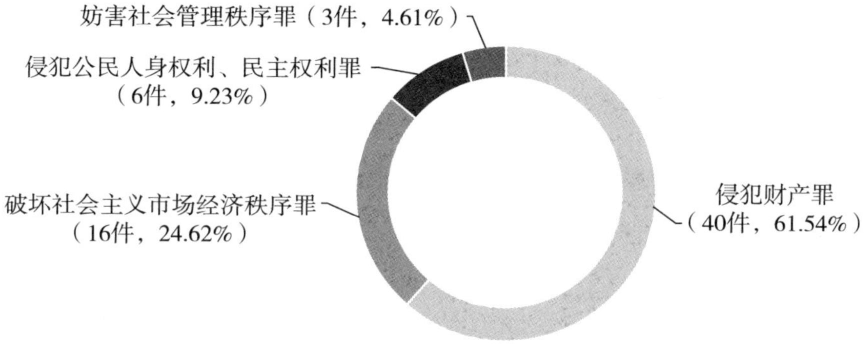

图5－3 案件案由分类情况

如图5－4所示，从案件程序分类统计可以得出刑事下当前的审理程序分布状况，其中一审案件有50件，二审案件有14件，其他1件，并能够推算出一审上诉率约为28.00%。

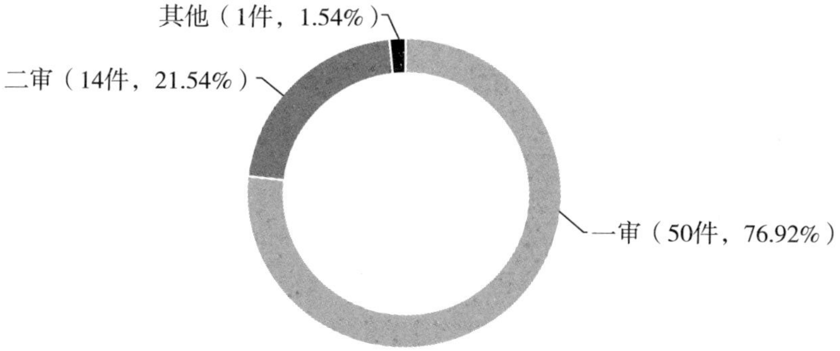

图5－4 案件程序分类情况

如图5－5所示，通过对主刑的可视化可以看出，当前条件下包含有期徒刑的案件有50件，包含拘役的案件2件，包含无期徒刑的案件有1件。

图 5－5　案件判决主刑情况

二、可供参考的例案

例案一 | 余某盗窃案

【法院】

温州市鹿城区人民法院

【案号】

(2016)浙 0302 刑初 976 号

【诉讼主体】

公诉机关:浙江省温州市鹿城区人民检察院

被告人:余某

【基本案情】

被告人余某及向某顺、余某一(另案处理)均系温州市鹿城区××路××号××奶茶店的店员,杨某系被告人余某等人的室友,由向某顺向被告人余某及余某一、杨某提议,四人非法占有老板娘金某的钱款。

2016 年 2 月 12 日,被告人余某及向某顺、余某、杨某在宿舍内,由向某顺、余某一通过查看店内收银台的监控,记下老板娘金某的手机支付宝密码。向某顺于次日晚 11 时 20 分许,以用于送外卖的手机没电为由,骗取被害人金某的手机并带出店外。向某顺、余某一输入事先记下的密码,将被害人支付宝账户内的 85,000 元转入余某一的支付宝账户,后分别转入被告人余某及余某一、杨某的银行卡内并提现。上述钱款由四人挥霍一空。

案发后,向某顺的家属已向被害人金某退还赃款人民币 20,000 元,并取得被害人的谅解。

2016 年 3 月 29 日凌晨 3 时许,被告人余某在江西省南昌市青山湖区中国银行因砸车窗玻璃被公安人员抓获;同年 3 月 31 日下午 2 时许,被告人余某协助公安人员抓获同案犯余某一、杨某。

被告人余某辩护人王某提出余某的行为不构成盗窃罪,而应构成诈骗罪。

【案件争点】

被告人余某利用获知的他人支付宝密码、趁他人不备,将他人支付宝账户内的资金转账至自己支付宝账户和银行账户的行为应如何评价定性。

【裁判要旨】

温州市鹿城区人民法院认为,被告人余某等人骗取被害人手机后,利用事先记下被害人手机支付宝密码,窃取被害人支付宝账户内的钱款,即骗取手机是窃取钱款的手段,其行为应以盗窃罪认定,依照《刑法》第264条的规定,判定被告人余某以非法占有为目的,结伙采用秘密手段盗窃他人财物,数额巨大,构成盗窃罪。

例案二 | 王某、刘某杰盗窃案

【法院】

杭州市下城区人民法院

【案号】

(2017)浙0103刑初95号

【诉讼主体】

公诉机关:浙江省杭州市下城区人民检察院

被告人:王某

被告人:刘某杰

【基本案情】

2016年7月11日16时许,被告人王某、刘某杰经事先预谋,在某大酒店房间内,通过微信联系微商吕某,谎称要做吕某的代理,并向吕某购买1.5万元的商品,后虚构其支付宝转账有限额的事实,欺骗吕某为被告人王某的支付宝开通了亲密付功能。被告人刘某杰随即利用亲密付功能,操作王某的支付宝从吕某支付宝及银行账户转走资金1.15万元。吕某收到银行资金变动提醒后发现上当,以诈骗向公安机关报案。同年7月17日,二被告人在该酒店房间内被公安机关抓获。案发后,二被告人已赔偿吕某2万元,并取得吕某谅解。公诉机关指控被告人王某、刘某杰犯盗窃罪,起诉至法院。

【案件争点】

被告人王某以虚构事实、隐瞒真相的手段骗取被害人吕某开通额度为1.5万元的支付宝亲密付后，随即操作本人支付宝，选择被害人亲密付的支付方式向同案被告人刘某杰转账1.15万元的行为性质如何认定，系诈骗罪、信用卡诈骗罪还是盗窃罪。

【裁判要旨】

杭州市下城区人民法院认为，被告人王某、刘某杰以非法占有为目的，秘密窃取他人财物，数额较大，其行为已构成盗窃罪，且系共同犯罪。

例案三 | 杨某信用卡诈骗案

【法院】

上海市第二中级人民法院

【案号】

(2014)沪二中刑终字第1234号

【诉讼主体】

原公诉机关：上海市宝山区人民检察院

上诉人(原审被告人)：杨某

【基本案情】

2014年3月至4月，被告人杨某通过在百姓网发布代办信用卡、提高信用卡额度等虚假信息，欺骗张某某等7名被害人在农业银行办理银行卡后存入一定数额的钱款，同时将银行卡与杨某的手机号绑定，再让被害人将身份证信息和银行卡信息通过微信或者QQ发送给他。杨某获取上述信息后，分别用7名被害人的银行卡开通并绑定自己手机号的支付宝，将被害人张某某的3999.61元、叶某的12,589.22元、许某某的5086.04元、曹某某的9999.02元、郭某某的4998.85元、陈某某的7800元、谷某某的6005元，共计5万余元在银行卡内的钱款转至该支付宝，再转入其本人的支付宝、银行卡内占为已有。同年4月21日，杨某被公安机关抓获，到案后如实供述了上述犯罪事实。

上海市宝山区人民法院认为，被告人杨某冒用他人信用卡，骗取他人钱款，数额巨大，其行为已构成信用卡诈骗罪。

上诉人杨某对原判认定的事实和证据不持异议，但是辩称骗取的是被害人钱款，而不是银行的资金，应以诈骗罪论处，不构成信用卡诈骗罪。其辩护人认为，杨某没有冒用他人信用卡的行为，只是以代办信用卡或者提高信用卡额度为幌子从被害人的储蓄卡内骗取资金，由于储蓄卡不是信用卡，故杨某不构成信用卡诈骗罪，请求依法改判。

【案件争点】

被告人杨某以欺骗的方式非法获取被害人信用卡信息资料后，通过支付宝的互联网终端将被害人钱款转出后占为己有的行为能否被认定为信用卡诈骗罪。

【裁判要旨】

针对上诉人杨某的行为是否构成信用卡诈骗罪，上海市第二中级人民法院认为：

第一，张某某等7名被害人根据上诉人杨某要求办理的银行卡属于《刑法》规定的“信用卡”。

根据2004年12月29日第十届全国人民代表大会常务委员会第十三次会议通过的《信用卡解释》，《刑法》规定的“信用卡”，是指由商业银行或者其他金融机构发行的具有消费支付、信用贷款、转账结算、存取现金等全部功能或者部分功能的电子支付卡。张某某等7名被害人根据杨某要求办理的银行卡系具有转账结算、存取现金等功能的电子支付卡，故根据上述立法解释的规定属于刑法规定的“信用卡”。

第二，上诉人杨某实施了冒用他人信用卡，进行信用卡诈骗的活动。

根据《信用卡解释一》第5条第2款第3项的规定，《刑法》第196条第1款第3项所称“冒用他人信用卡”，包括窃取、收买、骗取或者以其他非法方式获取他人信用卡信息资料，并通过互联网、通讯终端等使用的情形。杨某以欺骗的方式非法获取被害人信用卡信息资料后，通过互联网终端将被害人钱款转出后占为己有，其行为应当认定为冒用他人信用卡，实施信用卡诈骗。

第三，上诉人杨某实施的行为侵犯了国家对信用卡的管理制度和他人财产所有权。

信用卡诈骗罪侵犯的客体是国家对信用卡的管理制度和公私财产所有权，犯罪对象是信用卡。其中，对公私财产所有权的侵害不仅指对银行资金的侵犯，而且包括对个人财产所有权的侵害。杨某冒用他人信用卡实施诈骗的行为侵犯了国家对信用卡的管理制度和他人财产所有权。

综上所述，法院认为杨某冒用他人信用卡，进行信用卡诈骗活动，数额巨大，其行为已构成信用卡诈骗罪。

三、裁判规则提要

非法转移他人支付宝或其关联账户内资金行为的司法认定不能一概而论,针对的对象不同,背后涉及的机构分工、责任分配也不相同,案件的定性也不同。无论如何定性,都应遵循罪刑法定原则,按照构成要件的内容,进一步考察行为手段及该行为导致的法律后果,找到财产占有状态被非法破坏的原因。实践中,行为人的行为方式有时既有欺骗又有秘密窃取,此时,宜根据行为人实现关键非法占有目的所采取的直接、主要手段和行为人非法改变财产占有状态过程中,银行卡资金的处分权人和占有人是否知情等方面进行定性分析。

(一)支付宝并非金融机构,仅为第三方支付工具,支付宝账户所记录的资金余额不同于银行存款,是一种预付价值

支付宝作为第三方支付平台本身并非金融机构。关于支付宝平台性质,根据《支付宝服务协议》的约定,“支付宝服务是支付宝向您提供的非金融机构支付服务,是受您委托代您收款或付款的资金转移服务。其中,代收代付款项服务是指支付宝为您提供的代为收取或代为支付款项的服务”,此外,前述《支付宝服务协议》还约定,“支付宝账户所记录的资金余额不同于您本人的银行存款,不受《存款保险条例》保护,其实质为您委托支付宝保管的、所有权归属于您的预付价值。该预付价值对应的货币资金虽然属于您,但不以您本人名义存放在银行,而是以支付宝名义存放在银行,并且由支付宝向银行发起资金调拨指令”。

由上可知,支付宝是第三方支付工具,而非金融机构,支付宝账户所记录的资金余额并非货币资金,仅是一种预付价值。支付宝账户资金余额对应的是支付宝用户同意支付宝以平台自身名义存放在银行的、由银行占有的、所有者为支付宝用户的货币资金。此外,支付宝代收代付模式的整个流程,是由支付宝平台接受用户的委托后,根据用户的调拨资金指令,将支付宝平台保管的账户余额资金或绑定的银行卡内的资金转至用户指定的账户或信用卡。

(二)关于支付宝账户绑定的银行卡中的资金的法律性质

银行卡是指经批准由商业银行向社会发行的信用支付工具,按有无信用额度,银行卡分为借记卡、贷记卡与准贷记卡三种类型。贷记卡具有信用额度,持卡人在

不向卡内存款的情况下可进行购物消费或在规定额度内支取现金，而借记卡不具有信用额度，持卡人只能先存款，后使用。而根据《信用卡解释》的相关规定，《刑法》中的信用卡包括贷记卡和借记卡，在此意义上，银行卡即等同于《刑法》中的信用卡。此外，根据《银行卡业务管理办法》的规定，“银行卡及其账户只限经发卡银行批准的持卡人本人使用，不得出租和转借。”又因银行卡密码为持卡人所设置和掌控，因此，只要输入的密码正确，银行就默认是持卡人的操作。

对于支付宝账户绑定的银行卡中对应的资金的法律性质，当前主要有两种对立的观点：一是债权凭证说，二是数字化财物说。所谓债权凭证说，是指支付宝账户绑定的银行卡内所对应的数额实际上为银行所占有，银行卡仅仅是一种债权凭证，账户记载内容仅仅表征着客户对银行、支付宝公司所享有的债权。所谓数字化财物说，是将相应的资金均视为有形货币的无形化与信息化，无论在网络虚拟空间还是在现实生活领域均是一般等价物，它具有货币的主要功能，即价值尺度、流通手段、支付手段和储藏手段等，因而具有货币的基本属性，可已视为数字财物。债权凭证说引发的是占有概念的刑法意义阐释，解决的是资金归谁占有更为合理的问题；数字化财物说则将资金解释为财产性利益，之后解决的是财产性利益能否成为某个具体犯罪比如盗窃犯罪的具体对象的问题。

实践中，从对行为定性的目的出发，首先需要明确的是支付宝账户绑定的银行卡资金的占有者、所有者与处分权人分别是谁的问题，这对进一步确定案件被害人且对区分行为的窃取属性抑或骗取属性具有较大意义。

在功能性上，除支付功能外，银行卡可视为在时空上延展持卡人与银行间“面对面”式金融业务的有效载体与“工具”，也可以说银行卡是持卡人与银行间“面对面”式金融业务在时空上的合理“延展”。

对借记卡，因持卡人已向卡内存款且借记卡内记载的资金数额与持卡人实际存入的资金相等，持卡人可通过借记卡随时管控与处分卡内资金，表现出时空上的即时性与主观上的任意性，且该种管控与处分具有完全的自主性而无须发卡银行的信用审核与资金额度预授，故此，从刑事司法实践与相关案例来看，将支付宝绑定的借记卡中的资金视为由持卡人所有已成为刑事司法实务中的共识。银行是以持卡人资金的合法“占有者”面目出现。此时，在刑法意义上，借记卡内资金的处分权人与所有权人同一，均为持卡人，但与占有人即银行分离。

对贷记卡，因持卡人未向卡内存入资金，卡内所显示的数字金额仅是发卡银行所授予的信用额度。此时，静态上持卡人尚未管领、支配和占有与该信用额度对应的资金;动态上即持卡人持卡消费或支取钱款时,是通过出示贷记卡或准贷记卡、"刷卡"且输入密码(小额闪付甚至不需要输入密码)而向发卡银行发出借款且向持卡人本人或向第三方交付借款的具体的履约请求,也就是向银行发出借用并支配使用银行卡额度内资金的意思表示,此时,正确的密码可视为意思表示的载体,银行收到后即依信用卡合同的约定出借相关资金并依照持卡人前述支配与使用的意思移转对资金的占有、完成交付。以上可知,持卡人对贷记卡及准贷记卡内资金的使用与支取行为表现出时空上的即时性,但是,持卡人对卡内的资金的处分权利不是完全的、绝对的、任意的,如在持卡人向未签约商家或其他自然人转账、未依合同约定足额按期还款或者在超额透支、支取授信金额等情况时,即使持卡人输入了正确的密码,发出相关支配使用的意思表示,也会被银行禁止交易,无法依自己意思达到处分的效果。因此,笔者认为,贷记卡与准贷记卡信用额度对应的资金在法律上可视为由银行基于附条件的信用卡合同而允诺预借给持卡人的、由持卡人附条件处分且由持卡人引发实际交付的、由银行所有且占有的资金。此时,在刑法意义上,贷记卡内额度对应的资金的所有权人和占有人同一,与处分权人分离。

准贷记卡是我国历史发展进程独具中国特色的产物,其整合了贷记卡的信用借款和部分借记卡的功能,传统的准贷记卡需要持卡人在申请时向银行交付一定数额的备付金,但是,随着我国经济发展和金融体制的改革与进步,现实中,传统的准贷记卡逐渐退出了历史舞台,出现了越来越多的脱离了传统贷记卡内涵的新型准贷记卡,如中国银行长城(环球通)信用卡等很多新型准贷记卡均无须预存备用金,因而可视准贷记卡为加强版的贷记卡。因此,对应准贷记卡客观形式的变化,在刑法意义上,笔者倾向于认为该种类型银行卡本质上与贷记卡趋同,卡内信用额度对应资金的所有权人和占有人为银行,处分权人为持卡人。权利上,贷记卡内额度对应的资金的所有权人和占有人同一,与处分权人分离。但是,持卡人向贷记卡内预存的资金,本质上应当与借记卡内资金性质相同,该部分资金的处分权人与所有权人均认定为持卡人为宜。

综上所述,对支付宝所绑定的银行卡内的资金,无论是借记卡内的资金还是贷记卡额度内的资金,在刑法意义上的处分权人均为持卡人,占有人均为银行。

（三）对非法转移他人支付宝关联的银行卡内资金的行为，应区分是否经过支付宝或发卡银行的"再认证"程序，如果未经过"再认证"，则宜认定为盗窃行为，如果经过支付宝或发卡银行"再认证"，则宜认定为冒用他人信用卡行为

近年来，利用支付宝等移动支付应用程序非法占有他人财物的犯罪行为越来越多，对此类行为类型的界定以及犯罪的定性，在盗窃行为和诈骗行为之间颇有争议，在理论界和实务中都还存在较大争议。此种情况的产生是银行卡内资金的所有权人、处分权人与占有人相分离、并不同一的原因所致。在被害人自己已经将支付宝绑定银行卡的情况下，实践中应注意对下列行为性质的区分：

1. 行为人窃取被害人的支付宝账户密码之后，通过支付宝交易密码从银行卡中处分、转移资金的，因支付宝或银行并未进行身份鉴别的"再认证"程序，应认定为盗窃行为，数额较大的，构成盗窃罪

根据《银行卡业务管理办法》的规定，"银行卡及其账户只限经发卡银行批准的持卡人本人使用，不得出租和转借。""发卡银行依据密码等电子信息为持卡人办理的存取款、转账结算等各类交易所产生的电子信息记录，均为该项交易的有效凭据。"综上所述，传统模式下，持卡人所掌控的密码是发卡银行为持卡人办理各类交易业务的主要依据，只要行为人能够输入正确的银行卡密码，发卡行就默认是持卡人本人的操作。

在客户的银行卡账户与第三方支付机构建立业务关联时，发卡行也并非绝对不对客户进行身份鉴别。中国证监会、中国人民银行《关于加强商业银行与第三方支付机构合作业务管理的通知》第3条规定："客户银行账户与第三方支付机构首次建立业务关联时，应经双重认证，即客户在通过第三方支付机构认证同时，还需通过商业银行的客户身份鉴别。账户所在银行应通过物理网点、电子渠道或其他有效方式直接验证客户身份，明确双方权利与义务。"这表明，在客户的银行账户与第三方支付机构首次建立业务关联时发卡行需对客户进行身份鉴别。

占有是一种状态与事实。在支付宝账户绑定银行卡的情况下，实际上并不需要输入信用卡的密码，只需要输入支付宝账户的交易密码就可以获取卡内资金。现实中，若已经将银行卡绑定支付宝，在支付时，持卡人通过支付宝账户中的交易指令即输入支付密码即可通过支付宝将银行卡内的资金进行网上消费或转账，此时，发卡行并不进行身份鉴别，也无须持卡人输入银行卡密码或签名，发卡行实际上不对指令是否为持卡人本人所为或者人卡是否一致进行"再验证"。行为人窃取

被害人支付宝密码,通过支付宝交易密码处分、转移被害人支付宝所绑定的银行卡中的资金,使相关资金的占有状态发生了客观移转。整个行为过程,被害人作为银行卡资金的处分权人,对该种资金移转的状态与事实均不知情,也没有任何处分相关资金、改变资金占有状态的意思,行为人的取财过程对被害人即持卡人来说具有秘密性。同时,银行作为资金的占有者,被害人支付宝账户发出的交易指令即移转资金占有的指令被银行默认为持卡人的指令,进而移转其对资金的占有,因银行未进行身份识别与验证,没有对行为人是否为持卡人的“识别”行为,因此,行为人的取财过程对银行来说同样具有秘密性。在非法占有目的下,行为人秘密转移被害人支付宝绑定的银行卡内的资金的行为,手段与方式均具有秘密性,已经构成对被害人资金的非法占有,应认定为盗窃行为,数额较大的,构成盗窃罪。

在例案二即王某、刘某杰盗窃案中,本质问题是对行为人趁被害人不备,以秘密方式获取被害人支付宝支付密码,后登录被害人手机中支付宝,将被害人支付宝绑定的银行卡内资金转移到自己银行卡内的行为定性问题。被害人吕某事先不了解亲密付功能,被告人谎称开通亲密付便可向被害人付款(实际是被害人为被告人埋单),被害人边和被告人通电话,边按对方指导操作手机直接开通了亲密付,挂了电话马上就收到短信,提醒钱款被转。需要说明,本案被侵害的财产系 1.15 万元钱款,而非 1.5 万元额度内的亲密付权利。开通亲密付本身没有任何经济价值,被害人为被告人开通了 1.5 万元额度的亲密付,不等于被害人直接、现实地负担了对被告人的 1.5 万元债权,被告人进一步选择亲密付作为支付方式进行具体的转账或消费时,方构成对被害人财产利益现实、具体的侵害。亲密付的机制在于无须掌握对方支付宝账户内的具体资金情况,无须对方再次确认,而直接由对方在额度内按照上述扣款顺序以相应的资金予以支付。本案中,被告人全程没有直接接触吕某的支付宝账户,也不知悉被害人支付宝账户内的资金、有无绑定银行卡、其设置的扣款方式及先后顺序等情况,而利用亲密付的机制直接转移了吕某的钱款。其行为虽客观上转移了他人信用卡内资金,但主观上仅具有不法占有他人财物的概括故意,而不关注、不清楚也无从知悉被害人支付宝绑定银行账户的情况。为实现其非法占有目的,被告人首先通过欺骗手段使被害人为其开通 1.5 万元额度的亲密付,然后采取秘密窃取的方式,操作本人支付宝选择亲密付的支付方式转账 1.15 万元。整个过程中,被害人因受被告人欺骗,误以为开通亲密付后被告人向其支付不受额度限制,基于这一错误认识进行了相应操作,实际赋予了被告人以被害人的资金为被告人在 1.5 万元额度内代为付款的权利,被害人对此显然不具有处分意识，且开通亲密付本身并不直接造成财产处分的后果。亲密付的付款额度不能进行市场交换不具有财产价值，须被告人进一步使用消费、付款、转账等功能并选择以亲密付作为支付方式方能实现转移被害人的资金为自己非法占有的目的，即被告人后续转账1.15万元的行为才是其真正实现犯罪目的的核心关键行为。综合上述两点，本案定性为盗窃罪。

2. 行为人通过重置他人支付宝账户密码、窃取银行卡信息等方式，秘密窃取支付宝所关联的银行卡内的资金，因支付宝或银行进行身份鉴别的"再认证"程序，属冒用他人信用卡行为，数额较大的，构成信用卡诈骗罪

《信用卡解释二》第5条第2款第3项规定"窃取、收买、骗取或者以其他非法方式获取他人信用卡信息资料，并通过互联网、通讯终端等使用的"，属于冒用他人信用卡的行为。冒用他人信用卡，如果骗取财物数额较大的，构成信用卡诈骗罪。所谓信用卡信息资料，是指发卡银行在发卡时使用专用设备写入信用卡磁条或芯片中的，作为POS机、ATM等终端机识别合法用户的数据，是一组有关发卡行代码、持卡人账户、账号、密码等内容的加密电子数据。现实中，绑定银行卡之后，支付宝一旦根据指令委托银行或第三方从银行卡中划扣资金给收款人，则持卡人发出的指令不可撤回或撤销。根据支付宝《快捷支付服务相关协议》的规定，操作人"对使用本服务过程中发出指令的真实性及有效性承担全部责任"，如遗失或泄露"与银行卡或与支付宝账户有关的一切信息和设备""无论是否通知发卡行及/或支付宝，因您的原因所致损失需由您自行承担"，据此，支付宝不对指令为非本人意愿发出而承担损害赔偿责任。实际上，只要输入的交易密码正确，支付宝也不对指令发出人是否为账户的所有人进行审核。

但是，如果持卡人重置支付宝密码或者将支付宝绑定新的银行卡时，均需进行身份信息的"再验证"。随着网络信息技术的新发展，人脸识别、指纹识别等技术的广泛应用，该种"再验证"的方式正逐渐摆脱时空与数字信息的限制，展现出愈加智能化与类"现场化"的发展趋势。

行为人以非法占有为目的，未经许可重置他人支付宝密码或者通过其他非法方式窃取他人银行卡信息，就可利用他人支付宝与银行卡的绑定关系，进行网上消费和转账。这种行为在客观上具有支付宝被掌控—支付指令（验证密码）被发出—银行对卡中资金的占有发生移转的特征。因为正确指令的发出人被支付宝和银行默认为持卡人，也就是被默认为是银行卡内资金的合法处分权人，且发出正确支付指令与银行对资金的占有移转在时间上紧密相连，几乎具有同时性，因此，影响行

为属性的关键就变成了行为人实施的哪些行为对行为人发出支付指令(正确交易密码)具有客观上的决定作用或者说行为人实施的哪些行为对发生支付宝或银行将其默认为持卡人结果具有决定作用。现实中,行为人在重置他人支付宝密码或者窃取了他人信用卡信息资料之后,在通过支付宝向相关银行发出支付指令前,均需通过支付宝或银行对其持卡人身份的“再验证”,此验证过程,客观上行为人是以其获取的信息,将自己伪造成持卡人,并向支付宝或银行展示出持卡人的“面目”,进而通过支付宝或银行的“再验证”,为发出指令与移转银行卡内资金铺平了道路。整个取财活动,虽然银行卡内资金的处分权人即持卡人不知情,但是支付宝或者银行却默认发出支付指令的行为人为持卡人即卡内资金的合法处分权人进而移转资金的占有,导致该种默认结果发生的、客观上起决定作用的关键环节是行为人以持卡人的“面目”通过了支付宝或银行的“再验证”。行为人利用他人信息数据通过电子应用平台和程序“再认证”的行为过程在客观上更多地表现出“冒用”与“欺骗”的性质,故此,依据《信用卡解释二》的相关规定,此种行为应属冒用他人信用卡行为进行诈骗的行为。

例案一即余某盗窃案中,被告人余某等人趁被害人不备,以秘密方式获取被害人支付宝支付密码,后登录被害人手机中支付宝,通过发送事先窃取的交易密码,将被害人支付宝绑定的银行卡内资金转移到自己银行卡内,整个过程,作为资金的所有人与处分权人的被害人均不知情。在之前被害人将支付宝绑定银行卡的过程中,支付宝与银行也已经对支付宝的用户进行了“身份验证”,即对支付宝及银行来说,默认此时使用支付宝的人就是合法持卡人,并未如初次绑定时那样对该“使用人”是否为持卡人进行主动地、详细地“核查”,整个移转银行卡内资金的过程对支付宝及银行仍具有秘密性,因此,以盗窃罪论处为宜。

例案三即杨某信用卡诈骗案中,被告人杨某以欺骗的方式非法获取被害人信用卡信息资料后,通过互联网终端将被害人钱款转出后占为己有,其行为应当认定为冒用他人信用卡实施诈骗的行为,侵犯了国家对信用卡的管理制度和他人财产所有权。行为人前述行为不仅非法占有了他人的财产,还使银行向对该银行卡账户下资金不具处分权的行为人进行支付,侵害了信用卡的正常结算管理以及国家对信用卡的管理制度,达到法定数额,宜认定为信用卡诈骗罪。实践中,对以网络为媒介或工具,既使用欺骗手段又采取秘密窃取方式非法占有他人银行卡内资金行为的定性,不应一概而论,宜根据行为人实现关键非法占有目的所采取的直接、关键手段和被害人与占有人有无财产处分行为两个方面进行区分。

四、辅助信息

高频词条：

《刑法》

第196条 有下列情形之一，进行信用卡诈骗活动，数额较大的，处五年以下有期徒刑或者拘役，并处二万元以上二十万元以下罚金；数额巨大或者有其他严重情节的，处五年以上十年以下有期徒刑，并处五万元以上五十万元以下罚金；数额特别巨大或者有其他特别严重情节的，处十年以上有期徒刑或者无期徒刑，并处五万元以上五十万元以下罚金或者没收财产：

（一）使用伪造的信用卡，或者使用以虚假的身份证明骗领的信用卡的；

（二）使用作废的信用卡的；

（三）冒用他人信用卡的；

（四）恶意透支的。

前款所称恶意透支，是指持卡人以非法占有为目的，超过规定限额或者规定期限透支，并且经发卡银行催收后仍不归还的行为。

盗窃信用卡并使用的，依照本法第二百六十四条的规定定罪处罚。

第264条 盗窃公私财物，数额较大的，或者多次盗窃、入户盗窃、携带凶器盗窃、多次盗窃的，处三年以下有期徒刑、拘役或者管制，并处或者单处罚金；数额巨大或者有其他严重情节的，处三年以上十年以下有期徒刑，并处罚金；数额特别巨大或者有其他特别严重情节的，处十年以上有期徒刑或者无期徒刑，并处罚金或者没收财产。

《信用卡解释》

全国人民代表大会常务委员会根据司法实践中遇到的情况，讨论了刑法规定的“信用卡”的含义问题，解释如下：

刑法规定的“信用卡”，是指由商业银行或者其他金融机构发行的具有消费支付、信用贷款、转账结算、存取现金等全部功能或者部分功能的电子支付卡。

《信用卡解释二》

第5条 使用伪造的信用卡、以虚假的身份证明骗领的信用卡、作废的信用卡或者冒用他人信用卡，进行信用卡诈骗活动，数额在五千元以上不满五万元的，应当认定为刑法第一百九十六条规定的“数额较大”；数额在五万元以上不满五十万元的，应当认定为刑法第一百九十六条规定的“数额巨大”；数额在五十万元以上的，应当认定为刑法第一百九十六条规定的“数额特别巨大”。

刑法第一百九十六条第一款第三项所称“冒用他人信用卡”，包括以下情形：

（一）拾得他人信用卡并使用的；

（二）骗取他人信用卡并使用的；

（三）窃取、收买、骗取或者以其他非法方式获取他人信用卡信息资料，并通过互联网、通讯终端等使用的；

（四）其他冒用他人信用卡的情形。

最高人民法院《关于常见犯罪的量刑指导意见（二）》

（四）信用卡诈骗罪

1. 构成信用卡诈骗罪的，可以根据下列不同情形在相应的幅度内确定量刑起点：

（1）达到数额较大起点的，可以在二年以下有期徒刑、拘役幅度内确定量刑起点。

（2）达到数额巨大起点或者有其他严重情节的，可以在五年至六年有期徒刑幅度内确定量刑起点。

（3）达到数额特别巨大起点或者有其他特别严重情节的，可以在十年至十二年有期徒刑幅度内确定量刑起点。依法应当判处无期徒刑的除外。

2. 在量刑起点的基础上，可以根据信用卡诈骗数额等其他影响犯罪构成的犯罪事实增加刑罚量，确定基准刑。

《银行卡业务管理办法》

第2条　本办法所称银行卡，是指由商业银行（含邮政金融机构，下同）向社会发行的具有消费信用、转账结算、存取现金等全部或部分功能的信用支付工具。商业银行未经中国人民银行批准不得发行银行卡。

第3条　凡在中华人民共和国境内办理银行卡业务的商业银行、持卡人、商户及其他当事人均应遵守本办法。

第5条　银行卡包括信用卡和借记卡。银行卡按币种不同分为人民币卡、外币卡；按发行对象不同分为单位卡（商务卡）、个人卡；按信息载体不同分为磁条卡、芯片（IC）卡。

第6条　信用卡按是否向发卡银行交存备用金分为贷记卡、准贷记卡两类。贷记卡是指发卡银行给予持卡人一定的信用额度，持卡人可在信用额度内先消费、后还款的信用卡。准贷记卡是指持卡人须先按发卡银行要求交存一定金额的备用金，当备用金账户余额不足支付时，可在发卡银行规定的信用额度内透支的信用卡。

第39条 发卡银行依据密码等电子信息为持卡人办理的存取款、转账结算等各类交易所产生的电子信息记录，均为该项交易的有效凭据。发卡银行可凭交易明细记录或清单作为记账凭证。

第56条 银行卡申请表、领用合约是发卡银行向银行卡持卡人提供的明确双方权责的契约性文件，持卡人签字，即表示接受其中各项约定。发卡银行应当本着权利与义务对等的原则制定银行卡申请表及信用卡领用合约。

第61条 任何单位和个人有下列情形之一的，根据《中华人民共和国刑法》及相关法规进行处理：

（一）骗领、冒用信用卡的；

（二）伪造、变造银行卡的；

（三）恶意透支的；

（四）利用银行卡及其机具欺诈银行资金的。

信用卡诈骗案件裁判规则第 6 条:

利用微信转账功能,将他人微信绑定银行卡内资金转入自己微信账户或可支配的其他账户,数额较大的,构成信用卡诈骗罪

〔**规则描述**〕:行为人擅自将被害人的微信与银行卡绑定,然后利用微信支付功能将被害人银行卡上的资金转到自己的微信钱包、银行卡、支付宝等账户内,属于其他冒用他人信用卡的情形,构成信用卡诈骗罪。

一、类案检索大数据报告

时间:2020 年 8 月 30 日之前,案例来源:Alpha 案例库,案件数量:25,414 件,数据采集时间:2020 年 8 月 30 日,本次检索共获取认定信用卡诈骗罪中冒用他人信用卡的行为,2020 年 8 月 30 日之前 25,414 篇裁判文书。如图 6 – 1 所示,从案件年份分布情况可以看出当前条件下刑事案例数量的变化趋势。

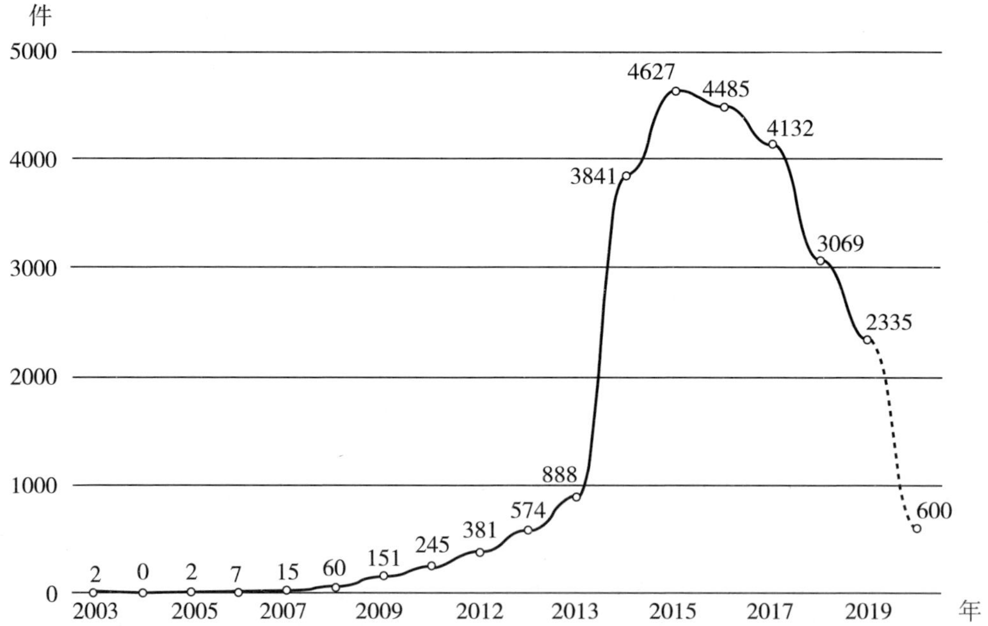

图 6 –1　案件年份分布情况

如图 6－2 所示，从案件主要地域分布情况来看，当前刑事案例主要集中在上海市、福建省、广东省，分别占比 13.23%、12.73%、10.86%，其中上海市的案件量最多，达到 3362 件。

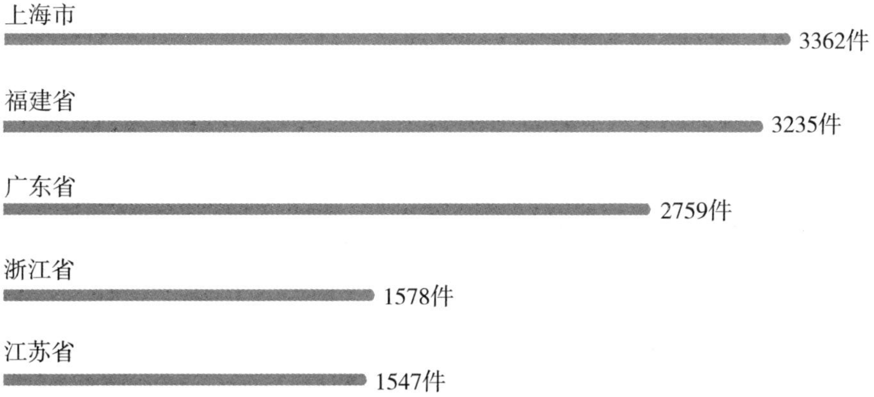

图 6－2　案件主要地域分布情况

如图 6－3 所示，从案件案由分类情况可以看出，当前最主要的案由是破坏社会主义市场经济秩序罪，有 23,171 件，占一半以上；其次是侵犯财产罪，妨害社会管理秩序罪，侵犯公民人身权利、民主权利罪，危害公共安全罪。

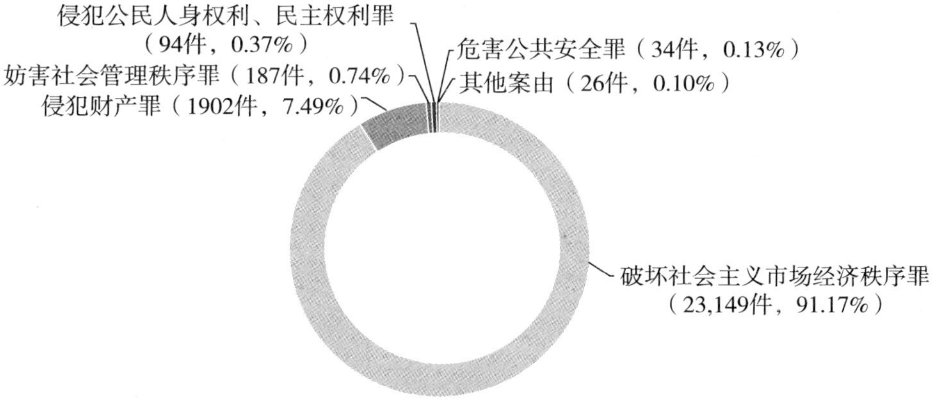

图 6－3　案件案由分类情况

如图 6－4 所示，从案件程序分类统计可以得出当前的审理程序分布状况，其中一审案件有 23,043 件，二审案件有 2281 件，再审案件有 68 件，执行案件有 2 件，其他 20 件，并能够推算出一审上诉率约为 9.90%。

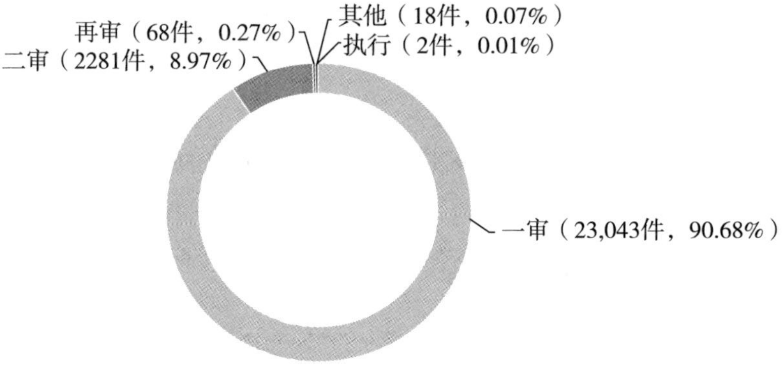

图 6－4　案件程序分类情况

如图 6－5 所示,通过对主刑的可视化可以看出,当前条件下包含有期徒刑的案件有 14,076 件,包含拘役的案件有 4059 件,包含无期徒刑的案件有 91 件。包含死刑的案件有 13 件,包含管制的案件有 11 件。

图 6－5　案件判决主刑情况

二、可供参考的例案

例案一｜黄某婷信用卡诈骗案

【法院】

湘潭市中级人民法院

【案号】

(2018)湘 03 刑终 5 号

【诉讼主体】

抗诉机关：湖南省湘潭市雨湖区人民检察院

原审被告人：黄某婷

【基本案情】

2017年4月19日中午，被告人黄某婷在长沙市第一医院逛街时拾到被害人肖某的一部三星Note4手机，该手机没有设置开机密码，并看见手机短信里有肖某的身份证信息、中国建设银行卡号与余额等信息。2017年4月21日，黄某婷使用肖某手机时，发现肖某的微信号没有退出，且微信号是用该手机注册的，遂用短信提示的方式更改了肖某的手机微信支付密码，并绑定了肖某的中国建设银行卡。之后，黄某婷分多次使用肖某的微信钱包和绑定的中国建设银行卡向本人的微信号发红包和转账，然后再提现到其持有的交通银行卡。作案后，黄某婷将肖某的手机卖给长沙市宝蓝街回收手机的女子。2017年4月21日至28日，被告人黄某婷从肖某微信钱包零钱中转账2055.51元，从肖某中国建设银行卡内转走37,159.36元，共计转账39,214.87元。案发后，被告人黄某婷被湘潭市公安局雨湖分局网络安全监察大队抓获。

湖南省湘潭市雨湖区人民检察院以被告人黄某婷犯盗窃罪、信用卡诈骗罪，向湘潭市雨湖区人民法院提起公诉。

被告人黄某婷对起诉书指控的事实及罪名均无异议。

被告人黄某婷的辩护人辩称黄某婷没有冒用他人信用卡的行为，其行为不构成信用卡诈骗罪，只构成盗窃罪；被告人黄某婷系初犯、偶犯，能如实供述其犯罪事实，赔偿了被害人的全部损失并取得了被害人的谅解，依法可以从轻处罚。

原审法院认为，被告人黄某婷以非法占有为目的，拾得他人手机后，修改他人微信支付密码，利用他人手机中的身份证和银行卡信息，进行微信绑定后向本人微信发红包、转账的行为，属于秘密窃取他人财物，且数额较大，其行为已构成盗窃罪。

原公诉机关湖南省湘潭市雨湖区人民检察院认为原审被告人黄某婷的行为分别构成盗窃罪和信用卡诈骗罪，原审判决认定罪名不正确，二罪判一罪，确有错误，向法院提出抗诉。湖南省湘潭市人民检察院支持湘潭市雨湖区人民检察院的抗诉意见。

【案件争点】

被告人黄某婷擅自将被害人的微信与银行卡绑定后通过微信支付转走卡内资

金的事实如何定性，是盗窃罪还是信用卡诈骗罪。

【裁判要旨】

二审法院认为，黄某婷拾到肖某龙的手机时，肖某龙的微信还没有绑定其银行卡，被告人黄某婷通过查看被害人手机里保存的手机短信获得了肖某龙的姓名、身份证号、建设银行卡号等信息，先利用上述信息将肖某龙的微信与银行卡绑定，再以快捷支付方式将肖某龙建设银行储蓄卡内的存款37,159.36元转移到自己的微信钱包中非法占有。黄某婷上述行为系在通讯终端（手机）上非法使用被害人的银行储蓄卡信息资料（姓名、身份证号、银行卡号、银行预留手机号），依据全国人民代表大会常务委员会《信用卡解释》，以及最高人民法院、最高人民检察院《信用卡解释一》第5条第2款第4项的规定，是冒用他人信用卡的行为，其行为不仅欺骗了第三方支付机构（财付通，非金融机构），也欺骗了金融机构（中国建设银行）；不仅侵害了被害人肖某龙的财物所有权，也侵害了国家的信用卡管理制度，依法应当定性为信用卡诈骗罪。同时黄某婷以非法占有为目的，秘密窃取他人微信钱包中的零钱2055.51元，数额较大，其行为已构成盗窃罪，认定黄某婷犯盗窃罪与信用卡诈骗罪两罪。

例案二 ｜ 袁某信用卡诈骗案

【法院】

杭州市西湖区人民法院

【案号】

（2015）杭西刑初字第711号

【诉讼主体】

公诉机关：杭州市西湖区人民检察院

被告人：袁某

【基本案情】

2015年5月10日，被告人袁某为转走被害人蒋某银行卡中的钱款，以支付房租为由将蒋某骗至杭州市西湖区西溪花园红柿苑3幢1单元702室，再以借打电话为由，骗得蒋某的手机进行操作，其将事先获知的蒋某卡号为6253××××的中国工商银行卡与其微信账号绑定，进而获取短信验证码，后分三次从蒋某上述中国工商银行卡账户中转走共计11,010元到自己的微信支付账户中。案发后，被告人袁某赔偿被告人蒋某全部经济损失并取得蒋某的谅解。

杭州市西湖区人民检察院指控被告人袁某犯信用卡诈骗罪。

被告人袁某对起诉书指控的犯罪事实没有异议，但提出其行为构成盗窃罪而非信用卡诈骗罪。其辩护人提出袁某以秘密手段，在被害人蒋某不知情的情况下，将蒋某的工商银行借记卡而非信用卡绑定至第三方平台，分三次转账将其中11,010元的存款据为已有，侵害了被害人的所有权，而非金融机构信用卡管理制度，故其行为应当认定为盗窃罪。

【案件争点】

被告人袁某在被害人不知情的情况下，用被害人的微信绑定的被害人的工商银行卡是否属于信用卡？之后行为人又转走银行卡内资金的事实如何定性？构成盗窃罪还是信用卡诈骗罪？

【裁判要旨】

法院认为，根据《信用卡解释一》第5条之规定，作为信用卡诈骗犯罪行为方式之一的"冒用他人信用卡"包括了窃取、收买、骗取或者以其他非法方式获取他人信用卡信息资料，并通过互联网、通讯终端等使用的情形；此外根据《信用卡解释》，《刑法》规定的"信用卡"，是指由商业银行或者其他金融机构发行的具有消费支付、信用贷款、转账结算、存取现金等全部功能或者部分功能的电子支付卡。根据上述规定，本案中涉案的被害人所有的具有转账结算和存取现金功能的中国工商银行卡应当认定为刑法中所规定的信用卡。本案被告人袁某通过其他方式获取了被害人的前述银行卡号，随后以借打电话的名义骗取被害人的手机，未经持卡的被害人同意，获取短信验证码后将被害人的银行卡与其微信账号绑定，随后通过微信转账方式冒用被害人的银行卡，将卡内存款据为已有。其行为表现符合前述规定中"冒用他人信用卡"的行为特征，应当认定为信用卡诈骗罪。

例案三 | 胡某强信用卡诈骗案

【法院】

沧州市运河区人民法院

【案号】

(2018)冀0903刑初21号

【诉讼主体】

公诉机关:河北省沧州市运河区人民检察院

被告人:胡某强

【基本案情】

2016年11月,被害人牛某通过微信找办卡中介尹某办理信用卡,尹某又通过被告人胡某强办理。11月28日,牛某与尹某在沧州市肯德基餐厅内与胡某强见面,胡某强找来交通银行卡员,牛某按照要求填写办卡资料,胡某强让其填写了假的工作单位和邮寄地址,然后胡某强要求牛某将其名下的一张手机卡交给他。后胡某强让牛某再办理一张交通银行储蓄卡并存入50,000元,用于提升所办理的信用卡的额度,新银行卡预留电话为交给胡某强的那张手机卡号。牛某到交通银行按照胡某强的要求进行了办理(卡号为6201××××)。胡某强查询到牛某存入银行卡50,000元后,使用牛某给其的手机号注册微信,并绑定银行卡,通过微信转账将牛某新办理的交通银行卡预存的5万元分多次转出共计49,856元,占为己有。额度为6000元的信用卡(卡号为5281××××)办理下来后,银行邮寄给了胡某强,胡某强盗刷5950元,占为己有。另查明,案发后被告人胡某强的亲属已主动退还被害人牛某诈骗款55,806元。

沧州市运河区人民检察院指控被告人胡某强犯信用卡诈骗罪。

被告人胡某强对公诉机关指控的事实予以供认,但对公诉机关指控的罪名有异议,认为50,000元是储蓄卡,其行为构成盗窃罪而非信用卡诈骗罪。

被告人胡某强的辩护人认为被告人胡某强通过微信从被害人储蓄卡转出49,856元,辩护人认为不构成信用卡诈骗罪,应当以盗窃罪追究其刑事责任。

【案件争点】

被告人胡某强在被害人不知情的情况下,用被害人手机注册微信并绑定被害人的银行卡,转走银行卡内资金的事实如何定性,构成盗窃罪还是信用卡诈骗罪。

【裁判要旨】

法院认为,根据全国人民代表大会常务委员会《信用卡解释》,《刑法》规定的“信用卡”是指由商业银行或者其他金融机构发行的具有消费支付、信用贷款、转账结算、存取现金等全部或者部分功能的电子支付卡,故储蓄卡属于刑法意义上的“信用卡”,被告人胡某强以骗取方式获取了被害人交通银行卡的信息资料,并通过被害人给其的手机号注册微信绑定银行卡后用微信转账的方式将被害人在交通银行卡上预存的49,856元多次转出占为己有,其行为完全符合信用卡诈骗罪中冒用他人信用卡的情形，依照《刑法》第196条第1款第3项、最高人民法院、最高人民检察院《信用卡解释一》第5条第2款第3项规定，认定被告人胡某强犯信用卡诈骗罪。

三、裁判规则提要

（一）储蓄卡、储值卡等银行卡均属于刑法上的信用卡

中国人民银行《银行卡业务管理办法》明确指出，银行卡，是指由商业银行（含邮政金融机构，下同）向社会发行的具有消费信用、转账结算、存取现金等全部或部分功能的信用支付工具，包括信用卡和借记卡两类。信用卡按是否向发卡银行交存备用金分为贷记卡、准贷记卡两类。借记卡按功能不同分为转账卡（含储蓄卡）、专用卡、储值卡，其中，转账卡具有转账结算、存取现金和消费功能；专用卡是具有转账结算、存取现金功能；储值卡可在交易时直接扣款。

全国人民代表大会常务委员会《信用卡解释》指出，《刑法》规定的"信用卡"是指由商业银行或者其他金融机构发行的具有消费支付、信用贷款、转账结算、存取现金等全部或者部分功能的电子支付卡。据此，刑法上的信用卡包含三方面属性：其一，发行主体为商业银行或者其他金融机构；其二，具有消费支付、信用贷款、转账结算、存取现金等全部或者部分功能；其三，卡内含有电子数据信息。只要具备前述三种属性，就被认可为刑法上的信用卡。

综上所述，作为包括储蓄卡，贷记卡（一般人观念中的"信用卡"）、储值卡等均属于刑法上的信用卡。胡某强信用卡诈骗案中，被告人胡某强及其辩护人均认为储蓄卡不是信用卡，不能认定两案被告人的相关行为属于涉"信用卡"类犯罪，这种认识属望文生义。"信用卡"的概念属规范的构成要素，不能以一般人针对文字进行的简单字面解释为判定依据，而应以刑法规范和有权机关做出的专业性解释作为认定基础。据前所述，两案被告人的行为对象均属刑法意义的信用卡，均可成为刑法上涉信用卡类犯罪对象。

（二）微信钱包中的零钱不同于银行存款，是一种预付价值，是货币资金的数字化显现，行为人秘密利用他人手机中处于登录状态的微信非法占有微信钱包"零钱"所对应的货币资金的，不具有冒用他人信用卡性质，数额较大的，构成盗窃罪

与支付宝账户内资金余额一样，微信钱包中的零钱所记录的资金余额同样不

同于银行存款，是一种预付价值。微信支付用户与财付通科技有限公司（以下简称财付通）间的《微信支付用户服务协议》（以下简称《微信支付协议》）明确指出，“‘零钱’所记录的资金余额不同于你本人的银行存款，不受《存款保险条例》保护，其实质为你委托财付通公司保管的、所有权归属于你的预付价值。该预付价值对应的货币资金虽然属于你，但不以你本人名义存放在银行，而是以财付通公司名义存放在银行，并且由财付通公司向银行发起资金调拨指令。”财付通为用户提供货币资金转移（资金收、取）服务方式有余额支付和快捷支付两种。其中，余额支付一种是用户使用财付通为其开立的支付账户中的余额进行资金转移的支付方式。前述支付账户开立时，财付通会将用户的微信号与该支付账户相关联，使用户可以通过微信的“零钱”功能使用支付账户内的资金。据此，微信钱包中的资金余额仅是一种预付价值，其所对应的货币资金的所有人与处分权人均为微信用户，现实占有人为银行。作为一种预付价值，微信钱包内的零钱应属货币资金的数字化显现，不具有财产的属性，不能成为信用卡诈骗罪的犯罪对象。《财付通服务协议》指出，“一旦您注册或激活成为财付通用户，并使用本服务，财付通公司将在您及（或）对方符合指定条件或状态时，支付款项给您所指定的对象，或收取他人支付给您的款项”“您在财付通公司网站或第三方网站、软件、App 上按本服务流程所发出的支付指令或确认的交易状态将均为不可撤销的指令，财付通公司将据此为您提供支付服务。”

以上可知，财付通用户欲按自己的意思使用相关资金时，程序上尚需通过财付通对用户是否符合指定条件或状态的“确认”，通过“确认”的，财付通才会依据该用户的意思提供收付款服务。但是，财付通的这种“确认”是对是否符合向用户提供资金收付服务条件的确认，而并非对财付通用户“身份”的确认，因为一旦用户注册或激活成为财付通用户后，通过财付通账户发出的指令即被视为财付通用户发出的指令。换言之，一旦用户注册或激活成为财付通用户后，财付通会将到达自身的指令默认为该财付通账户的注册者所发出，收到相关指令后，财付通即向银行发起资金调拨指令，由银行转移相关资金。

例案一即黄某婷信用卡诈骗案中，黄某婷在拾得被害人肖某龙手机后，利用被害人的手机与身份信息，通过了财付通的“身份”验证环节，以短信提示方式更改了被害人微信支付密码，然后利用微信支付功能转走微信钱包零钱所对应的资金 2055.51 元。黄某婷利用知道的被害人信息通过财付通的身份验证即使财付将其视为合法的财付通用户，但是，财付通并非资金的所有人，也非资金的占有人，对微信钱包内的资金也不具备刑法意义上支配使用的地位，整个过程，作为资金所有人与处分权人的被害人均不知情，作为资金占有人的银行也不知情，黄某婷非法移转资金的过程对资金真正的权利人与占有人来说具有秘密性，符合盗窃罪的犯罪构成，且超过2000元，属数额较大，构成盗窃罪。

（三）关于行为人擅自将被害人的微信与银行卡绑定，然后利用微信支付功能将被害人银行卡上的资金转到自己的微信钱包的行为的定性问题

1.“冒用他人信用卡”行为的表现形式与“其他冒用他人信用卡情形”的认定

《刑法》第196条规定，冒用他人信用，进行信用卡诈骗活动，数额较大的，以信用卡诈骗罪定罪处罚。可见，影响定性的关键在于：（1）行为是否构成冒用他人信用卡；（2）是否以冒用他人信用卡形式实施了诈骗；（3）数额是否达到较大的起点。对其中“冒用他人信用卡”情形的认定，《信用卡解释二》第5条第2款作出了明确规定，即（1）拾得信用卡并使用的；（2）骗取信用卡并使用的；（3）窃取、收买、骗取或者以其他非法方式获取他人信用卡信息资料，并通过互联网、通讯终端等使用的；（4）其他冒用他人信用卡的情形。第4项规定的是兜底条款，有观点认为“第一种情形本质上是合法取得他人信用卡实物并非法使用，第二种情形本质上是非法取得他人信用卡实物并非法使用，第三种情形本质上是非法取得他人信用卡信息资料并非法使用。从前三种情形的本质来分析，第4项理应包括合法取得他人信用卡信息资料并非法使用的情形，用来作为第3项规定的补充，共同规定冒用他人信用卡中非法使用他人信用卡信息资料的情况。”此种观点符合条文目的与体系逻辑，具有司法实践上的积极意义。此外，从上述规定来看，前三种情形是列举性规定，针对的分别是拾得、骗取他人信用卡实物后与非法取得他人信用卡信息资料后加以使用的三种情形，需要注意的是，这是对行为本身的规范评价，也就是说，无论使用对象是谁，只要出现前述三种使用的行为，即属刑法上“冒用他人信用卡”的情形。《银行卡业务管理办法》第28条第3款规定“银行卡及其账户只限经发卡银行批准的持卡人本人使用，不得出租和转借”，由此可知，持卡人将信用卡出租或转借给他人使用即持卡人知情且同意他人使用其信用卡的行为都会被视为违反信用卡管理办法、妨害信用卡管理秩序的行为，所以，行为人在未经持卡人同意的情形下对他人信用卡进行使用的行为更加构成对信用卡管理秩序的侵害。考察《信用卡解释二》第5条第2款前三项的内容，只要行为人对他人信用卡进行使用或通过互联网、通讯终端等使用非法获取的他人信用卡资料的，均构成刑法上的冒用他人

信用卡。换言之,“拾得”、“骗取”与“非法方式获取”均没有影响“立法者”将相关情形认定为冒用他人信用卡情形。认定行为是否属于冒用他人信用卡,进而妨害了信用卡管理秩序的关键是行为人对他人信用卡或非法获取的他人信用卡资料的使用行为与使用方式本身。考察前述三种使用行为可知,其本质共同点是:均在持卡人不知情且未同意下使用其信用卡或信用卡资料或者说持卡人对行为人使用其信用卡或信用卡资料的情形均不知情且均未同意。因此,司法实践中,合理且具有可操作性地对“其他冒用他人信用卡”情形进行判定的基本标准是:行为人在持卡人不知情且未获持卡人同意的情况下使用其信用卡或信用卡资料的,除为法律法规等规范性文件所明文规定为其他情形(如盗窃并使用信用卡被定性为盗窃)外,均可视为《信用卡解释二》第 5 条第 2 款中“其他冒用他人信用卡的情形”。如此判定,符合立法本意与条文目的、功能,也更契合国家信用卡管理法律体系的体系逻辑,“既能满足司法机关依法打击新型金融诈骗犯罪的现实需要”“也能体现出司法解释的周延性和前瞻性”。

例案一黄某婷信用卡诈骗案与例案二袁某信用卡诈骗案两个案件中的被告人为达到非法占有被害人银行卡内资金目的,在被害人不知情的情况下,均实施了用被害人手机里固有的微信绑定被害人银行卡进而通过微信移转银行卡内资金的行为,不同的是,黄某婷是拾得被害人的手机后实施绑定被害人信用卡行为,袁某是骗得被害人手机后实施前述绑定行为。二案被告人主观目的都是获取财物,在被害人不知情的情况下,也实现了破坏信用卡内资金原有的合法占有状态与各自非法占有相关资金的结果。与此相对,胡某强信用卡诈骗案中被告人胡某强是用被害人的手机号注册了微信后,用该注册的微信绑定被害人的银行卡进而非法转移占有银行卡内资金。结果上,三案中的法院均认定三案被告人行为属于“冒用他人信用卡”非法占有他人资金,且数额较大,认定三案被告人均构成信用卡诈骗罪,合法有据。

此外,黄某婷信用卡诈骗案中,抗诉机关湘潭市雨湖区检察院及湘潭市人民检察院均认为,黄某婷用被害人微信绑定被害人信用卡的情形属于《信用卡解释二》第 5 条第 2 款第 3 项“窃取、收买、骗取或者以其他非法方式获取他人信用卡信息资料,并通过互联网、通讯终端等使用的”的情形,进而认定黄某婷的行为具有冒用他人信用卡的性质。其实,本案中被告人黄某婷是在其捡到的被害人肖某龙手机中看到了被害人的中国建设银行储蓄卡信息资料,其获取信用卡信息资料的方式不具有非法性,故不能适用上述规定。而根据本文前述对“其他冒用他人信用卡”

情形的判定标准，黄某婷的行为属于在持卡人不知情且未获持卡人同意的情况下，使用持卡人信用卡信息资料的情形，性质应属“其他冒用他人信用卡”的情形。如此认定，既坚持了刑事犯罪的法定刑，也兼顾了对黄某婷用他人微信绑定他人信用卡行为的价值评价，当属适宜。

司法实践中应注意的是，作为使用对象的“信用卡”或“信用卡信息”，应为他人合法真实的信用卡或该真实合法信用卡的信息资料，如使用实际上为他人伪造的或骗领的信用卡，则属涉嫌其他信用卡诈骗行为，不能认定为“其他冒用他人信用卡”。同时，进行“其他冒用他人信用卡情形”的判断时，首先应进行是否符合《信用卡解释二》第5条第2款中前3种情形的判定，继而进行“其他冒用他人信用卡情形”的判定。确定行为人的相关行为属冒用信用卡情形后，若要对行为人的行为整体准确定性，还需结合规范的构成要素与客观行为过程进行综合判断。

2. 关于信用卡信息资料的认定与“以其他非法方式获取他人信用卡信息资料，并通过互联网、通讯终端等使用”中“等”的判定标准认定

在袁某信用卡诈骗案与胡某强信用卡诈骗案中，二案被告人一是利用事先知道的信用卡号后用被害人微信绑定被害人信用卡（信用卡卡号）的；二是获悉被害人信用卡号、身份证号等信息后用被害人手机卡注册微信并绑定被害人信用卡（信用卡卡号）的，两种情形符合《信用卡解释二》第5条第2款第3项“窃取、收买、骗取或者以其他非法方式获取他人信用卡信息资料，并通过互联网、通讯终端等使用的”的规定，构成冒用他人信用卡的情形在司法实践中没有疑问。实践中，还需特别注意的是下列三点：

其一，对于信用卡信息资料的认定。依据中国人民银行颁布的《银行卡发卡行标识代码及卡号》和《银行卡磁条信息格式和使用规范》可知，银行卡的信息分为卡面信息与磁条（芯片）信息两部分构成，其中，卡面信息通常包含发卡机构、持卡人姓名、账号（卡号）、检验位及失效日期的信息，磁条（芯片）内是以电子数据方式标识信息，用以对金融交易卡的识别，其内除含有发卡机构、持卡人姓名（名称或称谓等）、个人账户（卡号）、检验位信息外，还含有账户类型、服务代码、支付密码、货币种类、金额、授权、附加数据（如持卡人身份证号码、联系电话号码）等电子数据信息。功能性上，因《银行卡业务管理办法》明文规定银行卡仅限本人使用，该类电子数据信息与持法人的身份直接关联，银行通过对该类电子数据信息进行比对识别校验，即可确认向其“展示”银行卡的人为银行卡持卡人本人，进而确认其具有持卡人的权利与权限。司法实践中，对信用卡信息资料应作限制解释，只有客观上能够

通过银行身份确认的或者说使银行确认向其出示银行卡的人为持卡人的信息材料，才能被认定为具有刑法意义的信用卡信息材料。三件信用卡诈骗案的例案中，被害人的信用卡卡号、身份信息，手机号码等，均是银行确认持卡人身份的直接因素，均属于《信用卡解释二》第5条第2款第3项所认定的信用卡信息资料。

其二，对以非法方式获取他人信用卡信息资料情形中的“非法性”的判断，应坚持在法规范范围内进行判定，若法规范对某种行为予以价值否认或者说禁止某种行为的实施，则该种行为在价值取向上因法规范的否定性价值评价而具有非法（不法），此时，行为人实施该种行为即属从事非法（不法）行为。实践中应注意的是：持卡人的概括授权行为与非法获取持卡人信用卡信息资料之间的界限问题。例案三即胡某强信用卡诈骗案中，被害人牛某明知办卡中介尹某找来行为人胡某强是为其办理信用卡，且明知其书写或提供身份信息的过程中牛某在场，同时在知道手机号码作为新办理信用卡的关联号码后仍将自己手机号交给牛某使用，使得牛某客观上获取了被害人的信用卡信息资料。牛某前述获取过程系属非法还是违法？审理法院并未明文阐述，从审理法院以《信用卡解释二》第5条第2款第3项的规定作为裁判依据，可推知审理法院认为胡某强获取被害人牛某信用卡资料的方式为具有非法性。本案中，形式上，被告人胡某强取得被害人牛某信用卡信息资料的过程牛某均明知、同意且积极授权配合，此事实貌似使胡某强的行为因牛某的同意而具有了合法性，但是，案中牛某的授权是对胡某强办理信用卡事项的授权，其同意胡某强获取信用卡资料的主观目的与同意胡某强使用该信用卡信息资料的客观范围仅限于办理信用卡之事项。换言之，对牛某的信用卡信息资料，只有胡某强主观目的是帮助牛某办理信用卡且客观上将牛某信用卡信息用于办理信用卡，才属于牛某对胡某强授权范围内的事，才具法规范意义内的合法性，同时，此种授权或同意在信用卡申请成功后即因委托事项的成就而告终止。事实上，胡某强主观目的与客观使用范围均超出了牛某的授权，且胡某强冒用被害人身份注册微信时，因信用卡已经申办成功，胡某强已经不再具有使用牛某信用卡资料的权利，因此其对先前获取的牛某信用卡信息资料的使用行为具有不合法性即非法性。综上，在行为人因持卡人的授权行为而获取持卡人信用卡信息资料并进行使用时，若其主观目的与客观行为均超出了持卡人的授权，则其获取持卡人信用卡信息资料的行为因超出了具体的授权而具有非法性。

其三，对以“非法方式获取他人信用卡信息资料，并通过互联网、通讯终端等使用的”中“等”的判定问题。

“非法方式获取他人信用卡信息资料，并通过互联网、通讯终端等使用的”的情形被规定在《信用卡解释二》第5条第2款第3项内，该条实质是对信用卡信息的获取方式与使用方式的规定与价值评价。从条文表达、体系逻辑与价值评价的完整性与统一性看，此处的“等”应属对互联网、通讯终端的补充与兜底，即行为人通过“等”使用他人行用卡信息资料在本质上与通过互联网、通讯终端使用信用卡信息资料行为具有同样的性质与功能。作为一种信息，信用卡信息资料并不具有实物属性，无法像实物一样被他人现实、具体地占有使用与处分。功能性上，信用卡关系的双方是银行和持卡人。相对于银行，信用卡信息资料具有确定信用卡持卡人“身份”，进而依约向其提供金融服务的功能；对持卡人来说，信用卡信息资料具有向银行表明其持卡人身份进而能够依约要求银行提供相关服务的功能；性质上，在互联网、通讯终端使用信用卡信息资料的过程，二者的共性在本质上均是可以将信用卡信息资料转变为电子信息数据的方式进行非实地、即时地存储和传输。综上，能够将信用卡信息资料进行电子数据信息化的存储与传输或交换，且行为人进行了使用后，客观上能够使发卡银行通过该电子化信息数据进行用户身份确认的“客体”，均属于《信用卡解释二》第5条第2款第3项所规定的“非法方式获取他人信用卡信息资料，并通过互联网、通讯终端等使用的”中“等”。实践中应注意，不能随意扩大对“等”的适用，也不能机械地认为只要非法获取他人信用卡资料并在互联网、通讯终端等使用的，均属冒用他人信用卡的行为，进而认定行为人构成信用卡诈骗罪，应在行为人主客观一致的范围内对行为整体性予以综合考量。

3. 擅自将被害人的微信与银行卡绑定，然后利用微信支付功能将被害人银行卡上的资金转到自己的微信钱包或可支配的其他账户的行为，属冒用他人信用卡进行诈骗，构成信用卡诈骗罪

行为人冒用他人信用卡的行为，还实施了本人在客观上能够支配的微信号绑定被害人信用卡并移转被害人银行卡内资金行为的，本质上属于破坏既有的资金占有状态，建立对资金非法占有状态的行为。对此种行为进行定性，应依据行为人实施的致使资金的占有人转移对资金的占有的行为的性质。换言之，应依据与资金占有人转移对资金占有一事有直接因果关系的、关键的行为的性质。

被害人银行卡内的资金，应属银行占有无疑。根据《微信支付用户服务协议》，微信支付服务是财付通依据微信及微信公众平台为用户提供的货币资金转移（收、付）服务，此种货币资金的转移，是通过用户向财付通下达支付指令（该种指令以输入支付密码或短信验证码为确认条件），而后由财付通向银行发起资金调拨指令来

实现的。微信用户想要通过微信来实现对自己银行卡内资金的转移使用，只能通过开通微信快捷支付功能来实现。用户开通微信快捷支付时必须在微信客户端输入真实的身份信息（姓名、身份证号）、银行卡号、银行预留手机号等信息，经过财付通和开户银行得的双重校验通过后，即实现了微信与银行卡的绑定，此时，用户就可使用微信快捷支付功能划转绑定的银行卡内的资金。由上可知，一旦用户将微信绑定银行卡，则用户输入了支付密码或短信验证码后，即会被财付通默认为下达了支付指令，继而即时向银行下达资金调拨指令以实现用户移转使用银行卡内资金的目的。整个资金流转过程，银行作为资金占有者，除在首次微信平台绑定持卡人银行卡时进行持卡人“身份”验证外，其余时间，均不进行身份的“再认证”。换言之，首次验证完成后，财付通即被银行认可为经持卡人授权的、有权调拨持卡人银行卡内资金的合法“主体”，财付通作出的资金调拨指令会得到银行的配合履行。与此相似，财付通也在首次绑定时进行身份“验证”，以确保申请微信支付功能的人既是待绑定银行卡的合法持卡人，也与微信的注册用户为同一个人。综上所述，一旦通过了微信首次绑定银行卡时的“身份”验证后，只要财付通用户输入正确的交易指令，即可通过财付通调拨相关银行卡内的资金。此时，在法律上，银行卡内资金的占有人是银行，调拨权人有两个，即持卡人与财付通。

三件例案中，三案被告人均是通过微信支付中的快捷支付功能移转了银行对资金的占有，达到了获取被害人财物的目的。三案被告人的行为客观上重合于用微信号绑定被害人信用卡并移转银行卡内资金、建立对资金占有状态的过程，在此过程之前的行为过程，均可认定为冒用他人信用卡的情形。三案被害人银行卡内的资金，属银行占有无疑。其中，黄某婷与袁某案件中，二案被告人利用被害人手机中已有的被害人微信号绑定被害人信用卡，在财付通与发卡银行对申请人为持卡人本人与微信合法用户的“身份”认证中，二案被告人通过输入已获知的与持卡人的身份直接绑定的信用卡信息数据，使财付通与发卡银行通过对数据信息的筛查与校验而将二案被告人确认为银行卡的“持卡人”。二案被告人主动积极的非法使用他人信用卡信息资料的行为，主观上具有隐瞒真相的内心意思，形式上伪造了被害人的“外观”，客观上使作为资金占有方的银行以“假”为“真”，属于刑法意义上的诈骗行为。胡某强案中，其用被害人手机号冒名注册微信的行为与用该微信绑定被害人手机卡的行为过程，均需通过前述“身份”认证，属两次实施诈骗的行为过程。现实中，虽然绑定的过程并不涉及资金的调拨移转，但综观整个行为过程，三案被告人以诈骗的方式获取了对银行卡内资金的处分权利与支配地位的过程，对非法占有被害人银行卡资金的结果起到了决定性作用，且数额较大，因此，均构成信用卡诈骗罪。

实践中，还应注意对下列两种情形的区分：

1. 擅自使用他人手机，利用知晓的微信支付密码，通过微信转账支付非法占有他人财物的，不属于无磁交易方式的冒用他人信用卡行为，构成盗窃罪。

2. 哄骗持卡人将行为人手机号预设为信用卡的关联电话，伺机占有持卡人信用卡资金，数额较大的，构成信用卡诈骗罪。

四、辅助信息

高频词条：

《刑法》

第196条 有下列情形之一，进行信用卡诈骗活动，数额较大的，处五年以下有期徒刑或者拘役，并处二万元以上二十万元以下罚金；数额巨大或者有其他严重情节的，处五年以上十年以下有期徒刑并处五万元以上五十万元以下罚金；数额特别巨大或者有其他特别严重情节的处十年以上有期徒刑或者无期徒刑，并处五万元以上五十万元以下罚金或者没收财产：

（一）使用伪造的信用卡的，或者使用以虚假的身份证明骗领的信用卡的；

（二）使用作废的信用卡的；

（三）冒用他人信用卡的；

（四）恶意透支的。

前款所称恶意透支，是指持卡人以非法占有为目的，超过规定限额或者规定期限透支，并且经发卡银行催收后仍不归还的行为。盗窃信用卡并使用的，依照本法第二百六十四条的规定定罪处罚。

《信用卡解释二》

第5条 使用伪造的信用卡、以虚假的身份证明骗领的信用卡、作废的信用卡或者冒用他人信用卡，进行信用卡诈骗活动，数额在五千元以上不满五万元的，应当认定为刑法第一百九十六条规定的“数额较大”；数额在五万元以上不满五十万元的，应当认定为刑法第一百九十六条规定的“数额巨大”；数额在五十万元以上的，应当认定为刑法第一百九十六条规定的“数额特别巨大”。

刑法第一百九十六条第一款第三项所称“冒用他人信用卡”，包括以下情形：

（一）拾得他人信用卡并使用的；

（二）骗取他人信用卡并使用的；

（三）窃取、收买、骗取或者以其他非法方式获取他人信用卡信息资料，并通过互联网、通讯终端等使用的；

（四）其他冒用他人信用卡的情形。

《银行卡业务管理办法》

第28条 个人申领银行卡（储值卡除外），应当向发卡银行提供公安部门规定的本人有效身份证件，经发卡银行审查合格后，为其开立记名账户；

银行卡及其账户只限经发卡银行批准的持卡人本人使用，不得出租和转借。

信用卡诈骗案件裁判规则第 7 条：

盗窃信用卡并使用的，构成盗窃罪。如果本人盗窃信用卡，他人明知是盗窃的信用卡而使用的，对他人应以盗窃罪的共犯论处。如果他人不知是盗窃的信用卡而冒名使用的，对他人则应定信用卡诈骗罪

〔**规则描述**〕：虽然使用窃取的信用卡明显具有利用他人信用卡实施诈骗的性质，但是，使用信用卡实施诈骗是将盗窃得来的信用卡本身所含有的不确定价值转化为具体财物的过程，是窃取行为的自然延伸，所以构成盗窃罪。在盗窃信用卡并使用的场合，应以使用信用卡后实际骗取的财物数额作为定罪处罚的标准。盗窃信用卡并使用，因骗局被识破而未得逞的，成立盗窃罪未遂。

一、类案检索大数据报告

时间：2020 年 8 月 30 日之前，案例来源：Alpha 案例库，案件数量：22,092 件，数据采集时间：2020 年 8 月 30 日，本次检索共获取盗窃信用卡并使用的行为，2020 年 8 月 30 日之前 22,092 篇裁判文书。如图 7－1 所示，从案件年份分布情况可以看出当前条件下刑事案例数量的变化趋势。

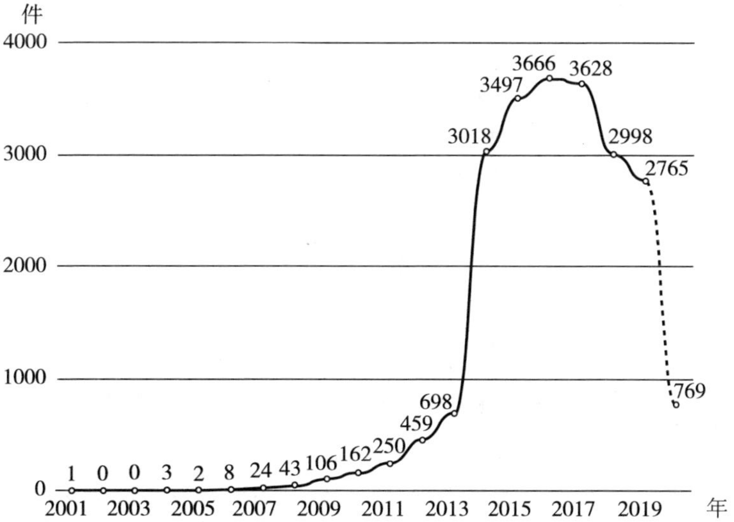

图 7－1　案件年份分布情况

如图 7-2 所示，从案件主要地域分布情况来看，该类案件主要集中在福建省、上海市、广东省，分别占比 13.59%、12.52%、11.61%，其中福建省的案件数量最多，达到 3003 件。

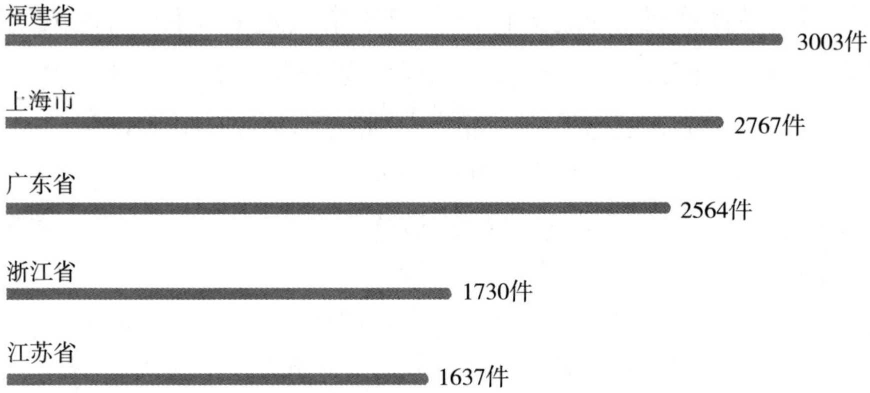

图 7-2　案件主要地域分布情况

如图 7-3 所示，从案件案由分类情况可以看出，刑事案件当前最主要的案由是破坏社会主义市场经济秩序罪，有 12,750 件，占一半以上；其次是侵犯财产罪，妨害社会管理秩序罪，侵犯公民人身权利、民主权利罪等。

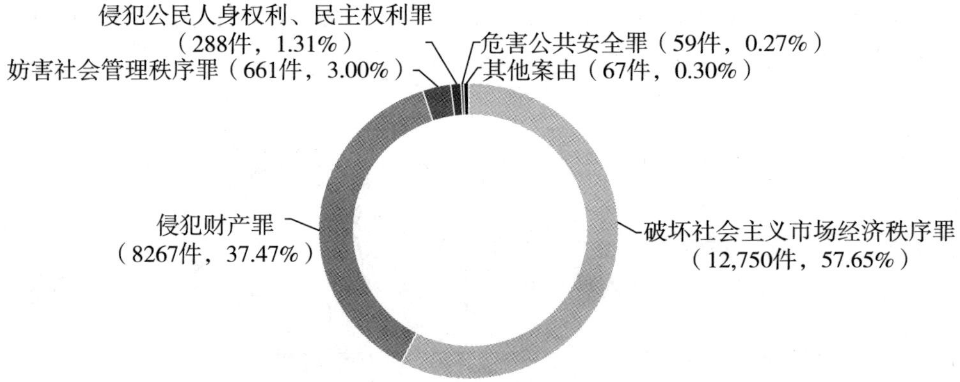

图 7-3　案件案由分类情况

如图 7-4 所示，从案件的程序分类统计可以得出刑事下当前的审理程序分布状况，其中一审案件有 19,862 件，二审案件有 2166 件，再审案件有 45 件，其他案件有 14 件，死刑复核案件有 5 件，并能够推算出一审上诉率约为 10.91%。

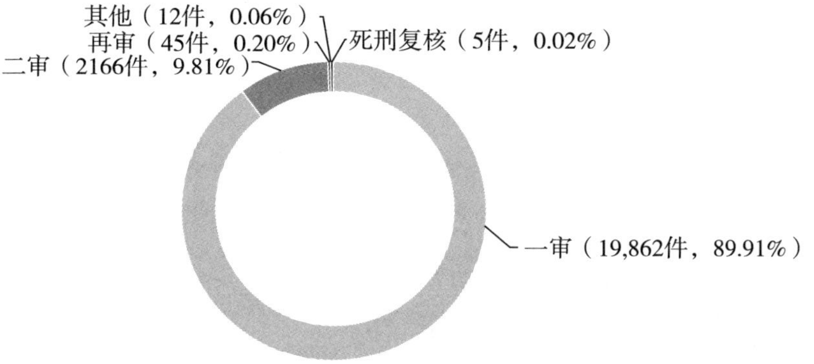

图7－4　案件程序分类情况

如图7－5所示，通过对主刑的可视化可以看出，当前条件下包含有期徒刑的案件有10,819件，包含拘役的案件有3078件，包含无期徒刑的案件有117件。包含死刑的案件有96件，包含管制的案件有34件。

图7－5　案件判决主刑情况

二、可供参考的例案

例案一｜林某聪等盗窃案

【法院】

福建省厦门市中级人民法院

【案号】

(2007)厦刑初字第56号

【诉讼主体】

公诉机关:福建省厦门市人民检察院

被告人:林某聪

被告人:林某儒

原审被告人:许某甲

【基本案情】

2006年二三月间,被告人林某聪明知被害人庄某文有一张以蔡某明姓名开户、存有巨款的工商银行卡,为了达到非法占有上述庄某文银行存款的目的,林某聪向被告人林某儒提出,由其提供他人的银行卡及密码,交由林某儒"取款",扣除各种费用后,剩余的85%分给提供该银行卡密码的人,15%由二人平分,林某儒表示同意。

为此,被告人林某儒通过贺某武(已判刑)骗领了一些以他人名义申请开户的银行卡,以便"取款"时迅速地将被害人的银行存款化整为零进行提现,同时纠集我国台湾地区人古某、阿德、阿兴住在其暂住的厦门安保大厦1802室,以便到时分头"取款"。

2006年4月25日下午,被害人庄某文从台湾到厦门,当晚随被告人林某聪、林某儒等人外出喝酒,次日凌晨2时许一起回到位于林某聪租住处厦门市吕岭路126号凯悦丽池大厦A栋17E。其间,林某聪乘庄某文等人不在客厅之机,从庄某文放置在沙发上的手提包内窃取蔡某明工商银行卡(卡号为995588841000××××0682,对应的存折账户为41000251010××××9962,内有存款7,994,612.52元)交给林某儒,并告知密码。林某儒拿到卡后,即到厦门市安保大厦1802室,吩咐古某、阿德、阿兴等人持卡厦门市各银行网点"取款"。

当日下午2时许,被害人庄某文发现其随身携带的蔡某明银行卡丢失报警。被告人林某聪得知后即通知被告人林某儒停止在厦门取款,林某儒于是安排古某等人转往深圳取款,同时将另通过贺某武骗领的一些银行卡交给古某等人以便将蔡某明银行卡存款尽快提现。

自2006年4月26日凌晨2时22分至当日15时23分许,古某等人共使用上述蔡某明银行卡,通过ATM转账方式分64笔将其中的321万元转入林某儒购置的19张银行卡内(其中的20元为跨行取款费用)。扣除各种"取款"费用后,共获利约250万元,林某聪分得220万余元,林某儒分得25万余元。

公安机关在本案侦查工作中,查询并冻结了接收被盗赃款的5张交通银行卡的存款共计 307,693 元。之后于 2006 年 11 月 20 日将从我国台湾返厦的被告人林某儒抓获归案,并当场从林某儒的行李包内缴获持卡人分别为李某、丁某铭、翁某清、冯某成的交通银行卡 4 张,于当日下午根据林某儒的供述,在厦门市凯悦丽池大厦 A 栋 17F 将林某聪抓获归案。经查,上述 4 张交通银行卡为被告人林某聪通过贺某武骗领的银行卡。

二被告辩护人共同辩护认为,根据司法解释,本案应以二被告人盗窃信用卡后实际使用的数额即 3,210,020 元认定二被告人的盗窃数额。

被告林某聪辩护人辩护认为,对于被冻结的款项应相应认定系犯罪未遂。

【案件争点】

林某聪、林某儒盗窃他人信用卡并使用过程中,盗窃数额的认定原则及冻结在案款项的犯罪形态的认定。

【裁判要旨】

法院认为,被告人林某聪、林某儒经预谋,分工配合,由林某聪盗窃他人信用卡并提供密码,由林某儒组织他人到厦门负责"取款",共盗窃他人信用卡存款计 3,210,020 元,根据《刑法》第 196 条"盗窃信用卡并使用的,依照本法第二百六十四条的规定定罪处罚"的规定,其行为均已构成盗窃罪,数额特别巨大,系共同犯罪。关于辩护人提出本案盗窃数额应认定为 3,210,020 元的意见,一审法院认为盗窃数额应当根据行为人盗窃信用卡后具体使用的数额认定,因此,本案盗窃数额包括二被告人盗窃蔡某明工商银行卡后直接通过转账提取的 321 万元和跨行取款过程中直接从蔡某明银行卡上支付给银行的费用 20 元,合计 3,210,020 元。关于林某聪的辩护人提出对于冻结在案的 307,693 元应认定二被告人盗窃犯罪未遂的意见,本案中,二被告人在盗窃蔡某明银行卡并使用的过程中,通过银行转账的方式,将蔡某明银行卡存款中的 321 万元转入林某儒利用他人骗领的银行卡账户内,排除了物主庄某文的控制,物主庄某文已无法通过正常途径要求银行予以冻结,因此,认定二被告人的盗窃犯罪业已得逞,属于犯罪既遂。

例案二 | 姚某、李某等盗窃、信用卡诈骗案

【法院】

合肥市中级人民法院

【案号】

(2015)合刑终字第00324号

【诉讼主体】

原公诉机关:合肥市蜀山区人民检察院

上诉人(原审被告人):姚某

上诉人(原审被告人):李某

上诉人(原审被告人):许某

上诉人(原审被告人):张某凯

原审被告人:唐某芮

原审被告人:盛某

原审被告人:胡某

原审被告人:魏某

原审被告人:司某

【基本案情】

被告人姚某和被告人李某、许某、张某凯预谋从邮局盗窃信用卡挂号信,后由姚某从网络上购买所盗信用卡持卡人的个人身份信息和征信报告,通过改号软件拨打信用卡发卡行电话,利用购买获知的持卡人信息回答电话中的问题,冒充持卡人成功开通信用卡并更改消费密码,随后联系套现点刷卡套取现金或直接刷卡消费。具体如下:1. 2013年10月20日晚上,被告人姚某、李某、许某、张某凯来到合肥市蜀山区大铺头邮局,由许某、张某凯望风,姚某、李某从邮局后门入内,盗窃十余封信用卡挂号信,后四人采取前述方法开通其中的5张信用卡刷卡套现。(1)2013年10月23日被告人姚某、李某、许某持交通银行廖某信用卡,在淮南市可乐通信器材商户刷卡套取现金4900元。(2)2013年10月23日,被告人许某持中信银行冯某信用卡,在合肥市欧本建设商户刷卡套取现金9980元。(3)2013年10月24日,被告人胡某在姚某的安排下,冒用周某燕的名义拨打银行电话开通窃取的信用卡,后被告人许某持招商银行周某燕信用卡,在合肥市厚玲家具店商户刷卡套取现金3950元。(4)2013年10月25日,被告人张某凯持中信银行阮某信用卡,在合肥市厚玲家具店商户刷卡套取现金12,100元。(5)2013年10月25日,被告人张某凯持交通银行尹家创信用卡,在合肥市金盛建材商户刷卡套取现金18,000元。

2. 2013年11月初的一天晚上,被告人姚某、李某、许某、张某凯来到合肥市蜀山区五里墩邮局，由张某凯望风，姚某、李某、许某从邮局后门入内，窃取了二十余封信用卡挂号信，后四人采取同样方法开通了其中的12张信用卡并刷卡套现。(1)2013年11月4日，被告人许某、张某凯持建设银行钱某的信用卡，在合肥市金盛广告商户刷卡套取现金14,587元。(2)2013年11月4日，被告人许某、张某凯持交通银行谢某的信用卡，在南京市天元路加油站商户刷卡套取现金19,000元。(3)2013年11月4日，被告人许某、张某凯持交通银行孔某娇的信用卡，在南京市佳佳便利超市商户刷卡套取现金24,950元。该卡系胡某在姚某的安排下，冒用孔某娇名义开通。(4)2013年11月4日，被告人许某、张某凯持交通银行徐某标的信用卡，在南京市天元路加油站商户刷卡套取现金1万元。(5)2013年11月4日，被告人许某、张某凯持交通银行韦某的信用卡，在南京市天元路加油站商户刷卡套取现金1万元。(6)2013年11月4日，被告人许某、张某凯持建设银行黎某的信用卡，在南京市苏果超市刷卡消费4970元。(7)2013年11月7日，被告人姚某、李某、许某持交通银行王某甲的信用卡，在无锡市盐城佳佳超市商户刷卡套取现金26,000元。(8)2013年11月9日，被告人姚某、李某持建设银行徐某成的信用卡，在南京市创开门窗经营部商户刷卡套取现金29,950元。(9)2013年11月14日，被告人姚某、李某、许某来到成都市，找被告人唐某芮联系刷卡套现点，被告人唐某芮明知姚某等人冒用他人名义套取现金，仍帮忙联系套现点。11月14日在成都市南浔重兆雅琪服装店商户，唐某芮、许某持招商银行郭某的信用卡刷卡套取现金8400元，持招商银行季某的信用卡刷卡套取现金23,000元。11月15日，唐某芮、许某持招商银行沈某的信用卡在成都市宜家地板商户和统帅电器商户共刷卡套取现金47,000元。当日，唐某芮、许某又持交通银行郝某燕的信用卡，在成都麦威电子产品销售中心商户刷卡套取现金49,999元。其中，沈某和郝某燕的信用卡均有盛某拨打银行电话开通，被告人盛某明知姚某等人开通信用卡是为套取现金，仍冒用沈某和郝某燕的身份开通信用卡。

3．2013年12月14日晚，被告人姚某、李某、许某来到合肥市葛大店邮局，撬锁入内，窃取了百余封挂号信，后三人采取前述方法开通其中的建设银行朱某某的信用卡。2013年12月21日，被告人姚某、李某、许某、司某、魏某来到山东临沂市，由司某、魏某持朱某某的信用卡刷卡套取现金5850元。

4．2013年8月8日，被告人唐某芮将非法获取的交通银行卢某信用卡寄给被告人姚某，让姚某帮忙开通信用卡刷卡套取现金，姚某通过前述方式开通信用卡，由姚某、张某凯持卡在合肥市正庆服装店商户刷卡套取现金49,950元。

5. 2013年9月11日，被告人唐某芮将非法获取的招商银行谭某信用卡资料提供给被告人姚某，让姚某帮忙开通信用卡刷卡套取现金，姚某通过前述方式开通信用卡，唐某芮持卡在成都欧普照明家用电器营业部商户刷卡套取现金44,900元。该信用卡由胡某拨打银行电话开通，被告人胡某明知姚某等人开通信用卡是为套取现金，仍冒用谭某的身份开通信用卡。

2014年2月25日，被告人姚某、许某、司某被公安机关抓获归案，并在姚某处查扣银行卡46张、笔记本电脑2台、手机5部、电动撞匙枪1把、起子2把、尖口钳、T型铰刀、L型铰刀、开锁工具、钥匙插片等物品；次日，公安机关将被告人李某抓获，后公安机关在被告人许某的协助下，抓获被告人张某凯，在被告人李某的协助下，抓获被告人魏某；2014年2月28日，被告人胡某被公安机关抓获；2014年4月23日，被告人唐某芮被公安机关抓获归案；2014年5月28日，被告人盛某主动到公安机关投案。归案后，九名被告人均如实供述了案件事实。

【案件争点】

上诉人姚某、李某伙同许某和张某凯盗窃他人信用卡后，以非法方式获取他人信用卡信息资料，再冒用他人身份开通信用卡、修改密码，后刷卡套现的行为如何定性，构成盗窃罪还是信用卡诈骗罪。

【裁判要旨】

二审法院认为：上诉人姚某、李某伙同许某和张某凯在盗窃他人信用卡后，以非法方式获取他人信用卡信息资料，再冒用他人身份开通信用卡、修改密码，后刷卡套现，系盗窃他人信用卡并冒用，二人的行为符合“盗窃信用卡并使用”的盗窃罪犯罪构成要件，应以盗窃罪定罪处罚。上诉人姚某、李某的上诉理由及其辩护人的辩护意见不能成立，不予采纳。

例案三 | 唐某龙等盗窃案

【法院】

江西省莲花县人民法院

【案号】

(2012)莲刑初字第98号

【诉讼主体】

公诉机关：江西省莲花县人民检察院

被告人:唐某龙

被告人:唐某青

被告人:唐某生

被告人:凌某香

【基本案情】

1. 2011年8月5日下午,被告人唐某龙、唐某青、凌某香乘坐唐某生开的吉利牌自由舰小轿车(无车牌)从湖南省株洲市茶陵县来到莲花县县城。在来莲花县的路上,四人就如何利用迷信骗取被害人信任、调包窃取财物的事分好了工:唐某生负责开车;唐某龙负责帮人看相;唐某青和凌某香负责寻找作案对象和打掩护、帮腔、调包等。2011年8月6日早上,四被告人开车来到莲花县长途汽车站附近。唐某青和凌某香二人看到湖南省株洲市茶陵县石龙村村民龙某娟在莲花县长途汽车站门外等车,便上前搭话。在得知是去莲花县三板桥后,便与被告人唐某龙、唐某生配合一起以让龙某娟带路并搭顺风车理由,将龙某娟骗上他们驾驶的黑色吉利自由舰小汽车。上车后不久唐某龙就在唐某青、凌某香的配合下,利用能帮人消灾解难的迷信手段,蛊惑龙某娟,让龙某娟和凌某香两人一起把自己身上的银行卡、现金、手机等财物用卫生纸包好,同时让二人将各自的银行卡密码写在纸条上。此时,凌某香便拿了笔和卫生纸给龙某娟写密码并包好自己的财物,同时凌某香包了两个纸包,一个包的是自己的财物,另一个包的是一些硬纸。就在龙某娟正要自己包财物时,唐某青就上前帮龙某娟包好财物,并趁机用凌某香事先包好硬纸片的纸包调包,并将调包后的纸包放入了龙某娟的包里。随后凌某香与龙某娟交换写了各自银行卡密码的纸条,并按唐某龙的要求各自将手上的纸条撕掉并扔出车外,凌某香乘机套取到被害人的密码。唐某龙便要龙某娟带好行李,往车子后面走365步,以解除灾难。在龙某娟走的过程中,唐某龙等人驾车离开,回到莲花县城将被害人龙某娟银行卡里的7000元取出来,并逃离莲花县。

2. 2011年8月7日,江西省吉安市永新县三湾乡三湾村村民雷某枚带着女儿在永新县长途汽车站附近等车时,被告人唐某龙、唐某青、凌某香、唐某生四人以搭顺风车为由,将被害人雷某枚骗上他们驾驶的黑色吉利自由舰小汽车。上车后唐某龙在唐某青、凌某香的配合下,利用能帮人消灾解难的迷信手段,蛊惑雷某枚将自己身上的现金7207元、三枚黄金戒指、一对黄金耳环、一部步步高手机交给唐某青用卫生纸包好,后趁雷某枚没有注意将财物调包,调包后唐某龙等人又要雷某枚下车走365步,在雷某枚抱着女儿走的过程中,唐某龙等人驾车逃离。后四人将获得财物分掉。经莲花县价格认证中心鉴定,被盗三枚金戒指的价值为4604元。

3. 2011年9月29日早上7时许,被害人龙某娥、谭某芳在莲花县长途汽车站门外等车时,被告人唐某青、凌某香、唐某生、唐某龙四人用上述同样的方式和手段骗二被害人上车并取得其信任。在唐某龙的主导下,唐某青与凌某香调包好财物,凌某香套取被害人银行卡密码后,唐某龙要龙某娥、谭某芳下车走365步,在龙某娥、谭某芳走的过程中,唐某龙等人驾车逃离。被告人唐某龙、唐某青等四人此次作案共盗得3100余元现金,并从盗得的两张银行卡内盗取6000元。

4. 2011年9月30日,江西省吉安市永新县里田镇江南村村民王某梅在永新县长途汽车站附近等车时,被告人唐某青、凌某香、唐某生、唐某龙四人以搭顺风车为由,将被害人王某梅骗上他们驾驶的黑色吉利自由舰小汽车(无车牌)。上车后唐某龙就在唐某青、凌某香的配合下,利用能帮人消灾解难的迷信手段,用相同手法将王某梅身上4500元现金、两张银行卡、一部手机、六枚铂金戒指(其中一枚为18K铂金女戒3克左右,2004年以1100元购买的)、铂金项链和手链各一条、铂金吊坠一枚、18K耳钉两对、18K白金金块8克(2001年500元购买的)、玉吊坠一枚(2001年1400元购买的)等财物调包,并在套取王某梅的银行卡密码后,唐某龙等人要王某梅下车走365步,在王某梅走的过程中,唐某青等人驾车逃离。后于当日唐某青、凌某香、唐某生、唐某龙四人分九次从王某梅的两张银行卡里各取走了18,000元和10,100元。经鉴定,所盗18K镶钻铂金男戒一枚7.42克,价值4562元;18K女戒一枚5.65克,价值为2850元;18K镶钻铂金女戒一枚4.75克,价值2523元;18K镶钻铂金女戒一枚2.75克,价值1576元;铂金950镶钻项链一条5.67克,价值5154元;铂金950镶钻吊坠一枚1.85克,价值1156元;18K镶钻耳钉两对,价值2388元,共计总额为24,712元。

5. 2011年12月12日早上,安福县洋溪镇桥头村村民彭某兰在莲花县长途汽车站门外等车时,被告人唐某青、凌某香、唐某生、唐某龙等四人以搭顺风车为由,将被害人彭某兰骗上他们驾驶的黑色吉利自由舰小汽车(车牌号为赣CM××××),并将彭某兰的行李放在小车的后备箱内。上车后唐某龙、唐某青等人利用帮人消灾解难的迷信手段,蛊惑彭某兰将自己钱包内的现金6040元和国信通GS825手机一部用卫生纸包好后拿给唐某龙、凌某香吹气,凌某香趁机将被害人彭某兰的财物调包,调包后唐某青等人要彭某兰、凌某香下车走360步,在彭某兰走的过程中,唐某龙、凌某香、唐某青等人驾车逃离。事后,唐某龙等人将彭某兰放在小轿车后备厢的行李丢在路边上,将得到的现金6040元予以分配。经莲花县价格认证中心鉴定，被盗手机价值 193 元。

【案件争点】

被告人唐某龙、唐某青、唐某生、凌某香以非法占有为目的，采用迷信手段取得被害人信任后，用秘密调包的手段窃取他人财物（含信用卡及其密码）的行为过程应如何定性，系诈骗还是盗窃。

【裁判要旨】

法院认为，我国刑法对盗窃罪的定义，是以非法占有为目的，秘密窃取数额较大的公私财物或者多次秘密窃取公私财物的行为，其本质特征是秘密窃取。而诈骗罪是指以非法占有为目的，采用虚构事实或者隐瞒真相的方法，骗取数额较大的公私财物的行为，其本质特征是被害人基于行为人的欺诈行为对事实真相产生错误认识进而自愿处分财物。本案中，四行为人利用封建迷信，通过帮人看相算命、消灾解难，骗取被害人的信任，蛊惑被害人将自己的财物交出，并帮其“作法消灾”。在这个过程中，被害人并没有转移财物所有权的意思表示，且相信自己的财物在被做完法事后会予以归还，其所交付的财物是处于一种暂时被保管的状态。正是基于这种错误认识，受害人才将钱财暂时性地交出，并且其钱财是在其没有防备的情况下被暗中调包窃取的。由此可见，本案的受害人不是对事实真相产生错误认识进而将其财物自愿处分给行为人，并无转移财物所有权的意思表示。四行为人采取替人消灾解难、做法事的手段，正是为了让受害人相信，并放松警惕使调包能够顺利完成，这符合行为人采取自认为不为财物的所有者、保管者或者经手者发觉的方法，暗中将财物取走的行为特征，属于秘密窃取的手段。对被告人唐某龙、唐某青、唐某生、凌某香以盗窃罪定罪处罚。

三、裁判规则提要

（一）盗窃信用卡并使用的行为的定性

盗窃信用卡并使用的行为的处理，在过去的司法实践中存在分歧意见。第一种意见认为，信用卡是有价值意义的支付凭证，凭此卡可以获取财物或消费服务，盗窃信用卡就构成盗窃罪。行为人假冒持卡人的签名使用信用卡的行为是盗窃行为的继续，是实现盗窃犯罪目的所采取的手段，因此只能认定为盗窃罪。第二种意见认为，盗窃信用卡并不意味着占有了财物，财物所有权的转移主要是通过行为人用假冒方式来实现的，因而应该定诈骗罪。第三种意见认为，盗窃信用卡的行为是本罪行为，而非法使用行为是为盗窃目的服务的，是结果行为，因此是盗窃罪和诈骗罪的牵连,按照从一重罪处断的原则,一般以盗窃罪论处。针对上述情形,最高人民法院《就王平盗窃信用卡骗取物品如何处理问题的请示的答复》中指出:被告人盗窃信用卡后,又仿冒卡主签名进行购物、消费的行为,是将信用卡本身包含的不确定价值转化为具体财物的过程,是盗窃犯罪的继续,因此,不另定诈骗罪,应以盗窃一罪处理。修订后的《刑法》(1997 年修订)采纳了最高人民法院的意见,在《刑法》第 196 条第 3 款对这一情况的处理做了明确规定,即盗窃信用卡并使用的,依照《刑法》第 264 条关于盗窃罪之规定定罪处罚。同时,对"盗窃信用卡并使用"行为的表现形式,全国人大法工委在其所编《刑法释义》一书中认为"'盗窃信用卡并使用'是指盗窃他人信用卡后使用该信用卡购买商品、在银行或者自动柜员机上支取现金以及接受用信用卡进行支付结算的各种服务,诈骗财物的行为"。

需要注意的是,下列行为,因被害人不是对事实真相产生错误认识进而将其银行卡自愿交于行为人,且并未作出移转银行卡内资金并交由行为人占有的意思表示,以盗窃罪定罪处罚为宜:

1. 使用虚假事实以秘密调包方式窃取被害人信用卡并使用,数额较大的;

2. 利用迷信手段骗得他人银行卡,盗取卡内金额及刷卡消费,数额较大的;

3. 骗取他人查询存款并获知银行卡密码,随后盗取银行卡并取款,数额较大的;

4. 盗窃未激活的信用卡后骗取被害人激活信用卡并透支使用,数额较大的。但是,盗窃未激活的信用卡并挂失使用,数额较大的,构成信用卡诈骗罪。

例案三即唐某龙等盗窃案中,四被告行为人利用封建迷信,通过帮人看相算命、消灾解难,骗取被害人的信任,蛊惑被害人将自己的财物交出,并帮其"作法消灾"。在这个过程中,被害人并没有转移财物所有权的意思表示,且相信自己的财物在被做完法事后会予以归还,其所交付的财物是处于一种暂时被保管的状态。正是基于这种错误认识,受害人才将钱财暂时性地交出,并且其钱财是在其没有防备的情况下被暗中调包窃取的。由此可见,本案的受害人不是对事实真相产生错误认识进而将其财物自愿处分给行为人,并无转移财物所有权的意思表示。四行为人采取替人消灾解难、做法事的手段,正是为了让受害人相信,并放松警惕使调包能够顺利完成,这符合行为人采取自认为不为财物的所有者、保管者或者经手者发觉的方法,暗中将财物取走的行为特征,属于秘密窃取的手段,因此,应对被告人唐某龙、唐某青、唐某生、凌某香以盗窃罪定罪处罚。

（二）盗窃并使用信用卡情形中数额较大的认定与盗窃数额的计算

1. 盗窃并使用信用卡情形中“数额较大”的认定

关于盗窃罪中“数额较大”的具体额度，最高人民法院、最高人民检察院《关于办理盗窃刑事案件适用法律若干问题的解释》第1条规定“盗窃公私财物价值一千元至三千元以上”“认定为刑法第二百六十四条规定的‘数额较大’”“各省、自治区、直辖市高级人民法院、人民检察院可以根据本地区经济发展状况，并考虑社会治安状况，在前款规定的数额幅度内，确定本地区执行的具体数额标准，报最高人民法院、人民检察院批准”。可见，相关司法解释只为“数额较大”划定了起点范围，适用于各省、自治区、直辖市的“数额较大”的具体起点数额由各该地区的高级人民法院、人民检察院自行确定。

实践中，各地区高级人民法院确定的“数额较大”起点金额不尽相同，详见表1：

表1　各省、自治区、直辖市确定的“数额较大”起点金额

省、自治区、直辖市	“数额较大”起点金额（元）	备注
上海市	1000	
四川省　安徽省　河南省　江西省　浙江省　福建省　广东省　贵州省　海南省　甘肃省　宁夏回族自治区　内蒙古自治区	1000	准用《关于办理盗窃刑事案件适用法律若干问题的解释》第1条的相关规定
黑龙江省　广西壮族自治区	1500	
辽宁省　吉林省　北京市　天津市　河北省　山西省　青海省　陕西省　重庆市　湖南省　湖北省　江苏省　山东省　新疆维吾尔自治区	2000	
云南省	800	低于《关于办理盗窃刑事案件适用法律若干问题的解释》对“数额较大”犯罪数额范围的规定

2. 盗窃并使用信用卡情形中盗窃数额应当根据行为人盗窃信用卡后使用的数额认定

最高人民法院、最高人民检察院《关于办理盗窃刑事案件适用法律若干问题的解释》第5条第2款规定，“盗窃记名的有价支付凭证、有价证券、有价票证，已经兑现的，按照兑现部分的财物价值计算盗窃数额；没有兑现，但失主无法通过挂失、补领、补办手续等方式避免损失的，按照给失主造成的实际损失计算盗窃数额”。

盗窃罪是实害型犯罪，在定罪量刑时，是以处于行为人直接掌控状态下的客观资金数额作为具体的盗窃金额来认定的。换言之，行为人在窃得信用卡使用时，应以行为最终信用卡内资金的合法处分权人与合法占有状态所导致的实际的现实损害结果来认定行为的危害性并进而定罪量刑。信用卡上记载的金额数据所表明的是合法持卡人的存款余额或信用数额，只有行为人将其内对应的资金移转为自己具体上可占有掌控的资金，才能算是完成了对他人合法财产的占有。若信用卡中的金额尚未被行为人掌控占有，则合法持卡人的财产权利尚未受到实际侵害。根据行为人盗窃信用卡使用的数额认定盗窃并使用信用卡情形中盗窃数额与盗窃罪的价值评价和法益保护功能相适应。例案一即林某聪等人盗窃案中，本案盗窃数额包括二被告人盗窃蔡某明工商银行卡后直接通过转账提取的321万元和跨行取款过程中直接从蔡某明银行卡上支付给银行的费用20元，合计3,210,020元，是合宜且合理的。

（三）关于盗窃信用卡并使用情形的既遂与未遂

采取何种标准来认定盗窃信用卡并使用的既未遂，理论上一直存在争议，主要观点如下：其一，以是否窃得信用卡作为区分盗窃信用卡并使用的既未遂的标准，因为盗窃信用卡的行为是主行为，而之后的冒用信用卡的行为是从行为，是盗窃行为的继续，所以要以主行为是否完成作为行为整体的既遂标准。其二，盗窃信用卡之后，只要有使用行为就构成盗窃罪既遂，因为盗窃信用卡并使用，是一种复行为犯，只要既实施了盗窃行为，又实施了使用行为，就完全符合了《刑法》第196条第3款“盗窃信用卡并使用的，依照本法第二百六十四条的规定定罪处罚。”以盗窃罪定罪处罚的全部要件，而不管使用信用卡取得财物与否，都构成盗窃罪的既遂。其三，盗窃信用卡并使用的，只有用信用卡取得了他人财物或用于经济支付，才能构成盗窃罪既遂。

实质的客观说认为，实行行为是“具有发生结果的一定程度以上的危险性”的行为。或者说，实行行为只能是具有侵害法益的紧迫危险性的行为，那么，实行行为的着手就是开始实施具有侵害法益的紧迫危险性的行为。据此，行为人开始实施使用盗窃的信用卡的行为，具有对被害人记载于信用卡的财产造成损失的紧迫危险性。因此，在这里开始实施“使用”行为，就是实行的着手。这样认定着手是妥当的。其克服了着手过于提前的不合理性，也避免了实行过程延续太长的弊端，同时也为判断盗窃罪既遂或未遂提供了标准。如果使用盗窃的信用卡取得了他人的财物或者用于经济支付，消费结算等，就构成了犯罪既遂；反之，在使用中被他人识破而未能取得他人的财物或者用于经济支付，消费结算等，应认定为犯罪未遂。

例案一即林某聪等人盗窃案中，被告人林某聪、林某儒经预谋，分工配合，由林某聪盗窃他人信用卡并提供密码，由林某儒组织他人到厦门负责“取款”的行为无疑构成盗窃罪，数额特别巨大，且系共同犯罪。同时，二被告人在盗窃蔡某明银行卡并使用的过程中，通过银行转账的方式，将蔡某明银行卡存款中的 321 万元转入林某儒利用他人骗领的银行卡账户内，排除了物主庄某文的控制，物主庄某文已无法通过正常途径要求银行予以冻结，故此应认定二被告人的盗窃犯罪业已得逞，属于犯罪既遂。

（四）不知道是盗窃所得的信用卡而故意使用他人信用卡的，数额较大的，构成信用卡诈骗罪；明知是盗窃所得的信用卡而故意使用他人信用卡的，数额较大的，构成盗窃罪

《刑法》第 196 条第 3 款规定的“盗窃信用卡并使用”要求盗窃和使用的行为专属于一人，这里遇到的问题是：在盗窃信用卡行为人与使用信用卡行为人分离情况下，对后来使用者的“使用”行为如何定性即行为人盗窃信用卡后交由他人使用的，对使用人的定性问题。

1. 不知是盗窃所得的他人信用卡而故意使用的，数额较大的，构成信用卡诈骗罪

对不知道信用卡是盗窃所得而故意使用该信用卡，数额较大情形下，对使用者的行为如何定性，实践中有两种观点：第一，构成盗窃罪。盗窃罪，是指以非法占有为目的，秘密窃取数额较大的公私财物或者多次秘密窃取公私财物的行为。行为人尽管不知银行卡是偷来的，客观上却积极使用该信用卡并非法占有卡内资金，行为方式上具有秘密性，系属秘密窃取他人财产、建立对财产新的控制状态的行为，行为人主观上具有非法占有他人财物的故意，符合盗窃行为的特征。第二，构成信

用卡诈骗罪。信用卡诈骗罪是指以非法占有为目的,采取使用伪造、作废的信用卡或者冒用他人的信用卡恶意透支的方法,诈骗数额较大公私财物的行为。《银行卡业务管理办法》规定,“银行卡及其账户只限经发卡银行批准的持卡人本人使用,不得出租和转借”,据此,信用卡应当由持卡人本人使用。在非法占有的目下,行为人主观上虽不知信用卡是盗窃所得,但其明知信用卡是持卡人的,未经持卡人同意或授权,对外以持卡人的“身份”使用该信用卡,性质上属冒用他人的信用卡的行为,如果结果上使得资金占有人移转了占有即破坏了持卡人资金的合法占有状态,且数额较大的,符合信用卡诈骗罪的犯罪构成。

实践中,行为人盗窃信用卡后,交由他人使用,他人不知道是盗窃所得的信用卡而故意使用该信用卡的,虽然客观上该他人属于在行为人盗窃行为过程的中途参与者,但因其主观上对使用信用卡之前的行为过程即盗窃信用卡的事实并不知情,客观上除了“使用”外也没有实施盗窃信用卡的行为,不属于《刑法》规定的“盗窃信用卡并使用”的情形,在主客观相一致的范围内,无法将盗窃信用卡的行为过程和刑法评价结果归属于该使用人,且盗窃信用卡的行为人与该使用人的行为重合于使用人冒用持卡人“身份”对信用卡进行“使用”的行为过程,故对该使用人来说,属冒用他人信用卡,其行为构成信用卡诈骗罪。

2. 明知是盗窃所得的他人信用卡而故意使用的,数额较大的,构成盗窃罪

《刑法》将盗窃并使用信用卡,数额较大的情形拟制为盗窃罪,因此,对盗窃并使用信用卡情形的评价要素应依照盗窃罪的相关内容来确定。在盗窃罪规范要素下,使用人明知是行为人盗窃所得的信用卡而故意使用该信用卡的,属明知行为人具有“盗窃并使用”他人信用卡的故意即明知行为人具有盗窃他人信用卡内资金的故意后,在主观上产生了参与行为人盗窃过程的故意。换言之,使用人产生了与行为人共同占有他人银行卡内资金的故意。客观上,其“使用”信用卡的行为替代行为人完成了对所窃信用卡“使用”的行为即导致行为人实现了占有他人信用卡内资金的结果,也可以视为行为人对窃得的信用卡的“使用”行为的延展。此时,对行为人来说构成盗窃罪无疑。关于对使用人的定罪处罚,有观点认为,将盗窃信用卡并使用情形以盗窃罪定罪处罚是法律的拟制,对可归属于盗窃罪的“盗窃并使用”行为应作严格的解释,即只有对既实施了盗窃他人信用卡又使用该信用卡的行为人,才能够以盗窃罪定罪处罚,对仅使用信用卡的使用人,不应将他人盗窃信用卡行为也作为评价其使用行为的要素进而认为使用人也实施了“盗窃信用卡并使用”的行为,以盗窃罪对其定罪处罚。该种观点以对客观具体行为的评价替代了对主观上

具有共同犯意联络的多人所实施的共同的整体行为的评价，评价体系内没有进行对共同犯意的价值评判，更没有对多个行为所组成的行为系统进行整体危害性的评价，故不可取。如前所述，明知是盗窃所得的他人信用卡而故意使用的，使用人与行为人具有共同占有他人银行卡内资金的故意。换言之，使用人主观上有与他人共同盗窃的故意，客观上的“使用”行为与行为人窃取他人信用卡的行为形成一个整体进而实现了对他人银行卡内资金非法占有的结果，实现了二人共同盗窃的目的，使用人与行为人成立共犯无疑，均应对共同犯罪部分承担责任，即“部分犯罪，全部责任”。因刑法的特殊拟制，行为人构成盗窃罪，所以使用人与行为人在盗窃罪范围成立内犯，即使用人构成盗窃罪。

例案二姚某、李某等盗窃、信用卡诈骗案中，原审被告人姚某与原审被告人李某均上诉认为其相关不构成盗窃罪，应当以信用卡诈骗罪一罪处罚。犯罪过程中，非法占有他人信用卡内资金的目的，上诉人姚某、李某基于共同的犯罪故意，在银行卡内资金发生最终的非法转移的结果发生之前的不同阶段参与进整体的犯罪行为过程来，对所使用的信用的信用卡在主观上均属明知，客观上在盗窃他人信用卡后，以非法方式获取他人信用卡信息资料，再冒用他人身份开通信用卡、修改密码，后刷卡套现，虽然使用窃取的信用卡明显具有利用他人信用卡实施诈骗的性质，系盗窃他人信用卡并冒用，但是，使用信用卡实施诈骗是将盗窃得来的信用卡本身所含有的不确定价值转化为具体财物的过程，是窃取行为的自然延伸，因此，其二人的行为符合“盗窃信用卡并使用”的情形，依法应以盗窃罪定罪处罚，且系共犯。

四、辅助信息

高频词条：

《刑法》

第 196 条　有下列情形之一，进行信用卡诈骗活动，数额较大的，处五年以下有期徒刑或者拘役，并处二万元以上二十万元以下罚金；数额巨大或者有其他严重情节的，处五年以上十年以下有期徒刑，并处五万元以上五十万元以下罚金；数额特别巨大或者有其他特别严重情节的处十年以上有期徒刑或者无期徒刑，并处五万元以上五十万元以下罚金或者没收财产：

（一）使用伪造的信用卡的，或者使用以虚假的身份证明骗领的信用卡的；

（二）使用作废的信用卡的；

（三）冒用他人信用卡的；

(四)恶意透支的。

前款所称恶意透支,是指持卡人以非法占有为目的,超过规定限额或者规定期限透支,并且经发卡银行催收后仍不归还的行为。

盗窃信用卡并使用的,依照本法第二百六十四条的规定定罪处罚。

第264条 盗窃公私财物,数额较大或者多次盗窃的,处三年以下有期徒刑、拘役或者管制,并处或者单处罚金;数额巨大或者有其他严重情节的,处三年以上十年以下有期徒刑,并处罚金;数额特别巨大或者有其他特别严重情节的,处十年以上有期徒刑或者无期徒刑,并处罚金或者没收财产;有下列情形之一的,处无期徒刑或者死刑,并处没收财产:

(一)盗窃金融机构,数额特别巨大的;

(二)盗窃珍贵文物,情节严重的。

第23条 已经着手实行犯罪,由于犯罪分子意志以外的原因而未得逞的,是犯罪未遂。

对于未遂犯,可以比照既遂犯从轻或者减轻处罚。

最高人民法院、最高人民检察院《关于办理盗窃刑事案件适用法律若干问题的解释》

第1条 盗窃公私财物价值一千元至三千元以上、三万元至十万元以上、三十万元至五十万元以上的,应当分别认定为刑法第二百六十四条规定的"数额较大"、"数额巨大"、"数额特别巨大"。

各省、自治区、直辖市高级人民法院、人民检察院可以根据本地区经济发展状况,并考虑社会治安状况,在前款规定的数额幅度内,确定本地区执行的具体数额标准,报最高人民法院、人民检察院批准。

在跨地区运行的公共交通工具上盗窃,盗窃地点无法查证的,盗窃数额是否达到"数额较大"、"数额巨大"、"数额特别巨大",应当根据受理案件所在地省、自治区、直辖市高级人民法院、人民检察院确定的有关数额标准认定。

第5条 盗窃有价支付凭证、有价证券、有价票证的,按照下列方法认定盗窃数额:

(一)盗窃不记名、不挂失的有价支付凭证、有价证券、有价票证的,应当按票面数额和盗窃时应得的孳息、奖金或者奖品等可得收益一并计算盗窃数额;

(二)盗窃记名的有价支付凭证、有价证券、有价票证,已经兑现的,按照兑现部分的财物价值计算盗窃数额;没有兑现,但失主无法通过挂失、补领、补办手续等方式避免损失的，按照给失主造成的实际损失计算盗窃数额。

第12条 盗窃未遂，具有下列情形之一的，应当依法追究刑事责任：

（一）以数额巨大的财物为盗窃目标的；

（二）以珍贵文物为盗窃目标的；

（三）其他情节严重的情形。

盗窃既有既遂，又有未遂，分别达到不同量刑幅度的，依照处罚较重的规定处罚；达到同一量刑幅度的，以盗窃罪既遂处罚。

《银行卡业务管理办法》

第28条 个人申领银行卡（储值卡除外），应当向发卡银行提供公安部门规定的本人有效身份证件，经发卡银行审查合格后，为其开立记名账户；

凡在中国境内金融机构开立基本存款账户的单位，应当凭中国人民银行核发的开户许可证申领单位卡；

银行卡及其账户只限经发卡银行批准的持卡人本人使用，不得出租和转借。

信用卡诈骗案件裁判规则第8条：

抢劫信用卡可以构成抢劫罪，抢劫信用卡后使用的应做整体评价，构成抢劫罪

〔**规则描述**〕：抢劫信用卡并控制被害人当场取得财产符合抢劫罪的构成要件，事后使用信用卡的行为应将理解局限于“抢劫信用卡”这一行为本身，对事后使用的行为做整体评价，即事后使用行为与抢劫信用卡行为是行为人基于一个犯意侵犯了同一个客体，即被害人的财产权利。因此，抢劫信用卡事后使用的行为也构成抢劫罪一罪。抢劫数额以其实际使用、消费的数额为准；抢劫信用卡后未实际使用、消费的，不计数额，根据情节轻重量刑。

一、类案检索大数据报告

时间：2020年8月30日之前，案例来源：Alpha案例库，案件数量：3800件，数据采集时间：2020年8月30日，本次检索共获取认定抢劫信用卡并使用的行为，2020年8月30日之前3800篇裁判文书。如图8－1所示，从案件年份分布情况可以看出当前条件下刑事案例数量的变化趋势。

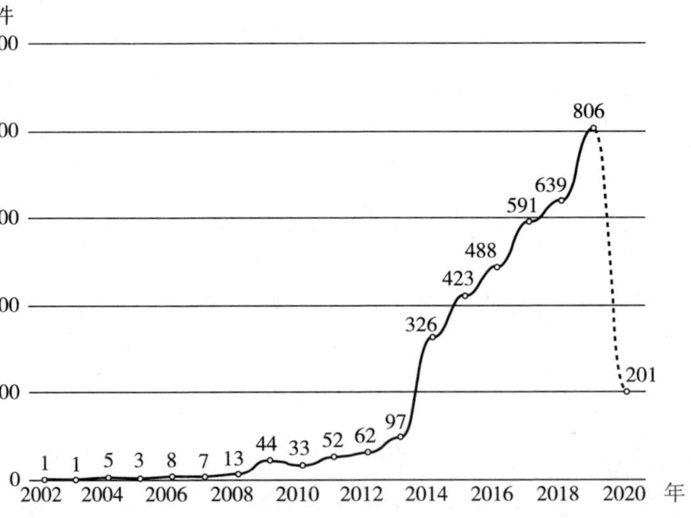

图8－1　案件年份分布情况

如图8－2所示，从案件主要地域分布情况来看，当前刑事案例主要集中在广东省、福建省、浙江省等，分别占比14.89%、7.00%、5.97%，其中广东省的案件数量最多，达到566件。

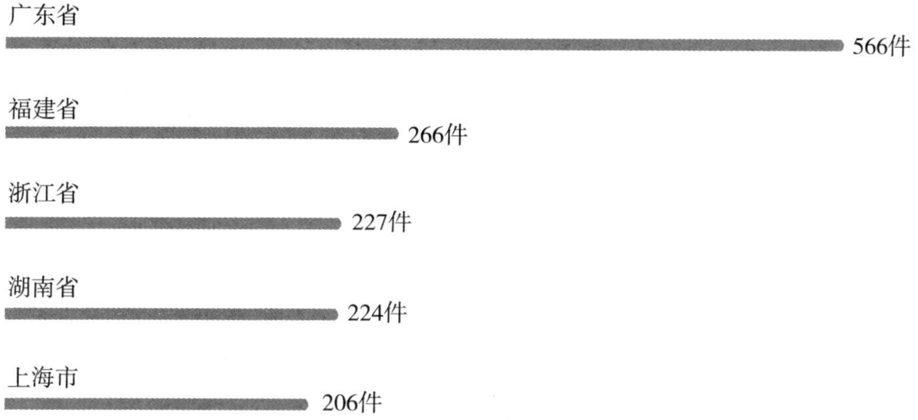

图8－2　案件主要地域分布情况

如图8－3所示，从案件案由分类情况可以看出，刑事案件当前最主要的案由是侵犯财产罪，有2197件，占一半以上；其次是破坏社会主义市场经济秩序罪，妨害社会管理秩序罪，侵犯公民人身权利、民主权利罪，危害公共安全罪。

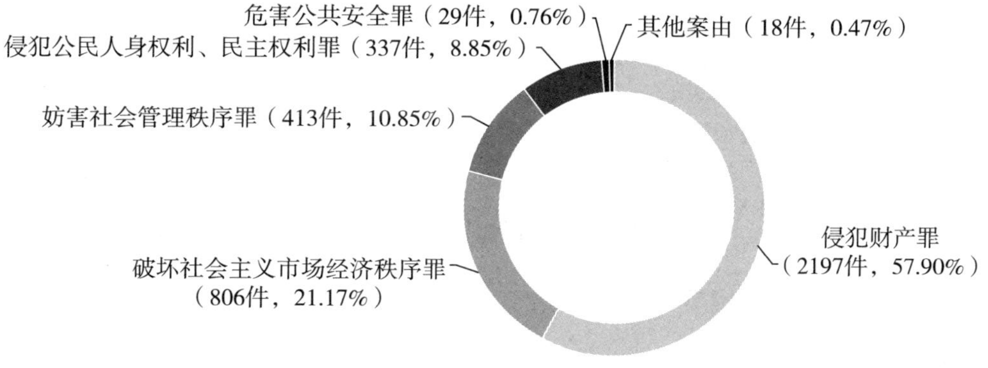

图8－3　案件案由分类情况

如图8－4所示，从案件的程序分类统计可以看出当前的审理程序分布状况。一审案件有2864件，二审案件有911件，再审案件有14件，其他案件有5件，死刑复核案件有6件。

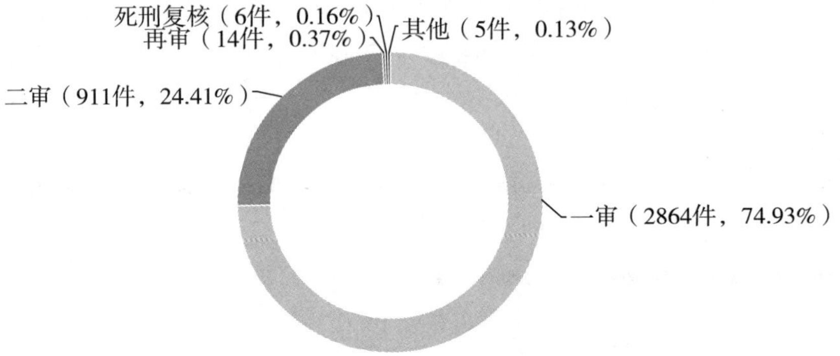

图 8－4　案件程序分类情况

如图 8－5 所示，通过对主刑的可视化可以看出，当前条件下包含有期徒刑的案件有 2931 件，包含拘役的案件有 181 件，包含无期徒刑的案件有 111 件，包含死刑的案件有 121 件，包含管制案件的有 11 件。

图 8－5　案件判决主刑情况

二、可供参考的例案

例案一｜杨某灿抢劫案

【法院】

福建省漳州市中级人民法院

【案号】

(2019)闽 06 刑终 499 号

【诉讼主体】

原公诉机关：福建省漳州市芗城区人民检察院

上诉人（原审被告人）：杨某灿

【基本案情】

2018年3月4日22时许，戚某权（另案处理）等人以务工为由将被害人梁某骗至漳州市芗城区龙门大厦3单元811室的传销窝点。为强迫梁某加入非法传销组织及交出钱款，被告人杨某灿及姚某2、姚某1、邓某（三人均另案处理，已判刑）、吕某禹（另案处理）等人以暴力、言语威胁、锁闭大门、跟踪监视、限制通信等手段限制梁某人身自由，直至2018年3月7日凌晨1时许才放出梁某。其间，杨某灿等人对梁某进行殴打，强迫梁某学习传销知识、加入传销组织，并以暴力、言语威胁等手段逼问梁某的银行卡密码及手机密码，并通过人脸识别贷款、ATM取现等方式抢走梁某人民币57,728元。

【案件争点】

本案应认定为抢劫罪还是信用卡诈骗罪。

【裁判要旨】

一审法院认为，被告人杨某灿伙同他人违法从事传销活动，非法剥夺他人人身自由，且持续时间较长。在非法拘禁被害人梁某期间，杨某灿以暴力、胁迫方式迫使梁某说出手机、银行卡密码，并通过人脸识别贷款、ATM取现等方式劫取梁某的财物共计人民币57,728元，其行为已构成抢劫罪。杨某灿对梁某非法拘禁后，采用暴力、胁迫方式逼迫被害人梁某说出银行卡、手机密码、并通过人脸识别贷款、ATM取现等方式劫取被害人钱款，得款后便将梁某送走，让梁某离开，故杨某灿的非法拘禁行为与抢劫行为之间存在牵连关系，应择一重罪以抢劫罪定罪处罚。宣判后，上诉人杨某灿提出：其没有殴打梁某，也没有用梁某的手机识别人脸进行网上贷款，取现2万元已交传销组织"上线"。杨某灿的辩护人提出：杨某灿不是传销组织的主任，没有共同犯罪的故意，其帮助传销组织取现梁某的银行卡钱款2万元，涉嫌信用卡诈骗罪，请求从轻处罚。

二审法院经审理后认为，关于杨某灿提出没有实施抢劫行为，其辩护人提出杨某灿的行为涉嫌信用卡诈骗罪的意见。经查，被害人梁某的多次陈述与同案人姚某1、姚某2、邓某的证言以及杨某灿在侦查阶段的供述能够相互印证，证实杨某灿有殴打、威胁梁某的行为；梁某关于杨某灿使用暴力、威胁等方式逼迫其供出银行卡密码、手机密码、进行网贷、向亲友借款，从而劫取其钱款的陈述与杨某灿在银行柜员机取现、超市套现的监控视频、梁某被控制期间的交易记录57,728元等证据相互印证,可以认定杨某灿劫取梁某钱财的事实。综上所述,杨某灿的行为符合抢劫罪的构成要件,其辩解没有殴打、威胁被害人不符合事实,故对上诉人该节上诉意见及辩护人的辩护意见不予采纳。上诉人杨某灿以非法占有为目的,在伙同他人非法拘禁被害人梁某期间,使用暴力、胁迫等方式,强行劫取梁某的财物共计人民币57,728元,其行为已构成抢劫罪。杨某灿曾因故意犯罪被判处有期徒刑以上刑罚,在刑罚执行完毕5年以内再犯应当判处有期徒刑以上刑罚之罪,是累犯,应当从重处罚。原判认定事实清楚,证据确实、充分,定罪准确,量刑适当,审判程序合法,裁定驳回上诉,维持原判。

例案二 | 郑某、潘某艮、王某彬抢劫案

【法院】

江苏省淮安市中级人民法院

【案号】

(2019)苏08刑终字179号

【诉讼主体】

原公诉机关:江苏省淮安市清江浦区人民检察院

上诉人(原审被告人):郑某

上诉人(原审被告人):潘某艮

上诉人(原审被告人):王某彬

【基本案情】

2018年7月的一天,被告人王某彬告诉被告人潘某艮,其知道被害人王某的银行卡密码,两人预谋窃取被害人银行卡后提现。被告人潘某艮找来被告人郑某,准备共同作案,后因未找到盗窃机会,遂决定抢被害人的手包以获取包内的银行卡。2018年8月2日凌晨,郑某携带自己的匕首、潘某艮提供的辣椒水,采用迎面喷射辣椒水的方式,抢走被害人王某的手包(内有被害人银行卡8张及现金人民币3000余元等财物),并致被害人手腕部受伤后逃离现场。王某彬在明知郑某使用辣椒水抢得手包的情况下,仍将被害人银行卡密码告知潘某艮。当日上午,被告人潘某艮、郑某等人在江苏省泗阳县城区通过ATM取现的方式,从所抢的被害人王某银行卡中共提现人民币80,100元,除分给王某彬人民币20,000元、郑某人民币

10,000余元外，剩余钱款均被潘某艮、郑某二人赌博、挥霍。另查，案发后，公安机关追回赃款并退还被害人王某人民币8200元。

【案件争点】

本案是否构成抢劫罪。

【裁判要旨】

一审法院认为，被告人郑某、潘某艮、王某彬以暴力手段抢劫私人财物，数额巨大，其行为均已构成抢劫罪。被告人郑某、潘某艮、王某彬共同实施故意犯罪，是共同犯罪。宣判后，郑某上诉提出，潘某艮让其向被害人要账，并给其辣椒水，其只是抢了3000元现金，不是8万余元，原审判决量刑过重。其辩护人提出，郑某只是帮潘某艮要债，并未共谋抢包，现有证据不足以证实郑某构成抢劫罪，郑某归案后如实供述犯罪事实，可以从轻处罚。潘某艮上诉提出，其只是让郑某去偷包，并没有让他去抢劫，其不构成抢劫罪。其辩护人对原审判决认定的事实及定性无异议。王某彬上诉提出，其没有与潘某艮共谋抢劫，银行卡密码是案发前一个月酒后随口说的。原审判决认定事实不清、量刑过重。其辩护人所提辩护意见与王某彬上诉理由基本相同，请求对其从轻处罚。检察机关认为，原审判决认定事实清楚、证据确实充分、定性准确，应予以维持。

二审法院经审理认为，上诉人郑某、潘某艮、王某彬以非法占有为目的，通过暴力手段劫取他人财物，数额巨大，均已构成抢劫罪，且系共同犯罪。原审判决认定事实清楚，定罪准确。三名上诉人的行为均构成抢劫罪。经查，现有证据能够证实，三名上诉人共同预谋实施作案，潘某艮、郑某负责具体实施，王某彬负责提供被害人银行卡密码。最终由郑某使用潘某艮提供的辣椒水喷射被害人，趁被害人抵抗皮包掉落时，当场取走皮包。潘某艮、王某彬在获悉皮包系郑某暴力抢劫所得，仍使用密码，唆使郑某委托他人从包里的银行卡内取现8万余元，后三人分赃。故三名上诉人及其辩护人所提相关上诉理由无事实和法律依据，不能成立。抢劫数额应认定为人民币83,100元。经查，因王某彬掌握被害人银行卡密码，三名上诉人在共谋抢包时，即以非法占用被害人银行卡内钱款为目的，且根据相关法律规定，抢劫信用卡后被行为人实际使用、消费数额均应计入抢劫数额。故上诉人郑某所提其仅劫取3000元现金的上诉理由无事实和法律依据，不能成立。原审法院综合考虑各上诉人的犯罪事实、地位和作用，结合其具有的坦白、累犯等从轻、从重处罚情节，对三名上诉人所处刑罚均无不当。

例案三 | 黄某华、黄某1、罗某贵抢劫案

【法院】

广东省东莞市中级人民法院

【案号】

(2018)粤19刑终657号

【诉讼主体】

抗诉机关(原公诉机关):东莞市第二市区人民检察院

上诉人(原审被告人):黄某华

上诉人(原审被告人):罗某贵

原审被告人:黄某1

【基本案情】

2017年4月至8月,上诉人黄某华、罗某贵、原审被告人黄某1及王某、黄某(后二人均另案处理)等人,时分时合,多次在东莞市大岭山镇、高埗镇、虎门镇等地抢劫他人财物,具体如下:

1. 2017年7月30日16时许,黄某华、黄某1、罗某贵、王某及黄某预谋非法获取他人钱财,罗某贵开车载着4人来到东莞市大岭山大塘村宏溢厂附近,发现被害人赖某1独自一人行走。后黄某华、黄某1、王某、黄某下车将赖某1围住,以殴打赖某1为威胁迫使赖某2交出一部vivo牌X9手机(价值约2300元)、一张邮政储蓄卡,一张农业银行卡和手机、银行卡密码。后黄某华等人借机离开,利用赖某1手机支付宝"借呗"提现1万元到上述银行卡内,再将卡内1万元取走。后黄某华等5人将上述1万元现金及手机分赃。破案后,涉案财物均未缴回。

2. 2017年8月24日16时许,黄某华、黄某1、罗某贵及黄某预谋非法获取他人钱财。罗某贵开车载着黄某华等人去到东莞市大岭山镇太公岭村金牛街32号附近,发现被害人樊某独自一人。后黄某华、黄某1、黄某下车将樊某围住,借口樊某打伤其朋友为由迫使樊某交出银行卡和密码,后登录樊某的支付宝贷了1000元到樊的银行卡,再将卡里的1600元取出。后黄某华等人将上述1600元现金分赃。破案后,涉案财物均未缴回。

3. 2017年8月13日18时许,黄某华伙同他人预谋非法获取他人钱财,后几人来到东莞市高埗镇冼沙村好又多超市附近,发现被害人郭某、邱某、陈某路过此地。后黄某华等人将郭某、邱某、陈某拦住,借口赌场丢失东西,威胁郭某等人不准

离开及交出财物，抢走郭某的一部 KOOBEEH9 款手机（价值约 1000 元）、邱某的一部 vivoX9PLUS 款手机（价值约 2300 元）、陈某的一部粉色金立牌 6S 型手机（价值约 2400 元），并利用郭某手机微信消费 1085 元，后逃离现场。破案后，涉案财物均未缴回。

4. 2017 年 4 月 18 日 16 时许，被告人黄某华、罗某贵及黄某预谋非法获取他人钱财。后几人乘坐罗某贵驾驶的车来到东莞市虎门镇赤岗社区华姐水吧斜对面路段附近，发现被害人张某 1 路过此地后将张某 1 拦住，以殴打张为威胁不准张离开，又以张某 1 拿了其朋友的包为由迫使张某 1 交出了三张银行卡后逃离现场，之后再用银行卡取款或消费共计 45,800 元。破案后，涉案财物均未缴回。

【案件争点】

本案对抢劫罪、信用卡诈骗罪应择一重罪判处还是数罪并罚。

【裁判要旨】

一审法院认为，本案只有被害人赖某、樊某、张某证明被告人以砖头拍其脸、不准其离开、逃跑就殴打等方式进行威胁，但没有其他证据印证，而被告人黄某华等均称只是虚构借口骗取被害人交出财物，认定黄某华等人以暴力或威胁方式取得被害人财物的证据不充分，故指控黄某华等人构成抢劫罪的证据不充分。但黄某华等人以非法占有为目的，虚构事实骗取被害人的银行卡，并取走银行卡上的钱财，其行为符合信用卡诈骗罪的构成，应以信用卡诈骗罪定罪处罚。另外，黄某华等人还诈骗了被害人赖某的手机，但因该手机的价值尚未达到诈骗罪的追诉标准，因此黄某华等人在该宗作案中没有另构成诈骗罪。被害人郭某、邱某、陈某 2 指证被告人黄某华等人将他们拦住后，黄某华等人称是在赌场看场的，并大声威胁他们不准离开，交出手机、银行卡等财物，他们感到害怕而不得不交出财物，三被害人的陈述相互印证，足以认定被告人黄某华伙同他人对郭某等人以胁迫方式抢劫财物的犯罪事实，其行为符合抢劫罪的构成，应予抢劫罪定罪处罚。被告人黄某 1 提出没有对被害人使用暴力或威胁方式，不构成抢劫罪的辩解，予以采纳。辩护人提出被告人罗某贵应只构成信用卡诈骗罪的辩护意见，予以采纳。被告人黄某华以非法占有为目的，结伙抢劫他人财物；还结伙虚构事实骗取他人信用卡并使用，数额巨大，其行为已分别构成抢劫罪、信用卡诈骗罪，依法应予惩处，并予数罪并罚。被告人黄某 1 以非法占有为目的，结伙虚构事实骗取他人信用卡并使用，数额较大，其行为已构成信用卡诈骗罪，依法应予惩处。被告人罗某贵以非法占有为目的，结伙虚构事实骗取他人信用卡并使用，数额巨大，其行为已构成信用卡诈骗罪,依法应予惩处。公诉机关指控被告人黄某华犯抢劫罪,罪名成立,法院予以支持;但指控被告人黄某华抢劫数额巨大,多次抢劫,证据不充分,法院不予支持。指控被告人黄某1、罗某贵犯罪的基本事实清楚,但罪名不准确,法院予以纠正。

宣判后,东莞市第二市区人民检察院抗诉认为:原审判决认定事实确有错误,导致定罪不当、量刑畸轻。原审判决不予认定原审被告人黄某华在第1宗(被害人赖某1)、第2宗(被害人樊某)、第9宗(被害人张某1);不予认定原审被告人黄某1在第1宗(被害人赖某1)、第2宗(被害人樊某)存在抢劫行为,属认定事实错误,导致定罪不当。黄某华、黄某1二人在上述事实中以暴力、胁迫方法强取他人财物,应当以抢劫罪定罪处罚。黄某华属于多次抢劫,且是累犯,依法应当在10年以上有期徒刑幅度内从重处罚;黄某1二次抢劫,且是累犯,依法应当在3年以上有期徒刑幅度内从重处罚。原判以抢劫罪、信用卡诈骗罪数罪并罚判处黄某华有期徒刑10年,以信用卡诈骗罪判处黄某1有期徒刑2年,均是量刑明显畸轻,应当予以纠正。东莞市人民检察院出庭检察员认为:原判之所以没有认定黄某华、黄某1等人在实施第1、2、9宗犯罪时以暴力、胁迫手段取得被害人财物,原因在于仅有被害人陈述,没有其他证据能够印证,而被告人均称只是虚构借口骗取被害人交出财物,故不予采信被害人陈述。原判仅机械地考虑证据数量对比问题,没有结合具体案情和常识常情常理综合考虑被害人陈述的可采信性,导致认定事实存在错误。从各被告人的客观行为来看,各被告人先是利用人数优势围截被害人,然后在语言上进行暴力威胁或胁迫,足以对被害人造成不敢反抗的无形压力,再基于这种压力以莫须有的借口要求被害人交出身上财物或直接劫取被害人财物,并要求被害人当面输入银行卡密码,再利用手机、银行卡取得财物。这种行为特点明显属于以暴力、胁迫或其他方式劫取他人财物,构成抢劫罪。原判认定事实及适用法律错误导致对黄某华、黄某1的量刑明显畸轻,应予纠正。原公诉机关抗诉正确,应予支持。原判认定被害人张某1被抢劫的数额有误,该宗犯罪的数额为45,800元。上诉人黄某华及辩护人提出:原判认定黄某华参与第3宗犯罪事实(郭某等被害人)的证据不足,即便认定黄某华有参与,其与同伙在该宗事实中仅虚构借口获取被害人手机及微信支付密码,从而取得银行卡内存款,该行为以骗为主,并非暴力抢劫,应认定为信用卡诈骗罪。原判对黄某华量刑过重。请求从轻改判。上诉人罗某及辩护人提出量刑过重,请求从轻改判。原审被告人黄某1提出原判认定其参与的第1、2宗犯罪事实中(被害人赖某1、樊某),其没有使用暴力、威胁手段取得被害人的财物，不属于抢劫。其辩护人提出原判认定黄某1参与的第1、2宗犯罪事实清楚无误，定性准确，对黄某1的量刑正确。建议维持原判。

二审法院经审理认为，关于抗诉机关东莞市第二市区人民检察院的抗诉意见，支持抗诉机关东莞市人民检察院检察员的出庭意见。关于原判在犯罪数额认定方面存在的问题。在第3宗犯罪事实中，根据书证郭某的银行账户交易明细，郭某的账户于2017年8月12日的余额为1085.03元，此后再无新增存款。故案发当天（8月13日）该账户不可能有超出该余额的支出，根据交易明细显示的转账记录，郭某被转走的存款应认定为1085元。原判认定郭某被转走1700元有误，应予纠正。在第4宗犯罪事实中，张某1的银行卡流水显示案发当天其共计被转走45,800元，张某1本人也陈述被转走45,800元。原判认定张被转走48,800元有误，应予纠正。关于原判认定的第1、2、4宗犯罪事实的定性问题。据在案证据查明，该3宗犯罪事实的基本作案模式均为，被告人一方若干人员在路上拦截、围堵被害人，再虚构若干理由，让被害人交出手机、银行卡等财物，又从中取得相关密码，得手后以取现或消费的方式取走银行卡内存款。上述事实定性的关键是被害人向被告人交出财物是基于对人身安全的担忧、被威胁之下不敢反抗而被迫交出的，还是在被告人虚构事实下，基于错误的认识自愿地交出的。若属于前者，则应定性为抢劫，若属于后者，则属于信用卡诈骗。综合考察全案证据，被告人的行为应定性为抢劫，理由如下：首先，从人数对比上看，被告人一方每次作案时均有三人或以上，较被害人人数多；在被害人在路上行走时，出其不意地出现，对被害人进行围堵、拦截，阻止被害人离开，一定程度上剥夺了被害人的行动自由，对其人身造成了一定的强制。其次，黄某华等人编造的、企图让被害人配合所谓的检查、确认身份、拿出财物的借口，对被害人并不起作用，被害人自始明确予以拒绝，如樊某称听到黄某华等人称其打了他们老板的女人，感到莫名其妙，就径行离开；张某1听到黄某华等人称其参与了一宗网吧打架事件，明确表示没有参与，也明确拒绝跟他们到所谓的网吧确认。总之，被害人一方从未因被告人一方虚构事实而陷入错误的认识，亦即被害人未因被告人一方的行骗而上当。最后，被告人一方客观上当场对被害人一方实施了暴力威胁行为。如赖某1陈述："他们让我拿出手机和银行卡。我不想给，一男子说如果不给就用地下的砖头拍我脸上。"樊某陈述："我对对方的话感到莫名其妙，就想走。一名男子很凶地说：'你走一个试试看？'我就不敢走了。接着对方一名男子说他们老板是这边的'地头蛇'（黑社会老大），如果我敢跑，就派人在村里每个路口堵我，就算我出去了也会找我朋友麻烦，又让我蹲下。"郭某、邱某陈述:“我们打算不理他们,想离开,但对方其中一名男子说了句:‘你们敢走试试?’”张某1陈述:“我就向前跑了几米后。对方男子就对我说,站住别跑,如果再走的话就打你。”虽然第1、2、4宗事实中,仅有被害人一人陈述受被告人等人的威胁,但从全案来看,被告人一方的作案方式是一贯的,该3宗事实中被害人各自陈述其被围堵、被卷入不知名纠纷、被暴力威胁的套路基本是一致的。考虑案发当时双方力量对比悬殊,被害人案发后随即报案且与被告人一方无矛盾纠纷等情况,应当采信这些被害人的陈述。需要指出的是,原判之所以采信第3宗事实中被害人的陈述而认定黄某华等人对被害人实施暴力相威胁的行为,是因为该宗事实有三名被害人,被害人之间对案发经过的陈述能相互印证。事实上,第3宗抢劫事实中被害人陈述被威胁的经过,与另外3宗事实中被害人陈述的经过是基本一致的。因此,本案应当从全案及被告人一贯的作案方式来考察被害人陈述并予以采信。最后,根据各被害人的陈述,上述3宗事实的被害人无一例外均是因受到被告人一方的暴力威胁之下,不能反抗、不敢反抗,非自愿地交出自己的财物并透露银行卡、手机的相关密码,进而被强行抢走手机,被套取银行卡内存款。综上所述,黄某华等人以暴力、胁迫或者其他方式,当场强行劫取他人财物,其行为应构成抢劫罪。原判对第1、2、4宗事实定性为信用卡诈骗罪,属定性错误,应予纠正。抗诉机关关于该3宗事实所提的抗诉意见成立。上诉人黄某华、罗某贵、原审被告人黄某1无视国法,以非法占有为目的,结伙以暴力相威胁强行抢劫他人财物,其中黄某华、罗某贵多次抢劫,该三人的行为均已构成抢劫罪。原审判决认定的基本事实清楚,证据确实、充分,审判程序合法,但第3、4宗犯罪事实中认定被害人被抢劫的财产数额有误;第1、2、4宗犯罪事实的罪名认定错误,导致量刑不当,法院均依法予以纠正。抗诉机关东莞市第二市区人民检察院、支持抗诉机关东莞市人民检察院对原判定罪、量刑所提的意见成立,予以采纳。

三、裁判规则提要

抢劫信用卡是司法实践中比较常见的一种情形,而对于抢劫信用卡并使用行为的定性问题,在理论上存在很大争议,归纳梳理后,主要表现在两个层面:第一个层面,单纯抢劫信用卡的行为定性。有的学者认为,抢劫信用卡不使用的不应该作为犯罪处理,理由在于信用卡价值低廉或无价值,无须刑法干预,或者认为抢劫信用卡的行为不具有当场劫取财物的故意,不构成抢劫罪;有的学者认为,如果未造成被害人身体损害,也未给被害人造成真正的损失,应以抢劫罪未遂评价;也有的学者认为，信用卡具有财物属性，抢劫信用卡的行为成立抢劫罪的既遂。第二个层面，关于抢劫信用卡并使用行为的定性有抢劫罪说、区别处理两罪说、区别处理数罪并罚说三种观点。抢劫罪说从不同角度出发，将本行为评价为抢劫罪一罪。如有的学者从抢劫行为入手来考虑整个行为的定性，对事后使用行为不再进行单独评价，从而得出将整个行为全部以抢劫罪定性的结论；有的学者认为使用信用卡行为触犯的信用卡诈骗罪的法定刑明显低于抢劫信用卡行为触犯的抢劫罪的法定刑，主张按照重罪吸收轻罪原则对整个行为按照后罪论处；有的学者认为该行为构成抢劫罪和信用卡诈骗罪的牵连犯，应按从一重的原则进行处理；也有的学者从想象竞合犯的角度入手，认为行为人是在同一个目的和故意的支配下，整个行为应评价为刑法上的一个行为，且该行为触犯了抢劫罪，又触犯了信用卡诈骗罪，应按从一重的原则进行处理。区别处理两罪说认为就该问题而言，定性的关键在于使用行为，有因果关系的使用行为应认定为抢劫罪，无因果关系的使用行为应认定为信用卡诈骗罪。区别处理数罪并罚说认为行为人以暴力压制被害人反抗单纯抢劫信用卡的行为应认定为抢劫罪，行为人之后使用信用卡的行为，对有因果关系的使用行为应认定为抢劫罪，对无因果关系的使用行为，应按使用对象的不同分别评价为信用卡诈骗罪或盗窃罪，再与之前的抢劫罪数罪并罚。对于抢劫信用卡及抢劫信用卡并使用行为的定性与理论界不尽相同。

（一）关于抢劫信用卡行为的定性

在一般情况下，凡是以非法占有为目的，用暴力、胁迫或者其他方法强行立即夺取公私财物的行为，就具备了抢劫罪的基本特征，构成了抢劫罪。但根据《刑法》第13条的规定，某些情节显著轻微危害不大的行为，行为很有节制，数额极其有限，如仅抢到信用卡无其他情节，强索少量财物等，属于违法行为，不构成抢劫罪。抢劫罪侵犯的客体为复杂客体，既侵犯财产权利又侵犯人身权利，因此抢劫信用卡造成他人轻伤以上后果的，也构成抢劫罪。用暴力、胁迫或者其他方法抢劫信用卡而未使用的，可以构成抢劫罪。

（二）关于抢劫信用卡并使用行为的定性

司法实务中，对于抢劫信用卡并当场使用的，该行为完全符合抢劫罪的犯罪构成要件，构成抢劫罪。对于抢劫信用卡事后使用的应如何评价？该行为符合抢劫罪犯罪构成要件中主、客体及主观方面的要求，不必赘述，但是该行为是否符合抢劫罪客观方面两个“当场”的要求？笔者认为也是符合的。抢劫罪客观方面表现为对公私财物的所有者、保管者或者守护者当场使用暴力、胁迫或者其他对人身实行强制的方法，立即抢走财物或者迫使被害人立即交出财物的行为。在抢劫信用卡并使用行为中，如何理解“立即抢走财物或者迫使被害人立即交出财物”，应将理解局限于“抢劫信用卡”这一行为本身，对事后使用的行为做整体评价，即事后使用行为与抢劫信用卡行为是行为人基于一个犯意侵犯了同一个客体，即被害人的财产权利。因此，抢劫信用卡事后使用的行为也构成抢劫罪一罪。例案一中，被告人杨某灿在非法拘禁被害人梁某期间，以暴力、胁迫方式迫使梁某说出手机、银行卡密码，并通过人脸识别贷款、ATM 取现等方式劫取梁某的财物共计 57，728 元，其行为已构成抢劫罪。被害人陈述、证人证言以及杨某灿的供述能够证实杨某灿有殴打、威胁梁某的行为及劫取被害人钱财的事实，其行为符合抢劫罪的构成要件，故对杨某灿辩护人提出的杨某灿涉嫌信用卡诈骗罪的意见，法院不予采纳。例案三中，被告人一方每次作案时均有三人或以上，对被害人进行围堵、拦截，阻止被害人离开，对被害人人身造成一定的强制，客观上当场对被害人一方实施了暴力威胁行为，使被害人不能或不敢反抗，非自愿地交出自己的财物并透露银行卡、手机密码，被套取卡内钱款，黄某华等被告人的行为应构成抢劫罪。

（三）如何认定抢劫信用卡的抢劫数额

关于如何认定抢劫信用卡的数额问题，对于单纯抢劫信用卡的，有的学者认为此种情况下抢劫数额仅仅是信用卡磁卡本身的价值，但司法实务中，一般不计算信用卡磁卡本身价值，仅作为量刑情节考虑。对此，有相关司法解释也有明确规定。最高人民法院《关于审理抢劫、抢夺刑事案件适用法律若干问题的意见》第 6 条第 1 款规定，抢劫信用卡后使用、消费的，其实际使用、消费数额为抢劫数额；抢劫信用卡后未实际使用、消费的，不计数额，根据情节轻重量刑。最高人民法院《关于审理抢劫刑事案件适用法律若干问题的指导意见》对此作出补充规定，由于行为人意志以外的原因无法实际使用、消费的部分，虽不计入抢劫数额，但应作为量刑情节考虑。通过银行转账或者电子支付、手机银行等支付平台获取抢劫财物的，以行为人实际获取的财物为抢劫数额。如例案一、二、三中，仅计算了其他财物及通过信用卡使用、消费的数额，判决认定符合最高人民法院相关司法解释确立的实际损失标准。

四、辅助信息

高频词条：

《刑法》

第196条 有下列情形之一，进行信用卡诈骗活动，数额较大的，处五年以下有期徒刑或者拘役，并处二万元以上二十万元以下罚金；数额巨大或者有其他严重情节的，处五年以上十年以下有期徒刑，并处五万元以上五十万元以下罚金；数额特别巨大或者有其他特别严重情节的，处十年以上有期徒刑或者无期徒刑，并处五万元以上五十万元以下罚金或者没收财产：

（一）使用伪造的信用卡，或者使用以虚假的身份证明骗领的信用卡的；

（二）使用作废的信用卡的；

（三）冒用他人信用卡的；

（四）恶意透支的。

前款所称恶意透支，是指持卡人以非法占有为目的，超过规定限额或者规定期限透支，并且经发卡银行催收后仍不归还的行为。

盗窃信用卡并使用的，依照本法第二百六十四条的规定定罪处罚。

第263条 以暴力、胁迫或者其他方法抢劫公私财物的，处三年以上十年以下有期徒刑，并处罚金；有下列情形之一的，处十年以上有期徒刑、无期徒刑或者死刑，并处罚金或者没收财产：

（一）入户抢劫的；

（二）在公共交通工具上抢劫的；

（三）抢劫银行或者其他金融机构的；

（四）多次抢劫或者抢劫数额巨大的；

（五）抢劫致人重伤、死亡的；

（六）冒充军警人员抢劫的；

（七）持枪抢劫的；

（八）抢劫军用物资或者抢险、救灾、救济物资的。

《信用卡解释二》

第5条 使用伪造的信用卡、以虚假的身份证明骗领的信用卡、作废的信用卡或者冒用他人信用卡，进行信用卡诈骗活动，数额在五千元以上不满五万元的，应当认定为刑法第一百九十六条规定的“数额较大”；数额在五万元以上不满五十万元的，应当认定为刑法第一百九十六条规定的“数额巨大”；数额在五十万元以上的，应当认定为刑法第一百九十六条规定的“数额特别巨大”。

刑法第一百九十六条第一款第三项所称“冒用他人信用卡”，包括以下情形：

（一）拾得他人信用卡并使用的；

（二）骗取他人信用卡并使用的；

（三）窃取、收买、骗取或者以其他非法方式获取他人信用卡信息资料，并通过互联网、通讯终端等使用的；

（四）其他冒用他人信用卡的情形。

最高人民法院《关于审理抢劫、抢夺刑事案件适用法律若干问题的意见》

六、关于抢劫犯罪数额的计算

抢劫信用卡后使用、消费的，其实际使用、消费的数额为抢劫数额；抢劫信用卡后未实际使用、消费的，不计数额，根据情节轻重量刑。所抢信用卡数额巨大，但未实际使用、消费或者实际使用、消费的数额未达到巨大标准的，不适用“抢劫数额巨大”的法定刑。

为抢劫其他财物，劫取机动车辆当作犯罪工具或者逃跑工具使用的，被劫取机动车辆的价值计入抢劫数额；为实施抢劫以外的其他犯罪劫取机动车辆的，以抢劫罪和实施的其他犯罪实行数罪并罚。

抢劫存折、机动车辆的数额计算，参照执行《关于审理盗窃案件具体应用法律若干问题的解释》的相关规定。

最高人民法院《关于审理抢劫刑事案件适用法律若干问题的指导意见》

抢劫犯罪是多发性的侵犯财产和侵犯公民人身权利的犯罪。1997 年刑法修订后，最高人民法院先后发布了《关于审理抢劫案件具体应用法律若干问题的解释》（以下简称《抢劫解释》）和《关于审理抢劫、抢夺刑事案件适用法律问题的意见》（以下简称《两抢意见》），对抢劫案件的法律适用作出了规范，发挥了重要的指导作用。但是，抢劫犯罪案件的情况越来越复杂，各级法院在审判过程中不断遇到新情况、新问题。为统一适用法律，根据刑法和司法解释的规定，结合近年来人民法院审理抢劫案件的经验，现对审理抢劫犯罪案件中较为突出的几个法律适用问题和刑事政策把握问题提出如下指导意见：

一、关于审理抢劫刑事案件的基本要求

坚持贯彻宽严相济刑事政策。对于多次结伙抢劫，针对农村留守妇女、儿童及老人等弱势群体实施抢劫，在抢劫中实施强奸等暴力犯罪的，要在法律规定的量刑幅度内从重判处。

对于罪行严重或者具有累犯情节的抢劫犯罪分子，减刑、假释时应当从严掌握，严格控制减刑的幅度和频度。对因家庭成员就医等特定原因初次实施抢劫，主观恶性和犯罪情节相对较轻的，要与多次抢劫以及为了挥霍、赌博、吸毒等实施抢劫的案件在量刑上有所区分。对于犯罪情节较轻，或者具有法定、酌定从轻、减轻处罚情节的，坚持依法从宽处理。

确保案件审判质量。审理抢劫刑事案件，要严格遵守证据裁判原则，确保事实清楚，证据确实、充分。特别是对因抢劫可能判处死刑的案件，更要切实贯彻执行刑事诉讼法及相关司法解释、司法文件，严格依法审查判断和运用证据，坚决防止冤错案件的发生。

对抢劫刑事案件适用死刑，应当坚持"保留死刑，严格控制和慎重适用死刑"的刑事政策，以最严格的标准和最审慎的态度，确保死刑只适用于极少数罪行极其严重的犯罪分子。对被判处死刑缓期二年执行的抢劫犯罪分子，根据犯罪情节等情况，可以同时决定对其限制减刑。

二、关于抢劫犯罪部分加重处罚情节的认定

……

3. 认定"抢劫数额巨大"，参照各地认定盗窃罪数额巨大的标准执行。抢劫数额以实际抢劫到的财物数额为依据。对以数额巨大的财物为明确目标，由于意志以外的原因，未能抢到财物或实际抢得的财物数额不大的，应同时认定"抢劫数额巨大"和犯罪未遂的情节，根据刑法有关规定，结合未遂犯的处理原则量刑。

根据《两抢意见》第六条第一款规定，抢劫信用卡后使用、消费的，以行为人实际使用、消费的数额为抢劫数额。由于行为人意志以外的原因无法实际使用、消费的部分，虽不计入抢劫数额，但应作为量刑情节考虑。通过银行转账或者电子支付、手机银行等支付平台获取抢劫财物的，以行为人实际获取的财物为抢劫数额。

信用卡诈骗案件裁判规则第9条：

实际用卡人不是持卡人，持卡人与实际用卡人通谋恶意透支或者持卡人放任实际用卡人恶意透支的，成立恶意透支型信用卡诈骗罪的共同犯罪。实际用卡人恶意透支但持卡人不知情的，实际用卡人的行为属于冒用型信用卡诈骗罪

〔**规则描述**〕：判断实际用卡人是否构成恶意透支型信用卡诈骗犯罪，应审查持卡人的主观故意，如果持卡人与实际用卡人事先通谋或者持卡人事中同意实际持卡人恶意透支的行为，二人构成恶意透支型信用卡诈骗罪的共同犯罪。如果持卡人将自己的信用卡交给实际用卡人使用，持卡人对实际用卡人的恶意透支行为知情，且放任不管也不归还透支款的，也构成恶意透支型信用卡诈骗罪的共同犯罪。如果实际用卡人使用信用卡的行为持卡人不知情或其恶意透支行为并未征得持卡人同意，实际用卡人应构成冒用型信用卡诈骗罪，而不应按恶意透支进行认定。

一、类案检索大数据报告

时间：2020年8月30日之前，案例来源：Alpha案例库，案件数量：21,810件，数据采集时间：2020年8月30日，本次检索共获取认定信用卡实际用卡人，2020年8月30日之前21,810篇裁判文书。如图9-1所示，从案件年份分布情况可以看出当前条件下刑事案例数量的变化趋势。

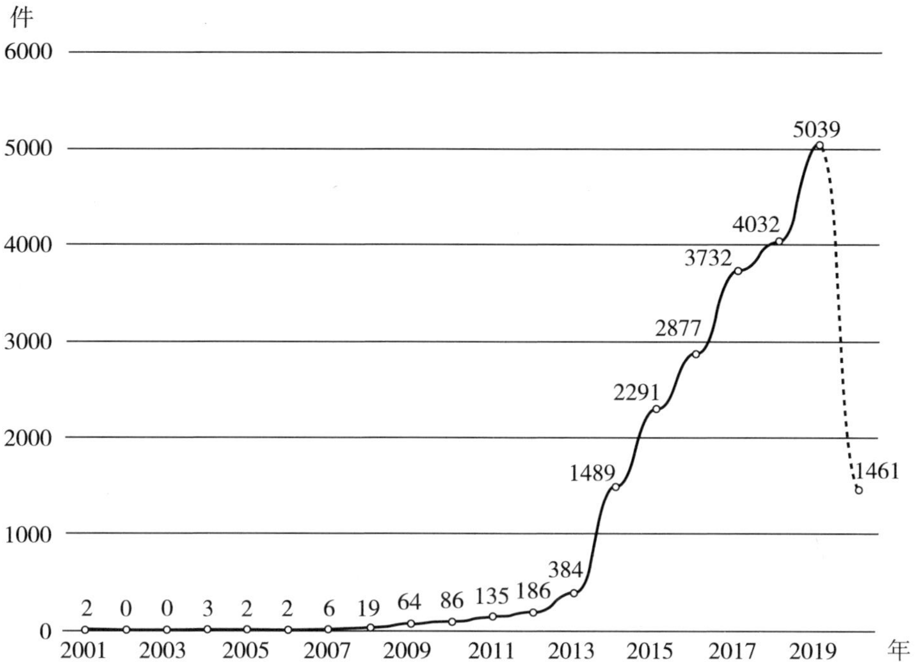

图9－1　案件年份分布情况

如图9－2所示，从案件主要地域分布情况来看，当前刑事案例主要集中在广东省、浙江省、福建省，分别占比10.52%、8.04%、6.97%，其中广东省的案件量最多，达到2294件。

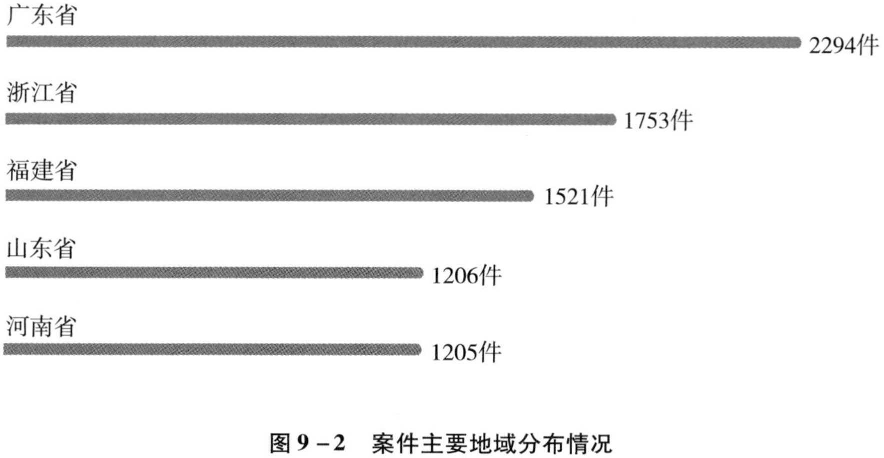

图9－2　案件主要地域分布情况

如图 9-3 所示，从案件案由分类情况可以看出，刑事案件当前的案由分布由多至少分别是破坏社会主义市场经济秩序罪，侵犯财产罪，妨害社会管理秩序罪，贪污贿赂罪，侵犯公民人身权利、民主权利罪。

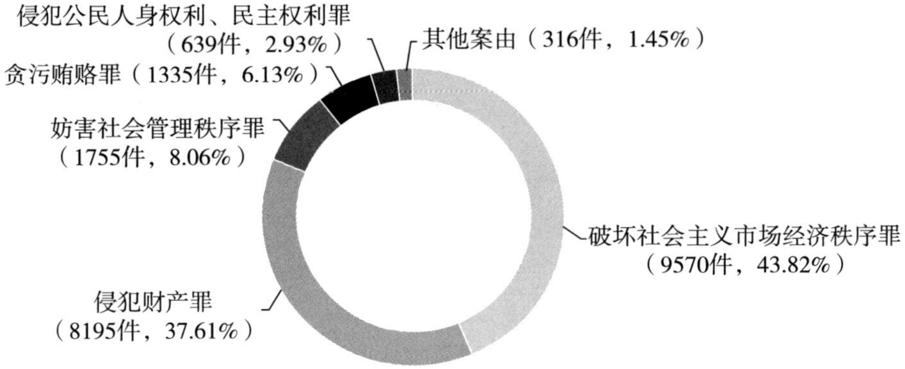

图 9-3 案件案由分类情况

如图 9-4 所示，从案件的程序分类统计可以看出当前的审理程序分布状况。一审案件有 15,633 件，二审案件有 5521 件，再审案件有 142 件，执行案件有 497 件，其他 17 件。

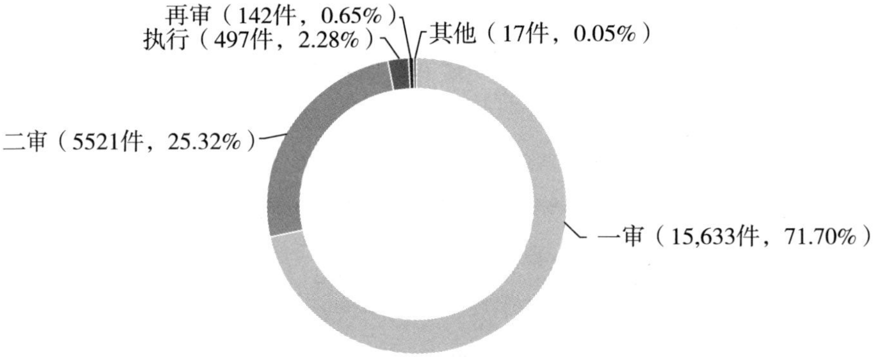

图 9-4 案件程序分类情况

如图 9-5 所示，通过对主刑的可视化可以看出，当前条件下包含有期徒刑的案件有 16,080 件，包含拘役的案件有 893 件，包含无期徒刑的案件有 468 件，包含死刑的案件有 167 件，包含管制的案件有 45 件。

图9-5　案件判决主刑情况

二、可供参考的例案

例案一 | 陈某、陈某1等信用卡诈骗案

【法院】

吉林省四平市中级人民法院

【案号】

(2017)吉03刑终239号

【诉讼主体】

原公诉机关：吉林省四平市铁东区检察院

上诉人：陈某、陈某1、陈某2、郭某放

【基本案情】

被告人陈某伙同陈某1于2014年3月使用假的单位证明文件，以被告人陈某1的名义在四平市工商银行办理牡丹信用卡，卡号为622233004602××××，在银行作分期付款后，透支人民币18万元在四平市润德汽车销售有限公司购买一台价值25.98万元的本田CRV越野车。他们将该车提出后以18万元价格卖给朱某。其中10万元交给四平市润德汽车销售有限公司，6万元被被告人陈某用于还欠款。发卡行已收还款1万元，尚欠本金17万元。发卡行工作人员多次以电话和上门催收方式向被告人陈某、陈某1催收，其均未归还透支款项。

被告人陈某伙同陈某2于2014年3月使用假的单位证明文件，以被告人陈某2的名义在四平市工商银行办理牡丹信用卡，卡号为622233004602××××。在银行作分期付款后,透支11.9万元在四平市英驰汽车销售服务有限公司购买一台价值17.08万元的华泰E70轿车。他们将该车提出以后以5万元价格卖给王某。发卡行已收还款6675元,尚欠本金112,325元。发卡行工作人员多次以电话和上门催收方式向被告人陈某、陈某2催收,其均未归还透支款项。

被告人陈某伙同郭某放于2014年3月使用假的单位证明文件,以被告人郭某放的名义在四平市工商银行办理牡丹信用卡,卡号为622233004602××××。在银行办理分期付款后,透支11.9万元在四平市英驰汽车销售服务有限公司购买一台价值17.08万元的华泰E70轿车。他们将该车提出以后以人民币3.7万元价格卖给李某。发卡行已收还款33,325元,尚欠本金85,675元。发卡行多次以电话和上门催收方式向被告人郭某放催收,被告人陈某、郭某放均未归还透支款。

【案件争点】

持卡人违反《信用卡业务管理办法》的规定,将信用卡出借给他人使用,在得知他人有恶意透支行为后,虽然有催促他人还款的行为,但在催促未果的情况下并未到公安机关报案,也未对涉案的信用卡进行挂失,是否属于放任实际用卡人恶意透支的行为,与实际用卡人共同构成信用卡诈骗犯罪。

【裁判要旨】

一审法院认为,被告人陈某找到被告人陈某1、陈某2、郭某放并用该三人身份信息在发卡行办理信用卡,被告人陈某填写了该三人虚假的工作证明,与该三人虚假的房屋所有权证一并提供给发卡行,被告人陈某1、陈某2、郭某放在申办及领取信用卡时均到场签字,使用骗领的信用卡贷款购车,后被告人陈某联系贷款所购车辆的出卖与抵押,将涉案三台车辆均予以处理,且其占用部分款项。四被告人均实施了使用以虚假的身份证明骗领的信用卡行为,进行信用卡诈骗活动,符合信用卡诈骗罪的构成要件,且犯罪数额均巨大,四被告人的犯罪行为均构成信用卡诈骗罪。公诉机关指控的犯罪事实清楚,证据确实、充分,但对公诉机关指控四被告人犯贷款诈骗罪的罪名不予支持。被告人陈某在共同犯罪中起主要作用,系主犯;被告人陈某1、陈某2、郭某放分别起次要作用,系从犯,依法应当减轻处罚。被告人陈某1协助公安机关抓捕犯罪嫌疑人,具有立功情节,对被告人陈某1依法可减轻处罚。鉴于四被告人均当庭自愿认罪,可酌定从轻处罚。对被告人陈某辩护人认为公诉机关指控的罪名不成立的辩护意见法院予以采纳,对其他辩护意见均不予采纳。综上所述,依照《刑法》第196条第1款第1项(信用卡诈骗罪)、第26条(主犯)、第27条(从犯)、第68条(立功)、第25条(共同犯罪)、第52条(罚金)、第

53条（罚金缴纳期限）、第64条（追缴违法所得和没收财物），《信用卡解释一》第5条第1款之规定，判决：(1)被告人陈某犯信用卡诈骗罪，判处有期徒刑8年，并处罚金人民币40万元。(2)被告人陈某1犯信用卡诈骗罪，判处有期徒刑3年，并处罚金人民币18万元。(3)被告人陈某2犯信用卡诈骗罪，判处有期徒刑2年6个月，并处罚金人民币12万元。(4)被告人郭某放犯信用卡诈骗罪，判处有期徒刑2年6个月，并处罚金人民币12万元。(5)责令被告人陈某与被告人陈某1向中国工商银行股份有限公司四平信用卡部退赔人民币17万元；责令被告人陈某与被告人陈某2向中国工商银行股份有限公司四平信用卡部退赔人民币112,325元；责令被告人陈某与被告人郭某放向中国工商银行股份有限公司四平信用卡部退赔人民币85,675元。

宣判后，被告人提出上诉。

二审法院认为，关于虚假的收入证明是否是虚假的身份证明，对四被告人行为如何评价的问题。《刑法修正案（五）》将使用虚假的身份证明骗领信用卡的行为规定为犯罪，主要是考虑行为人如果以真实身份申领信用卡，刷卡消费后只是财力不足以还款，大多属于民事范畴，可通过民事途径解决。但如果以虚假身份证明申领信用卡，行为人在申领信用卡时就没有打算归还用卡后所欠银行透支款项的企图已十分明显。换言之，申领人从申领卡时就为利用信用卡诈骗活动埋下了伏笔。从银行骗领信用卡后大肆透支取现或者疯狂刷卡消费，甚至授信额度用完，一旦被识破，即逃之夭夭。银行凭持卡人虚假身份证明、住址等资料根本无法找到持卡人，也无法挽回损失。如果申领人提供的身份证明文件是真实的，只是在自己的财产证明、工资收入等方面进行夸大，向发卡行提供不实信息，以获取较高的信用卡授信额度，不属于使用虚假的身份证明骗领信用卡。但陈某1、陈某2、郭某放作为持卡人，违反《信用卡业务管理办法》的规定，将信用卡出借给他人使用，在得知他人有恶意透支行为后，虽然有催促他人还款的行为，但在催促未果的情况下并未到公安机关报案，也未对涉案的信用卡进行挂失，未防止损失扩大。

关于陈某的辩护人提出的四人是构成骗取贷款罪还是信用卡诈骗罪的问题。法院认为，信用卡诈骗罪，是指以非法占有为目的，违反信用卡管理法规，利用信用卡进行诈骗的行为；而骗取贷款罪是指以欺骗手段骗取银行或者其他金融机构贷款的行为，二罪的区别系是否以非法占有为目的。本案四人系利用信用卡进行恶意透支，后低价转移透支钱款购买的车辆，并隐匿财产，逃避还款，应认定为以非法占有为目的。陈某提出透支钱款被苏某占有，其本人并未占有，因此，不应认定为以非法占有为目的。法院认为因非法占有为目的不仅包括为本人占有，亦包括为他人占有，故陈某等四人是否占有诈骗钱款不影响非法占有目的的认定，四人应构成信用卡诈骗罪。

对于陈某1的量刑问题，鉴于陈某1具有立功情节，犯罪情节较轻，认罪、悔罪意识明确，主动上缴罚金，且没有再犯罪的危险，同时结合本案的具体情况对其可判处缓刑。同样，对丁陈某2和郭某放的量刑因一审适用法律不当，二审应当给予相应调整。判决：(1)撤销四平市铁东区人民法院(2017)吉0303刑初42号刑事判决。(2)上诉人陈某犯信用卡诈骗罪，判处有期徒刑6年。并处罚金人民币25万元。(3)上诉人陈某1犯信用卡诈骗罪，判处有期徒刑2年，缓刑3年，并处罚金人民币5万元。(4)上诉人陈某2犯信用卡诈骗罪，判处有期徒刑2年3个月，并处罚金人民币5万元。(5)上诉人郭某放犯信用卡诈骗罪，判处有期徒刑2年3个月，并处罚金人民币5万元。(6)责令上诉人陈某与上诉人陈某2向中国工商银行股份有限公司四平信用卡部退赔人民币112,325元；责令上诉人陈某与上诉人郭某放向中国工商银行股份有限公司四平信用卡部退赔人民币85,675元。

例案二 | 孙某信用卡诈骗案

【法院】

江苏省连云港市连云区人民法院

【案号】

(2016)苏0703刑初54号

【诉讼主体】

公诉机关：江苏省连云港市连云区人民检察院

被告人：孙某

【基本案情】

被告人孙某于2012年11月12日在中国银行连云港×××支行，申领卡号为52×××73信用卡。后将该信用卡借给朱某(男，47岁)做生意使用。因透支款未还，该银行工作人员自2013年10月起多次以电话、信函等方式向被告人孙某催收还款，被告人孙某拒不还款。截至2015年5月5日账单日，被告人孙某对透支该行信用卡的本金85,963.02元尚未归还。

被告人孙某对指控的事实没有异议，辩解银行卡的钱都是朱某刷的，自己没有占有银行的钱，也没有拒接银行的电话，一直在积极配合还钱，目前已经将本金、利息、滞纳金全部还清。如果法律认定其有罪，其服从法律。辩护人认为：(1)起诉书指控犯罪事实不完整、不准确；(2)被告人孙某有错但无罪，其应当履行还款义务，不应承担信用卡诈骗的刑事责任；(3)被告人孙某是受骗者、受害者。

【案件争点】

持卡人将信用卡出借他人刷卡套现，持卡人是否有恶意透支的共同故意。

【裁判要旨】

法院审理认为，被告人孙某以个人名义在银行申领信用卡后，即与开卡银行之间形成法律关系。被告人孙某应当对信用卡在使用过程中产生的后果承担相应的法律责任。被告人孙某在明知信用卡被透支80,000余元未还的情况下，在经银行多次催收的情况下，超过3个月未还，属于恶意透支的情形，其行为构成信用卡诈骗罪。公诉机关指控被告人孙某犯信用卡诈骗罪事实清楚，证据确实、充分，定性准确，法院依法予以支持。被告人孙某及其辩护人辩解该透支款系他人使用，自己未实际使用、占有该款，法院认为，被告人将信用卡借给他人使用是其与他人之间形成的另外一种法律关系，在明知他人有透支款未归还并且在收到催款电话、信函后仍不归还的情况下，不影响其作为信用卡开户行为的法律关系相对人对信用卡使用过程中的违法行为应当承担的法律责任。因此对被告人及其辩护人的辩解、辩护意见不予采纳。判决认定被告人孙某犯信用卡诈骗罪，免予刑事处罚。

例案三 | 袁某林信用卡诈骗案

【法院】

惠州市大亚湾经济技术开发区人民法院

【案号】

(2016)粤1391刑初197号

【诉讼主体】

公诉机关：惠州市大亚湾经济技术开发区人民检察院

被告人：袁某林

【基本案情】

2015年10月,被告人袁某林先后帮被害人尤某、谭某、黄某1、雷某四人分别办理了一张交通银行的信用卡。信用卡办好之后,袁某林遂将尤某、谭某、黄某1、雷某四人的信用卡供自己使用,并在信用卡持卡人不知情的情况下分别透支了尤某的信用卡本金1723.93元,透支了谭某的信用卡本金9920.38元,透支了黄某1的信用卡本金9921元,透支了雷某的信用卡本金6858.6元,合计透支本金28,423.91元,因未能及时还款导致以上四人的信用卡产生相应的利息和滞纳金。2016年3月1日开始,因银行多次催告雷某、谭某、黄某1还款,黄某1等人遂表示不知情,于是为银行人员提供袁某林的电话号码,要求袁某林归还他们的信用卡的欠账,但袁某林无能力还款,遂报警。雷某为了不影响其个人信用,于3月23日、24日还清自己户名的信用卡欠款。4月下旬,袁某林委托他人将雷某等四人的信用卡归还,但仍未归还信用卡欠款。经网上追逃,2016年6月21日袁某林被抓获。

【案件争点】

持卡人不知情时,实际用卡人使用信用卡进行恶意透支,持卡人是否构成犯罪,实际使用人是构成冒用型信用卡诈骗还是恶意透支型信用卡诈骗。

【裁判要旨】

法院认为:被告人袁某林冒用他人信用卡恶意透支28,423.91元,经发卡银行两次催收后超过3个月仍不归还,其行为侵犯了国家的金融管理制度和他人的财产所有权,已构成信用卡诈骗罪,依法应予惩处。公诉机关指控其犯信用卡诈骗罪的事实清楚,证据确实、充分,罪名成立。被告人袁某林曾因犯盗窃罪被判有期徒刑10年,刑罚执行完毕后,在5年内再犯应当判处有期徒刑以上刑罚之罪,系累犯,依法应当从重处罚。被告人袁某林归案后能如实供述自己的罪行,有坦白情节,依法予以从轻处罚。被告人袁某林透支的本金应依法退还给被害人。被告人袁某林透支信用卡所产生的利息及滞纳金,属于造成被害人的间接损失,不属于被告人袁某林违法所得,因此,被害人申请责令退赔数额超出本金部分,不予支持。依照《刑法》第196条第1款第4项及第2款、第64条、第65条第1款、第67条第3款的规定,判决被告人袁某林犯信用卡诈骗罪,判处有期徒刑2年6个月,并处罚金4万元。

三、裁判规则提要

我国《刑法》第196条第1款规定了信用卡诈骗罪的五种类型,即使用伪造的信用卡、使用以虚假的身份证明骗领的信用卡、使用作废的信用卡、冒用他人信用卡以及恶意透支。同条第2款规定："前款所称恶意透支，是指持卡人以非法占有为目的，超过规定限额或者规定期限透支，并且经发卡银行催收后仍不归还的行为。"显然只有恶意透支型信用卡诈骗罪要求行为主体是"持卡人"。但对于何为"持卡人"《刑法》没有作进一步的规定。因此，实践中对"持卡人"如何界定，关系到罪与非罪以及同一罪名下不同法律条款的适用，"实际用卡人"是否构成恶意透支型信用卡诈骗，也是此类犯罪认定的关键问题，对于该罪的正确认定具有重要的实践意义。

（一）信用卡持卡人的界定

从我国《刑法》第196条规定来看，恶意透支型信用卡诈骗罪是一种特殊类型的犯罪，法条对其规定了独特的构成要件。我国《刑法》第196条第2款不但没有将任何人都纳入恶意透支型信用卡诈骗罪的主体范围，而且明文将行为主体限定为持卡人。但非任何人都是持卡人，也并非任何人都可以申领信用卡，所以实践中应对"持卡人"应严格界定。

目前对持卡人范围的界定司法实践中有不同的认识，主要有三种观点：第一种观点认为，对"持卡人"范围的界定应采用广义解释，即"持卡人"系持有信用卡或能实际使用信用卡的人。除去使用以虚假的身份证明骗领的信用卡的和盗窃信用卡并使用的，只要行为人对信用卡具有相应控制支配能力，均可称为该卡的"持卡人"。第二种观点认为，应当将恶意透支持卡人的范围界定为包括在银行登记的持卡人，以及经持卡人同意使用信用卡的实际用卡人。经登记持卡人允许的实际用卡人发生恶意透支行为，在登记持卡人不知情的情况下，实际用卡人也属于持卡人。第三种观点认为，"持卡人"仅限于在银行登记的持卡人，既包括使用真实的身份证明和财产证明申领信用卡的人，也包括在使用真实身份证明前提下使用虚假财产证明申领信用卡的人。除此之外的其他人都不能界定为恶意透支型信用卡诈骗罪的持卡人。

从银行相关规定来看，虽然我国《银行法》对"合法持卡人"没有明确规定，但根据中国人民银行颁布的《银行卡业务管理办法》第28条规定，仅申领人方可持有和使用信用卡，其他人均无权使用他人的信用卡，即法律上的"持卡人"仅指申领人，即以自己的名义通过正当合法手续向银行提交办理信用卡申请和相关身份、资信资料，经银行审核同意后发放给信用卡的单位或个人。而且依据《银行卡业务管理办法》第59条规定，持卡人将其信用卡出租或转借给他人持有使用的行为属于违法行为，发卡银行应当责令其改正并对其处以罚款的行政处罚。因此，根据现有法律规范，信用卡的持卡人只能是申领人，所以并不是持有信用卡的人就是“持卡人”。另外根据银行的规定，只有符合一定条件的人才有资格向银行申领可以透支的信用卡，透支额度的大小、对账单的寄达、透支后的催收等都与申领人的资信、身份等信息密切相关。银行催收工作只能到达到申领人，不可能到达其他持有信用卡人的手中，如果扩大对持卡人的解释，银行无法实施催收行为，就会导致行为不符合恶意透支型信用卡诈骗的犯罪的成立要件，所以只有“持卡人”才是恶意透支型信用卡诈骗罪的行为主体，此罪属于真正的身份犯。如例案三中，虽然信用卡是由袁某林所办，但在银行登记的申请人是尤某、谭某、黄某1、雷某，银行都是根据尤某、谭某、黄某1、雷某的资信、身份等信息来提供透支额度的大小，出现透支情况后也都是向尤某四人寄送账单进行催收，所以尤某、谭某、黄某1、雷某才是“持卡人”。例案一中陈某1、陈某2、郭某放虽然使用了虚假的单位证明，但仍是恶意透支型诈骗中的“持卡人”。因为陈某1、陈某2、郭某放以真实的身份证明申领了信用卡，对于银行而言，申领信用卡人就是持卡人，该信用卡是真实有效的信用卡，持卡人可以使用，包括透支。但如果使用虚假的身份证骗领信用卡的人不被认定“持卡人”，因为卡的名义持有人信息与卡的真正持有人信息并不对应，可能就没有名义上的“持卡人”。对于该种使用虚假的身份证明的行为，可以直接就认定行为人办卡时就具有非法占有的目的，因为行为人不将自己的真实身份提供给银行，主观上就是有想逃避银行的催收，不想归还透支款，银行也无从查证，不可能实际催收行为，更无法挽回经济损失，社会危害性非常大。

因此刑法意义上的“持卡人”仅限于在银行登记的持卡人，既包括使用真实的身份证明和财产证明申领信用卡的人，也包括在使用真实身份证明前提下使用虚假财产证明申领信用卡的人。持卡人是一种特殊的身份，只有持卡人才是恶意透支型信用卡诈骗罪的主体，此罪属于真正的身份犯。

而实际用卡人不是“持卡人”。实际用卡人是指实际使用他人名义信用卡的行为人。持卡人将信用卡交给他人持有时，持卡人仍然是持卡人。因为信用卡是持卡人用自己的身份证件向银行申领的，发卡银行只给予持卡人一定的信用额度，不可能给实际用卡人一定信用额度。持卡人在透支后具有归还透支款项的义务，而实际用卡人并不负有此项义务。银行催收行为只针对持卡人，不可能送达实际用卡人。即使实际用卡人使用信用卡时，征得了持卡人的同意，那也是违反银行法规的。由于实际用卡人使用他人信用卡的行为本身就具有非法性，所以即便实际用卡人与持卡人具有亲密关系，也不可能为持卡人。实际用卡人与持卡人不是一个概念，不能将持卡人扩大解释为合法持卡人和实际用卡人。

（二）持卡人与实际用卡人共谋恶意透支，实际用卡人与持卡人构成信用卡诈骗罪的共犯

当持卡人明知实际用卡人要进行恶意透支而将该卡交给实际用卡人使用，二人对恶意透支的行为属事先共谋，存在共同的犯罪故意。虽然实施恶意透支诈骗行为的并非合法持卡者本人，但合法持卡人擅自将自己的信用卡借用他人已经违反合同约定和《信用卡业务管理办法》等部门规范性文件。并且持卡人明知他人要进行恶意透支仍出借信用卡，且经发卡银行两次催收后超过 3 个月仍不归还，足以认定其与实际用卡人有恶意透支的共同故意，二人以非法占有为目的，相互串通，对信用卡进行恶意透支，构成恶意透支型信用卡诈骗罪的共犯。即无论是信用卡持卡人还是实际使用人都构成恶意透支型信用卡诈骗罪。恶意透支型信用卡诈骗罪只能由特殊身份的人才能构成，即信用卡持卡人，虽然实际用卡人不是恶意透支型信用卡诈骗罪的主体，但根据特殊身份说，对于无身份者与有身份者共同实施犯罪的案件，应以有身份者的实行行为来定罪，即依有身份者所实施的犯罪构成要件的行为来定罪。所以，此种情形下，对共同实施犯罪的行为均应以恶意透支型信用卡诈骗罪定罪处罚。但二者谁起主要作用，谁是主犯，要依据二人在共同犯罪中起的作用，不能一概认为实际用卡人起到了主要作用，因为实际用卡人能否实施透支行为，完全是由持卡人决定的。

（三）持卡人对实际用卡人恶意透支行为予以放任的，实际用卡人与持卡人构成信用卡诈骗罪的共犯

持卡人将自己的信用卡交给实际用卡人使用，使用人在未提前告知持卡人的情况下，擅自进行恶意透支，本身属于违反持卡人的意愿的行为。而对于持卡人而言，应当预料到将卡转交给他人可能会给银行造成一定的损失，不管是否出于牟利的目的，持卡人在事后对实际用卡人的恶意透支的行为知情，但不通过挂失、报案等方式阻止用卡人继续恶意透支，在银行催交后，也不主动归还透支款，其对实际用卡人的恶意透支就是一种放任的态度，属于间接故意。而实际用卡人主观上是具有非法占有的目的的，故二人具有共同故意，构成共同犯罪。如例案二中，孙某

将自己信用卡借给朱某，在得知朱某利用自己名义的信用卡实施恶意透支行为，一直放任不管并且拒不归还透支款，所以孙某属于放任他人利用自己特殊身份实施犯罪，构成恶意透支型信用卡诈骗。例案一中，陈某1、陈某2、郭某放作为持卡人，违反《信用卡业务管理办法》的规定，将信用卡出借给他人使用，在得知陈某有恶意透支行为后，虽然有催促他人还款的行为，但在催促未果的情况下并未到公安机关报案，也未对涉案的信用卡进行挂失，未防止损失扩大。四人作为持卡人已经认识到不法行为及其结果，但放任这种结果发生，就是共同犯罪。司法实践中，成立身份犯的共同犯罪的也有其他罪名存在。2000 年 6 月 30 日最高人民法院《关于审理贪污、职务侵占案件如何认定共同犯罪几个问题的解释》第 1 条作出了规定："行为人与国家工作人员勾结，利用国家工作人员的职务便利，共同侵吞、窃取、骗取或者以其他手段非法占有公共财物的，以贪污罪共犯论处。"这条规定就为身份犯的共犯认定提供了实践中的法律依据。所以，使用信用卡恶意透支型信用卡诈骗犯罪中实际用卡人（无身份人）也可以理解为持卡人（身份犯）的共犯。

（四）持卡人对实际用卡人的恶意透支不知情的，持卡人不构成犯罪，实际用卡人应以冒用他人信用卡型信用卡诈骗处罚

司法实践中，持卡人对实际用卡人恶意透支不知情的情况主要有两种。第一种情形是实际用卡人（行为人）利用持卡人的名义办理了信用卡并恶意透支，但持卡人对实际用卡人办卡及恶意透支的行为均不知情。第二种情形是持卡人将信用卡借给他人，但不知道实际用卡人恶意透支，当得知了恶意透支行为后采取报案、挂失等行为，防止损失扩大。关于上述两种情形，从主观上看，持卡人都不具有非法占有的故意。第一种情形中，持卡人对实际用卡人办卡及恶意透支的行为根本不知情；第二种情形中，持卡人虽然将卡借给他人使用，在得知实际用卡人恶意透支后采取了积极的行为，防大损失扩大。上述两种情形都足以说明持卡人没有非法占有的故意，与实际用卡人不存在共同的犯罪故意。刑法不能强人所难，强迫持卡人归还并非自己占有使用的钱款。从客观上看，持卡人已经丧失了对该信用卡的占有和使用权能，不可能实际实施恶意透支行为，也根本没有占有实际用卡人恶意透支的银行款项。因此，即使拒绝银行催交还款，也不能以此推定其有非法占有目的，持卡人不应构成犯罪。如例案三中，尤某、谭某、黄某1、雷某对被告人袁某林恶意透支并不知情，当得知袁某林恶意透支后积极向银行提供袁某林电话，并报警，防止了损失扩大。所以主观上没有非法占有的故意，客观上没有放任袁某林恶

意透支的行为，所以不构成犯罪。但是这类案件中实际用卡人，并不是持卡人，所以不能直接认定为恶意透支型信用卡诈骗罪，但其行为符合冒用型信用卡诈骗罪的犯罪构成要件，应构成冒用他人信用卡型信用卡诈骗罪。因为第一种情形中持卡人不知道实际用卡人用其名义办理信用卡时，本身就是一种冒用他人信用卡的行为。第二种情形中持卡人将信用卡借给实际用卡人时，其也没有同意实际用卡人恶意透支，并且实际用卡人恶意透支后，被害人不是持卡人，而是银行，所以相对于银行而言，实际用卡人的行为属于冒用他人信用卡。所以对被告人袁某林的行为应是直接适用我国《刑法》第 196 条第 1 款第 3 项关于冒用他人信用卡诈骗的规定。

四、辅助信息

高频词条：

《刑法》

第 196 条　有下列情形之一，进行信用卡诈骗活动，数额较大的，处五年以下有期徒刑或者拘役，并处二万元以上二十万元以下罚金；数额巨大或者有其他严重情节的，处五年以上十年以下有期徒刑，并处五万元以上五十万元以下罚金；数额特别巨大或者有其他特别严重情节的，处十年以上有期徒刑或者无期徒刑，并处五万元以上五十万元以下罚金或者没收财产：

（一）使用伪造的信用卡的；

（二）使用作废的信用卡的；

（三）冒用他人信用卡的；

（四）恶意透支的。

前款所称恶意透支，是指持卡人以非法占有为目的，超过规定限额或者规定期限透支，并且经发卡银行催收后仍不归还的行为。

《信用卡解释二》

第 6 条　持卡人以非法占有为目的，超过规定限额或者规定期限透支，经发卡银行两次有效催收后超过三个月仍不归还的，应当认定为刑法第一百九十六条规定的“恶意透支”。

对于是否以非法占有为目的，应当综合持卡人信用记录、还款能力和意愿、申领和透支信用卡的状况、透支资金的用途、透支后的表现、未按规定还款的原因等情节作出判断。不得单纯依据持卡人未按规定还款的事实认定非法占有目的。

具有以下情形之一的，应当认定为刑法第一百九十六条第二款规定的“以非法占有为目的”，但有证据证明持卡人确实不具有非法占有目的的除外：

（一）明知没有还款能力而大量透支，无法归还的；

（二）使用虚假资信证明申领信用卡后透支，无法归还的；

（三）透支后通过逃匿、改变联系方式等手段，逃避银行催收的；

（四）抽逃、转移资金，隐匿财产，逃避还款的；

（五）使用透支的资金进行犯罪活动的；

（六）其他非法占有资金，拒不归还的情形。

《银行卡业务管理办法》

第28条 个人申领银行卡（储值卡除外），应当向发卡银行提供公安部门规定的本人有效身份证件，经发卡银行审查合格后，为其开立记名账户；

凡在中国境内金融机构开立基本存款账户的单位，应当凭中国人民银行核发的开户许可证申领单位卡；

银行卡及其账户只限经发卡银行批准的持卡人本人使用，不得出租和转借。

第59条 持卡人出租或转借其信用卡及其账户的，发卡银行应当责令其改正，并对其处以1000元人民币以内的罚款（由发卡银行在申请表、领用合约等契约性文件中事先约定）。

信用卡诈骗案件裁判规则第 10 条：
以非法占有为目的，使用销售点终端机具（POS 机）等方法刷卡套现的，行为人可构成信用卡诈骗罪；伙同他人同时申办或提供用于刷卡套现的销售点终端机具（POS 机），情节严重的，还构成非法经营罪

〔**规则描述**〕：行为人恶意透支，在信用卡交易规则内以虚构交易、虚开价格、现金退货等方式通过 POS 机来刷卡套现，数额较大的，构成信用卡诈骗罪，同时还申办或提供用于刷卡套现的销售点终端机具（POS 机），情节严重的，构成非法经营罪，与信用卡诈骗罪并罚。但是，如果行为人利用银行系统漏洞，在信用卡交易规则之外进行空卡套现，由于银行对所套取的资金并未行使处分权，应当以盗窃罪来定罪处罚。

一、类案检索大数据报告

时间：2020 年 8 月 30 日之前，案例来源：Alpha 案例库，案件数量：229 件，数据采集时间：2020 年 8 月 30 日，本次检索共获取认定使用 POS 机等方法刷卡套现的行为，2020 年 8 月 30 日之前 229 篇裁判文书。如图 10 - 1 所示，从案件年份分布情况可以看出当前条件下刑事案例数量的变化趋势。

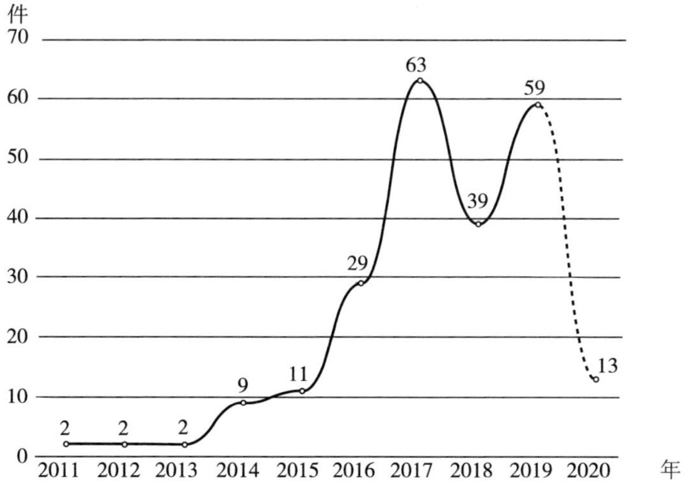

图 10 - 1　案件年份分布情况

如图 10－2 所示，从案件主要地域分布情况来看，当前刑事案例主要集中在广东省、河南省、浙江省，分别占比 17.47％、9.61％、7.86％，其中广东省的案件量最多，达到 40 件。

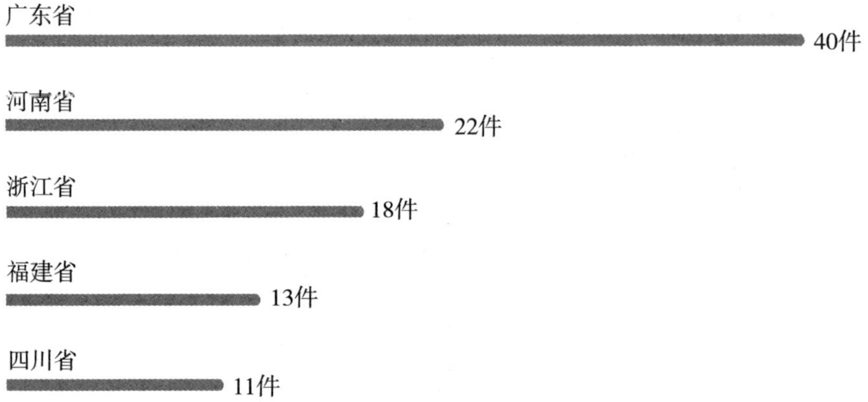

图 10－2　案件主要地域分布情况

如图 10－3 所示，从案件案由分类情况可以看到刑事案件当前的案由分布，破坏社会主义市场经济秩序罪、侵犯财产罪、妨害社会管理秩序罪是最为主要的三个；其次是侵犯公民人身权利、民主权利罪和贪污贿赂罪。

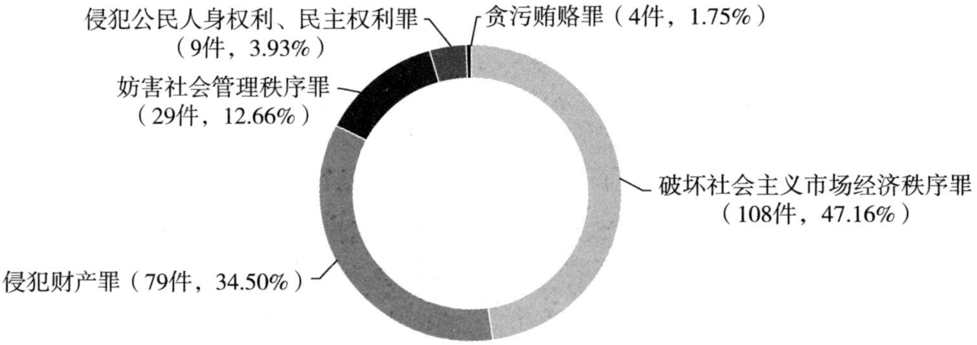

图 10－3　案件案由分类情况

如图 10－4 所示，从案件的程序分类统计可以得出当前的审理程序分布状况，其中一审案件有 182 件，二审案件有 46 件，再审案件有 1 件，并能够推算出一审上诉率约为 25.27％。

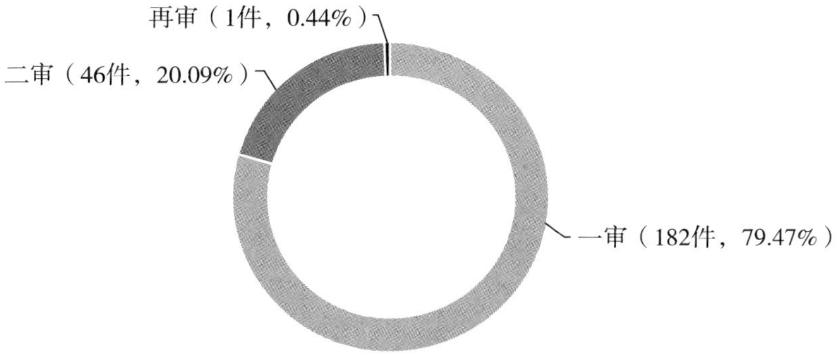

图 10－4　案件程序分类情况

如图 10－5 所示，通过对主刑的可视化可以看出，当前条件下包含有期徒刑的案件有 188 件，包含拘役的案件有 10 件，包含无期徒刑的案件有 1 件，包含死刑的案件有 1 件。

图 10－5　案件判决主刑情况

二、可供参考的例案

例案一｜关某强等信用卡诈骗、非法经营案

【法院】

广东省中山市第一人民法院

【案号】

（2015）中一法刑二初字第 635 号

【诉讼主体】

公诉机关：广东省中山市第一市区人民检察院

被告人:关某强

被告人:刘某东

【基本案情】

1. 信用卡诈骗罪

2013年1月开始,被告人关某强为申办大额信用卡,在被告人刘某东的提议、帮助和操作下,申领了启利建材部的企业执照,后由被告人刘某东垫付首期,按揭购买了位于中山市火炬开发区誉港湾花园4栋1梯403房及粤T号小轿车,然后利用上述其名下的房产、汽车和企业资料分别于2013年5月30日、6月8日向中国建设银行中山分行、民生银行中山分行各申请开通了1张信用卡,并以上述启利建材部名义申请开通了1台POS机。随后,被告人刘某东帮助被告人关某强利用POS机虚构交易,大量套现上述信用卡的资金,恶意透支。截至2014年7月25日,共拖欠中国建设银行中山分行本金29,779.11元,利息及费用共计5306.48元。截至2014年8月22日,共拖欠民生银行中山分行178,521.29元,其中本金为148,027.6元。且银行工作人员多次催收,超过3个月仍拒不归还。

2. 非法经营罪

2013年6月开始,被告人刘某东为牟取非法利益,未经国家有关主管部门批准,在位于中山市石岐区莲塘东路8号539号的中山市尚品佳家具有限公司等地,利用其经营的中山市尚品佳家具有限公司的POS机以及虚构的商户中山市益华百货超市的POS机,并伙同被告人关某强利用启利建材部的POS机,以虚构交易的方式为被告人关某强以及刘某甲、杨某乙、丘某、魏某等人刷卡套取信用卡资金,并为上述持卡人拆借套现多张信用卡的资金还款以维护信用卡,被告人刘某东从中收取1%的手续费。其中利用中山市尚品佳家具有限公司和中山市益华百货超市公司的2台POS机刷卡套现共计3,178,442.49元,利用启利建材部的POS机刷卡套现4,715,555.01元。

公诉机关指控被告人关某强、刘某东犯信用卡诈骗罪、非法经营罪,于2015年5月29日向审理法院提起公诉。公诉机关认为,被告人关某强、刘某东无视国家法律,以非法占有为目的,恶意透支信用卡,数额巨大,其行为均已触犯《刑法》第196条第1款第4项、第2款,应当以信用卡诈骗罪追究其刑事责任。被告人刘某东、关某强违反国家规定,使用销售点终端机具,以虚构交易的方式向信用卡持卡人直接支付现金,其中被告人刘某东犯罪情节特别严重,被告人关某强犯罪情节严重,其行为均已触犯了《刑法》第225条第3项,均应当以非法经营罪追究其刑事责任。被告人关某强、刘某东在判决宣告以前犯信用卡诈骗罪、非法经营罪，依法应当数罪并罚。

被告人关某强辩称其有信用卡诈骗行为，但不清楚民生银行信用卡的欠款情况。并辩称启利建材部的 POS 机一直由被告人刘某东使用。

被告人关某强的辩护人提出以下辩护意见：(1)民生银行的信用卡一直都是被告人刘某东持有，也是刘某东套现，关某强对该卡的使用完全不知情，该卡的涉案金额不应算入关某强的犯罪数额。(2)关某强在信用卡诈骗罪中具有自首情节。(3)启利建材部的 POS 机是刘某东持有和使用，刘某东为他人刷卡套现的行为关某强并不知情，关某强的行为不构成非法经营罪。

被告人刘某东对起诉书指控其构成非法经营罪没有意见，但辩称其没有使用启利建材部的 POS 机刷卡套现，并否认其有信用卡诈骗的犯罪行为。

被告人刘某东的辩护人提出以下辩护意见：(1)刘某东并无信用卡诈骗的主观恶意和犯罪动机，起诉书指控刘某东的行为构成信用卡诈骗罪的事实不清，证据不足。(2)启利建材部 POS 机不是刘某东控制使用，该 POS 机的套现金额不应计入刘某东非法经营的犯罪数额。(3)刘某东无犯罪前科。(4)刘某东从事非法经营罪时间较短，给金融机构造成经济损失较小。(5)刘某东有坦白情节。(6)有关机构对信用卡的发行和 POS 机的申办审查不严，发卡银行存在管理漏洞，存在重大过错。

【案件争点】

被告人关某强、刘某东利用 POS 机虚构交易非法套现的行为应如何定性以及启利建材部 POS 机的刷卡套现金额应否计入刘某东非法经营犯罪数额。

【裁判要旨】

二审法院认为，被告人关某强申领的信用卡是在刘某东的提议、帮助和操作下向被害单位领取并进而恶意透支使用的。为了帮助关某强申领高额信用卡并收取手续费，刘某东为关某强垫付房产首期，并协助开办启利建材部的空壳公司。申领到信用卡后，也是由刘某东负责保管、刷卡套现和维护信用卡。可见，信用卡虽是关某强本人申领，但一切具体事宜均是在刘某东的谋划和操作中进行。刘某东与关某强在信用卡诈骗犯罪中应认定为共同犯罪，刘某东构成信用卡诈骗罪。对于被告人刘某东所提其没有信用卡诈骗犯罪行为的辩解及其辩护人所提刘某东不构成信用卡诈骗罪的辩护意见，不予采纳。

根据被告人关某强的供述，启利建材部及启利建材部的 POS 机是其与被告人刘某东一起申请办理的,该POS机与其平安银行银行卡绑定,且有资金出入的时候,其与刘某东一起到银行柜员机取钱。随行付支付有限公司提供的材料及关某强平安银行的交易流水,证明启利建材部的POS机刷卡金额是先进入关某强的平安银行账号,之后再由该账号转账至刘某东、丘某等人账号或者直接在银行ATM提取现金。该书证可以佐证关某强供述的启利建材部的POS机用于刷卡套现及其有去ATM取现的供述。可见被告人关某强明知刘某东叫其开设的启利建材部是个空壳公司,所申请的POS机是用于虚构交易套现资金,仍利用自己的身份材料申请POS机,并捆绑自己的银行卡,且协助刘某东提取套取的现金,其行为应认定为与刘某东共同利用启利建材部的POS机虚构交易刷卡套现,构成非法经营罪。对于被告人关某强辩称启利建材部的POS机一直由被告人刘某东使用及其辩护人所提关某强不构成非法经营罪的辩护意见,不予采纳。启利建材部的工商登记资料显示的经营者虽然是被告人关某强,但所留的电话号码却是刘某东的,可见关某强供述是其与刘某东一起设立启利建材部的供述是真实可信的。随行付支付有限公司提供的材料及关某强平安银行的交易流水,证明启利建材部POS机套现金额大部分进入刘某东及丘某的银行账号。刘某东本身就以帮助他人办理信用卡及协助他人刷卡套现收取手续费为生,其持有的尚品佳公司和虚假的益华超市的POS机也用于自己及他人大量刷卡套现,其供述还在中山市火炬开发区好生活家具城、吉能美的家电、珠三角钢材城等地刷卡套现。其所提其在启利建材部POS机的刷卡记录是其将相关信用卡寄往广州通过关某强的同学帮忙套现的辩解,舍近求远,明显不合常理。上述证据相互印证,足以认定刘某东使用启利建材部的POS机帮助他人虚构交易刷卡套现,使用启利建材部POS机刷卡套现的金额应计入刘某东非法经营的犯罪数额。对被告人刘某东及辩护人所提启利建材部POS机的刷卡套现金额不应计入刘某东非法经营犯罪数额的辩解及辩护意见,不予采纳。

被告人关某强、刘某东无视国家法律,以非法占有为目的,共同恶意透支信用卡,数额巨大,其行为均已构成信用卡诈骗罪。被告人刘某东、关某强无视国家法律,违反国家规定,共同使用销售点终端机具,以虚构交易的方式向信用卡持卡人直接支付现金,其中被告人刘某东犯罪情节特别严重,被告人关某强犯罪情节严重,其行为均已构成非法经营罪,应依法惩处。被告人关某强、刘某东在判决宣告以前犯信用卡诈骗罪、非法经营罪,依法均应当数罪并罚。

例案二 ｜ 刘某等信用卡诈骗、非法经营案

【法院】

德阳市中级人民法院

【案号】

(2016)川06刑终213号

【诉讼主体】

原公诉机关：四川省什邡市人民检察院

上诉人（原审被告人）：刘某

原审被告人：蒋某朋

原审被告人：包某琳

原审被告人：吴某

原审被告人：罗某

原审被告人：黄某

【基本案情】

2012年年底，被告人刘某经人介绍认识被告人包某琳。被告人刘某通过包某琳认识被告人蒋某朋，三人就被告人蒋某朋违规帮忙办理信用卡收取好处费一事达成协议。而后，被告人刘某找到被告人吴某、罗某等人，告知其寻找需要申办信用卡的人，可收取手续费（被告人刘某收取手续费为成功办理的信用卡额度的15%～20%，被告人吴某、罗某收取的手续费由其和申办人自行协商），申办人条件仅需征信过关，即在银行无不良记录。

被告人吴某、罗某为赚取手续费，明知被告人刘某通过制作虚假的储蓄卡交易流水，违规办理信用卡，而后利用POS机套现的方式赚取手续费，仍帮助刘某寻找申办人。找到申办人谈妥手续费事宜后，被告人吴某、罗某负责带申办人办理或收取申办人已办理好的本人的中国工商银行储蓄卡及不记名电话卡各一张，收取填写有申办人虚假联系方式及收入情况的中国工商银行信用卡申请表一张，并将上述物品交被告人刘某。被告人刘某将申办人身份信息办理的中国工商银行储蓄卡交他人，由他人反复向储蓄卡内存钱，然后用POS机刷卡、制作虚假的储蓄卡交易流水，以达到中国工商银行办理信用卡需要的星级标准。而后，被告人刘某将中国工商银行信用卡申请表交被告人包某琳或直接交给被告人蒋某朋。被告人包某琳明知刘某利用POS机套现赚取好处费，而将申请表转交被告人蒋某朋。

被告人蒋某朋为获取好处费，违反中国工商银行信用卡办理操作规程，在未"亲见亲签"的情况下，受理申办信用卡申请，并将申办信用卡人资料报送中国工商银行德阳分行，使本不符合申办条件的人成功办理信用卡。被告人刘某将办理好的中国工商银行信用卡通过名为"北方航空""天下票务""喜源服饰""新贤数码"的4台POS机以虚构交易的方式，将信用卡内的信用额度资金套取，收取高额手续费后将剩余的资金直接支付申办人或通过被告人吴某、罗某等人支付给申办人，并支付吴某、罗某手续费。之后被告人刘某通过名为"北方航空""天下票务""喜源服饰""新贤数码"等POS机进行虚拟交易的方式，将所办理的中国工商银行信用卡"养卡"3个月至6个月，避免中国工商银行短时间内发现。后被告人刘某将所办理的中国工商银行信用卡邮寄给办信用卡人或自行处理掉。2013年1月至8月，被告人刘某通过此种方式办理中国工商银行信用卡共计72张，其中为刘某某等人办理的23张信用卡，恶意透支共计1,080,626.23元，其中为李某某等人办理的41张因套现导致中国工商银行德阳分行什邡支行资金1,554,028.04元逾期未还，其余8张正常使用。

2013年1月至4月，被告人包某琳帮助被告人刘某办理中国工商银行信用卡共计17张，其中16张因套现导致中国工商银行资金636,843.38元逾期未归还。被告人包某琳收取被告人刘某给予的好处费后给付蒋某朋18,000元，其余1张正常使用。

2013年1月至8月，被告人蒋某朋帮助被告人刘某办理中国工商银行信用卡共计72张，收取被告人包某琳给予的好处费18,000元，收取被告人刘某给予的好处费185,150元，共计203,150元。

2013年1月至8月，被告人罗某帮助被告人刘某办理中国工商银行信用卡共计22张，其中10张卡恶意透支共计479,000.37元，其中10张因套现导致中国工商银行资金397,939.92元逾期未还，其余2张正常使用。

2013年1月至8月，被告人吴某帮助被告人刘某办理中国工商银行信用卡共计12张，其中7张卡恶意透支共计321,698.77元，其中5张因套现导致中国工商银行资金179,868.9元逾期未还。

被告人黄某明知被告人刘某帮人代办中国工商银行信用卡并通过POS机以虚假交易的方式套现后，直接向信用卡持有人支付现金的情况下，仍帮助被告人刘某办理名为"喜源服饰""新贤数码"POS机2台。该2台POS机经刷卡套现导致中国工商银行资金873,855.21元逾期未归还。被告人刘某、蒋某朋、罗某、吴某、包某琳、黄某归案后均如实供述其犯罪事实。截至判决时，被告人刘某主动退赔中国工商银行损失10万元，其亲属代刘某退赔中国工商银行损失4.14万元，退缴什邡市人民法院代管款项8万元；被告人蒋某朋主动退赔中国工商银行损失20.4万元，并主动退缴违法所得20.315万元；被告人包某琳主动退赔中国工商银行损失30万元；被告人罗某主动退赔中国工商银行损失5万元；被告人吴某主动退赔中国工商银行损失10万元；被告人黄某的亲属代黄某退赔中国工商银行损失2万元。截至2016年9月21日，中国工商银行德阳分行什邡支行有60余万元本金未追回。

【案件争点】

上诉人刘某的行为（帮刘某某等人办理的23张信用卡）应是如何定性。上诉人刘某与原审被告人包某琳、蒋某朋就"违规办理信用卡并从中收取好处费"事前达成协议行为应如何定性。上诉人刘某信用卡诈骗、非法经营的具体金额。

【裁判要旨】

一审法院认为，在案证据能够证实刘某某等23名持卡人主观上有恶意透支的故意，被告人刘某、罗某、吴某对于持卡人恶意透支持放任态度，属间接故意；客观上，持卡人与被告人吴某、罗某明知被告人刘某实施了利用POS机对每一名持卡人的信用卡进行套现的行为，且上述23名持卡人的行为符合信用卡诈骗的构成要件，被告人刘某、罗某、吴某与持卡人构成信用卡诈骗罪的共同犯罪。对于被告人刘某所办理的其余49名持卡人，在案证据无法证实其行为满足信用卡诈骗罪的构成要件，故仅能评价被告人刘某、罗某、吴某实施的利用POS机套现的行为。被告人刘某违反国家规定，使用POS机以虚构交易的方式向信用卡持卡人直接支付现金，49张卡中有41张信用卡造成中国工商银行德阳分行什邡支行资金1,554,028.04元逾期未归还，被告人刘某、罗某、吴某构成非法经营罪。被告人刘某、罗某、吴某基于赚取手续费的目的，持续性的实施信用卡诈骗的行为，属实施了多个行为，均应当予以评价，故被告人刘某、罗某、吴某的行为构成信用卡诈骗罪及非法经营罪数罪。同时，本案中，被告人吴某与持卡人申领信用卡均使用的是持卡人真实的身份证明，不符合妨害信用卡管理罪的规定，故对被告人刘某、罗某及其辩护人在原审期间发表的"二被告人应构成非法经营罪"的辩解、辩护意见，不予采纳。

上诉人刘某不服一审判决，提出以下上诉理由：(1)其主观上没有非法占有目的，只是客观上直接或间接为银行工作人员介绍办理信用卡的客户，不构成信用卡诈骗罪;(2)POS机是在蒋某朋、包某琳的要求下办理的,客户虚假的资产信息表是蒋某朋伪造的,公诉机关指控其信用卡诈骗金额为471,005.9万元,而一审判决认定为1,080,626.23万元,导致其量刑过重。

上诉人刘某辩护人提出,上诉人刘某与被告人包某琳、蒋某朋就“违规办理信用卡并从中收取好处费”事前达成协议,不应当对他们的行为分别作出不同的定性,结合被告人刘某归案后的表现及各被告人之间量刑平衡等因素,建议认定被告人刘某为非法经营罪。

二审法院认为,关于上诉人刘某的行为如何定性的问题(帮刘某某等人办理的23张信用卡)。经查,刘某某、赖某某等办卡人在工商银行的“资金交易流水”是上诉人刘某通过他人以虚假交易的方式伪造的,信用卡申请单上的收入、工作情况及联系方式是由上诉人刘某等人自行填写或指导办卡人填写的虚假信息;在套取现金以后,为防止银行发现,上诉人刘某通过虚假交易的方式“养卡”3~6个月。上诉人刘某曾供述知晓办卡人没有实际偿还能力,刘某某等办卡人的证言也证实刘某或者罗某、吴某曾表示过该信用卡的透支款可以不还或者可在长期内归还。结合本案证人证言、相关书证与上诉人刘某、原审被告人罗某、吴某等人在侦查阶段的供述等证据,足以证实上诉人刘某、罗某、吴某在明知办卡人不具有还款意愿或能力的情况下,采用虚构信息、伪造虚假交易等方式帮助刘某某等23人申领了信用卡,并以“手续费”的名义取得透支额度15%~20%不等的透支款的事实。上诉人刘某具有通过信用卡恶意透支占有银行资金的主观目的,其行为已构成信用卡诈骗罪,故法院对上诉人刘某提出的其不构成信用卡诈骗罪的上诉理由不予采纳。

关于辩护人提出的上诉人刘某与原审被告人蒋某朋、包某琳应进行同一定性的问题。经查,在上诉人刘某等人实施信用卡诈骗行为的整个过程中,原审被告人蒋某朋、包某琳在客观上确实均有不同的参与。但是,对行为人是否构成犯罪以及构成何种犯罪,应当遵照主客观相统一的原则。本案现有的证据无法证实,原审被告人蒋某朋、包某琳与在帮助上诉人刘某申领信用卡时主观上明知办卡人实际无偿还意愿或能力的事实,不能确认二人主观上有非法占有银行资金的主观目的。故法院对辩护人提出的该辩护意见,不予采纳。

关于上诉人刘某信用卡诈骗的具体金额问题。经查,公诉机关对上诉人刘某采用虚构信息等方式,帮助他人申领信用卡72张的事实进行了指控。据在案证据,上诉人刘某就其中23张信用卡,恶意透支并构成信用卡诈骗罪,诈骗金额为1,080,626.23元,41张信用卡构成非法经营罪,犯罪数额为1,554,028.04元。

例案三 | 李某瑜等信用卡诈骗、非法经营案

【法院】

浙江省高级人民法院

【案号】

（2015）浙刑三终字第224号

【诉讼主体】

原公诉机关：浙江省杭州市人民检察院

上诉人（原审被告人）：李某瑜

上诉人（原审被告人）：方某

上诉人（原审被告人）：王某君

上诉人（原审被告人）：顾某

原审被告人：王某瑜

【基本案情】

2014年7月下旬，被告人李某瑜获知部分银行的信用卡预授权交易存在系统漏洞，可通过在销售点情报管理系统（POS机）操作预授权交易窃取信用卡授信额度以外的银行资金，遂纠集被告人张某杰及王某运（另案处理）等人，商定由张某杰、王某运等人在网上发布广告和通过其他中介人员从全国各地获取工商银行POS机及其他银行的信用卡。张某杰、王某运等人让中介人员或POS机机主及信用卡卡主将POS机和信用卡带至广东省广州市交给李某瑜，李某瑜在广州市及海南省海口市持信用卡在POS机上连续进行预授权交易，利用银行系统漏洞秘密窃取信用卡授信额度以外的巨额银行资金。所窃取的银行资金转账至POS机对公账户后，由李某瑜负责从POS机对公账户中转出至李控制的其他个人或单位的银行账户，后按约定比例分赃，其中信用卡提供方（含中介人员）约分得总额的40%，POS机提供方（含中介人员）约分得总额的20%，余款被李某瑜、张某杰、王某运等人瓜分。具体事实分述如下：

1. 2014年7月下旬，张某杰通过中介人员联系被告人方某借用工商银行POS机，后方某等人在浙江省杭州市获取1台杭州快汇航空票务有限公司（以下简称快汇公司）提供的收单行为工商银行浙江省分行营业部的POS机并带至广东省广州市，将该台POS机交给李某瑜、张某杰等人。张某杰还通过中介人员获取1张满

某的天津农商银行信用卡(信用额度为3万元)。同月31日,李某瑜持满某的信用卡在快汇公司的POS机上操作预授权交易,利用银行系统漏洞窃取银行资金人民币375,591元。该经济损失现由发卡行天津农商银行承担。

2. 2014年7月下旬,张某杰通过中介人员联系徐某(另案处理)借用工商银行POS机刷卡套现,承诺支付给徐某套现金额13%的好处费。后徐某携带1台陕西超盛广告传媒有限公司(以下简称超盛公司)申领的收单行为工商银行陕西省分行营业部的POS机到广州市,将POS机交给李某瑜、张某杰等人。张某杰还通过中介人员获取1张朱某芬的温州龙湾农村商业银行信用卡(信用额度为3.5万元)。同月31日,李某瑜持朱某芬的信用卡在超盛公司的POS机操作预授权交易,利用银行系统漏洞窃取银行资金人民币308,811元。案发后,朱某芬还款61,600元,造成银行经济损失247,211元。该经济损失现由收单行工商银行陕西省分行承担。

3. 2014年8月3日,方某联系被告人王某君借用工商银行POS机到广州市进行空卡套现(使用信用额度已透支完的信用卡套取现金),承诺支付套现总额10%的好处费。王某君即联系被告人王某瑜,告知借用POS机用于空卡套现并承诺支付套现总额8%的好处费。王某瑜又联系被告人顾某,称朋友借用POS机刷卡套现,二人商定出借各自经营的飞亮数码产品商行和嘉信数码产品商行的POS机,所得好处费二人平分。同月4日,王某瑜交给王某君两台POS机,王某君携带该两台POS机到广州市并通过方某等人将POS机交给李某瑜、张某杰等人。张某杰等人还通过中介人员获取了许某苏的温州龙湾农村商业银行信用卡、徐某珍的温州平阳农村合作联社信用卡、陈某慧的温州苍南农商银行信用卡、陈某诗的东莞银行信用卡各1张(信用额度分别为1万元、1万元、0.5万元和3万元)。同日,李某瑜使用上述4张信用卡在嘉信数码产品商行的工商银行POS机上操作预授权交易,利用银行系统漏洞窃取银行资金共计人民币183.2万元。案发后,卡主许某苏、陈某诗已分别还款76.27万元、17.73万元,造成银行经济损失89.2万元。经查,信用卡卡主许某苏、陈某诗共退赔94万元,被告人王某君、王某瑜的亲属共退赃10.225万元,公安机关冻结齐某芳账户上的王某君赃款7.335万元,扣押被告人李某瑜主要用该起犯罪所得购买的保时捷卡宴汽车。据此,可以认定该起犯罪造成银行的经济损失基本挽回。

4. 2014年8月初,方某等人经中介联系获取一台杭州九兆科技有限公司(以下简称九兆公司)的工商银行POS机,交给李某瑜、张某杰等人。张某杰还通过中介获取了1张邵某强的东莞农村商业银行信用卡（信用额度为1万元）。同月6日，李某瑜持邵某强的信用卡在九兆公司的POS机上操作预授权交易，利用银行系统漏洞窃取银行资金人民币109.7万元。该经济损失现由发卡行东莞农村商业银行承担。

5. 2014年8月初，李某瑜、张某杰等人通过中介获取了1台枣庄雷速汽车销售有限公司（以下简称雷速公司）的POS机，曾某真的东莞农村商业银行信用卡（信用额度为2.5万元）和钟某志的中国邮政储蓄银行信用卡（信用额度为0.5万元）各1张。同月6日和7日，李某瑜使用曾某真和钟某志的信用卡在雷速公司的POS机上操作预授权交易，利用银行系统漏洞分别窃取银行资金78.5万元和2.2万元，合计人民币80.7万元。该两笔经济损失现分别由发卡行东莞农村商业银行和中国邮政储蓄银行东莞分行承担。

6. 2014年8月初，李某瑜、张某杰等人通过中介人员获取了1台海口进盛昌实业有限公司（以下简称进盛昌公司）申领的收单行为工商银行海口琼山支行的POS机，周某的华融湘江银行信用卡（信用额度为2万元）和杨某金的花旗银行信用卡（信用额度为1万元）各1张。同月10日，李某瑜、张某杰等人使用周某和杨某金的信用卡在进盛昌公司的POS机上操作预授权交易，利用银行系统漏洞窃取银行资金共计人民币327.5978万元。该经济损失现由收单行工商银行海口琼山支行承担。

综上所述，李某瑜、张某杰盗窃银行资金共计人民币769万余元，方某参与盗窃银行资金共计人民币330万余元，王某君、王某瑜参与盗窃银行资金共计人民币183万余元，顾某非法经营造成银行经济损失人民币89万余元。

另查明，李某瑜、张某杰等人使用许某苏、徐某珍、陈某慧、陈某诗的信用卡和嘉信数码产品商行的POS机所窃取的183.2万元银行资金，有93万元被李某瑜用于购买1辆保时捷卡宴轿车（车价为112万元），有17.58万元被转账至王某君名下银行账户（其中2万元分给王某瑜、73,550元存入王某君使用的齐某芳银行账户内）。杭州市公安局萧山区分局依法冻结齐某芳银行账户内该存款、扣押该辆保时捷卡宴汽车及王某君家属退赃款82,250元和王某瑜家属退赃款2万元。

李某瑜、张某杰等人使用邵某强的信用卡和九兆公司的POS机所窃取的109.7万元银行资金，有100万元流入李某勇尾号3526工商银行账户，使用曾某真、钟某志的信用卡和雷速公司的POS机所窃取的80.7万元银行资金，有42.8万元流入李某勇该银行账户。公安机关已追回上述款项中的437,995元。

【案件争点】

上诉人李某瑜、张某杰、方某的行为应如何定性,是非法经营还是盗窃罪以及是否存在"技术方"为李某瑜操作信用卡预授权交易套现的问题。

【裁判要旨】

一审法院认为:(1)被告人李某瑜犯盗窃罪,判处无期徒刑,剥夺政治权利终身,并处没收个人全部财产;(2)被告人张某杰犯盗窃罪,判处有期徒刑13年,剥夺政治权利2年,并处罚金20万元;(3)被告人方某犯盗窃罪,判处有期徒刑10年,剥夺政治权利1年,并处罚金10万元;(4)被告人王某君犯盗窃罪,判处有期徒刑8年,并处罚金8万元;(5)被告人王某瑜犯盗窃罪,判处有期徒刑7年,并处罚金6万元;(6)被告人顾某犯非法经营罪,判处有期徒刑5年,并处罚金4万元;(7)杭州市公安局萧山区分局在招商银行杭州分行萧东支行冻结的户名齐某芳、账号6265账户内存款73,550元和扣押的现金102,250元发还被害人中国工商银行萧山分行;扣押的现金437,995元分别发还被害人东莞农村商业银行432,934元、中国邮政储蓄银行东莞分行5061元;扣押的保时捷卡宴轿车1辆予以拍卖,拍卖所得款83%在实际损失限额内发还中国工商银行萧山分行,其余款项和扣押的11部手机的拍卖款按比例发还各被害人。

被告人李某瑜上诉及其辩护人提出,原判没有确认"技术方"为李某瑜操作信用卡预授权交易套现并取走套现总额约20%的好处费,认定该好处费被李某瑜占有,认定事实错误;李某瑜在"技术方"和信用卡持卡人之间提供信用卡超额投资的居间服务,赚取中介费,事先取得持卡人同意并有签字确认,刷卡过程符合银行信用卡刷卡程序规定,对银行来说不存在任何隐秘性,故李某瑜没有非法占有故意,亦未实施秘密窃取的行为,不构成盗窃罪,仅构成非法经营罪;李某瑜系"技术方"与持卡人之间的中介人员,系从犯;李某瑜归案后有积极退赃、坦白交代等从轻情节,原判未予认定不当。原判部分事实不清,定性和适用法律错误,量刑过重,要求以非法经营罪对其从轻改判。

被告人张某杰上诉提出,其行为不构成盗窃罪,应以非法经营罪追究其刑事责任;其没有发起共同犯意,仅在他人的安排下负责联系持卡人,在整个犯罪过程中起次要辅助作用,系从犯;银行金融监管系统自身存在的重大漏洞和错误,诱发和纵容了犯罪行为的发生并加大了损害结果,存在过错。要求改判。

被告人方某上诉及其辩护人提出,原判认定的第一、四起事实中,涉案POS机系王某联系取得,与方某无关;本案行为本质上是一种利用POS机刷卡套现的行为，依法应认定为非法经营罪，而非盗窃罪。原判事实不清，定性和适用法律错误，要求以非法经营罪改判5年以下有期徒刑。

被告人王某君上诉及其辩护人提出，王某君知道其提供POS机系用于信用卡预授权套现，但并不明知李某瑜等人属于窃取银行资金；本案信用卡超额套现的操作均在POS机、信用卡的功能范围内，按照银行允许的操作流程、指令完成，且该操作方法已被中国银联风险监控服务中心掌握并通知各银行知悉，故银行系统完全感知得到，本案行为不具有“秘密窃取”的行为性质，不构成盗窃罪，应认定为非法经营罪；王某君系从犯，积极退赃，坦白交代，所参与的第三起事实的被害人工商银行萧山分行的最终损失基本得到弥补。原判部分事实不清，定性和适用法律错误，量刑过重，要求以非法经营罪对其减轻或者从轻处罚。

被告人顾某上诉及其辩护人提出，顾某系受骗而出借POS机，主观只有非法经营的故意，并未认识到王某瑜、王某君、李某瑜等人的盗窃行为，非法经营与盗窃两者的客观行为有着本质区别，不存在任何交叉或者包容关系，故顾某不应对超出其本意的其他被告人的行为承担责任，顾某的行为最多只能评价为非法经营罪的犯罪未遂；顾某仅实施出借POS机的帮助行为，系从犯，原判未予认定不当；顾某所涉的本案第三起事实，银行最终没有经济损失；顾某系初犯、偶犯，要求改判3年以下有期徒刑并适用缓刑。

二审法院认为，经查，李某瑜、张某杰等人以非法占有为目的，通过在POS机上高频操作信用卡预授权虚假交易，利用银行系统漏洞，秘密窃取信用卡授信额度以外的银行资金。从作案手段、作案目的来看，李某瑜、张某杰等人一般采用晚上刷卡套现，次日凌晨资金到账后立即转出分赃；而发卡银行事后通过风险防范监控系统才发觉资金被人非法占有。李某瑜、张某杰等人的行为符合盗窃罪的构罪特征，而不是非法经营罪。方某、王某君、王某瑜客观上为李某瑜等人实施窃取银行资金提供了作案工具POS机，主观上亦明知李某瑜、张某杰等人利用信用卡预授权漏洞窃取银行资金，故均构成盗窃罪的共犯。李某瑜、方某、王某君及其辩护人和张某杰对本案定性提出的异议，与事实及法律规定不符，不予采信。由于顾某在主观上不明知他人利用信用卡预授权系统漏洞套取信用卡授信额度以外的银行资金，仅知道在信用卡授信额度内可以通过虚假交易在POS机上套现，因此，顾某提供POS机给他人套现的行为不构成盗窃罪的共犯，其行为构成非法经营罪。客观上顾某出借的POS机被他人用于刷卡套现得逞。因此，顾某及其辩护人提出的顾某属犯罪未遂的理由不能成立，不予采信。

关于本案是否存在“技术方”为李某瑜操作信用卡预授权交易套现的问题。经查，涉案POS机绑定的对公账户及李某瑜所控制的户名为李某勇、梁某章、李某瑜等人的银行账户资金进出明细反映，本案第一起至第五起犯罪所套取的巨额银行信用资金先后分配转入了各被告人和作案同伙、POS机机主、信用卡持卡人、中介的银行账户，并没有相应的20%好处费分配给“技术方”的记录。作案同伙张某杰、王某运均供述虽李某瑜声称有“技术方”操作，但从未见过所谓的“技术方”；相反，王某运和王某供述都曾亲眼看到李某瑜在POS机上刷卡套现。李某瑜第二次供述中也供认自己操作过POS机刷预授权套现，此后供称都是将收集的POS机和信用卡交给“技术方”操作。但其说不出“技术方”的名字、联系电话等基本情况，且侦查人员让其辨认银行账户交易明细指出哪些钱转账给“技术方”，其均称记不清。故所谓“技术方”进行操作并收取套现总额约20%的好处费，这仅仅是李某瑜一人之说法，没有其他证据佐证，也与现有证据银行书证、作案同伙供述反映的情况不符。原判没有确认“技术方”的存在，并无不当。李某瑜及其辩护人对此提出的质疑不能成立。

三、裁判规则提要

（一）关于使用POS机进行信用卡套现的本质特征及其定性

近年来，使用POS机非法套现的现象较为普遍。由于信用卡持卡人通过套现无须支付手续费，享受最长56天的免息还款期和最低还款额待遇，且可以透支信用额度内的全部资金，相当于获得一笔无担保的免息贷款。而特约商户或中介公司则可以从中收取到一定比例的提现手续费，使套现行为在近年以来愈演愈烈，现实生活中，信用卡套现的方式也在不断翻新，这些非法套现者大多打着“理财公司”“金融服务公司”“电子商行”等招牌，或是以手机店、电脑店等为幌子，做信用卡套现生意，隐蔽性较强。

所谓信用卡套现，是指信用卡持卡人违反与发卡银行的约定，以虚构交易、现金退货等虚假消费的方式避开银行柜台取款或ATM自助终端提现，将信用卡中的透支额度通过POS终端机或第三方支付平台等其他方式，全部或部分地转换成现金的行为。信用卡套现的本质特征，就是通过欺骗方式将信用卡内的授信额度直接转化为现金套取出来。由于套现资金游离了银行正常的信贷管理渠道，脱离了监管层的管理视线和控制，严重破坏了我国金融市场的管理秩序。同时，对于持卡人个人而言，信用卡套现行为也带来极大的风险。表面上，持卡人通过套现获得了现金，减少了利息支出，但实质上，持卡人终究是要还款的，如果持卡人不能按时还款，就必须负担比透支利息还要高的逾期还款利息，而且可能造成不良信用记录，以后再向银行借贷资金会非常困难，甚至还要承担个人信用缺失的法律风险。

《信用卡解释二》第 12 条明文规定："违反国家规定，使用销售点终端机具（POS 机）等方法，以虚构交易、虚开价格、现金退货等方式向信用卡持卡人直接支付现金，数额在一百万元以上的，或者造成金融机构资金二十万元以上逾期未还的，或者造成金融机构经济损失十万元以上的，应当认定为刑法第二百二十五条规定的'情节严重'；数额在五百万元以上的，或者造成金融机构资金一百万元以上逾期未还的，或者造成金融机构经济损失五十万元以上的，应当认定为刑法第二百二十五条规定的'情节特别严重'"。

（二）关于银行交易规则内的信用卡套现与银行交易规则外的信用卡套现

司法实践中，对于利用 POS 机刷卡套现的行为如何定性存在诸多争议。在审理过程中存在非法经营罪、信用卡诈骗罪、诈骗罪、盗窃罪等罪名争议，故有必要在适当分类的基础上展开探讨。以信用卡套现是否在银行交易规则允许范围之内为标准，可以将信用卡套现分为交易规则之内和交易规则之外两种套现类型。

1. 在信用卡交易规则之内的套现行为。所谓在信用卡交易规则之内的套现，是指行为人所套现的金额是经过银行授权允许持卡人消费使用的，只是持卡人违反约定将该部分应当以消费方式来使用的金额，以现金方式来进行使用。以所套取现金是否在信用额度内为标准，又包括常规的信用卡套现和空卡套现两种情形。

常规套现是在信用卡信用额度内套现，主要是指信用卡持卡人通过套现公司，将信用卡信用额度内的金额全额刷出，然后套现公司当即给持卡人现金，持卡人需要从获取的现金中支付一定的手续费。

空卡套现是在信用卡信用额度之外，利用银行正常的交易规则，从信用卡中继续套取现金，所套取的金额可以达到信用额度的数倍甚至数十倍。此类空卡之所以还能够继续套现，是因为以下两种情况的存在：一种是部分银行信用卡除了有正常的信用额度之外，还会有一个分期付款额度。分期付款消费所使用的是信用卡的分期额度，不会影响卡内的可用额度，故持卡人可以两次消费，即先使用分期付款，将分期额度用完后，再一次性刷卡将可用额度消费完。例如，信用卡信用额度是 1 万元，分期额度是 2 万元（按照银行有关规定，分期付款额度可以临时提高 2 倍信用额度），那么该张信用卡可以刷卡购买 3 万元的商品。另一种是利用信用卡的预授权业务进行套现。例如,一张信用卡的信用额度是1万元,刷卡方可以先行存入信用卡100万元,再进行信用卡预授权交易,由于银行最高可以按照预授权金额115%予以付款承兑,故可刷卡115万元,最终可套现15万元,是信用额度的15倍。

2. 在信用卡交易规则之外的套现行为。信用卡发卡银行和POS机银行是两家不同的银行,二者之间的交易信息需要通过银联才能实现交互对接。由于银联与银行有固定的清算时间,二者之间的信息无法达到对等时间,导致银行卡在POS机上被刷卡后,银联无法很快反馈给银行。犯罪分子正是抓住这个时间差漏洞,利用信用卡的预授权业务进行大肆套现。例如,行为人先往甲银行的信用卡内存入10万元,1万元的信用额度加上10万元的存款,信用卡的预授权金额就有11万元。然后,行为人利用乙银行的POS机分别发起两笔预授权,大的一笔是10万元,小的一笔100元。接着,行为人把大的一笔交易10万元消费掉,把小的一笔交易的100元撤销掉。由于银行信息在对接上存在时间差,此时银联并没有及时将10万元的消费信息及时反馈给甲银行,而小笔撤销的动作则误导了发POS机的乙银行,误以为那笔10万元的交易也未完成,于是预授权额度又恢复了原有额度11万元,可以继续大额交易。如此反复操作,可以套取的银行资金远远超过了信用卡信用额度,从理论上来说可以套出无限的资金。由于这种套现行为所利用的是银行系统漏洞,在金额上突破了银行交易规则允许的范围,可以将其称为在银行交易规则之外的信用卡套现。

(三)行为人在银行交易规则之内的非法套现行为,以信用卡诈骗罪定罪处罚,同时构成非法经营罪的,二罪并罚

《刑法》第225条规定,非法经营犯罪行为包括以下两种类型:(1)未经国家有关主管部门批准,非法从事资金支付结算业务;(2)其他严重扰乱市场秩序的非法经营行为。信用卡套现行为符合上述两种情形:首先,申领POS机的商户基于虚假的消费事实,利用信用卡套现收取手续费的行为,实际上属于非法从事只有商业银行才能开展的信用卡资金支付结算业务,属于非法从事资金支付结算业务;其次,信用卡套现使卡内的消费信贷额转变为现金货币流入市场,影响物价水平,放大社会总需求,进而影响国家货币政策或宏观调控政策,严重扰乱了正常的金融管理秩序,亦属于其他严重扰乱市场秩序的非法经营行为,应当以非法经营罪来认定。《信用卡解释一》第12条规定:"违反国家规定,使用销售点终端机具(POS

机）等方法，以虚构交易、虚开价格、现金退货等方式向信用卡持卡人直接支付现金，情节严重的，应当依据刑法第二百二十五条的规定，以非法经营罪定罪处罚。”从信用卡套现构成非法经营罪的立法本意来看，此类行为的社会危害性主要体现在非法从事资金支付结算业务，扰乱正常的金融管理秩序上，而不是为了保护银行金融资金的安全或者所有权，故行为人套取的只能是信用卡额度内的资金或者是在信用卡正常交易规则内套取现金。

从信用卡的功能及信用卡诈骗罪的立法本意来看，信用卡恶意透支行为的社会危害性不在于透支行为本身，而主要体现在透支的恶意上，即以非法占有为目的。现实生活中，持卡人除了可以透支规定限额之外，还存在两种超过规定限额的透支方式：一种是临时提高信用卡额度，另一种是通过最低还款额度分期付款达到超信用卡额度使用。不管信用卡持卡人采用上述何种方式透支，都是在银行预设的规则之内，所透支的金额都是经过银行授权的，并不违背银行的意志。但是，若持卡人以非法占有为目的，通过 POS 机超过规定限额或者规定期限透支，且经发卡银行催收后仍不归还的，则侵害到了银行金融资金的安全和所有权。对此，我国《刑法》第 196 条规定了信用卡诈骗罪，其中第 2 款规定：“前款所称恶意透支，是指持卡人以非法占有为目的，超过规定限额或者规定期限透支，并且经发卡银行催收后仍不归还的行为。”同样，《信用卡解释二》第 12 条第 2 款特别规定：“持卡人以非法占有为目的，采用上述方式恶意透支的，应当以信用卡诈骗罪定罪处罚。”

例案一关某强等信用卡诈骗、非法经营案与例案二刘某等信用卡诈骗、非法经营案中，各被告人以非法占有为目的，大量申办信用卡或使用伪造的信用卡并采取恶意透支形式以进行信用卡套现，同时，申办经营商户但并未进行实际经营，设立商户的目的是申请 POS 机为自己或他人刷卡套现提供便利，从而分得钱财。整个过程，既有侵害信用卡管理秩序行为，也有扰乱市场秩序的情形，故此，对各被告人进行整体评价，以信用卡诈骗罪和非法经营罪定罪，进行并罚。

（四）在银行交易规则之外的非法空卡套现行为，不能以非法经营罪或信用卡诈骗罪来认定，宜认定为盗窃罪

行为人以非法占有为目的，利用银行系统漏洞在交易规则之外空卡套现，由于银行对所套取的资金并未行使处分权，不应认定为诈骗罪，应以盗窃罪来定罪处罚。

与传统诈骗罪与盗窃罪区分所不同的是，由于信用卡套现行为系在 POS 机上

来完成，行为人与银行工作人员并不需要接触，故无法以银行工作人员是否受到欺骗进而处分银行资金来作为区分标准。那么，银行的处分意思与行为是通过何种方式来实现的呢？合理的解释是，银行将其处分意思和行为预先设置在信用卡交易规则当中，只要行为人遵守银行信用卡交易规则，在规则之内获取银行资金，即可视为银行对该部分资金行使了处分权。对信用卡持卡人，如果其以非法占有为目的的，由于银行事先存在处分意思，故应当认定为信用卡诈骗罪，而不能认定为盗窃罪。但是，对于行为人利用银行系统漏洞套取信用卡额度之外的资金，由于行为人突破了银行事先设置的交易规则，利用银行漏洞套取并非信用卡正常交易规则内所允许的资金，这部分资金并未经过银行金融机构事先批准或临时授权，也就意味着银行对于该部分资金并未同意交付，行为人获得该部分资金并非银行行使处分权的结果，而系通过破坏银行占有的方式获得，与盗窃罪的行为逻辑结构相符，故应当认定为盗窃罪。例案三即属于这种情形，故一审、二审法院对被告人以盗窃罪来认定是恰当的。当然，根据主客观相一致原则，在例案三的共同犯罪过程中，各被告人的主观故意并非完全一致。其中，李某瑜等五被告人均从事信用卡套现、养卡、贷款等非法活动，个别被告人还有过曾在银行信用卡部门工作的经历，知道可以利用银行信息系统漏洞进行空卡套现，对该五名被告人认定为盗窃罪并无异议。关键是对被告人顾某应当如何定罪。顾某作为一商户的经营管理者，对利用银行信息系统漏洞空卡套现并不知情，其余被告人向其借用 POS 机时也未告知是用于空卡套现，而是声称用于消费贷款套现，顾均预期收到的报酬亦是通常的套现手续费，对银行金融资金没有非法占有目的。因此，顾某在主观上仅仅认识到提供 POS 机给他人系用于常规的信用卡套现，在主客观一致的范围内，一审、二审法院将其认定为非法经营罪是恰当的。

四、辅助信息

高频词条：

《刑法》

第 196 条　有下列情形之一，进行信用卡诈骗活动，数额较大的，处五年以下有期徒刑或者拘役，并处二万元以上二十万元以下罚金；数额巨大或者有其他严重情节的，处五年以上十年以下有期徒刑，并处五万元以上五十万元以下罚金；数额特别巨大或者有其他特别严重情节的，处十年以上有期徒刑或者无期徒刑，并处五万元以上五十万元以下罚金或者没收财产：

（一）使用伪造的信用卡，或者使用以虚假的身份证明骗领的信用卡的；

（二）使用作废的信用卡的；

（三）冒用他人信用卡；

（四）恶意透支的。

前款所称恶意透支，是指持卡人以非法占有为目的，超过规定限额或者规定期限透支，并且经发卡银行催收后仍不归还的行为。

盗窃信用卡并使用的，依照本法第二百六十四条的规定定罪处罚。

第225条 违反国家规定，有下列非法经营行为之一，扰乱市场秩序，情节严重的，处五年以下有期徒刑或者拘役，并处或者单处违法所得一倍以上五倍以下罚金；情节特别严重的，处五年以上有期徒刑，并处违法所得一倍以上五倍以下罚金或者没收财产：

（一）未经许可经营法律、行政法规规定的专营、专卖物品或者其他限制买卖的物品的；

（二）买卖进出口许可证、进出口原产地证明以及其他法律、行政法规规定的经营许可证或者批准文件的；

（三）未经国家有关主管部门批准非法经营证券、期货、保险业务的，或者非法从事资金支付结算业务的；

（四）其他严重扰乱市场秩序的非法经营行为。

《信用卡解释二》

第6条 持卡人以非法占有为目的，超过规定限额或者规定期限透支，经发卡银行两次有效催收后超过三个月仍不归还的，应当认定为刑法第一百九十六条规定的“恶意透支”。

对于是否以非法占有为目的，应当综合持卡人信用记录、还款能力和意愿、申领和透支信用卡的状况、透支资金的用途、透支后的表现、未按规定还款的原因等情节作出判断。不得单纯依据持卡人未按规定还款的事实认定非法占有目的。

具有以下情形之一的，应当认定为刑法第一百九十六条第二款规定的“以非法占有为目的”，但有证据证明持卡人确实不具有非法占有目的的除外：

（一）明知没有还款能力而大量透支，无法归还的；

（二）使用虚假资信证明申领信用卡后透支，无法归还的；

（三）透支后通过逃匿、改变联系方式等手段，逃避银行催收的；

（四）抽逃、转移资金，隐匿财产，逃避还款的；

（五）使用透支的资金进行犯罪活动的；

（六）其他非法占有资金，拒不归还的情形。

第 12 条 违反国家规定，使用销售点终端机具（POS 机）等方法，以虚构交易、虚开价格、现金退货等方式向信用卡持卡人直接支付现金，情节严重的，应当依据刑法第二百二十五条的规定，以非法经营罪定罪处罚。

实施前款行为，数额在一百万元以上的，或者造成金融机构资金二十万元以上逾期未还的，或者造成金融机构经济损失十万元以上的，应当认定为刑法第二百二十五条规定的“情节严重”；数额在五百万元以上的，或者造成金融机构资金一百万元以上逾期未还的，或者造成金融机构经济损失五十万元以上的，应当认定为刑法第二百二十五条规定的“情节特别严重”。

持卡人以非法占有为目的，采用上述方式恶意透支，应当追究刑事责任的，依照刑法第一百九十六条的规定，以信用卡诈骗罪定罪处罚。

信用卡诈骗案件裁判规则第 11 条：

侵犯公民财产信息并实施信用卡诈骗应数罪并罚

〔**规则描述**〕:非法获取包括他人信用卡信息资料在内的财产信息,构成侵犯公民个人信息罪,又利用非法获取的财产信息实施信用卡诈骗,构成信用卡诈骗罪的,应数罪并罚。

一、类案检索大数据报告

时间:2020 年 8 月 30 日之前,案例来源:Alpha 案例库,案件数量:1289 件,数据采集时间:2020 年 8 月 30 日,本次检索共获取认定侵犯公民财产信息并实施信用卡诈骗,2020 年 8 月 30 日之前 1289 篇裁判文书。如图 11 －1 所示,从案件年份分布情况可以看出当前条件下刑事案例数量的变化趋势。

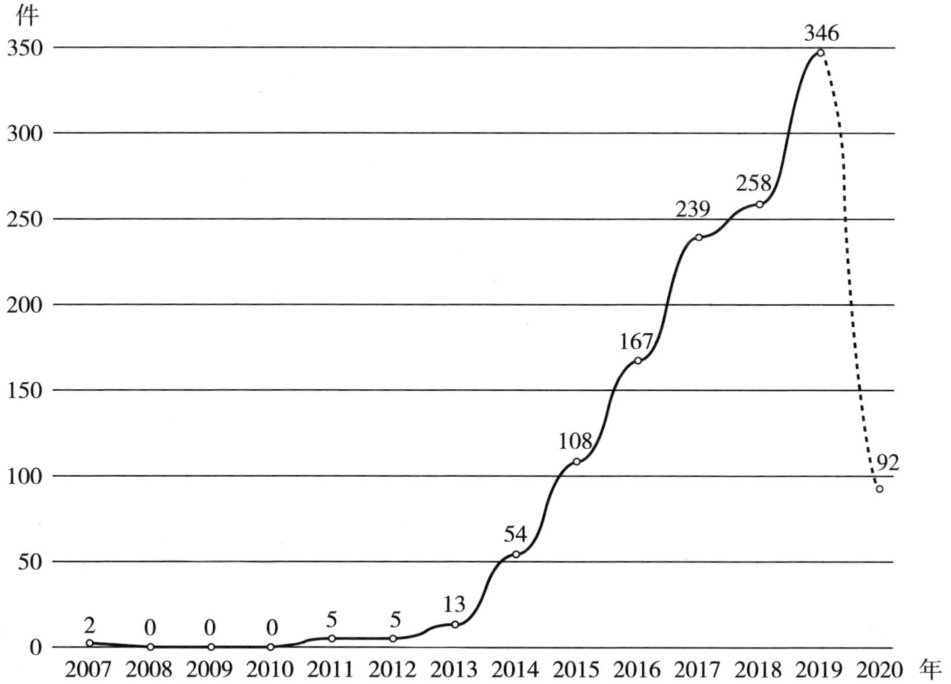

图 11 －1　案件年份分布情况

如图 11－2 所示，从案件主要地域分布情况来看，当前刑事案例主要集中在福建省、江苏省、浙江省，分别占比 12.18%、7.76%、6.28%，其中福建省的案件量最多，达到 157 件。

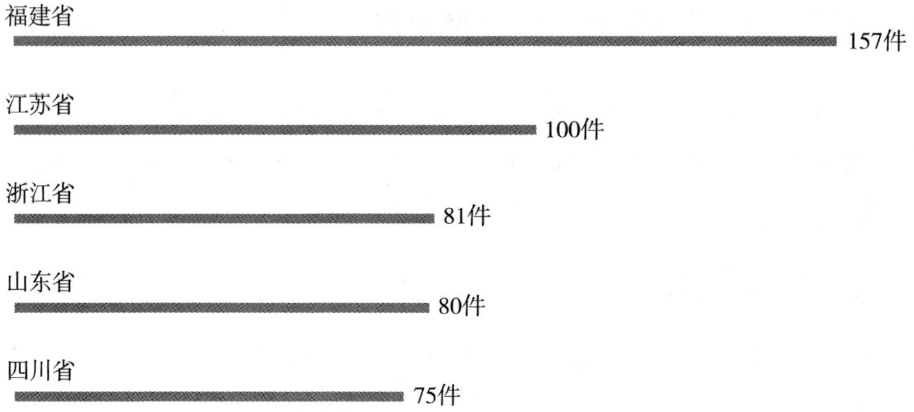

图 11－2　案件主要地域分布情况

如图 11－3 所示，从案件案由分类情况可以看出，案件当前最主要的案由是侵犯财产罪，有 806 件，占一半以上；其次是破坏社会主义市场经济秩序罪，侵犯公民人身权利、民主权利罪，妨害社会管理秩序罪等。

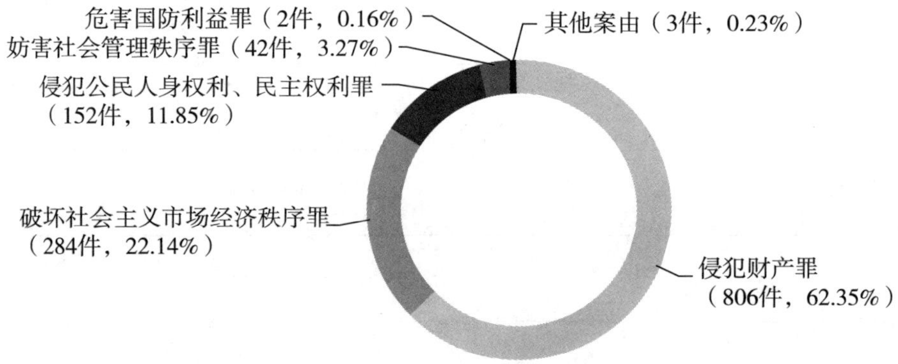

图 11－3　案件案由分类情况

如图 11－4 所示，从案件的程序分类统计可以得出当前的审理程序分布状况，其中一审案件有 1094 件，二审案件有 183 件，再审案件有 3 件，执行案件有 5 件，其他 4 件。并能够推算出一审上诉率约为 16.73%。

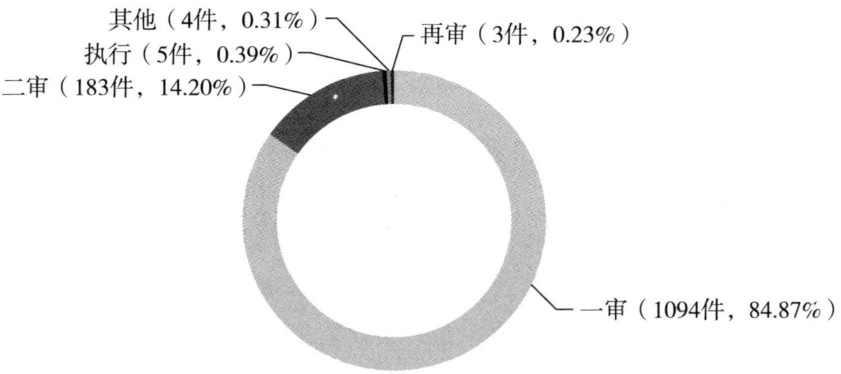

图11－4　案件程序分类情况

如图11－5所示，通过对主刑的可视化可以看出，当前条件下包含有期徒刑的案件有888件，包含拘役的案件有101件，包含无期徒刑的案件有10件，包含死刑的案件有4件，包含管制的案件有3件。

图11－5　案件判决主刑情况

二、可供参考的例案

例案一｜羊某光、谢某华等侵犯公民个人信息、信用卡诈骗案

【法院】

浙江省嘉兴市中级人民法院

【案号】

（2018）浙04刑终186号

【诉讼主体】

原公诉机关:海宁市人民检察院

上诉人(原审被告人):羊某光

原审被告人:谢某华、张某、林某帮、郑某炜、陈某斌、王某士

【基本案情】

1. 2016年10月5日至6日,被告人谢某华、羊某光、张某、林某帮在位于海南省儋州市国营西庆农场东路1号的被告人羊某光家中,共同出资后由被告人谢某华通过QQ联系,购买包括姓名、联系方式及地址等内容的公民个人信息,后各被告人分工合作,利用网络平台,将含有"信用卡逾期还款被冻结""提升信用卡额度"等虚假信息的短信发送至上述公民个人信息中包含的被害人手机上,被害人按照短信提示回电后,又借机骗得被害人的信用卡卡号及手机验证码等信息资料,并使用相关信息资料在苏某购互联网平台购买电子礼品卡。四被告人采用上述手段,分别骗取被害人炊某某8000元、被害人段某39,900元、被害人常某15,000元、被害人崔某38,000元,共计90,900元。后将电子礼品卡价值按照八折比例进行销赃,并使用被告人羊某光提供的银行卡进行转账、套现,所得赃款分配后被挥霍。

2. 2016年10月6日,被告人羊某光、张某在位于海南省儋州市国营西庆农场东路1号的被告人羊某光家中,共同出资后由被告人谢某华通过QQ联系,购买包括姓名、联系方式及地址等内容的公民个人信息5002条,又采用上述手段实施诈骗活动,分别骗取被害人黄某110,000元、被害人杨某120,000元,共计30,000元。后将电子礼品卡价值按照八折比例进行销赃,并使用被告人羊某光提供的银行卡进行转账、套现,所得赃款分配后被挥霍。

3. 2016年10月7日,被告人羊某光、张某、郑某炜在位于海南省儋州市国营西庆农场东路1号的被告人羊某光家中,共同出资后由被告人谢某华通过QQ联系,购买包括姓名、联系方式及地址等内容的公民个人信息8018条,又采用上述手段实施诈骗活动,分别骗取被害人吴某150,000元、被害人杨某220,000元、被害人朱某50,000元、被害人徐某10,000元、被害人吴某220,000元、被害人林某40,000元、被害人黄某27,000元,共计197,000元。后将电子礼品卡价值按照八折比例进行销赃,并使用被告人羊某光提供的银行卡进行转账、套现,所得赃款分配后被挥霍。

4. 同日,被告人谢某华、林某帮、陈某斌在位于海南省儋州市的被告人陈某斌

家中，共同出资后由被告人谢某华通过QQ联系，购买包括姓名、联系方式及地址等内容的公民个人信息，又采用上述手段实施诈骗活动，分别骗取被害人程某35,000元、被害人陈某6000元、被害人金某40,000元、被害人李某10,000元、被害人江某16,000元，共计107,000元。后将电子礼品卡价值按照八折比例进行销赃，并使用被告人羊某光提供的银行卡进行转账、套现，所得赃款分配后被挥霍。

5. 2016年10月8日，被告人羊某光、张某、郑某炜在海南省海口市宝驹大酒店房间内，共同出资后由被告人谢某华通过QQ联系，购买包括姓名、联系方式及地址等内容的公民个人信息13,450条（其中与前一日的8018条公民个人信息合并去除重复后，总数为19,829条），又采用上述手段实施诈骗活动，骗取被害人储某10,000元、被害人高某20,000元、被害人艾某26,000元、被害人包某根20,000元、被害人唐某40,000元，共计116,000元。后将电子礼品卡价值按照八折比例进行销赃，并使用被告人羊某光提供的银行卡进行转账、套现，所得赃款分配后被挥霍。被告人王某士经事先通谋，向被告人羊某光、张某、郑某炜提供银行卡进行转账，并帮助取现，共计取款80,000元，涉及诈骗金额100,000元。

6. 2016年10月8日，被告人谢某华、林某帮、陈某斌在海南省海口市宝驹大酒店房间内，共同出资后由被告人谢某华通过QQ联系，购买包括姓名、联系方式及地址等内容的公民个人信息8205条，又采用上述手段实施诈骗活动，骗取被害人陶某20,000元、被害人常某240,000元、被害人冯某11,000元、被害人宋某20,000元、被害人任某36,000元、被害人刘用升20,000元、被害人潘某20,000元，共计167,000元。后将电子礼品卡价值按照八折比例进行销赃，并使用被告人林某帮提供的银行卡进行转账、套现，所得赃款分配后被挥霍。被告人王某士经事先通谋，向被告人谢某华、林某帮、陈某斌提供银行卡进行转账，并帮助取现，共计取款33,300元，涉及诈骗金额41,625元。

【案件争点】

行为人侵犯公民个人信息及信用卡诈骗的行为认定为一罪还是数罪处罚。

【裁判要旨】

一审法院认为，被告人谢某华、羊某光、张某、林某帮、郑某炜、陈某斌、王某士以非法占有为目的，结伙骗取他人信用卡信息资料，并通过互联网使用，被告人谢某华涉案金额共计707,900元，其中直接参与骗取金额364,900元，为同伙实施信用卡诈骗提供帮助部分金额343,000元；被告人羊某光涉案金额共计540,900元，其中直接参与骗取金额433,900元，为同伙实施信用卡诈骗提供帮助部分金额

107,000元,均属数额特别巨大;被告人张某涉案金额共计433,900元;被告人林某帮涉案金额共计464,900元,其中直接参与骗取金额364,900元,为同伙实施信用卡诈骗提供帮助部分金额100,000元;被告人郑某炜涉案金额共计313,000元;被告人陈某斌涉案金额共计274,000元;被告人王某士涉案金额共计141,625元,均属数额巨大,其行为均已构成信用卡诈骗罪。被告人谢某华、羊某光、张某、林某帮、郑某炜、陈某斌违法国家有关规定,以购买、收受等方式非法获取公民个人信息,其中被告人谢某华涉及15万余条、被告人羊某光涉及14万余条,均属情节特别严重;被告人张某涉及2.4万余条,被告人郑某炜涉及1.9万余条,被告人林某帮、陈某斌各涉及0.8万余条,均属情节严重,其行为均已构成侵犯公民个人信息罪。公诉机关指控七被告人所犯罪名成立。被告人谢某华、羊某光、张某、林某帮、郑某炜、陈某斌非法获取公民个人信息,实施电信网络诈骗犯罪行为,构成数罪,依法应数罪并罚。判决认定被告人谢某华犯信用卡诈骗罪,判处有期徒刑10年6个月,剥夺政治权利1年,并处罚金人民币10万元;犯侵犯公民个人信息罪,判处有期徒刑4年,并处罚金人民币2万元,决定执行有期徒刑12年,剥夺政治权利1年,并处罚金人民币12万元。被告人羊某光犯信用卡诈骗罪,判处有期徒刑10年,剥夺政治权利1年,并处罚金人民币10万元;犯侵犯公民个人信息罪,判处有期徒刑4年,并处罚金人民币2万元,决定执行有期徒刑11年6个月,剥夺政治权利1年,并处罚金人民币12万元。被告人张某犯信用卡诈骗罪,判处有期徒刑7年6个月,并处罚金人民币7万元;犯侵犯公民个人信息罪,判处有期徒刑1年2个月,并处罚金人民币1万元,决定执行有期徒刑8年,并处罚金人民币8万元。被告人林某帮犯信用卡诈骗罪,判处有期徒刑8年,并处罚金人民币8万元;犯侵犯公民个人信息罪,判处有期徒刑7个月,并处罚金人民币3000元,决定执行有期徒刑8年2个月,并处罚金人民币8.3万元。被告人郑某炜犯信用卡诈骗罪,判处有期徒刑6年,并处罚金人民币5万元;犯侵犯公民个人信息罪,判处有期徒刑1年,并处罚金人民币8000元,决定执行有期徒刑6年3个月,并处罚金人民币5.8万元。被告人陈某斌犯信用卡诈骗罪,判处有期徒刑6年,并处罚金人民币5万元;犯侵犯公民个人信息罪,判处有期徒刑7个月,并处罚金人民币3000元,决定执行有期徒刑6年2个月,并处罚金人民币5.3万元。被告人王某士犯信用卡诈骗罪,判处有期徒刑2年6个月,并处罚金人民币3万元。

宣判后,被告人羊某光上诉。

二审法院认为,上诉人羊某光、原审被告人谢某华、张某、林某帮、郑某炜、陈某斌、王某士以非法占有为目的，结伙骗取他人信用卡信息资料并通过互联网使用，最终骗取他人信用卡内资金，其中上诉人羊某光、原审被告人谢某华的涉案金额属特别巨大，原审被告人张某、林某帮、郑某炜、陈某斌、王某士的涉案金额均属巨大，其行为均已构成信用卡诈骗罪。上诉人羊某光、原审被告人谢某华、张某、林某帮、郑某炜、陈某斌违反国家有关规定，以购买、收受等方式非法获取公民个人信息，其中上诉人羊某光涉及14万余条、原审被告人谢某华涉及15万余条，均属情节特别严重；原审被告人张某涉及2.4万余条，原审被告人郑某炜涉及1.9万余条，原审被告人林某帮、陈某斌各涉及0.8万余条，均属情节严重，其行为均已构成侵犯公民个人信息罪。上诉人羊某光、原审被告人谢某华、张某、林某帮、郑某炜、陈某斌依法应数罪并罚。在信用卡诈骗共同犯罪中，上诉人羊某光、原审被告人谢某华、张某、林某帮、郑某炜、陈某斌系主犯；原审被告人王某士系从犯，依法应当减轻处罚。裁定驳回上诉、维持原判。

例案二 | 童某立、唐某模等人侵犯公民个人信息、信用卡诈骗案

【法院】

上海市第二中级人民法院

【案号】

(2017)沪02刑终703号

【诉讼主体】

原公诉机关：上海市黄浦区人民检察院

上诉人（原审被告人）：童某立、唐某模、杨某建、辛某煌

【基本案情】

被告人童某立、唐某模经预谋和约定分成比例后，由唐某模出资非法购买公民个人信息数据，并给童某立提供住处。自2015年9月起，被告人童某立用非法获取公民个人信息的大量数据，与被告人唐某模一起对上述数据进行切割、整理，保留原始数据中的移动电话号码、身份证号、密码等内容，随后由被告人童某立使用专门的扫号软件，在其租赁的服务器上用盗取的网银登录名和登录密码进行自动匹配，选取登录名和密码正确的信息，再使用变号软件用被害人的电话号码拨打通信运营公司客服电话，以被害人的名义在被害人的移动通信功能中开通短信助手业务，增设短信过滤、短信保管、短信转移等功能，然后登录被害人网上银行主页，

输入截取的银行发送的转账验证码等方式，将被害人银行卡账户中的存款转账后予以侵吞。2015年8月29日至9月21日，共计从7名被害人的账户中转账或消费1,728,261.50元，所得赃款除部分由被告人童某立替唐某模归还债务外，余款化用殆尽。具体如下：

(1)被告人童某立使用上述手法于2015年8月29日将被害人林某某名下银行卡(卡号:6225××××31)中的资金197,623元转账至卡号为××××××户名为章某丹的银行卡内。

(2)被告人童某立使用上述手法于2015年9月10日至12日，将被害人徐某某名下银行卡(卡号:4100××××29及5240××××38)中的资金610,000元转账至卡号为××××××户名为章某丹的银行卡内。

(3)被告人童某立使用上述手法于2015年9月11日至12日，将被害人庄某某名下银行卡(卡号:4100××××48)中的资金350,000元转账至卡号为××××××户名为章某丹的银行卡内。

(4)被告人童某立使用上述手法于2015年9月14日将被害人邱某某名下银行卡(卡号:6225××××54及6225××××89)中的资金共计24,700元转账至卡号为××××××户名为章某丹的银行卡内；同日又使用邱某某名下银行卡(卡号:6226××××19及6212××××26)购物共计花费人民币11,188.50元。

(5)被告人童某立使用上述手法于2015年9月16日将被害人丁某名下银行卡(卡号:6226××××08)中的资金104,750元转账至卡号为××××××户名为章某丹的银行卡内。

(6)被告人童某立于2015年9月16日将被害人王某某名下银行卡(卡号:6214××××93)上的资金150,000元转账至被告人杨某建提供并控制的卡号为××××××户名为邱某的银行卡内。

(7)被告人童某立使用上述手法于2015年9月21日将被害人陆某名下银行卡(卡号:6217××××87及9843××××57)中的资金共计280,000元转账至卡号为××××××户名为章某丹的银行卡内。

同时查明，被告人杨某建于2015年9月16日，将邱某的农业银行卡(卡号:××××××)提供给被告人童某立用于转账。被告人童某立于同日将上述被害人王某某银行卡中的150,000元直接转账至邱某的银行卡中，被告人杨某建即刻再将钱分别转账至由其控制的邱某和陈某安名下建设银行、邮政储蓄银行、工商银行、中国银行、交通银行等多张银行卡中，并于同日由其本人或同伙从ATM自动取款机中全部将赃款取出。被告人杨某建分得赃款16,000元。

另查明,被害人丁某发现其名下招商银行卡于2015年9月16日凌晨被他人盗刷,遂向公安机关报案,公安机关经侦查于2015年11月27日在儋州市盛源御景酒店8825房间先后抓获了被告人童某立和杨某建,在儋州市怡心花园B4-501室抓获了被告人辛某煌,在儋州市恒大二期13栋1501室抓获了被告人唐某模。公安人员抓获4名被告人时,从其身上或住处查获了其携带的便携式电脑、U盘、移动电话机等作案工具和储存公民个人信息数据的存储介质,并依法扣押,调取了被告人童某立和辛某煌租用的服务器的相关数据。

经上海弘连网络科技有限公司计算机司法鉴定所鉴定:经去重,从被告人童某立处查获243,287条公民个人信息,从被告人唐某模处查获×××××××条公民个人信息,从被告人杨某建处查获×××××××条公民个人信息,从被告人辛某煌处查获202,250条公民个人信息。

【案件争点】

侵犯公民个人信息与信用卡诈骗罪是不是牵连关系,应数罪并罚还是择一重罪处罚。

【裁判要旨】

一审法院认为,被告人童某立、唐某模、杨某建、辛某煌非法获取公民个人信息,情节特别严重,其行为均构成侵犯公民个人信息罪;被告人童某立、唐某模和杨某建还共同冒用他人信用卡,被告人童某立和唐某模数额特别巨大,被告人杨某建数额巨大,其行为均已构成信用卡诈骗罪。对被告人童某立、唐某模、杨某建数罪并罚。被告人童某立和唐某模在共同犯罪中起主要作用,系主犯;被告人杨某建在共同犯罪中起次要作用,系从犯,依法应当从轻处罚。被告人杨某建和辛某煌到案后能如实供述自己的犯罪行为,依法可以从轻处罚。被告人辛某煌曾因犯罪被判处有期徒刑以上刑罚,在刑罚执行完毕后5年内再犯应当判处有期徒刑以上刑罚之罪,系累犯,依法应当从重处罚。据此,被告人童某立犯侵犯公民个人信息罪,判处有期徒刑3年6个月,并处罚金人民币4万元;犯信用卡诈骗罪,判处有期徒刑12年,剥夺政治权利2年,并处罚金人民币20万元,决定执行有期徒刑15年,剥夺政治权利2年,并处罚金人民币24万元。对被告人唐某模犯侵犯公民个人信息罪,判处有期徒刑5年6个月,并处罚金人民币6万元;犯信用卡诈骗罪,判处有期徒刑12年,剥夺政治权利2年,并处罚金人民币20万元,决定执行有期徒刑16年,剥夺政治权利2年,并处罚金人民币26万元。对被告人杨某建犯侵犯公民个人信息罪,判处有期徒刑4年6个月,并处罚金人民币5万元;犯信用卡诈骗罪,判处有期徒刑5年,并处罚金人民币5万元,决定执行有期徒刑9年,并处罚金人民币10万元。对被告人辛某煌犯侵犯公民个人信息罪,判处有期徒刑4年,并处罚金人民币4万元。

宣判后,上诉人童某立及其辩护人对原判认定的事实、证据无异议,但认为童获取公民个人信息的目的是实施信用卡诈骗,原判在认定童犯信用卡诈骗罪的情况下,不应再认定其犯侵犯公民个人信息罪,且量刑过重。上诉人唐某模提出,其仅实施了侵犯公民个人信息的行为,未参与实施信用卡诈骗犯罪。辩护人认为,唐某模对童某立实施信用卡诈骗并不知情,也未分到钱,其行为不构成信用卡诈骗罪。

二审法院认为,关于童某立及其辩护人认为童某立为了实施信用卡诈骗而获取公民信息的行为应当认定信用卡诈骗罪,不再认定侵犯公民个人信息罪。经查,现有证据能够证明,公安机关抓获童某立时,从其处查获24万余条公民个人信息;童某立伙同唐某模利用非法获取的公民个人信息进行技术处理,将被害人银行卡中的存款转账后予以侵吞,共计从7名被害人账户中转账或消费172万余元。法院认为,使用非法获取的公民个人信息,实施电信网络诈骗犯罪行为,构成数罪的,应当依法予以并罚;童某立的行为分别构成侵犯公民个人信息罪和信用卡诈骗罪,应数罪并罚。

关于唐某模是否参与信用卡诈骗。经查,童某立到案当日虽未供述唐某模参与本案,但此后多次、稳定供述均证明其与唐某模在一起研究如何将别人银行卡的钱搞出来,包括数据整理、进行“撞库”、获得银行的验证码等技术;“撞库”的数据一部分由唐提供,童某立负责“撞库”的技术操作;唐某模还负责将银行卡上钱取出来。而唐某模到案当日即供认其明知童某立用手机号、密码、身份证号去扫银行的网银,并合伙一起做,约定了分成比例,其提供吃住开销,也分得部分钱款。且唐某模在童某立之前供认上述内容,不存在公安人员诱供的情况。辛某煌也曾供认,童某立与唐某模合作,开始辛某煌为他们切割数据,因技术不好,唐某模就不让其做了。故现有证据能够证明唐某模与童某立合作实施本案信用卡诈骗的事实,唐某模辩称未参与其中及辩护人认为其不明知童某立实施信用卡诈骗的辩护意见与查证的事实不符,不予采信。

综上所述,上诉人童某立、唐某模、杨某建、辛某煌非法获取公民个人信息,情节特别严重,其行为均构成侵犯公民个人信息罪;童某立、唐某模和杨某建还共同冒用他人信用卡，童某立和唐某模数额特别巨大，杨某建数额巨大，其行为均构成信用卡诈骗罪；对童某立、唐某模、杨某建数罪并罚。故裁定驳回上诉、维持原判。

例案三 | 吴某东信用卡诈骗案

【法院】

广东省广州市增城区人民法院

【案号】

(2018)粤 0118 刑初 751 号

【诉讼主体】

公诉机关：广东省广州市增城区人民检察院

被告人：吴志东

【基本案情】

2017 年 9 月始，被告人吴某东伙同同案人刘某高（已另案判决），从网上卖家处购买“嗅探”手机短信拦截设备，到山东省临沂市等地，利用专业设备拦截附近区域他人的手机短信和短信验证码，然后将拦截得到的手机号码，通过网络查询等手段，获取与支付宝绑定的银行卡账号等信息，并利用窃取到的被害人银行卡账号、手机号码、手机验证码等个人信息，通过天天掌柜、义乌购 App 软件等渠道，非法获取被害人支付宝、银行卡账户内的款项。其中，被告人吴某东参与作案 3 次，信用卡诈骗金额合计人民币 67,892 元。具体犯罪事实如下：

1.2017 年 11 月 3 日晚上至 4 日凌晨，被告人吴某东伙同同案人刘某高等人（已判决）在山东临沂火车站附近的一间宾馆内，采用上述方式获取了被害人姜某 2（籍贯内蒙古呼和浩特市）的个人信息，将被害人的建设银行账户绑定手机 App 天天掌柜，再通过扫博彩网站二维码支付、在“3658”商城充值购物支付及登录京东商城消费等方式，盗刷了被害人姜某 2 建设银行卡内的 17,000 元。

2.2017 年 11 月 5 日凌晨，被告人吴某东伙同同案人刘某高等人，在山东临沂市火车站附近的一间宾馆内，采用上述方式获取了被害人张某 2（籍贯山东省临沂市）的个人信息，从被害人建设银行账户向招联贷款 4998 元转入该账户，随后通过其他渠道消费共计 4992 元。

3.2017 年 11 月 7 日凌晨 4 时许，被告人吴某东伙同刘某高等人在山东临沂市火车站附近的一间宾馆内，采用上述方式窃取了被害人庄某 2（山东省临沂市）的个人信息，通过被害人庄某2的支付宝账户提现资金到绑定的建设银行卡，再通过手机App天天掌柜、义乌购软件消费28,000元，另利用被害人的支付宝账户向招联金融贷款17,900元，共计盗刷被害人庄某2建设银行卡内的45,900元。

【案件争点】

侵犯公民个人信息罪与信用卡诈骗罪是否应数罪并罚。

【裁判要旨】

法院审理认为，被告人吴某东无视国家法律，非法获取公民个人信息，情节特别严重，其行为已构成侵犯公民个人信息罪；违反信用卡管理法规，冒用他人信用卡进行诈骗活动，数额巨大，其行为已构成信用卡诈骗罪。关于被告人吴某东及辩护人提出其行为仅构成侵犯公民个人信息罪的意见。经查：(1)同案人刘某高通过网上购买的无线电发射设备，通过网络查询等手段，非法采集获取的公民个人信息包含姓名、手机号码、绑定的支付宝信息、银行卡账号、短信内容等，这些信息可以具体反映出特定自然人的身份、通信内容、财产信息，其中银行卡账号等信息属于法律意义上的信用卡信息资料。同案人刘某高通过非法获取上述个人身份信息、信用卡信息资料等，达到转移他人银行卡内资金的目的，此类行为完全符合"窃取、收买、骗取或者以其他非法方式获取他人信用卡信息资料，并通过互联网、通讯终端等使用的，是冒用他人信用卡行为"这一司法解释的规定，构成信用卡诈骗罪；被告人吴某东明知被告人江某意图实施盗刷行为，而帮助拦截、查询他人手机短信、手机号码等个人信息，构成信用卡诈骗罪的共犯。(2)依照最高人民法院、最高人民检察院、公安部《关于办理电信网络诈骗等刑事案件适用法律若干问题的意见》规定："违反国家有关规定，向他人出售或者提供公民个人信息，窃取或者以其他方法非法获取公民个人信息，符合刑法第二百五十三条之一规定的，以侵犯公民个人信息罪追究刑事责任。使用非法获取的公民个人信息，实施电信网络诈骗犯罪行为，构成数罪的，应当依法予以并罚。"被告人吴某东伙同他人非法获取公民个人信息(包括信用卡信息资料)，以转账、网上消费等形式获取他人信用卡内资金，其行为已构成侵犯公民个人信息罪和信用卡诈骗罪，应当对其数罪并罚。被告人和辩护人提出的上述辩解、辩护意见据理不足，法院不予采纳。

关于被告人吴某东犯侵犯公民个人信息罪的情节评价。经查，根据最高人民法院、最高人民检察院《关于办理侵犯公民个人信息刑事案件适用法律若干问题的解释》第5条之规定，非法获取公民个人信息违法所得5000元以上的，属于"情节严重"；违法所得达到上述标准的10倍以上即5万元以上的，属于"情节特别严重”。本案中，被告人吴某东伙同同案人刘某高等人，参与实施作案3宗，非法获取他人银行卡内资金67,892元，应认定为“情节特别严重”。判决认定，被告人吴某东犯侵犯公民个人信息罪，判处有期徒刑1年4个月，并处罚金人民币5000元；犯信用卡诈骗罪，判处有期徒刑2年6个月，并处罚金人民币2万元。决定执行有期徒刑3年6个月，并处罚金人民币2.5万元。

三、裁判规则提要

在司法实践中，侵犯公民个人信息犯罪范围较广，由于个人信息的泄露，常常导致大量信用卡案件高发，这些案件时常交织在一起，给公民的人身和财产安全带来了极大的损害。因此，厘清一罪与数罪以及相关的法律适用不仅贯彻了禁止重复评价原则，而且能够对行为人准确定罪和量刑，保证司法适用的准确，具有重要的意义。

（一）准确区分信用卡信息与公民个人信息中财产信息

1.公民个人信息的含义及范围

最高人民法院、最高人民检察院《关于办理侵犯公民个人信息刑事案件适用法律若干问题的解释》第1条规定了“公民个人信息”，是指以电子或者其他方式记录的能够单独或者与其他信息结合识别特定自然人身份或者反映特定自然人活动情况的各种信息，包括姓名、身份证件号码、通信通讯联系方式、住址、账号密码、财产状况、行踪轨迹等。从这定义来看，公民个人信息具有以下特征：一是与公民个人直接相关，能够反映公民自然特征和社会属性的描述性信息。如姓名、身份证号码、通讯方式等。二是信息主体身份的可识别性，具有法律保护价值。定义中的“特定自然人”这一用语表明，信息要对具体信息主体的利益产生影响，才具有保护的价值，即该信息能够单独或者与其他信息结合对信息主体的身份进行识别，区别于其他信息主体。三是公民个人信息的保护不以信息所有人请求为前提。除非基于维护国家利益、公共利益的需要或信息所有人的意愿，任何组织和个人均无权泄露、获以其个人信息。

2.信用卡信息与公民个人信息中的财产信息的区别

根据中国人民银行发布的《关于颁布的〈关于颁布银行卡发卡行标识代码及卡号〉和〈银行卡磁条信息格式和使用规范〉两项行业标准的通知》，信用卡信息主要包括主账号、发卡机构标识号码、个人账户标识、校验位、个人标识代码，这些信息由发卡行写入信用卡磁条、芯片。在非法获取他人信用卡信息资料并通过互联网、通讯终端等使用的信用卡诈骗中,只要获取磁条所载的相关信息,不一定要获得公民个人全部信息,就可以持卡人名义进行交易。因此,信用卡信息相较公民个人信息中的财产信息指向性不强,身份的关联性和可识别性也不强。

例案三中,被告人吴某东等人非法获取公民个人信息包含的姓名、手机号码、绑定的支付宝信息、银行卡账号、短信内容等,这些信息可以具体反映出特定自然人的身份、通信内容、财产信息,又利用这些个人信息获取被害人支付宝、银行卡账户内的款项,构成侵犯公民个人信息、信用卡诈骗罪,应予数罪并罚。

(二)数罪并罚与一重罪的定罪原则

从表面上来看,此类犯罪非法获取公民个人信息并非最终的犯罪目的,他们的犯罪目的是通过非法获取公民个人信息,进而冒用被害人信用卡,非法占有被害人财物。非法获取公民个人信息与利用信用卡骗取被害人财物行为在某种程度上存在手段行为与目的行为的关系。从我国目前判断牵连关系——主客观统一说来看,成立牵连关系,即要行为人主观上具有牵连的意思,还要客观上具有通常的方法或者结果。而此类犯罪中,一方面,作为手段行为,非法获取公民个人信息并通常不用于信用卡诈骗犯罪。非法获取公民个人信息后,可能对公民个人信息进行出售、非法提供给他人,从而非法牟取暴利,还可以用来实施敲诈勒索、绑架、抢劫、非法讨债、网络诈骗等违法活动,甚至还可能利用这些个人信息从事骚扰他人等等不构成犯罪的活动。信用卡诈骗只是非法获取公民个人信息后可能实施的违法犯罪活动之一。另一方面,信用卡诈骗通常不通过非法获取公民个人信息后进行。信用卡诈骗犯罪的形式很多种,还包括使用伪造的信用卡或者以虚假身份证明骗领的信用卡,使用作废的信用卡,恶意透支等。使用非法获取的公民个人信息从而冒用他人信用卡只是信用卡诈骗诸多方法中的一种。由此可见,不能仅因非法获取公民个人信息犯罪与信用卡犯罪存在手段行为与目的行为关系,就认定为有牵连关系,要根据案件的实际情况,对于侵犯大量的公民个人信息,与信用卡诈骗罪之间通常的方法和结果之间不是存在必然联系,故应该认定为数罪。

例案一中,被告人谢某华等人非法获取公民个人信息后,将含有“信用卡逾期还款被冻结”“提升信用卡额度”等虚假信息的短信发送至上述公民个人信息中包含的被害人手机上,通过被害人回复,从而借机骗得被害人的信用卡卡号及手机验证码等信息资料,尔后冒用被害人信用卡,骗取被害人钱款。虽然非法获取公民个人信息是信用卡诈骗的手段，但二者并不具有牵连关系，故应数罪并罚。

（三）从罪刑相适应原则以及法律规定看，对侵犯公民个人信息罪与信用卡诈骗罪应数罪并罚

在司法实践中，定罪量刑时要充分考虑被告人所犯罪刑，从而确定其承担的刑事责任。如果对侵犯公民个人信息后冒用他人信用卡骗取他人钱款的行为，仅以侵犯公民个人信息罪或者信用卡诈骗罪论处，都无法全面评价被告人的行为。若认定为侵犯公民个人信息罪，仅评价了被告人侵害被害人合法信息的刑事责任，却无法评价其侵犯被害人财产权的刑事责任。反之，行为人的行为侵犯的是数个犯罪构成所保护的法益，成立数罪，只有数罪并罚才能实现量刑合理化。我国《刑法》总则没有明文规定数罪的区分标准和并罚标准，分则条文只对具体各罪进行特殊规定。对于非法获取公民个人信息后冒用他人信用卡骗取钱款的行为，《刑法》从未明文规定以一罪论处。相反地，最高人民法院、最高人民检察院、公安部《关于办理电信网络诈骗等刑事案件适用法律若干问题的意见》规定："违反国家有关规定，向他人出售或者提供公民个人信息，窃取或者以其他方法非法获取公民个人信息，符合刑法第二百五十三条之一规定的，以侵犯公民个人信息罪追究刑事责任。使用非法获取的公民个人信息，实施电信网络诈骗犯罪行为，构成数罪的，应当依法予以并罚。"最高人民法院、最高人民检察院、公安部《关于依法惩处侵害公民个人信息犯罪活动的通知》明确规定，"对使用非法获取的个人信息实施其他犯罪行为，构成数罪的，应当依法予以并罚。"所以，对此类情况应数罪并罚。

例案二中，被告人童某立等人非法获取公民个人信息，登录被害人网上银行主页，输入截取的银行发送的转账验证码等方式，利用技术手段，将被害人银行卡账户中的存款转账后予以侵吞。符合《信用卡解释二》中规定的"使用非法获取的公民个人信息，实施电信网络诈骗犯罪行为"，应当数罪并罚。

四、辅助信息

高频词条：

《刑法》

第 196 条　有下列情形之一，进行信用卡诈骗活动，数额较大的，处五年以下有期徒刑或者拘役，并处二万元以上二十万元以下罚金；数额巨大或者有其他严重情节的，处五年以上十年以下有期徒刑，并处五万元以上五十万元以下罚金；数额

特别巨大或者有其他特别严重情节的，处十年以上有期徒刑或者无期徒刑，并处五万元以上五十万元以下罚金或者没收财产：

（一）使用伪造的信用卡的；

（二）使用作废的信用卡的；

（三）冒用他人信用卡的；

（四）恶意透支的。

前款所称恶意透支，是指持卡人以非法占有为目的，超过规定限额或者规定期限透支，并且经发卡银行催收后仍不归还的行为。

盗窃信用卡并使用的，依照本法第二百六十四条的规定定罪处罚。

第253条之一 违反国家有关规定，向他人出售或者提供公民个人信息，情节严重的，处三年以下有期徒刑或者拘役，并处或者单处罚金；情节特别严重的，处三年以上七年以下有期徒刑，并处罚金。

违反国家有关规定，将在履行职责或者提供服务过程中获得的公民个人信息，出售或者提供给他人的，依照前款的规定从重处罚。

窃取或者以其他方法非法获取公民个人信息的，依照第一款的规定处罚。

最高人民法院、最高人民检察院《关于办理侵犯公民个人信息刑事案件适用法律若干问题的解释》

第1条 刑法第二百五十三条之一规定的"公民个人信息"，是指以电子或者其他方式记录的能够单独或者与其他信息结合识别特定自然人身份或者反映特定自然人活动情况的各种信息，包括姓名、身份证件号码、通信通讯联系方式、住址、账号密码、财产状况、行踪轨迹等。

第2条 违反法律、行政法规、部门规章有关公民个人信息保护的规定的，应当认定为刑法第二百五十三条之一规定的"违反国家有关规定"。

第3条 向特定人提供公民个人信息，以及通过信息网络或者其他途径发布公民个人信息的，应当认定为刑法第二百五十三条之一规定的"提供公民个人信息"。

未经被收集者同意，将合法收集的公民个人信息向他人提供的，属于刑法第二百五十三条之一规定的"提供公民个人信息"，但是经过处理无法识别特定个人且不能复原的除外。

《信用卡解释二》

第5条 使用伪造的信用卡、以虚假的身份证明骗领的信用卡、作废的信用卡或者冒用他人信用卡,进行信用卡诈骗活动,数额在五千元以上不满五万元的,应当认定为刑法第一百九十六条规定的"数额较大";数额在五万元以上不满五十万元的,应当认定为刑法第一百九十六条规定的"数额巨大";数额在五十万元以上的,应当认定为刑法第一百九十六条规定的"数额特别巨大"。

刑法第一百九十六条第一款第三项所称"冒用他人信用卡",包括以下情形:

(一)拾得他人信用卡并使用的;

(二)骗取他人信用卡并使用的;

(三)窃取、收买、骗取或者以其他非法方式获取他人信用卡信息资料,并通过互联网、通讯终端等使用的;

(四)其他冒用他人信用卡的情形。

信用卡诈骗案件裁判规则第 12 条：

窃取信用卡信息资料后伪造信用卡并使用成功的，尽管实施三种犯罪行为，但三种犯罪行为之间呈手段行为与目的行为相牵连的牵连犯，应从一重罪判处

〔**规则描述**〕：行为人在窃取大量银行卡信息后，仅部分信息被用来制作伪卡或者用来非法套现，但由于数个行为之间的整体性可能被行为人主动分散，但行为人将部分信息用来制作伪卡和部分信息用来非法套现各自本身所存在的牵连性，可按照从一重罪从重处罚。

一、类案检索大数据报告

时间：2020 年 8 月 30 日之前，案例来源：Alpha 案例库，案件数量：4084 件，数据采集时间：2020 年 8 月 30 日，本次检索共获取认定窃取信用卡信息资料后伪造信用卡并使用的行为，2020 年 8 月 30 日之前 4084 篇裁判文书。如图12 －1所示，从案件年份分布情况可以看出当前条件下刑事案例数量的变化趋势。

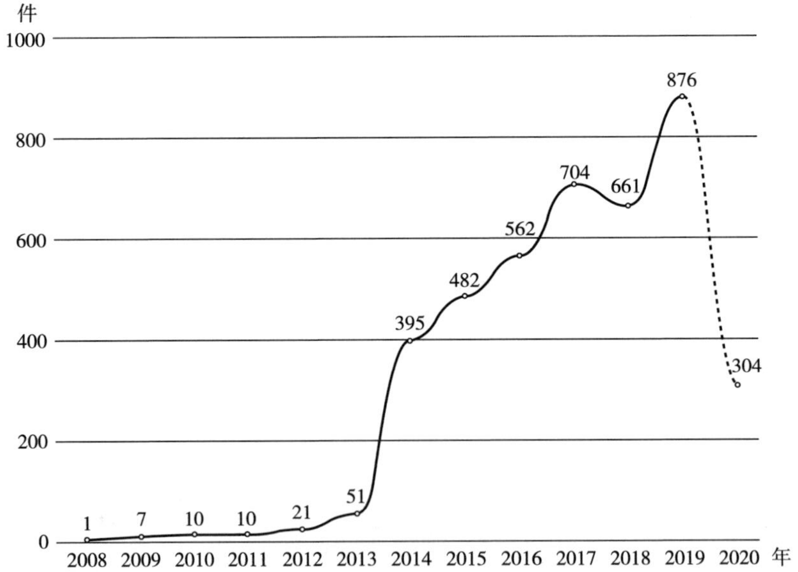

图 12 －1　案件年份分布情况

如图 12－2 所示，从案件主要地域分布情况来看，当前刑事案例主要集中在福建省、广东省、湖南省，分别占比 29.90%、14.28%、9.75%，其中福建省的案件量最多，达到 1221 件。

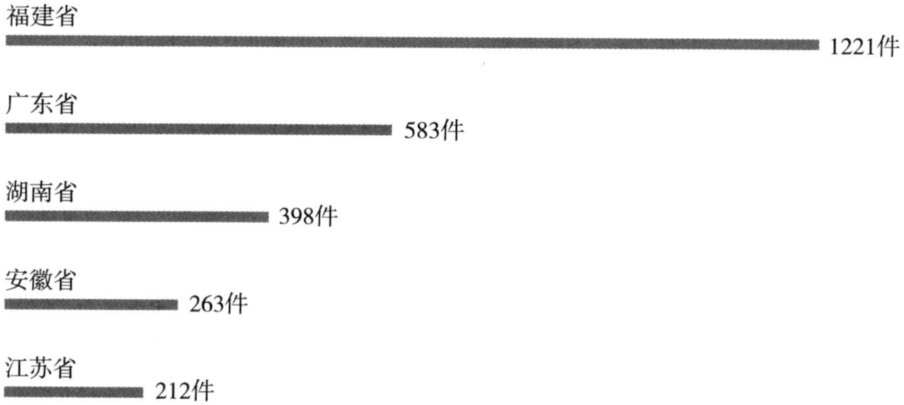

图 12－2　案件主要地域分布情况

如图 12－3 所示，从案件案由分类情况可以看出，当前最主要的案由是破坏社会主义市场经济秩序罪，有 3538 件，占一半以上；其次是侵犯财产罪，妨害社会管理秩序罪，侵犯公民人身权利、民主权利罪，贪污贿赂罪。

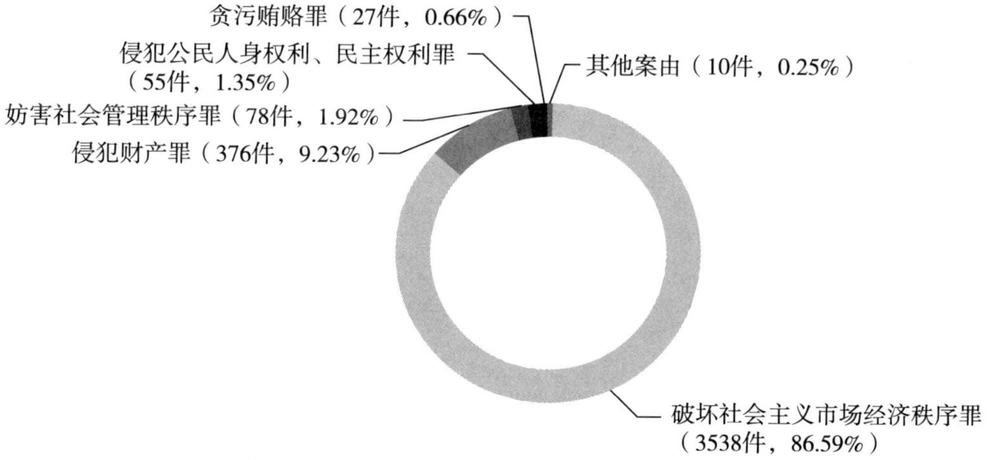

图 12－3　案件案由分类情况

如图 12－4 所示，从案件的程序分类统计可以得出当前的审理程序分布状况，其中一审案件有 3717 件，二审案件有 359 件，再审案件有 5 件，执行案件有 3 件，其他2件。并能够推算出一审上诉率约为9.66%。

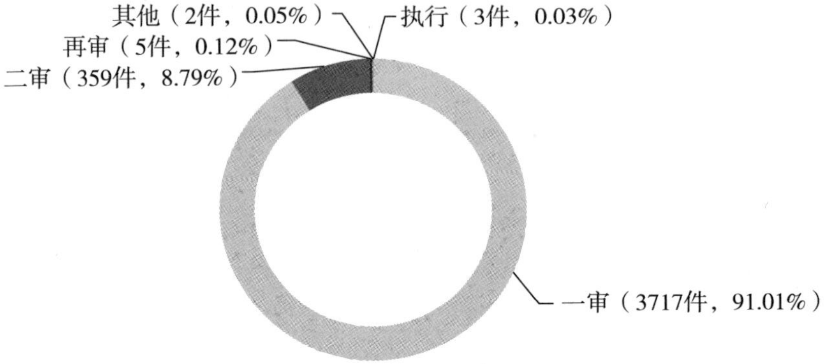

图12－4　案件程序分类情况

如图12－5所示，通过对主刑的可视化可以看出，当前条件下包含有期徒刑的案件有2486件，包含拘役的案件有563件，包含无期徒刑的案件有5件，包含死刑的案件有3件，包含管制的案件有3件。

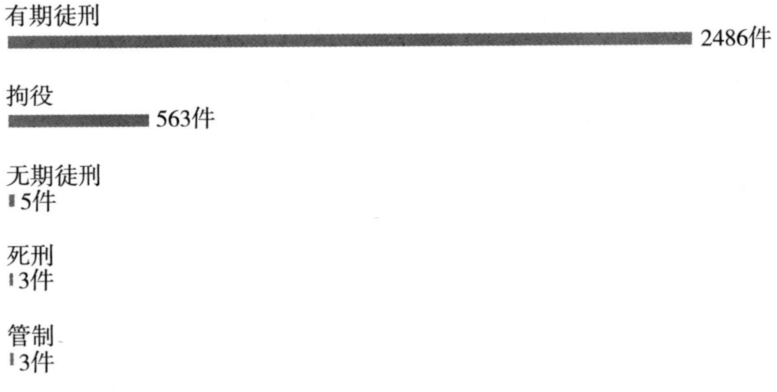

图12－5　案件判决主刑情况

二、可供参考的例案

例案一｜高某窃取信用卡信息、伪造金融票证、信用卡诈骗案

【法院】

上海市第二中级人民法院

【案号】

(2016)沪02刑终1047号

【诉讼主体】

原公诉机关：上海市虹口区人民检察院

上诉人(原审被告人)：高某

【基本案情】

2014年11月至12月，被告人高某通过同案关系人吴某(另案处理)改装了5台福建联迪商用设备有限公司生产的移动POS机，使上述移动POS机增加了记录、存储以及发送在该POS机刷卡消费的相关银行卡信息和密码至其指定手机的功能。嗣后，其将上述改装好的移动POS机提供给上海市一些商户用于正常刷卡交易，其中1台提供给了上海市如索超市经营者陆某使用。案发后，根据银联卡反欺诈服务中心提供的该移动POS机刷卡交易数据量等证据测算，仅2014年12月16日至27日，高某先后非法窃取他人银行卡信息共43条。

2014年11月至案发，被告人高某购买写码器及大量的空白信用卡，将非法获取的他人信用卡信息通过磁条写入的方式制作成伪造的信用卡。公安机关在高某处查获笔记本电脑、读卡器及大量的银行卡和伪造的信用卡，经银联卡反欺诈服务中心及美国发现金融服务公司上海代表处鉴定，从上述地址查获的11张空白信用卡中，有6张系伪造的信用卡。

2014年11月至案发，被告人高某通过互联网QQ向同案关系人李某、何某(均另案处理)等人出售其窃得的信用卡信息7条(不包括上述非法窃取的43条银行卡信息)。其中，何某利用信息制作了6张伪卡，李某利用信息制作了1张伪卡，并按约定由上述人员利用伪卡取现、套现及网上转账等方式进行盗刷，共计盗刷391,698元，高某非法获利8万元。2015年3月13日，高某在河北省邯郸市被抓获。

【案件争点】

对高某从一重罪从重处罚还是数罪并罚。

【裁判要旨】

一审法院认为，被告人高某的犯罪行为共涉嫌三个罪名，即窃取信用卡信息罪、伪造金融票证罪及信用卡诈骗罪，其中部分指控的犯罪事实之间确实存在目的行为与手段行为的牵连关系，理应认定为牵连犯，择一重罪名进行处罚，然部分犯罪事实之间并无任何交叉、重合，且因犯罪的最终完成形态不同而构成不同的罪名,彼此之间不构成目的行为与手段行为的牵连关系,不应认定为牵连犯。故对被告人高某的犯罪行为仍应以数罪并罚较为合理。高某采用秘密手段,非法窃取他人信用卡信息,数量巨大,其行为已构成窃取信用卡信息罪;且伪造他人信用卡,情节严重,其行为已构成伪造金融票证罪;又伙同他人使用伪造的信用卡,进行诈骗活动,数额巨大,其行为已构成信用卡诈骗罪。上海市虹口区人民检察院指控的罪名成立。本案部分犯罪行为系共同犯罪。高某在判决宣告以前一人犯数罪,应予并罚。宣判后,高某上诉,称对其不能三罪并罚,而应按照牵连犯原则择一重罪处罚,且原判量刑过重,请求对其从轻处罚。辩护人除同意高某的意见外,还认为高某既没有伪造信用卡,也没有与何某、李某共谋实施信用卡诈骗活动,故原判认定高某构成伪造金融票证罪和信用卡诈骗罪不当。辩护人还以高某能主动向公安机关供述了其下家何某等人的相关信息,且高某有坦白等情节为由,恳请对高某从轻处罚。

二审法院经审理认为,(1)关于上诉人高某是否构成伪造金融票证罪的问题。经查,根据公安机关提供的《扣押清单》,银联卡反欺诈服务中心出具的《鉴定意见》、《鉴定报告》、《伪卡鉴定表》以及美国发现金融服务公司上海代表处出具的《鉴定报告》等证据证实,公安机关从高某住处查获的11张空白信用卡中有6张已被写入用户信息,经鉴定系伪造的信用卡。伪造金融票证罪的行为表现之一是伪造信用卡,根据《信用卡解释一》第1条规定,将他人信用卡信息资料写入磁条介质、芯片,应当认定伪造的信用卡,且《信用卡解释一》对伪造信用卡和伪造空白信用卡的入罪标准作了不同规定,故原判将已写入他人信用卡信息的6张信用卡认定为伪造的信用卡并以此认定高某构成伪造金融票证罪正确,辩护人提出高某不构成伪造金融凭证罪的辩护意见与事实不符,不予采纳。(2)关于上诉人高某是否构成信用卡诈骗罪共犯的问题。经查,根据涉案人员何某、李某、高某的供述证实,高某在窃取他人银行卡信息后,将其中7条信息出售给何某、李某二人,由二人伪造信用卡后非法套现,并按约定由高某分得大部分赃款。高某在本案中并非仅仅单纯地向他人出售信用卡信息获利,而是已参与到信用卡诈骗活动中,应作为信用卡诈骗罪的共犯认定。辩护人提出高某不构成信用卡诈骗罪的辩护意见与事实不符,不予采纳。(3)关于对上诉人高某的犯罪行为能否三罪并罚的问题。经查,高某通过违法改装POS机以窃取被害人信用卡信息共计52条。其中因2条信用卡信息已被其伪造成信用卡而构成伪造金融票证罪,7条信息因已被其出售给他人用于实施信用卡诈骗犯罪活动,且与他人共谋并共同分赃而构成信用卡诈骗罪,剩余 43 条信息被原判认定构成窃取信用卡信息罪。高某实施的三个犯罪行为分别具有相对的独立性，除高某窃取的部分信用卡信息已用于其他犯罪活动而被认定为牵连犯并择一重罪处罚外，其余窃取的 43 条信用卡信息在没有证据证明将实施其他犯罪活动的情况下，对其以窃取信用卡信息罪定罪处罚，既符合充分评价原则，也不违背禁止重复评价原则。故原判对高某三罪并罚并无不当，高某的相关辩解和辩护人的相关辩护意见不予采信和采纳。综上所述，高某采用秘密手段非法窃取他人信用卡信息，其行为已构成窃取信用卡信息罪，且数量巨大；高某又伪造他人信用卡，其行为已构成伪造金融票证罪，且情节严重；高某还伙同他人使用伪造的信用卡进行诈骗活动，其行为又构成信用卡诈骗罪，且数额巨大，故对高某应三罪并罚。原判根据高某的犯罪事实、情节、社会危害性等已对其从轻处罚，且所作的判决并无不当，故高某提出原判量刑过重的上诉理由也不能成立，对辩护人的相关辩护意见亦不予采纳。原判认定事实和适用法律正确，量刑适当，且诉讼程序合法，裁定驳回上诉，维持原判。

例案二 潘某、赖某、潘某 1 伪造、变造金融票证、妨害信用卡管理、窃取、收买、非法提供信用卡信息、信用卡诈骗案

【法院】

福建省泉州市中级人民法院

【案号】

(2016)闽 05 刑终 1565 号

【诉讼主体】

原公诉机关：福建省泉州市洛江区人民检察院

上诉人(原审被告人)：潘某

上诉人(原审被告人)：赖某

原审被告人：潘某 1

【基本案情】

1. 窃取信用卡信息罪

赖某于 2014 年 12 月至广东省深圳市学习改装 POS 机技术。潘某于 2015 年 6 月以 7000 元的价格向赖某购买改装好的 POS 机一台，后利用这台改装好的 POS 机专门窃取客户在该 POS 机上刷卡消费的银行卡信息，共利用该 POS 机窃取 5 条

足以伪造进行交易的信用卡信息资料，分别为5294（被害人饶某的信用卡信息资料，被潘某伪造信用卡但尚未使用）、5255、4551、6217、6215（被害人陈某1的信用卡信息资料，被潘某伪造信用卡并使用）。潘某还从非法途径获取1条信息资料为5257的信用卡信息。

2. 妨害信用卡管理罪

潘某让潘某1持孔某的身份证并以孔某的身份前后到中国银行骗领客户名为孔某的信用卡3张，卡号分别为6284、6282、6269（该卡被潘某用于转移从被害人陈某1卡中冒领的钱款）。到福建省农村信用联合社骗领客户名为孔某的信用卡1张，卡号为6215（共计骗领客户名为孔某的信用卡4张）。潘某1在骗领客户名为孔某的信用卡后交给潘某持有，后潘某通过非法渠道获取客户名为莫某，卡号为6221的中国建设银行信用卡1张并持有（该卡被潘某用于转移从被害人陈某1卡中冒领的钱款）。

3. 伪造金融票证罪

潘某通过购买磁卡读写器将他人的信用卡信息资料写入其从非法渠道获取或者合法持有的他人信用卡内，伪造信用卡共计13张，分别如下：平安银行卡5267（实际卡号6215，浙江金华农业银行）；招商银行银行卡4393（实际卡号6260，招商银行）、4392260016461×××（实际卡号6265，浙江金华邮储银行）；中国银行卡3533，客户名肖某1（实际卡号5275，北京农行）；民生银行卡6265（实际卡号5294，建设银行，客户名饶某）；6217001830007364×××，客户名潘某6（实际卡号4319，广西南宁建行）；622184010705×××（实际卡号6226，浙江金华建行）；浦发银行卡6227（实际卡号4678，农业银行）；光大银行卡6282，客户名肖某1（实际卡号6231，广东广州交通银行）；4097，客户名潘某（实际卡号6227，浙江民泰商业银行）；6226890005813×××（实际卡号6294，客户名周顺站，泉州建设银行）；6226890010513×××（实际卡号4328，四川泸州招商银行）；6226890019705×××（实际卡号5183）。并伪造客户名为潘某的空白信用卡1张。经中国银联等部门进行校验，上述信用卡均能确定银行卡内的真实卡号信息。

另查明，公安机关依法搜查了潘某暂住的泉州市丰泽区仁风街119号的出租房，查获并扣押了潘某持有的32张银行卡，其中包括潘某伪造的13张信用卡及伪造的空白信用卡1张。

4. 信用卡诈骗罪

潘某于2015年6月通过改装的POS机获取的被害人陈某1中国农业银行卡

号为6215的信用卡信息资料，通过磁卡读写器将被害人陈某1中国农业银行卡号为6215的信用卡信息资料写入其他信用卡。潘某1明知被害人陈某1的信用卡系潘某伪造，仍于2015年7月20日、21日分别帮助潘某通过ATM将被害人陈某1中国农业银行卡号6215的信用卡内的31,000元转入潘某所持有的户名为莫某，卡号为6221中国建设银行银行卡内，再通过ATM从被害人陈某1的农行卡取现400元。并于当晚从户名为莫某，卡号为6221中国建设银行银行卡中取现2万元，转账10,800元至潘某控制的户名为孔某，卡号为6269的中国银行卡中。事后潘某分得30,000元，潘某1分得1400元。

潘某、赖某先后于2015年8月26日、9月11日被公安机关抓获。潘某1于2015年9月1日主动到公安机关投案。到案后，潘某、赖某、潘某1均如实供述自己的罪行。案发后，潘某1退出违法所得400元。

【案件争点】

对被告人潘某是从一重定罪处罚还是数罪并罚。

【裁判要旨】

一审法院认为，被告人潘某伪造信用卡数量13张，情节严重，其行为已构成伪造金融票证罪。潘某、潘某1使用虚假的身份证明骗领信用卡4张，其行为均已构成妨害信用卡管理罪。潘某、赖某窃取他人信用卡信息，其中潘某窃取他人信用卡信息4条，赖某窃取他人信用卡信息6条，数量巨大，其行为均已构成窃取信用卡信息罪。潘某、潘某1以非法占有为目的，使用伪造的信用卡实施诈骗活动数额共计31,400元，数额较大，其行为均已构成信用卡诈骗罪。潘某、潘某1判决宣告以前一人犯数罪，依法实行数罪并罚。宣判后，上诉人潘某诉称，其犯罪行为应以信用卡诈骗罪定罪，其他罪名属牵连犯罪，应被信用卡诈骗罪吸收，在其住所查获的13张伪造信用卡中有11张是在网上认识的“安溪人”在教授其学习制卡过程中伪造的，请求二审法院查清事实，依法改判。泉州市人民检察院认为，原判认定上诉人潘某犯伪造金融票证罪、妨害信用卡管理罪、窃取信用卡信息罪、信用卡诈骗罪，上诉人赖某犯窃取信用卡信息罪，原审被告人潘某1犯妨害信用卡管理罪、信用卡诈骗罪的基本事实清楚，证据确实、充分。上诉人潘某、赖某共同窃取的信用卡信息应为5条，上诉人潘某利用窃取的饶某建设银行信用卡信息伪造信用卡但未使用，原判认定该行为构成信用卡诈骗罪，同时又将该伪造的信用卡计入潘某伪造金融票证的数量范围中，对同一行为作前后不同的认定不当。故原判程序合法，但认定的部分事实有误、对部分行为定性有误，建议二审法院依法改判。

二审法院经审理认为，关于潘某诉称其犯罪行为应以信用卡诈骗罪定罪，其他罪名属牵连犯罪，应被信用卡诈骗罪吸收的上诉意见。经查，潘某一共实施了四个行为：即利用赖某改造的POS机和网上购买等途径非法窃取他人信用卡信息；指使潘某1持他人身份证骗领信用卡并通过非法渠道持有他人信用卡；通过购买磁卡读写器将他人的信用卡信息资料写入从非法渠道获取或者合法持有的他人信用卡内及窃取他人信用卡信息资料并伪造信用卡，伙同潘某1通过ATM转账和取现卡内钱款。上述四个行为所侵犯的客体均不相同。且其用于实施信用卡诈骗的他人信用卡信息并不是其窃取的他人全部信用卡信息。其除了伪造被害人陈某1的信用卡以外，还在其住处查获其他伪造的他人信用卡及伪造的空白信用卡。其在实施信用卡诈骗过程中虽然使用了骗领的1张孔某信用卡和非法持有的莫某的信用卡，但仍有3张骗领的孔某信用卡与信用卡诈骗行为不存在事实上的关联。故潘某的信用卡诈骗行为和窃取信用卡信息、伪造金融票证、妨害信用卡管理是分开的独立行为，不存在牵连关系，应当分别定罪处罚。潘某让潘某1持孔某的身份证并以孔某的身份前后至中国银行、福建省农村信用联合社骗领客户名为孔某的信用卡4张，并通过非法渠道获取中国建设银行客户名为莫某的信用卡1张，其将孔某的1张卡号为6269的中国银行信用卡及莫某的中国建设银行信用卡用于转移从被害人陈某1信用卡中冒领的钱款。故其伙同潘某1骗领孔某卡号为6269中国银行信用卡的手段行为被二人伪造及使用被害人陈某1信用卡实施信用卡诈骗的目的行为所吸收。对潘某、潘某1骗领孔某卡号为6269中国银行信用卡的行为不应再评价为妨害信用卡管理罪。原判对此认定有误，应予纠正。关于潘某提出在其住所处查获的13张伪造信用卡中有11张是在网上认识的“安溪人”在教授其学习制卡过程中伪造的上诉意见。经查，潘某提出证人黄某可以证实上述伪造的信用卡系网上认识的“安溪人”伪造的，但证人黄某证实其未曾见过上述“安溪人”或看见他们教授潘某制造信用卡。故潘某的辩解无法得到证人的印证。潘某购买伪造信用卡的设备，掌握了伪造信用卡的技术手段，其在侦查阶段亦供认其伪造了2张信用卡和1张空白信用卡。本案伪造的信用卡均从上诉人潘某的住处扣押，其辩解系“安溪人”为教授其制卡技术而伪造无法得到相关证据的印证。且即便如其所述，系“安溪人”为教授其制卡技术而伪造，但其为了学习伪造信用卡技术，要求他人教授其制造伪造信用卡的技术，主观上具有伪造信用卡的故意，客观上参与了伪造信用卡的行为，此情形下亦与其所称的“安溪人”构成伪造金融票证罪的共犯。伪造金融票证罪属行为犯，只要是行为人出于主观故意而伪造金融票证的，犯罪就已成立。依照《刑法》相关规定,伪造金融票证罪不需要具备损害结果,伪造、变造金融票证行为本身就已表现出这一犯罪的社会危害性。虽然潘某伪造的部分信用卡并未被实际使用,但犯罪的危害结果没有出现并不影响对潘某伪造信用卡行为性质的评价。潘某利用窃取的饶某建设银行信用卡信息伪造信用卡,原判将该伪造的信用卡计入潘某伪造金融票证的数量范围中,又认定该行为构成信用卡诈骗罪,对同一行为作前后不同的评价不当。且潘某虽窃取饶某建设银行信用卡信息并伪造信用卡,但其未使用该卡进行信用卡诈骗活动,故原判认定潘某伪造饶某信用卡的行为构成信用卡诈骗罪不当,应予纠正。潘某复制他人信用卡、将他人信用卡信息资料写入磁条介质、芯片或者以其他方法伪造信用卡,数量达 13 张,其行为已构成伪造金融票证罪,属情节严重。潘某、潘某 1 使用虚假的身份证明骗领信用卡 3 张,其行为均已构成妨害信用卡管理罪。潘某、赖某窃取他人信用卡信息,其中潘某窃取他人信用卡信息 4 条,赖某窃取他人信用卡信息 5 条,其行为均已构成窃取信用卡信息罪,赖某属数量巨大。潘某、潘某 1 以非法占有为目的,使用伪造的信用卡实施诈骗活动数额共计 31,400 元,数额较大,其行为均已构成信用卡诈骗罪。潘某、潘某 1 在判决宣告以前一人犯数罪,对二人依法数罪并罚。

例案三 | 王某、黄某、唐某伪造、变造金融票证、窃取、收买、非法提供信用卡信息、信用卡诈骗案

【法院】

广西壮族自治区柳州市中级人民法院

【案号】

(2018)桂 02 刑终 19 号

【诉讼主体】

原公诉机关:广西壮族自治区柳州市城中区人民检察院

上诉人(原审被告人):王某

上诉人(原审被告人):黄某

原审被告人:唐某

【基本案情】

1. 窃取信用卡信息、伪造金融票证事实

2015 年 10 月至 2016 年 3 月,被告人王某分别与黄某、唐某经预谋后,王某通

过网上购买改装后的POS机,POS机内安装手机SIM卡及磁道信息发射器、密码采集器,随后王某将3台改装后的POS机提供给黄某、将1台改装后的POS机,提供给唐某,用于投放至商户或者个人刷卡消费或套现,通过改装后的POS机内的装置将刷卡人银行卡的磁道信息及密码发送至王某手机上,从而窃取刷卡人的银行卡信息。王某自己亦单独投放POS机以窃取他人银行卡信息。经查实:王某手机中有获取他人的信用卡信息为38条(已扣除重复获取及从王某被扣原卡的信息),其中王某伙同黄某窃取被害人江某1等人的银行卡信息共计15条,伙同唐某窃取被害人黎某等人的银行卡信息共计10条;王某利用窃取到的信用卡信息伪造出的银行卡10张(不包含已用于实施信用卡诈骗的3张)。另外,黄某利用网上购买到他人的银行卡轨道信息,自行伪造银行卡2张。

2. 信用卡诈骗罪事实

2016年1月17日,被告人王某伙同黄某利用提供给柳州市城中区青云路"澳内海鲜"大排档使用的POS机窃取到被害人潘某1的银行卡信息,由王某提供该银行卡信息给黄某,黄某利用制卡器复制出被害人潘某1卡号为4588的交通银行信用卡,并由黄某通过他人的POS机套现盗刷卡内人民币31,899元,除去黄某支付给他人的套现手续费3000元,王某获利28,399元,黄某获利500元。

2016年1月23日,被告人王某伙同黄某利用提供给柳州市城中区青云路"澳内海鲜"大排档使用的POS机窃取到的被害人田某卡号为4593的交通银行卡信息,由王某自行伪造出银行卡,由黄某帮忙配合查询卡内额度,最后盗刷被害人卡内人民币7530.16元。

2016年3月1日,被告人王某利用在网上购买的被害人刘某卡号为6234的交通银行信用卡信息,伪造银行卡并盗刷卡内人民币19,800元,最终到账10,000元。次日刘某向银行提起消费争议。

2016年3月6日、8日,被告人王某、唐某先后被公安机关抓获归案。同年4月6日,被告人黄某被公安机关抓获归案。公安机关从被告人王某处依法扣押了银行卡、磁条卡共计61张,POS机7台,电烙铁1把,写码器1个,手机2台,笔记本电脑1台;从被告人黄某处依法扣押制卡器1台,手机4台,银行卡4张,"钱袋宝"1个;从被告人唐某处依法扣押银行卡1张,手机1台,POS机1台,从其家中扣押电脑1台;从证人黄某1处依法扣押POS机2台。

【案件争点】

对王某、黄某如何定罪。

【裁判要旨】

一审法院认为，窃取信用卡信息侵犯的是国家信用卡制度和他人对信用卡资料所享有的隐私权，伪造金融票证罪侵犯的是国家的金融票证管理制度，信用卡诈骗罪既对信用卡管理体制造成损害，同时也给银行及信用卡有关关系人的财物所有权产生损害，依照法律规定，窃取信用卡信息或者伪造制作信用卡达到一定数量，本身就构成独立的犯罪，本案被告人王某、黄某的行为前后所侵犯的法益存在本质的差别，后行为并不是前面犯罪行为的自然延续，前面的所实施的行为已构成犯罪行为的既遂。在完成前因的情况下实施了另一新行为，侵犯了新的法益，突破了前面所实施行为所包含的范围，应认定为构成他罪。具体体现在本案中就只有在使用窃取到的信息来制作伪卡并且使用该伪卡来进行了信用卡诈骗活动，该行为才能作为牵连犯罪择一重罪处罚。此外，因制作伪卡必须有需要相应的信用卡信息，故该部分的信息内容不管其是收买还是窃取亦可作伪造金融票证罪所包含，可不作独立评价。其余的均应按《刑法》的规定予以认定为独立犯罪。因此，王某、黄某的行为不仅构成信用卡诈骗罪，还构成伪造金融票证罪及窃取信用卡信息罪。综上，王某、黄某侵犯国家的金融票证管理制度，伪造信用卡，其中王某伪造信用卡10张，属于情节严重，构成伪造金融票证罪；王某、黄某以非法占有为目的，违反信用卡管理法规，使用伪造的信用卡进行诈骗，数额较大，构成信用卡诈骗罪；王某、黄某、唐某侵犯国家信用卡管理制度和他人对信用卡信息所享有的隐私权，窃取他人信用卡信息资料，数量巨大，构成窃取信用信息罪。王某、黄某一人犯数罪，应当数罪并罚。宣判后，王某上诉称：一审认定其伪造10张信用卡的事实有误，上述信用卡是唐某伪造的，一审定罪有误，不应以窃取信用卡信息罪、伪造金融票证罪、信用卡诈骗罪对其数罪并罚。黄某上诉称，一审定罪有误，不应以窃取信用卡信息罪、伪造金融票证罪、信用卡诈骗罪对其数罪并罚，在信用卡诈骗共同犯罪中，其未与王某窃取被害人的信用卡信息，仅是为王某查询信用卡余额或套取现金，而且其伪造的信用卡已挂失，不可能取款套现。

二审法院经审理认为，关于上诉人王某提出的其未伪造10张信用卡的有关辩解，经查，根据公安机关的搜查笔录、扣押决定书、扣押清单、电子数据检查工作记录，银行部门的协查报告，上诉人王某在侦查期间所作的其曾与唐某伪造20余张银行卡的供述，以及从王某被扣押手机中提取的窃取信用卡信息短信记录，王某对其被扣押的POS机、银行卡、银行卡写卡器的指认照片等证据，能够吻合证实从王某暂住处扣押的银行卡中，有10张银行卡系王某利用窃取他人的信用卡信息伪造而成的事实。至于王某上诉所提的该信用卡系唐某伪造的辩解,虽有黄某在二审有关其曾听到唐某承认为王某伪造信用卡的供述佐证,但因唐某对此予以否认,而且黄某未参与王某与唐某的共同窃取他人信用卡信息的犯罪行为,黄某的供述亦与在案证据不能相互印证。因此,原判认定王某利用窃取的信用卡信息伪造10张信用卡的事实清楚,证据充分。王某所提的该辩解与查明事实不符,法院不予采纳。关于上诉人王某、黄某提出的一审定罪有误的有关辩解,经查,该辩解在原审中上诉人王某、黄某业已提出,原审判决已对此辩解详细评判,所作评述与查明事实相符且于法有据,法院同意原审的定罪意见不再赘述。法院同时认为,窃取信用卡信息后未用于伪造成信用卡的信息与伪造信用卡的行为之间,以及窃取信用卡信息后伪造成信用卡但未用于信用卡诈骗,与使用伪造的信用卡进行信用卡诈骗的行为之间不存在牵连关系,如认定为牵连犯择一重罪处罚,则不能对上述犯罪行为作充分评价,与刑法的罪责刑相适应原则不符,亦于法无据。因此,原判定罪意见正确,法院予以支持,王某、黄某所提原判定罪有误的意见与法律规定不符,法院不予采纳。王某单独或分别伙同黄某、唐某采用非法手段窃取他人信用卡信息,数量巨大,三人的行为已构成窃取信用卡信息罪;王某、黄某利用窃取或购买的信用卡信息,伪造信用卡,二人的行为已构成伪造金融票证罪,其中王某伪造信用卡10张,属情节严重;王某以非法占有为目的,单独或伙同黄某使用伪造的信用卡进行诈骗,数额较大,二人行为已构成信用卡诈骗罪。王某、黄某一人犯数罪,依法应数罪并罚。原判认定事实清楚,证据充分,定罪准确,量刑适当,审判程序合法,应予以维持。

三、裁判规则提要

被告人的行为究竟是构成一罪还是成立数罪以及如何处罚的问题,是司法实践经常遇到的问题之一,正确区分一罪与数罪,具有重要意义。

(一)关于罪数的区分

对罪数的区分存在行为成立一罪还是数罪、对于数罪是实行并罚还是不并罚等两个方面的判断。关于区分一罪还是数罪,理论上有行为说、法益说、犯意说、构成要件说及个别化说等主张,上述学说大多基于主观主义或者客观主义的立场,造成主观或客观归罪的问题,构成要件说则是日本刑法学界通说,而日本刑法学界主张的犯罪成立标准是三阶层理论。我国司法实务界基本以犯罪构成说为罪数判断标准，该说认为犯罪的成立必须具备犯罪构成，因此，符合一个犯罪构成的为一罪，具备两个以上犯罪构成的为数罪。这既符合主客观相一致原则，又与我国刑法中罪与非罪、此罪与彼罪的区分标准相一致，因此，是实务界大多数人的共识。对于并罚与否的判断，我国刑法关于数罪处罚原则的基本规定是一罪一罚，数罪并罚，这也符合罪责刑相适应原则。

（二）关于牵连犯的认定及其处断原则

牵连犯是指行为人先后实施的两个行为分别构成《刑法》规定的两个犯罪，而两个行为之间存在手段与目的的关系或者原因与结果的关系，由此而产生的犯罪表现形态。牵连犯概念产生于德国，由 18 世纪德国刑法学家费尔巴哈首先提出，日本和我国台湾地区等一些大陆法系国家和地区都曾经在刑事立法中对牵连犯进行了明确规定。从刑法草案演进过程看，我国《刑法》总则并未规定牵连犯及其一般处罚原则，牵连犯的概念及其处罚原则仅存在于刑法理论中。基于前述牵连犯概念，构成牵连犯必须具备以下条件：（1）必须出于同一个犯罪目的，此为主观要件；（2）必须实施两个以上、相对独立的犯罪行为，此为客观要件；（3）数个危害行为之间必须具有牵连关系，即行为人实施的数个危害社会行为之间具有手段与目的或原因与结果的内在联系；（4）数个行为必须不同的罪名。因此，对牵连关系的判断，应从主客观入手，主观上具有数行为犯罪目的的同一性，客观上存在手段与目的行为的牵连或原因与结果行为的牵连，行为所触犯的罪名不同。牵连犯系实质的数罪，处断的一罪。关于牵连犯的处断，虽然我国《刑法》总则中没有牵连犯及其一般处罚原则的规定，但在司法实践却常见牵连犯现象，《刑法》分则中也有不少关于牵连犯的条文，数罪并罚、依照处罚较重的规定定罪处罚及从一重从重处罚均有体现。对《刑法》分则明确规定了相应处断原则的，应严格依照《刑法》分则条款的规定处罚。对于《刑法》分则条款未明确规定处断原则的牵连犯，应当适用从一重处断原则。

（三）关于窃取信用卡信息制卡并使用的罪数认定

根据主客观相一致原则的要求，判断数个犯罪行为之间是否存在手段与目的或者原因与结果的牵连关系，应当坚持主客观相一致，即主观上存在明确的支配性犯罪意图，客观上实施的数行为之间须具有事实上的牵连关系，否则不构成牵连犯。对于窃取信用卡信息制卡并使用的案件，行为人实施窃取信用卡信息并制卡的手段行为,又实施了后续的使用信用卡诈骗的目的行为,手段行为与目的行为构成牵连关系,应以信用卡诈骗罪评价。而单独实施的窃取信用卡信息制卡行为,未实施后续的用卡诈骗行为,不同信用卡信息之间无事实上的关联行为,不构成牵连犯,应分别评价,再与信用卡诈骗罪数罪并罚。例案一中,被告人高某窃取部分信用用于制作伪卡或制卡后使用,应各自认定为牵连犯并择一重罪处罚,分别认定为伪造金融票证罪及信用卡诈骗罪,其余窃取银行卡信息并未被用于其他犯罪活动,应单独以窃取信用卡信息罪单独评价,法院对高某应三罪并罚,判决适当。例案二中,潘某伙同潘某1骗领孔某信卡的手段行为被二人伪造及使用陈某1信用卡进行诈骗的目的行为所吸收,两个行为具牵连关系,故一审法院以妨害信用卡管理罪评价不当,应予纠正;潘某虽窃取铙某信用卡信息并伪造信用卡,但未使用该卡进行信用卡诈骗活动,一审法院认定其该行为构成信用卡诈骗罪评价不当,也应予纠正。例案三中,被告人实施了窃取信用卡信息、制卡以及使用伪造的信用卡三个相对独立的犯罪行为,三个行为之间有明显的接续性,行为主观目的也具有单一性,故对于成功使用或用于非法套现的伪卡的部分,可以认定具有牵连关系,成立牵连犯,应对三行为以信用卡诈骗罪定罪处罚。对于未成功使用或用于非法套现的伪卡的部分,由于数个行为之间的整体性已被分散,缺乏一个明确的支配性犯罪意图,数个行为之间难以认定为牵连犯,应分别认定为窃取信用卡信息罪和伪造金融票证罪,对被告人以信用卡诈骗罪、窃取信用卡信息罪、伪造金融票证罪数罪并罚。

四、辅助信息

高频词条:

《刑法》

第177条 有下列情形之一,伪造、变造金融票证的,处五年以下有期徒刑或拘役,并处或者单处二万元以上二十万元下罚金;情节严重的,处五年以上十年以下有期徒刑,并处五万元以上五十万元以下罚金;情节特别严重的,处十年以上有期徒刑或者无期徒刑,并处五万元以上五十万元以下罚金或者没收财产:

(一)伪造、变造汇票、本票、支票的;

(二)伪造、变造委托收款凭证、汇款凭证、银行存单等其他银行结算凭证的;

(三)伪造、变造信用证或者附随的单据、文件的;

(四)伪造信用卡的。

单位犯前款罪的,对单位判处罚金,并对其直接负责的主管人员和其他直接责任人员，依照前款的规定处罚。

第177条之一 有下列情形之一，妨害信用卡管理的，处三年以下有期徒刑或者拘役，并处或者单处一万元以上十万元以下罚金；数量巨大或者有其他严重情节的，处三年以上十年以下有期徒刑，并处二万元以上二十万元以下罚金：

（一）明知是伪造的信用卡而持有、运输的，或者明知是伪造的空白信用卡而持有、运输，数量较大的；

（二）非法持有他人信用卡，数量较大的；

（三）使用虚假的身份证明骗领信用卡的；

（四）出售、购买、为他人提供伪造的信用卡或者以虚假身份证明骗领信用卡的。

窃取、收买或者非法提供他人信用卡信息资料的，依照前款规定处罚。

银行或者其他金融机构的工作份内利用职务上的便利，犯第二款罪的，从重处罚。

第196条 有下列情形之一，进行信用卡诈骗活动，数额较大的，处五年以下有期徒刑或者拘役，并处二万元以上二十万元以下罚金；数额巨大或者有其他严重情节的，处五年以上十年以下有期徒刑，并处五万元以上五十万元以下罚金；数额特别巨大或者有其他特别严重情节的，处十年以上有期徒刑或者无期徒刑，并处五万元以上五十万元以下罚金或者没收财产：

（一）使用伪造的信用卡，或者使用以虚假的身份证明骗领的信用卡的；

（二）使用作废的信用卡的；

（三）冒用他人信用卡的；

（四）恶意透支的。

前款所称恶意透支，是指持卡人以非法占有为目的，超过规定限额或者规定期限透支，并且经发卡银行催收后仍不归还的行为。

盗窃信用卡并使用的，依照本法第二百六十四条的规定定罪处罚。

《信用卡解释二》

第1条 复制他人信用卡、将他人信用卡信息资料写入磁条介质、芯片或者以其他方法伪造信用卡一张以上的，应当认定为刑法第一百七十七条第一款第四项规定的“伪造信用卡”，以伪造金融票证罪定罪处罚。

伪造空白信用卡十张以上的，应当认定为刑法第一百七十七条第一款第四项规定的“伪造信用卡”，以伪造金融票证罪定罪处罚。

伪造信用卡,有下列情形之一的,应当认定为刑法第一百七十七条规定的“情节严重”:

(一)伪造信用卡五张以上不满二十五张的;

(二)伪造的信用卡内存款余额、透支额度单独或者合计数额在二十万元以上不满一百万元的;

(三)伪造空白信用卡五十张以上不满二百五十张的;

(四)其他情节严重的情形。

伪造信用卡,有下列情形之一的,应当认定为刑法第一百七十七条规定的“情节特别严重”:

(一)伪造信用卡二十五张以上的;

(二)伪造的信用卡内存款余额、透支额度单独或者合计数额在一百万元以上的;

(三)伪造空白信用卡二百五十张以上的;

(四)其他情节特别严重的情形。

本条所称“信用卡内存款余额、透支额度”,以信用卡被伪造后发卡行记录的最高存款余额、可透支额度计算。

第2条 明知是伪造的空白信用卡而持有、运输十张以上不满一百张的,应当认定为刑法第一百七十七条之一第一款第一项规定的“数量较大”;非法持有他人信用卡五张以上不满五十张的,应当认定为刑法第一百七十七条之一第一款第二项规定的“数量较大”。

有下列情形之一的,应当认定为刑法第一百七十七条之一第一款规定的“数量巨大”:

(一)明知是伪造的信用卡而持有、运输十张以上的;

(二)明知是伪造的空白信用卡而持有、运输一百张以上的;

(三)非法持有他人信用卡五十张以上的;

(四)使用虚假的身份证明骗领信用卡十张以上的;

(五)出售、购买、为他人提供伪造的信用卡或者以虚假的身份证明骗领的信用卡十张以上的。

违背他人意愿,使用其居民身份证、军官证、士兵证、港澳居民往来内地通行证、台湾居民来往大陆通行证、护照等身份证明申领信用卡的,或者使用伪造、变造的身份证明申领信用卡的,应当认定为刑法第一百七十七条之一第一款第三项规定的“使用虚假的身份证明骗领信用卡”。

第3条 窃取、收买、非法提供他人信用卡信息资料，足以伪造可进行交易的信用卡，或者足以使他人以信用卡持卡人名义进行交易，涉及信用卡一张以上不满五张的，依照刑法第一百七十七条之一第二款的规定，以窃取、收买、非法提供信用卡信息罪定罪处罚；涉及信用卡五张以上的，应当认定为刑法第一百七十七条之一第一款规定的“数量巨大”。

第5条 使用伪造的信用卡、以虚假的身份证明骗领的信用卡、作废的信用卡或者冒用他人信用卡，进行信用卡诈骗活动，数额在五千元以上不满五万元的，应当认定为刑法第一百九十六条规定的“数额较大”；数额在五万元以上不满五十万元的，应当认定为刑法第一百九十六条规定的“数额巨大”；数额在五十万元以上的，应当认定为刑法第一百九十六条规定的“数额特别巨大”。

刑法第一百九十六条第一款第三项所称“冒用他人信用卡”，包括以下情形：

（一）拾得他人信用卡并使用的；

（二）骗取他人信用卡并使用的；

（三）窃取、收买、骗取或者以其他非法方式获取他人信用卡信息资料，并通过互联网、通讯终端等使用的；

（四）其他冒用他人信用卡的情形。

信用卡诈骗案件裁判规则第 13 条：

伪造信用卡并使用的，构成信用卡诈骗罪。使用伪造的信用卡进行诈骗，同时明知而持有其他伪造的信用卡，应按照信用卡诈骗罪和妨害信用卡管理罪数罪并罚

〔**规则描述**〕：使用伪造的信用卡既包括自己伪造或者骗领后供自己使用，也包括明知是他人伪造或者骗领后自己使用。在非法占有目的下，持有伪造的信用卡通常是信用卡诈骗的预备行为，行为人使用其持有的伪造的信用卡诈骗的，构成信用卡诈骗罪，行为人还持有尚未使用的伪造的信用卡的，另构成妨害信用卡管理罪，与信用卡诈骗罪数罪并罚。

一、类案检索大数据报告

时间：2020 年 8 月 30 日之前，案例来源：Alpha 案例库，案件数量：2358 件，数据采集时间：2020 年 8 月 30 日，本次检索共获取认定伪造信用卡并使用，同时持有其他伪造信用卡的行为，2020 年 8 月 30 日之前 2358 篇裁判文书。如图 13－1 所示，从案件年份分布情况可以看出当前条件下刑事案例数量的变化趋势。

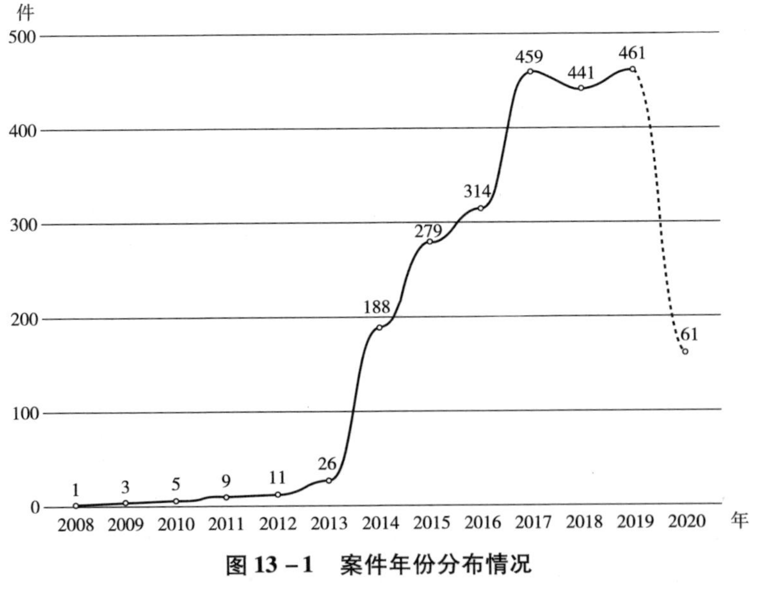

图 13－1　案件年份分布情况

如图13－2所示，从案件地域分布来看，当前刑事案例主要集中在福建省、广东省、湖南省，分别占比15.69%、13.95%、9.41%，其中福建省的案件量最多，达到370件。

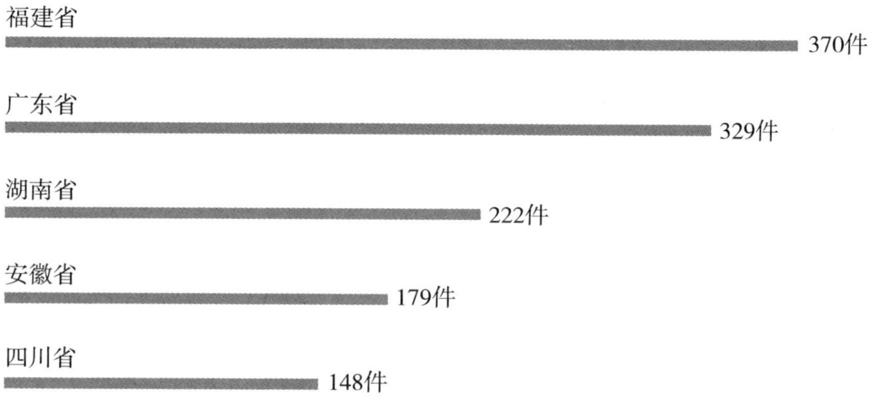

图13－2　案件主要地域分布情况

如图13－3所示，从案件案由分类情况可以看出，当前最主要的案由是刑事，有1261件，占一半以上；其次是民事、行政、国家赔偿。

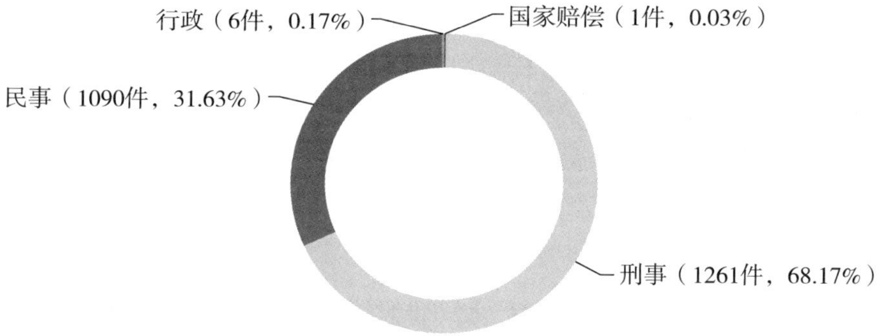

图13－3　案件案由分类情况

如图13－4所示，从案件的程序分类统计可以得出当前的审理程序分布状况，其中一审案件有1978件，二审案件有368件，再审案件有11件，执行案件有1件。并能够推算出一审上诉率约为18.60%。

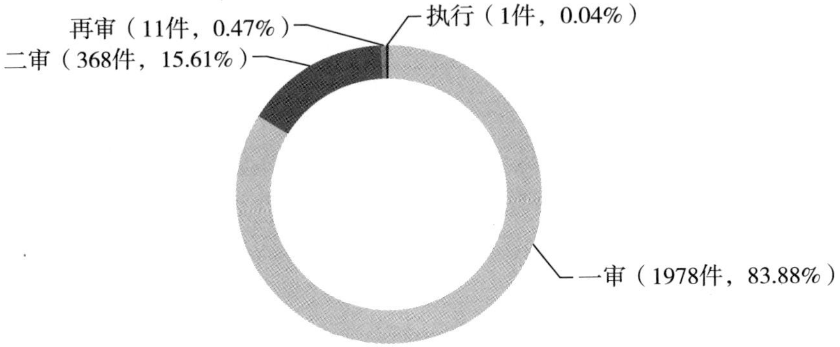

图 13－4　案件程序分类情况

如图 13－5 所示，通过对判决主刑的可视化可以看出，当前条件下包含有期徒刑的案件有 1159 件，包含拘役的案件有 234 件，包含无期徒刑有 47 件。包含死刑的案件有 10 件，包含管制的案件有 1 件。

图 13－5　案件判决主刑情况

二、可供参考的例案

例案一｜郑某山等信用卡诈骗案

【法院】

陕西省高级人民法院

【案号】

(2005)陕刑二终字第 141 号

【诉讼主体】

原公诉机关：西安市人民检察院

上诉人(原审被告人)：郑某山

上诉人(原审被告人)：陈某

原审被告人：何某洋

原审被告人：宋某平

原审被告人：石某君

【基本案情】

2004 年 8 月，被告人郑某山决定在西安市实施信用卡诈骗活动，由其出资并安排被告人何某洋、石某君到西安市开设商店。随后，何某洋联系到被告人宋某平及其女友廖某莉，与石某君、宋某平及廖某莉到西安市汇合，分别以化名伪造身份证(石某君化名为景某军、宋某平化名为李某、廖某莉化名为白某艳)，利用郑某山提供的活动经费，在西安市先后设立了新城区精服服装店、碑林区百聚齐工艺美术用品店、新城区亮光服装店，并为上述三店向中国银行陕西分行申请设立了基本账户和用于国际信用卡交易的特约商户终端机，即“POS 机”。被告人郑某山得知上述手续办理完毕后，于 2004 年 10 月 22 日赶到西安，向何某洋传授了利用伪造信用卡进行诈骗的方法，并提供了伪造的国际信用卡。同年 10 月 22 日至 11 月 1 日，何某洋利用郑某山提供的伪造国际信用卡，在上述 POS 机上多次刷卡，伪造交易，并由宋某平、石某君亲自或指使他人从中国银行陕西分行多次支取交易结算款，共计 313,332.65 元人民币。其中精服服装店骗取交易结算款 130,680.48 元人民币、亮光服装店骗取交易结算款 160,762.65 元人民币、百聚齐店骗取交易结算款 21,889.52 元人民币。

2004 年 7 月，被告人郑某山与被告人陈某商议，由郑某山出资，由陈某利用邱某峰(在逃)提供的罗某的身份证，在重庆市沙坪坝区瓷器口开办了艺精工艺品店(以下简称艺精店)，并向中国银行重庆分行为该店申请开立了银行结算基本账户及国际信用卡交易 POS 机(编号 204－677－257)，准备实施信用卡诈骗。同年 7 月 17 日至 8 月 30 日，郑某山事先伪造了国际信用卡，在艺精店并无货物实际交易的情况下，郑某山、陈某多次利用伪造的国际信用卡刷卡，伪造交易，并在交易记录确认单上虚假签名，进而从中国银行重庆分行骗取交易结算款，共计 560,948.48

元人民币。

2004年7月，郑某山伙同邱某峰在重庆市沙坪坝区开办了金古工艺品店，并向中国银行重庆分行为该店申请设立了单位银行结算基本账户及国际信用卡交易POS机。郑某山事先伪造了国际信用卡，伙同邱某峰于同年7月17日至9月20日，在无真实货物交易的情况下，利用伪造的信用卡在该店多次刷卡，伪造交易，并在信用卡交易记录确认单上虚假签名，继而从中国银行重庆分行骗取交易结算款，共计647,065.54元人民币。

西安市人民检察院以被告人郑某山、何某洋、陈某、宋某平、石某君犯信用卡诈骗罪，向西安市中级人民法院提起公诉。

【案件争点】

郑某山伪造国际信用卡、通过进行无货物交易的虚假刷卡方式骗取发卡中心资金行为应如何定性。

【裁判要旨】

二审法院认为，上诉人郑某山分别与上诉人陈某、原审被告人何某洋、宋某平、石某君勾结，以非法占有为目的，以开办商店为幌子申请成为国际信用卡交易特约商户，进而伪造信用卡并使用伪造的信用卡刷卡，制造虚假交易，从而骗取用户或发卡中心或收单行的资金，数额特别巨大，严重损害了信用卡的管理制度以及他人财产的所有权，其行为均已构成信用卡诈骗罪。

例案二 | 张某东等犯伪造、变造金融票证罪、妨害信用卡管理案

【法院】

杭州市萧山区人民法院

【案号】

(2015)杭萧刑初字第365号

【诉讼主体】

公诉机关：杭州市萧山区人民检察院

被告人：张某东

被告人：刘某

【基本案情】

2014年4月17日20时许，被告人张某东在河南省郑州市一宾馆内，使用电脑

软件、制卡槽等作案工具，将“feixiao”（身份不明，在逃）通过googletalk软件发送给其的银行卡信息写入空白磁条卡内，共伪造银行卡11张，并使用伪造卡在河南省郑州市多台ATM上查询余额报告给“feixiao”。同年4月18日0时许，被告人张某东以同种方式再次伪造银行卡14张，并由“feixiao”指示取出哪几张卡内的现金。当日3时许，被告人张某东在河南省郑州市金水区金水路8号广东发展银行的一台ATM上，使用伪造的卡号为6217的卡，取款13,600元；在郑州市金水区金水路与玉凤路交叉口中信银行的一台ATM上，使用伪造的卡号为6229的卡，取款13,000元；在郑州市浦发银行的一台ATM上，使用伪造的卡号为6231的卡，取款10,000元；在郑州市CBD内环1号中信银行的一台ATM上，使用伪造的卡号为6205的卡，取款9700元；在郑州市未来大道中国银行的一台ATM上，使用伪造的卡号为6267的卡，取款12,200元；在郑州市郑州农业银行的一台ATM上，使用伪造的卡号为6239的卡，取款5000元。2014年4月19日21时许，被告人张某东在浙江省杭州市一宾馆内，以同样的方式，伪造银行卡25张。同年4月20日1时许，被告人刘某受被告人张某东指使，明知该25张卡系伪造的银行卡而持有，并通过ATM查询余额并告诉给被告人张某东，被告人张某东再通过聊天软件汇报给“feixiao”，由“feixiao”指示取款。当日3时许，被告人张某东指使被告人刘某在杭州市余杭区星光街778号广东发展银行的一台ATM上，使用伪造的卡号为6226的卡，取款人民币5500元；在杭州市余杭区东湖北路3号招商银行的一台ATM上，使用伪造的卡号为6272的卡，取款9900元。

2014年4月20日17时左右，被告人张某东以同样的方式再次伪造银行卡6张（其中1张卡信息与在郑州伪造的卡相同）。当晚23时许至次日凌晨，受被告人张某东指使，被告人刘某在杭州市萧山区金城路路北杭州银行的一台ATM上，使用伪造的卡号为6075的卡，取款20,000元；在杭州市萧山区金城路路南民泰银行的一台ATM上，使用伪造的卡号为6202的卡，取款37,700元。被告人张某东在杭州市萧山区金城路路北华夏银行的一台ATM上，使用伪造的卡号为9069的卡，取款6000元。后被告人张某东、刘某被公安机关当场抓获，并扣押涉案赃款人民币78,100元，已发还给上述涉案5名被害人。

另查明，2014年4月19日，被告人张某东为了将伪造的银行卡内资金转账到真实银行卡中，由“feixiao”事先联系售卡者，被告人张某东、刘某通过网络将300元定金汇入对方提供的6210983310012783×××的银行账户内，次日17时左右，被告人刘某受被告人张某东指使至杭州市临平地铁站交易，被告人刘某支付售卡者人民币 2100 元，购得真实银行卡 12 张，后交付给被告人张某东。

被告人张某东辩护人辩称，被告人张某东的行为仅构成伪造金融票证罪，不应当数罪并罚。

被告人刘某的辩护人辩称，被告人刘某的持有、使用的系伪造的借记卡，无透支功能，不是信用卡，仅构成盗窃罪。

【案件争点】

张某东伪造大量信用卡，持有大量伪造信用卡，又用持有的部分伪造信用卡取款的行为如何定性，是否仅构成伪造金融票证一罪；刘某使用伪造的信用卡进行诈骗，同时明知而持有其他伪造的信用卡的行为又如何定性。

【裁判要旨】

法院认为，被告人张某东伪造信用卡 56 张，并利用其中 11 张取现，其行为符合伪造金融票证罪、信用卡诈骗罪的牵连犯，应当择一重罪处罚，伪造金融票证罪的处罚重于信用卡诈骗罪，应当以伪造金融票证罪定罪处罚；此外，被告人张某东又有购买并持有真实的他人信用卡 12 张的行为，属于非法持有他人信用卡数量较大，符合妨害信用卡管理罪的构成要件，应当以妨害信用卡管理罪定罪处罚，并两罪并罚。对被告人张某东辩护人提出的辩护意见不予采纳。

经查，首先，根据《信用卡解释》规定具有消费、支付、存取现金等全部或部分功能的电子支付卡即刑法意义上的信用卡，本案中被告人张某东利用他人银行卡信息伪造涉案的能够存取现金的白卡，应当认定为伪造信用卡的行为；其次，被告人刘某受被告人张某东指使使用伪造的信用卡取现，其行为符合信用卡诈骗罪、妨害信用卡管理罪的牵连犯特征，应当择一重罪处罚，故应当以信用卡诈骗罪定罪处罚；最后，对于被告人刘某持有并查询的伪造信用卡及购买他人真实信用卡的行为，应当认定为妨害信用卡管理罪。综上所述，对刘某应当以信用卡诈骗罪、妨害信用卡管理罪数罪并罚。

例案三 | 伍某於、吴某志等信用卡诈骗、妨害信用卡管理案

【法院】

长沙市中级人民法院

【案号】

(2017)湘 01 刑终 938 号

【诉讼主体】

抗诉机关：长沙县人民检察院

原审被告人：伍某於

原审被告人：吴某志

原审被告人：陈某辉

【基本案情】

2015年8月，被告人伍某於因经济原因，被“霞姐”告知可采用在超市做收银员来窃取顾客银行卡信息及密码，然后交给“霞姐”伪造银行卡，再从伪造的银行卡上取钱的方法赚钱，所取钱款由被告人伍某於与“霞姐”按比例分成，被告人伍某於予以接受。2016年1月至9月，被告人伍某於分别授意被告人吴某志、陈某辉在超市应聘做收银员，采用在顾客刷卡付款时乘其不备，用事先准备的银行卡复制器复制银行卡信息，并偷窥顾客密码的方式窃取银行卡信息，并承诺给予被告人吴某志、陈某辉一定报酬，被告人吴某志、陈某辉予以应允。其间，被告人吴某志共窃取6张银行卡信息提供给被告人伍某於，被告人陈某辉共窃取14张银行卡信息提供给被告人伍某於。被告人伍某於收到上述银行卡信息后，发送给其上线“霞姐”伪造银行卡，后被告人伍某於使用伪造的信用卡购物或取现，金额共计86,200元。具体事实如下：

1.2016年1月至5月，被告人吴某志受聘在长沙县易初莲花超市做收银员，采用前述方式窃取被害人赵某2的长沙银行卡6224、宁某的交通银行卡6296、杨某1的工商银行卡6213、赵某1的建设银行卡6263、邓某1的建设银行卡6291、刘某2的光大银行卡6200共6张银行卡的信息及密码。被告人吴某志将上述窃取的银行卡信息及密码发送给被告人伍某於，被告人伍某於再发送给其上线“霞姐”等人，由“霞姐”等人伪造银行卡后交给被告人伍某於使用。其间，被告人伍某於共向被告人吴某志支付人民币30,000余元作为报酬。

2016年6月14日，被告人伍某於伙同“阿某”等人（在逃）持伪造的被害人宁某的银行卡在广西南宁国贸商圈沃某市里的ATM上取现人民币10,000元，在超市内刷卡购买价值人民币6000元的香烟。

2016年7月8日，被告人伍某於持伪造的被害人赵某2的银行卡在广州黄石的卜蜂莲花超市内的珠宝店刷卡购买价值人民币68,000元的珠宝，后在该珠宝店旁边的ATM上取现人民币2200元。

2.2016年4月至9月，被告人陈某辉受聘在长沙市天心区大润发超市做收银员,采用前述方法窃取被害人刘某1的交通银行卡6235、邓某2的上海浦发银行卡6208、甘某的建设银行卡4388、曾某的兴业银行卡6212、胡某的招商银行卡3988、杨某2的信用卡3985、刘某3的建设银行卡4810、何某1的招商银行卡4312、陈某1的招商银行卡4314、郑某的建设银行卡4300、欧某的建设银行卡6273、代某的信用卡6279、周某1的交通银行卡6269共14张银行卡信息及密码。被告人陈某辉窃取上述银行卡信息及密码后发送给了被告人伍某於。其间,被告人伍某於共向被告人陈某辉支付人民币22,800元和一台手机作为报酬。

2016年9月4日,公安民警在长沙县易初莲花超市对面将被告人伍某於抓获归案。被告人伍某於到案,积极向公安机关提供被告人吴某志、陈某辉的活动规律,协助公安机关于2016年9月13日将被告人吴某志抓获归案,于同年10月19日将被告人陈某辉抓获归案。

案发后,公安机关从被告人伍某於处扣押苹果手机2部、银行卡25张、身份证7张、苹果笔记本电脑1台、电话卡1张在案,从被告人陈某辉处扣押苹果4S手机1部、苹果SE手机1部、密码本1个、身份证2张、信用卡复制器1个在案。

另查明,2016年3月,被告人伍某於从广东深圳购买了伪造的空白银行卡及制卡设备,存放于其位于湖南省通道侗族自治县木脚乡石岩村地步组老家二楼房间内。2016年12月22日,公安民警对上述房间进行搜查,共查获银行卡共计345张,其中空白银行卡331张,卡面上有账号的银行卡14张。公安机关已将现场查获的银行卡345张以及制卡机2台、台式机主机箱1台、刷卡器1台、打印机1台、POS机6台、烫金机1台、惠普笔记本电脑1台、锡纸1盒、优质胶膜1包扣押在案。

原审法院认为,窃取、收买、非法提供信用卡信息罪属于选择性罪名,应根据被告人实施的具体行为予以认定。本案中,被告人吴某志、陈某辉窃取他人信用卡信息后提供给被告人伍某於的行为,因系共同犯罪行为,其提供行为属于窃取行为中先窃后取的连续行为,与本罪名中将窃取信用卡信息转让给他人的非法提供行为具有明确的区别,故本案各被告人的行为应当认定为窃取信用卡信息罪。被告人伍某於纠集他人窃取信用卡信息,数量巨大,并使用伪造信用卡诈骗,数额巨大,其行为分别构成窃取信用卡信息罪和信用卡诈骗罪,鉴于两个犯罪行为之间具有手段行为与目的行为之牵连关系,应择一重罪即信用卡诈骗罪定罪处罚。被告人伍某於明知是伪造的空白信用卡而持有,数量巨大,其行为还构成妨害信用卡管理罪。

长沙县人民检察院抗诉提出，原审判决未认定原审被告人伍某於构成窃取信用卡信息罪属于适用法律错误、定性不当，导致对原审被告人伍某於量刑畸轻。

原审被告人伍某於辩称，(1)其持有空白信用卡的行为是为了吴某志和陈某辉所窃取的信用卡信息所准备，这都是为了其适用伪造信用卡进行诈骗的目的，应当属于手段行为和目的行为的牵连关系，应当择一重罪，即信用卡诈骗罪定罪处罚；(2)对原审判决认定妨害信用卡管理罪有异议，其持有、伪造空白信用卡与窃取信用卡信息和信用卡诈骗的行为应是同一种关系犯的客观行为，其持有空白信用卡的行为是为了窃取信用卡信息。请求查明事实从轻处罚。

原审被告人伍某於的辩护人辩称，伍某於的数个犯罪行为目的与手段是牵连关系，应该择一重罪将其他的罪名都予以吸收，择一重罪全案以信用卡诈骗罪对伍某於定罪处罚。

【案件争点】

伍某於纠集他人窃取信用卡信息，使用伪造信用卡诈骗，明知是伪造的空白信用卡大量持有的行为，如何定性。

【裁判要旨】

二审法院认为，原审被告人伍某於纠集他人窃取信用卡信息的行为，数量巨大，并使用伪造信用卡诈骗的行为，数额巨大，其行为既构成窃取信用卡信息罪，又构成信用卡诈骗罪，两个犯罪行为之间具有手段行为与目的行为之牵连关系，窃取取信用卡信息的行为可以被信用卡诈骗罪吸收，牵连犯应择一重罪即对原审被告人伍某於以信用卡诈骗罪定罪处罚，原审判决对此的判决理由成立，对于长沙县人民检察院抗诉意见不予支持。原审被告人伍某於明知是伪造的空白信用卡而持有，数量巨大，其行为还构成妨害信用卡管理罪，应当数罪并罚。

三、裁判规则提要

（一）关于伪造信用卡并使用伪造的信用卡实施诈骗行为的定性问题

对于伪造信用卡并使用伪造的信用卡诈骗的行为应当如何定性，在信用卡诈骗罪设立以前，我国刑法学界存在三种观点：第一种观点认为，信用卡是有价证券，具有货币功能，因而，只要持卡人主观上有牟利目的，客观上有伪造行为，就应定伪造有价证券罪。第二种观点认为，伪造是手段，骗财是目的，构成伪造有价证券罪和诈骗罪的牵连犯，应以一重罪处断。第三种观点则认为，应直接定诈骗罪。因为我国现行的有价证券有支票、股票、存折、汇票、公债券、国库券（不包括外国发行的在我国流通的信用卡），行为人的目的不是营利，而是非法占有公共财产，事实上，持卡买货的行为不具有营利性质，这种行为所侵犯的客体不是国家经济的正常运行，而是社会财产关系。在信用卡诈骗罪设立以后，伪造信用卡的行为按照规定，构成伪造、变造金融票证罪，而使用伪造的信用卡的行为构成信用卡诈骗罪，两者之间存在牵连关系，应当择一重罪从重处罚。由于两罪的法定刑相同，以牵连犯中的结果行为即以信用卡诈骗罪论处为宜。

实践中需要注意的是伪造国际信用卡实施信用卡诈骗的情形，对这类范围犯罪的定性，首先要对国际信用卡交易机制进行的分析。国际信用卡交易机制实际上是以信用卡为中介，将信用卡“发卡机构—会员—特约商户”的信贷消费结算的关系固定下来，信用卡实质是三方之间金融关系的载体。在上述三方关系中，理论上无论哪个环节都可能因诈骗中断，每个环节都可能出现诈骗活动，但事实上作为持卡人的会员（或通过使用伪卡而冒充会员）诈骗的可能最大，特约商户在一定情况下也存在犯罪的机会。这种利用伪造信用卡进行诈骗的行为，不仅可能使特约商户受到损害，而且可能使国外发卡中心、国外的信用卡持有者、国内被委托授权的收单银行的资金受到损害。

例案一即郑某山等信用卡诈骗案就是一种新类型的利用国际信用卡实施诈骗的案件。从数被告人的客观行为来分析，他们开设商店，向银行申请结算账户并成为国际信用卡的特约商户，利用国外的信用卡信息伪造信用卡都是为其后面的诈骗行为作铺垫，关键的行为在于使用伪造的国际信用卡刷卡进行虚假交易，进而利用虚假的交易单到国内委托收单银行骗出资金。可见，使用伪造的信用卡仍然是本案客观表现的核心所在，符合我国《刑法》第 196 条规定的信用卡诈骗罪的行为特征。本案行为的特殊性只不过在于伪卡使用人与特约商户结合为一体，而陷入错误认识、处分行为的人为国内委托收单银行，实际受害者是国外信用卡公司或信用卡持有人。从主观方面来看，数被告人实施上述一系列行为的目的在于非法无偿地占有他人的财物，符合信用卡诈骗罪的主观特征。因此，数被告人以非法占有为目的，以开办商店为幌子申请为国际信用卡交易特约商户，进而伪造信用卡并使用伪造的信用卡进行刷卡，制造虚假交易，从而骗取国外发卡中心或收单行的资金，数额特别巨大，严重损害了信用卡的管理制度以及他人财产的所有权，这种行为严重破坏了我国的信用卡管理秩序和制度，损害了国际金融资金安全，也致使他人合法的财产受到损害，应以信用卡诈骗罪论处。

（二）关于使用伪造的信用卡行为的具体形式

根据《刑法》第 196 条规定，“使用伪造的信用卡，或者使用以虚假的身份证明骗领的信用卡”进行信用卡诈骗活动，数额较大的，应以信用卡诈骗罪定罪处罚。此处涉及对“用伪造的信用卡，或者使用以虚假的身份证明骗领信用卡的”的具体理解。对此，《刑法释义》提到“使用伪造的信用卡，或者使用以虚假的身份证明骗领的信用卡，包括用伪造的信用卡或者以虚假的身份证明骗领的信用卡购买商品、在银行或者自动柜员机上支取现金以及接受用信用卡进行支付结算的各种服务等。使用伪造的信用卡或者以虚假的身份证明骗领的信用卡，无论是进行购物或者接受各种有偿性的服务，在性质上都属于诈骗行为”。“使用伪造的信用卡或者以虚假的身份证明骗领的信用卡，既包括自己伪造或者骗领后供自己使用，也包括明知是他人伪造或者骗领后自己使用。”

三件例案中，三案被告人客观上都使用了伪造的信用卡，主观上对此亦均明知。郑某山等人明知是伪造的信用卡同时，申办信用卡刷卡商户，进行虚假交易进而套现；其余两案被告人持有伪造的信用卡进行购物套现，无论出于什么形式，根本目的均为将信用卡对应的货币资金转变为现实的可供自己支配的资金，这种使用的行为过程，均属于《刑法》信用卡诈骗罪下冒用他人信用卡型使用行为的整体过程的一部分，因此，宜涵盖在同一目的下进行综合评价。

司法实践中，需要注意的是：

1. 一些信用卡申领人为了顺利取得信用卡，或者获得较高的授信额度，而在申请信用卡时对自己的收入状况等作了不实的陈述，因为其主观上并无非法占有目的，性质是不同于上述骗领信用卡的行为的，不应作为犯罪处理。

2. 对于窃取信用卡信息后制造伪卡用于套现的行为，窃取信用卡资料、制伪卡、套现之间存在手段行为与目的行为的关系，属于牵连犯，根据刑法理论须择一重罪处罚，但是，仅仅窃取信用卡信息供他人使用的，构成窃取信用卡信息罪，且行为人犯罪目的是否为获取报酬不影响犯罪的定性。

3. 行为人窃取他人信用卡信息资料，除用于伪造信用卡供自己使用外，还违反国家对信用卡的管理规定，以营利为目的，非法卖给他人，数量巨大的，其行为还构成窃取、收买、非法提供信用卡信息罪，应与信用卡诈骗罪数罪并罚。

(三)明知是伪造的信用卡而持有,如果信用卡并未被使用,不构成信用卡诈骗罪,持有行为构成妨害信用卡管理罪;若使用伪造的信用卡进行诈骗的同时,行为人还持有其他伪造的信用卡,且都符合立案追诉标准的,则认定构成前述二罪且并罚为宜

《刑法》关于妨害信用卡管理罪的规定是2005年《刑法修正案(五)》的新增罪名,在此罪增设之前,实践中对此法罪涉及的,如明知伪造信用卡而持有的一些行为多以信用卡诈骗罪的共犯形式来处理定性问题。实践中,信用卡诈骗行为与妨害信用卡管理行为具有十分密切的联系,妨害信用卡管理的行为通常是信用卡诈骗的前奏或者说预备,因而两罪产生牵连。两罪的区别主要表现在:妨害信用卡管理罪以单纯的妨害信用卡管理的行为入罪,即只要行为人实施了相关行为,就涉嫌构成妨害信用卡管理罪。而构成信用卡诈骗罪则要求行为人除实施持有伪造信用卡或相关行为外,还必须具有非法占有的目的以及诈骗数额较大公私财物的行为。明知是伪造的信用卡而非法持有的,如果行为人主观上没有非法占有的目的,客观上也没有实施诈骗行为,则构成妨害信用卡管理罪。如果行为人是基于信用卡诈骗的主观目的而故意持有伪造的信用卡的,若行为人尚未实施信用卡诈骗行为,则非法持有行为既妨害了信用卡管理,也构成信用卡诈骗的预备,因刑法“无行为、不处罚”,应以妨害信用卡管理罪论处。与此相对,若行为人持有伪造的信用卡并使用进行诈骗,理论上,诈骗行为与持有行为间构成目的行为与手段行为的牵连关系,尚未达到信用卡诈骗罪立案追诉标准的,仍应以妨害信用卡管理罪论处,达到信用卡诈骗罪立案追诉标准的,应择一重罪即以信用卡诈骗罪论处。

实践中产生争议是,在行为人使用伪造的信用卡诈骗的同时,还发现其持有一定数量乃至大量的伪造的信用卡,此时对行为人的诈骗行为与持有行为如何评价与定性,各地司法实践对此莫衷一是,具体有两种处理观点与方式:第一种,在非法占有目的即诈骗目的下,行为人持有伪造的信用卡是为了实施信用卡诈骗犯罪,持有行为与使用行为之间具有牵连关系,非法占有的目的涵盖了持有的故意,对行为人择一重罪即以信用卡诈骗罪定罪处罚完全能够达到对行为人整体行为过程进行价值评判的结果,此时,若对行为人持有伪造信用卡的行为再单独评价,有重复评价之嫌,故对行为人以信用卡诈骗罪定罪处罚。第二种,行为人为了实施信用卡诈骗而使用伪造的信用卡和持有伪造的信用卡是两个行为,两个犯罪行为中所指向的信用卡是不同的,即使用的伪造信用卡与持有的伪造信用卡不是同一张或同几

张信用卡,所以,使用伪造的信用卡行为和同时持有伪造的信用卡的行为不存在牵连关系,分别构成信用卡诈骗罪和妨害行用卡管理罪,应当数罪并罚。

我们认为,从行为状态与法益保护、价值评价的角度,若使用伪造的信用卡进行诈骗的同时,行为人还持有其他伪造的信用卡,且都符合立案追诉标准的,则认定构成信用卡诈骗罪与妨害信用卡管理罪二罪且并罚为宜。理由是:非法占有目的下,与诈骗行为具有牵连关系的持有行为应是与具体诈骗行为直接关联的、具体的、严格的“持有”,而非抽象意义的、形式的、任意的“持有”。如前所述,只有持有伪造的信用卡并诈骗的,才涉及目的行为与手段行为间牵连关系的认定问题,此时,对行为人主观目的涵盖下的目的行为与手段行为作为一个闭合的行为系统进行整体价值评价才具有刑法意义,也才符合罪刑相适应原则。如果行为人仅仅是持有伪造的信用卡而没有用之诈骗,牵连无从谈起。在个案中,因为,行为人是使用具体的伪造的信用卡实施诈骗行为,即行为人诈骗时所实施的行为是具体的,因此,能够被认定为与该诈骗行为具有通常性的牵连关系的行为也应当是与该具体的使用伪造信用卡诈骗的行为直接关联的、现实的持有行为。例如,行为人为实施诈骗而持有多张伪造的信用卡,只携带并使用其中一张信用卡前往商场实施诈骗,而将其他多张伪造信用卡置于自己开来的车辆中,后被抓获,数额较大,构成信用卡诈骗罪。此时,行为人实施的持有多张伪造信用卡的行为,触犯了妨害信用卡管理秩序罪的法益,实施的使用伪造信用卡的诈骗行为,侵害了信用卡诈骗罪的法益,但在刑法意义上,对行用人信用卡诈骗罪法益产生具体侵害的行为是行为人使用一张伪造信用卡的行为,能够归属于该具体使用行为的、具有直接牵连性的行为也仅是行为人对该张伪造信用卡的持有行为,将该两个行为作为一个整体进行价值评价符合整体评价原则。若仅因行为人具有实施诈骗的主观目的,而对其持有其他多张伪造信用卡的行为都认为是使用一张信用卡诈骗行为的牵连行为,进而评价为信用卡诈骗罪一罪,则对行为人持有其他伪造信用卡的行为没有进行全面价值评价,宜造成对持有伪造信用卡行为的放纵,同时,又因信用卡诈骗罪量刑时没有对持有伪造信用卡的数量纳入相关量刑因素,也容易致使因牵连而将所有持有行为归属于信用卡诈骗罪的具体个案产生罪刑不相适应的结果。反之,将持有并使用一张伪造信用卡的行为定性为信用卡诈骗罪而将持有其他伪造信用卡的行为以妨害信用卡管理罪论处,以两罪并罚,则既兼顾了法益的保护,也平衡了整体评价与全面评价,更兼顾了罪刑相适应,更加具有合理性,也更符合实践中具体的个案形态。综上所述,在非法占有目的下,行为人使用其持有的伪造的信用卡诈骗的,构成信用卡诈骗罪,行为人还持有尚未使用的伪造的信用卡的,宜认定另行构成妨害信用卡管理罪。

例案二即张某东等犯伪造、变造金融票证罪、妨害信用卡管理案中,被告人张某东为进行非法占用信用卡内资金,伪造信用卡 56 张,并利用其中 11 张取现,其行为符合伪造金融票证罪、信用卡诈骗罪的牵连犯,应当择一重罪处罚,伪造金融票证罪的处罚重于信用卡诈骗罪,应当以伪造金融票证罪定罪处罚。除上述情形外,被告人张某东还有购买并持有他人 12 张信用卡的情形,张某东虽然系为了实施信用卡诈骗犯罪而持有这 12 张伪造的信用卡的,但并未使用这 12 张伪造的信用卡,而持有这 12 张伪造的信用卡已经构成对伪造的他人信用卡的非法持有状态,在此种情形下,已不属于牵连犯,属于非法持有他人信用卡数量较大,符合妨害信用卡管理罪的构成要件,属于单独构成妨害信用卡管理罪。以妨害信用卡管理罪定罪处罚,并两罪并罚,坚持了全面评价原则,又对他人财产的合法状态与国家的信用卡管理秩序予以维护,全面适宜。

司法实践中,需要注意下列问题:

1. 如果行为人没有非法占有的目的,也没有实施诈骗行为,则只构成妨害信用卡管理罪。如果行为人是基于实施信用卡诈骗的主观故意而实施了妨害信用卡管理行为,属于目的行为与手段行为之牵连,如果行为人实施了信用卡诈骗行为,且达到信用卡诈骗罪立案追诉标准的,应以信用卡诈骗罪论处。

2. 如果行为人尚未实施信用卡诈骗行为,或者虽然实施了,但尚未达到信用卡诈骗罪立案追诉标准的,应以妨害信用卡管理罪论处。

四、辅助信息

高频词条:

《刑法》

第 177 条之一 有下列情形之一,妨害信用卡管理的,处三年以下有期徒刑或者拘役,并处或者单处一万元以上十万元以下罚金;数量巨大或者有其他严重情节的,处三年以上十年以下有期徒刑,并处二万元以上二十万元以下罚金:

(一)明知是伪造的信用卡而持有、运输的,或者明知是伪造的空白信用卡而持有、运输,数量较大的;

(二)非法持有他人信用卡,数量较大的;

(三)使用虚假的身份证明骗领信用卡的;

（四）出售、购买、为他人提供伪造的信用卡或者以虚假的身份证明骗领的信用卡的。

窃取、收买或者非法提供他人信用卡信息资料的，依照前款规定处罚。

银行或者其他金融机构的工作人员利用职务上的便利，犯第二款罪的，从重处罚。

第 196 条 有下列情形之一，进行信用卡诈骗活动，数额较大的，处五年以下有期徒刑或者拘役，并处二万元以上二十万元以下罚金；数额巨大或者有其他严重情节的，处五年以上十年以下有期徒刑，并处五万元以上五十万元以下罚金；数额特别巨大或者有其他特别严重情节的，处十年以上有期徒刑或者无期徒刑，并处五万元以上五十万元以下罚金或者没收财产：

（一）使用伪造的信用卡，或者使用以虚假的身份证明骗领的信用卡的；

（二）使用作废的信用卡的；

（三）冒用他人信用卡的；

（四）恶意透支的。

前款所称恶意透支，是指持卡人以非法占有为目的，超过规定限额或者规定期限透支，并且经发卡银行催收后仍不归还的行为。

盗窃信用卡并使用的，依照本法第二百六十四条的规定定罪处罚。

《信用卡解释二》

第 2 条 明知是伪造的空白信用卡而持有、运输十张以上不满一百张的，应当认定为刑法第一百七十七条之一第一款第一项规定的“数量较大”；非法持有他人信用卡五张以上不满五十张的，应当认定第一百七十七条之一第一款第二项规定的“数量较大”。

有下列情形之一的，应当认定为刑法第一百七十七条之一第一款规定的“数量巨大”：

（一）明知是伪造的信用卡而持有、运输十张以上的；

（二）明知是伪造的空白信用卡而持有、运输一百张以上的；

（三）非法持有他人信用卡五十张以上的；

（四）使用虚假的身份证明骗领信用卡十张以上的；

（五）出售、购买、为他人提供伪造的信用卡或者以虚假的身份证明骗领的信用卡十张以上的。

违背他人意愿，使用其居民身份证、军官证、士兵证、港澳居民往来内地通行证、台湾居民来往大陆通行证、护照等身份证明申领信用卡的，或者使用伪造、变造的身份证明申领信用卡的，应当认定为刑法第一百七十七条之一第一款第三项规定的“使用虚假的身份证明骗领信用卡”。

第3条 窃取、收买、非法提供他人信用卡信息资料，足以伪造可进行交易的信用卡，或者足以使他人以信用卡持卡人名义进行交易，涉及信用卡一张以上不满五张的，依照刑法第一百七十七条之一第二款的规定，以窃取、收买、非法提供信用卡信息罪定罪处罚；涉及信用卡五张以上的，应当认定为刑法第一百七十七条之一第一款规定的“数量巨大”。

第4条 为信用卡申请人制作、提供虚假的财产状况、收入、职务等资信证明材料，涉及伪造、变造、买卖国家机关公文、证件、印章，或者涉及伪造公司、企业、事业单位、人民团体印章，应当追究刑事责任的，依照刑法第二百八十条的规定，分别以伪造、变造、买卖国家机关公文、证件、印章罪和伪造公司、企业、事业单位、人民团体印章罪定罪处罚。

第5条 使用伪造的信用卡、以虚假的身份证明骗领的信用卡、作废的信用卡或者冒用他人信用卡，进行信用卡诈骗活动，数额在五千元以上不满五万元的，应当认定为刑法第一百九十六条规定的“数额较大”；数额在五万元以上不满五十万元的，应当认定为刑法第一百九十六条规定的“数额巨大”；数额在五十万元以上的，应当认定为刑法第一百九十六条规定的“数额特别巨大”。

刑法第一百九十六条第一款第三项所称“冒用他人信用卡”，包括以下情形：

（一）拾得他人信用卡并使用的；

（二）骗取他人信用卡并使用的；

（三）窃取、收买、骗取或者以其他非法方式获取他人信用卡信息资料，并通过互联网、通讯终端等使用的；

（四）其他冒用他人信用卡的情形。

最高人民法院、最高人民检察院、公安部《关于办理电信网络诈骗等刑事案件适用法律若干问题的意见》

三、全面惩处关联犯罪

（四）非法持有他人信用卡，没有证据证明从事电信网络诈骗犯罪活动，符合刑法第一百七十七条之一第一款第（二）项规定的，以妨害信用卡管理罪追究刑事责任。

信用卡诈骗案件裁判规则第 14 条：

以真实的身份信息和虚假的收入证明、房产证明等资信证明申领信用卡后使用的，不属于“使用以虚假的身份证明骗领信用卡”

〔**规则描述**〕：法律中“身份证明”的内涵与其在大众世俗语境中的内涵迥异，对信用卡犯罪中应予严惩的“使用虚假的身份证明骗领信用卡”的“身份证明”应当作严格限定。被告人以真实的身份信息和虚假的收入证明、房产证明等资信证明申领信用卡后使用的，不属于“使用以虚假的身份证明骗领的信用卡”。

一、类案检索大数据报告

时间：2020 年 8 月 30 日之前，案例来源：Alpha 案例库，案件数量：15, 100 件，数据采集时间：2020 年 8 月 30 日，本次检索共获取认定信用卡诈骗罪中以虚假身份证明骗领信用卡的行为，2020 年 8 月 30 日之前 15, 100 篇裁判文书。如图 14 – 1 所示，从案件年份分布情况可以看出当前条件下刑事案例数量的变化趋势。

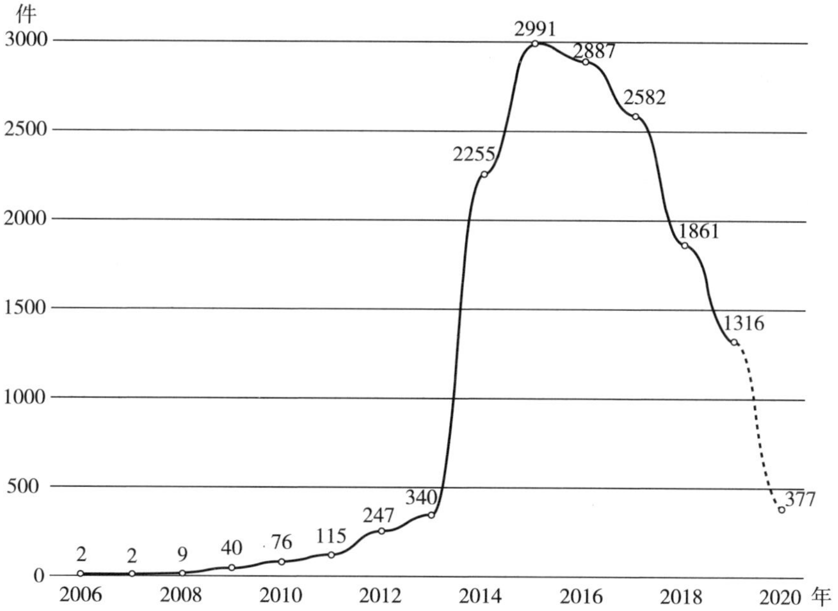

图 14 – 1　案件年份分布情况

如图 14－2 所示，从案件主要地域分布情况来看，当前刑事案例主要集中在福建省、广东省、上海市，分别占比 18.40%、11.40%、11.27%，其中福建省的案件量最多，达到 2779 件。

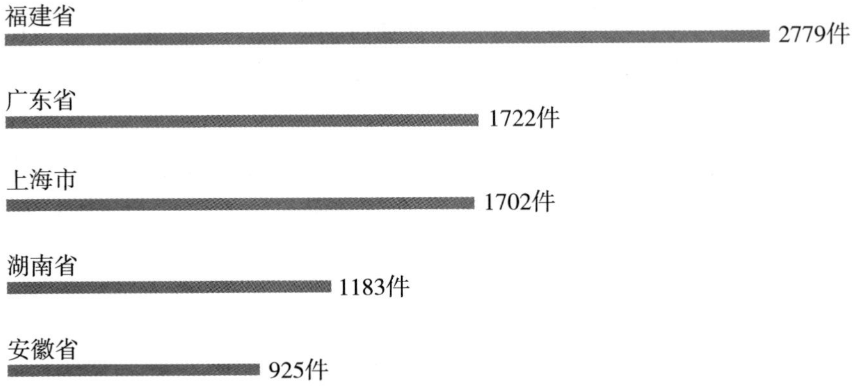

图 14－2　案件主要地域分布情况

如图 14－3 所示，从案件案由分类情况可以看出，当前最主要的案由是破坏社会主义市场经济秩序罪，有 14,089 件，占一半以上；其次是侵犯财产罪，妨害社会管理秩序罪，侵犯公民人身权利、民主权利罪，危害公共安全罪。

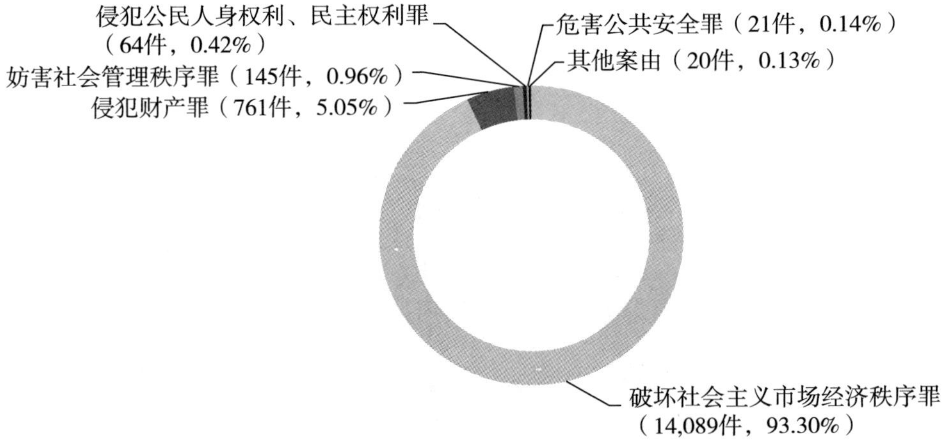

图 14－3　案件案由分类情况

如图 14－4 所示，从案件程序分类统计可以得出当前的审理程序分布状况，其中一审案件有 14,114 件，二审案件有 945 件，再审案件有 27 件，其他 14 件，并能够推算出一审上诉率约为 6.70%。

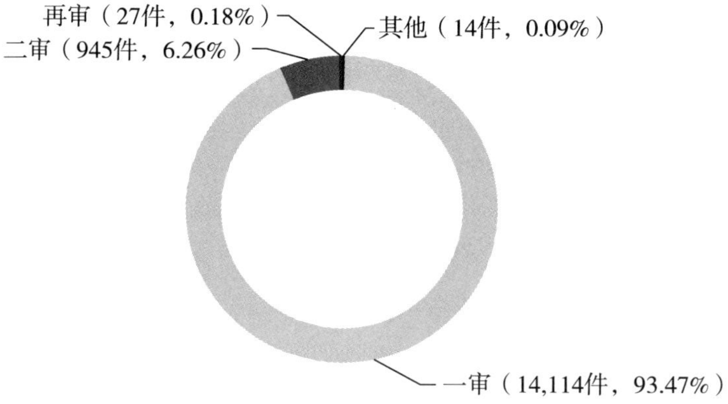

图 14－4　案件程序分类情况

如图 14－5 所示，通过对主刑的可视化可以看出，当前条件下包含有期徒刑的案件有 8951 件，包含拘役的案件有 2046 件，包含无期徒刑的案件有 31 件，包含死刑的案件有 6 件，包含管制的案件有 5 件。

图 14－5　案件判决主刑情况

二、可供参考的例案

例案一　周某福信用卡诈骗案

【法院】

浙江省宁波市镇海区人民法院

【案号】

(2012)甬镇刑初字第126号

【诉讼主体】

公诉机关:浙江省宁波市镇海区人民检察院

被告人:周某福

【基本案情】

2008年9月至2009年2月,被告人周某福在明知自己没有还款能力的情况下,采用向银行提供虚假的工作证明、收入证明、房权证等手段,从宁波银行、深发银行、招商银行申领信用卡后,采用刷卡套现、取现、消费等手段进行透支,在无力偿还银行欠款后变更联系方式,经上述银行多次催收,被告人周某福仍未予偿还。截至案发时,共计透支上述银行信用卡内本金共计人民币76,578.19元。

公诉机关指控被告人周德福以非法占有为目的,使用虚假的身份证明骗领信用卡后又恶意透支信用卡,数额巨大,应处5年以上10年以下有期徒刑,并处5万元以上50万元以下罚金。

被告人周德福及其指定辩护人辩称,本案不属于以虚假的身份证明骗领信用卡,被告人周德福的犯罪数额应为较大,应处以5年以下有期徒刑或者拘役,并处5万元以上20万元以下罚金。

【案件争点】

使用虚假的收入证明、产权证明等资信证明申领信用卡,是否属于使用以虚假的身份证明骗领信用卡。

【裁判要旨】

法院审理认为,被告人周某福以非法占有为目的,恶意透支信用卡,数额较大,其行为已构成信用卡诈骗罪。公诉机关指控罪名成立。公诉机关关于被告人周某福使用以虚假的身份证明骗领的信用卡,犯罪数额巨大的指控,被告人周某福以真实的身份证和虚假的收入证明、产权证明等资信证明申领信用卡,不属于以虚假的身份证明骗领信用卡,因此,依法应认定其犯罪数额较大。公诉机关上述指控不当,法院依法予以纠正。被告人周某福及其指定辩护人关于本案不属于以虚假的身份证明骗领信用卡,被告人周某福的犯罪数额应为较大的辩解和辩护意见成立,予以采纳。被告人周某福在被判处有期徒刑以上刑罚执行完毕后5年内再犯应当判处有期徒刑以上刑罚之罪,系累犯,依法应当从重处罚。被告人周某福归案后能如实供述自己的犯罪事实,并自愿认罪,依法可以从轻处罚。被告人周某福恶意透支所得，应予退赔。

例案二 | 魏某某、郭某信用卡诈骗案

【法院】

河北省沧州市中级人民法院

【案号】

（2014）沧刑终字第168号

【诉讼主体】

原公诉机关：河北省青县人民检察院

上诉人（原审被告人）：魏某某、郭某

【基本案情】

2012年12月7日，被告人魏某某为了偿还拖欠庞某的债务，通过被告人郭某使用虚假的房产证明在中国建设银行沧州分行建设大街支行办理了一张透支额度5万元的白金信用卡，卡号为62596602××××。2012年12月16日被告人魏某某领取该信用卡后，在被告人郭某帮助下通过樊某某经营的青县大鹏通讯门市部套取现金5万元，扣除套现的手续费500元、郭某办卡手续费12,500元，偿还拖欠庞某债务20,000元后，剩下的17,000元用于个人消费。逾期后，经银行向被告人魏某某两次催收、超过3个月仍不归还。案发后，该信用卡透支款项本息已全部还清。被告人郭某具有自首情节。

【案件争点】

行为人使用虚假的房产证明申领信用卡套取现金，属于使用以虚假的身份证明骗领的信用卡诈骗还是恶意透支型信用卡诈骗。

【裁判要旨】

一审法院认为，认定被告人魏某某犯信用卡诈骗罪，判处有期徒刑5年，并处罚金10万元；被告人郭某犯信用卡诈骗罪，判处有期徒刑3年，缓刑5年，并处罚金8万元。

河北省青县人民检察院抗诉提出和被告人魏某某上诉提出，原判认定被告人魏某某利用虚假的身份证明领取信用卡透支诈骗，系适用法律错误，量刑不当，请求依法改判。

二审法院认为，上诉人（原审被告人）魏某某和原审被告人郭某以非法占有为

目的，利用魏某某本人身份证明和虚假的房产证办理信用卡，上诉人魏某某透支五万元，数额较大，超过规定期限后，经发卡银行两次催收后超过3个月仍不归还，其二人的行为均已构成信用卡诈骗罪。针对抗诉机关抗诉和上诉人魏某某上诉所提原判认定被告人魏某某系利用虚假身份证明进行信用卡诈骗的意见，经查，根据在案证据，上诉人魏某某和原审被告人郭某在办理信用卡过程中虽使用了虚假的房产证明，但仍是以魏某某本人身份证申请并办理信用卡，并非使用虚假的身份证明申办信用卡，故原判认定被告人魏某某和郭某系利用虚假的身份证明骗领信用卡有误，对抗诉和上诉意见，予以采纳。上诉人魏某某和原审被告人郭某利用信用卡恶意透支5万元属于数额较大，原判认定为数额巨大错误。鉴于上诉人魏某某案发后能够偿还全部透支款息，改判魏某某犯信用卡诈骗罪，判处有期徒刑2年，并处罚金5万元；原审被告人郭某犯信用卡诈骗罪，判处有期徒刑1年，缓刑2年，并处罚金3万元。

例案三 | 陈某、陈某1等信用卡诈骗案

【法院】

吉林省四平市中级人民法院

【案号】

(2017)吉03刑终239号

【诉讼主体】

原公诉机关：吉林省四平市铁东区检察院

上诉人：陈某、陈某1、陈某2、郭某放

【基本案情】

被告人陈某伙同陈某1于2014年3月使用假的单位证明文件，以被告人陈某1的名义在四平市工商银行办理牡丹信用卡，卡号为622233004602××××，在银行作分期付款后，透支人民币18万元在四平市润德汽车销售有限公司购买一台价值人民币25.98万元的本田CRV越野车。他们将该车提出后以人民币18万元价格卖给朱亮。其中10万元交给四平市润德汽车销售有限公司，6万元人民币被被告人陈某用于还欠款。发卡行已收还款1万元，尚欠本金17万元。发卡行工作人员多次以电话和上门催收方式向被告人陈某、陈某1催收，其均未归还透支款项。

被告人陈某伙同陈某2于2014年3月使用假的单位证明文件，以被告人陈某

2 的名义在四平市工商银行办理牡丹信用卡，卡号为 622233004602 × × × ×。在银行作分期付款后，透支人民币 11.9 万元在四平市英驰汽车销售服务有限公司购买一台价值人民币 17.08 万元的华泰 E70 轿车。他们将该车提出以后以人民币 5 万元价格卖给王某。发卡行已收还款 6675 元，尚欠本金 112, 325 元。发卡行工作人员多次以电话和上门催收方式向被告人陈某、陈某 2 催收，其均未归还透支款项。

被告人陈某伙同郭某放于 2014 年 3 月使用假的单位证明文件，以被告人郭某放的名义在四平市工商银行办理牡丹信用卡，卡号为 622233004602 × × × ×。在银行办理分期付款后，透支人民币 11.9 万元在四平市英驰汽车销售服务有限公司购买一台价值人民币 17.08 万元的华泰 E70 轿车。他们将该车提出以后以人民币 3.7 万元价格卖给李某。发卡行已收还款 33, 325 元，尚欠本金 85, 675 元。发卡行多次以电话和上门催收方式向被告人郭某放催收，被告人陈某、郭某放均未归还透支款。

【案件争点】

申领信用卡时，使用真实的身份信息和虚假的单位证明，是否属于使用以虚假的身份证明骗领信用卡。

【裁判要旨】

一审法院认为，被告人陈某找到被告人陈某 1、陈某 2、郭某放并用该三人身份信息在发卡行办理信用卡，被告人陈某填写了该三人虚假的工作证明，与该三人虚假的房屋所有权证一并提供给发卡行，被告人陈某 1、陈某 2、郭某放在申办及领取信用卡时均到场签字，使用骗领的信用卡贷款购车，后被告人陈某联系贷款所购车辆的出卖与抵押，将涉案三台车辆均予以处理，且其占用部分款项。四被告人均实施了使用以虚假的身份证明骗领的信用卡行为，进行信用卡诈骗活动，符合信用卡诈骗罪的构成要件，且犯罪数额均巨大，四被告人的犯罪行为均构成信用卡诈骗罪。公诉机关指控的犯罪事实清楚，证据确实、充分，但对公诉机关指控四被告人犯贷款诈骗罪的罪名不予支持。被告人陈某在共同犯罪中起主要作用，系主犯；被告人陈某 1、陈某 2、郭某放分别起次要作用，系从犯，依法应当减轻处罚。被告人陈某 1 协助公安机关抓捕犯罪嫌疑人，具有立功情节，对被告人陈某 1 依法可减轻处罚。鉴于四被告人均当庭自愿认罪，可酌定从轻处罚。对被告人陈某辩护人认为公诉机关指控的罪名不成立的辩护意见法院予以采纳，对其他辩护意见均不予采纳。判决：一、被告人陈某犯信用卡诈骗罪，判处有期徒刑 8 年，并处罚金人民币

40万元。二、被告人陈某1犯信用卡诈骗罪，判处有期徒刑3年，并处罚金人民币18万元。三、被告人陈某2犯信用卡诈骗罪，判处有期徒刑2年6个月，并处罚金人民币12万元。四、被告人郭某放犯信用卡诈骗罪，判处有期徒刑2年6个月，并处罚金人民币12万元。五、责令被告人陈某与被告人陈某1向中国工商银行股份有限公司四平信用卡部退赔人民币17万元；责令被告人陈某与被告人陈某2向中国工商银行股份有限公司四平信用卡部退赔人民币112,325元；责令被告人陈某与被告人郭某放向中国工商银行股份有限公司四平信用卡部退赔人民币85,675元。

宣判后，被告人提出上诉。

二审法院认为，关于虚假的收入证明是否是虚假的身份证明，对四被告人行为如何评价的问题。《刑法修正案(五)》将使用虚假的身份证明骗领信用卡的行为规定为犯罪，主要是考虑行为人如果以真实身份申领信用卡，刷卡消费后只是财力不足以还款，大多属于民事范畴，可通过民事途径解决。但如果以虚假身份证明申领信用卡，行为人在申领信用卡时就没有打算归还用卡后所欠银行透支款项的企图已十分明显。换句话说，申领人从申领卡时就为利用信用卡诈骗活动埋下了伏笔。从银行骗领信用卡后大肆透支取现或者疯狂刷卡消费，甚至授信额度用完，一旦被识破，即逃之夭夭。银行凭持卡人虚假身份证明、住址等资料根本无法找到持卡人，也无法挽回损失。如果申领人提供的身份证明文件是真实的，只是在自己的财产证明、工资收入等方面进行夸大，向发卡行提供不实信息，以获取较高的信用卡授信额度，不属于使用虚假的身份证明骗领信用卡。但陈某1、陈某2、郭某放作为持卡人，违反《信用卡业务管理办法》的规定，将信用卡出借给他人使用，在得知他人有恶意透支行为后，虽然有催促他人还款的行为，但在催促未果的情况下并未到公安机关报案，也未对涉案的信用卡进行挂失，未防止损失扩大。结合各被告的犯罪情节判决：上诉人陈某犯信用卡诈骗罪，判处有期徒刑6年。并处罚金人民币25万元。上诉人陈某1犯信用卡诈骗罪，判处有期徒刑2年，缓刑3年，并处罚金人民币5万元。上诉人陈某2犯信用卡诈骗罪，判处有期徒刑2年3个月，并处罚金人民币5万元。上诉人郭某放犯信用卡诈骗罪，判处有期徒刑2年3个月，并处罚金人民币5万元。责令上诉人陈某与上诉人陈某2向中国工商银行股份有限公司四平信用卡部退赔人民币112,325元；责令上诉人陈某与上诉人郭某放向中国工商银行股份有限公司四平信用卡部退赔人民币85,675元。

三、裁判规则提要

（一）准确把握“以虚假的身份证明骗领信用卡”的含义

所谓“以虚假的身份证明骗领信用卡”，是指以伪造的身份证等虚假的身份证明材料所骗领的由发卡银行发放的信用卡。1995 年之前，《刑法》未对“以虚假的身份证明骗领信用卡”任何规定，1997 年《刑法》修订后，也并未增设对骗领信用卡的行为规制的法条。随着社会生活中信用卡使用的范围越来越广，司法实践中存在大量使用骗领信用卡的现象，有的行为人虚构持卡人的名义，制作相应的虚假身份证件，但实际上所谓的“持卡人”根本不存在，银行也无从查证。直至《刑法修正案（五）》第 1 条明确将使用虚假的身份证明骗领信用卡行为规定为妨害信用卡管理罪中的第 3 项法定行为。与此同时，该修正案第 2 条对《刑法》第 196 条信用卡诈骗罪也作了相应修正，即将“使用以虚假的身份证明骗领的信用卡”作为信用卡诈骗罪的一种法定行为。《信用卡解释二》第 2 条对“使用虚假的身份证明骗领信用卡”行为作了解释，即“违背他人意愿，使用其居民身份证、军官证、士兵证、港澳居民往来内地通行证、台湾居民来往大陆通行证、护照等身份证明申领信用卡的，或者使用伪造、变造的身份证明申领信用卡的”，应当认定为妨害信用卡管理罪中“使用虚假的身份证明骗领信用卡”犯罪行为。本条解释基本涵盖了“以虚假的身份证明申领信用卡”的行为特征。虽然妨害信用卡管理罪与信用卡诈骗罪规定在刑法不同的章节，但是广义上看都属于妨害信用卡管理的犯罪，只不过将通过信用卡诈骗行为与其他危害信用卡管理秩序的行为相区分，所以《刑法》第 196 条第 1 款第 1 项规定“使用以虚假的身份证明骗领信用卡的”中的“身份证明”可以适用上述解释。即“虚假的身份证明”仅包括与身份信息有关的合法证件材料。相应地，中国人民银行《信用卡业务管理办法》规定，申领信用卡应当提供公安部门规定的本人有效身份证件。根据有关规定，中国境内居民必须提供居民身份证复印件，现役军官必须提供军官证复印件，境外居民必须提供护照复印件。依据《居民身份证法》要求，居民身份证上所载明的信息除姓名外，还有性别、民族、出生日期、常住户口所在地住址、公民身份号码、本人相片、证件的有效期和签发机关。所以《银行业务管理办法》规定中的“身份证明”也是只与身份信息有关的合法证件。需要说明的是，《刑法》中关于身份的理解不是大众世俗语境中“有身份的人”中的身份。大众世俗语境下，“身份”的含义是指人的出身和社会地位等外在社会属性，包括家庭人际关系、财务收入、资产状况等，但这些是社会对个人评价标准，不是法律认定的身份标准。法律中的对身份的识别，不同于公众世俗舆论，是基于辨明清晰的法律关系的主体出发，首先是对姓名、性别等自然识别信息的界定。所以法律中的“身份”仅指是个人的姓名、性别等，而不是家庭关系、财务收入、房产情况等外在特征。

（二）单纯使用虚假的工作证明、收入证明、房产证明等资信证明申领信用卡的，不属于“使用以虚假的身份证明骗领的信用卡”

首先，虚假的资信证明不会造成银行对申领人身份的误认。使用虚假的身份证件向银行申领信用卡，会造成发卡银行对申领人身份的误认，基于这种错误认识向申领人发放信用卡。因为申领人使用虚假的身份证件是在利用他人的身份，隐瞒自己的身份，骗得银行错误的发卡，会导致银行资金被透支使用，联系不到申领人，透支后无处催收。而如果申领人在申领信用卡时，只是使用了虚假的收入证明、工作证明、房产证明等资信证明，但提供的是真实的身份，是不会造成发卡银行对其身份的误认。虽然收入证明、工作证明、房产证明等是虚假的，会使银行对其工作、社会地位、收入水平产生错误的认识，但对申领人真实的姓名、年龄、性别、户籍、身份证号码等信息是真实获悉的，即使在发生透支后，发卡银行进行催收时，对象是真实存在的。发卡银行也可以通过人民法院针对具体、明确的持卡人提起民事诉讼。如果经过催收 3 个月后持卡人仍不归还透支款的，发卡银行可通过刑事司法程序来实现追偿。也就是说，使用虚假的资信证明对行为人而言，在主观上没有隐瞒自己身份的故意，在客观上，发卡银行对其实身份也能如实掌握，银行资金面临的风险不是很大。

其次，申领人使用虚假的资信证明不能证实行为人具有非法占有的故意。申领人向银行申领信用卡时仅使用虚假的资信证明而未用虚假的身份证、护照等身份证，这一行为说明申领人不具有使银行不能催收的意图。由于信用卡申领的资格审查标准较高，银行会根据行为人的工作状况、收入进行审查，并根据其资产和收入程度进行相应程序的授信。实践中，有申领者纯粹为了提高信用卡额度而使用虚假资信证明。例如，申领者的最开始的授信额度仅有 5000 元，但随着社会发展和物价的提升，如果需要购置大件商品或者大病就医急需，5000 元的授信额度是远远不够的，因此，申领者就为了提高授信额度而使用虚假资信证明。虽然使用虚假资信证明的信用卡申领者中存在对银行资金非法占有者，包括申领信用卡时可能就有非法占有的故意，也包括最终因资不抵债等原因逃避还款者，但这不能证明仅有使用虚假资信证明的申领者中才会出现这样的情况。另外，虚假的资信证明文件只能证明行为人意图申领信用卡，不能证明行为人不打算归还透支款。即使申领信用卡时缺乏相应的资产，也不表明行为人在使用信用卡之时与之后缺乏相应的资产与归还能力，所以，使用虚假的资信证明不足以据此直接认定申领人有非法占有的故意。

最后，使用虚假的资信证明的社会危害性小。社会危害性是犯罪的本质属性之一，它即是能够构成犯罪的基本考量因素，也是给予适度刑罚处罚的主要标准之一。我国《刑法》在妨害信用卡类犯罪中突出规定“以虚假的身份证明骗领信用卡”这种犯罪行为，就说明这种行为有独特的社会危害性，这种危害性主要体现在申领人与银行之间金融服务合同的有效成立中。当信用卡申领人使用真实身份信息与虚假的资信证明向银行申领信用卡后，银行与真实的特定主体订立了信用卡金融服务合同。虽然申领人本身资信能力存在问题，但双方存在稳定的法律关系。即使申领人采用恶意透支、违规借用等不当使用方式，银行可以根据已经产生的合同关系得到合法的救济。与此截然不同的是，如果申请人以欺诈的方式，冒用他人的身份信息，即便其提供了被冒用人真实的收入证明、房产证明等资信证明，银行同意其申领要求，但由于合同一方与事实名义不符，就会导到处合同自始效力存在重大问题。因为当申领人使用提供的信用卡服务后，不管其是履行能力客观不足，还是主观恶意透支，银行因不知晓真实使用者是谁而无法行使有效的救济手段。所以说以真实的身份信息申领信用卡，无论其资信证明是否真实，需要根据其信用卡使用方式来确定是否构成信用卡犯罪。但以虚假身份信息申领信用卡的，无论其资信证明是否与被冒用人的真实情况相符，都已经构成了信用卡犯罪。

例案二中，被告人魏某某、郭某虽然使用了虚假的房产证明，但其使用了真实的身份证明，虽然其透支后未能归还，但其申领信用卡时并未有逃避催收的意图，所以使用虚假房产的证明不属于“使用以虚假的身份证明骗领信用卡”。

例案三中，被告人陈某等人使用真实的身份证明和虚假的收入证明骗领信用卡，该收入证明中虽然包括所在单位，但并不能代表身份证明，也不能说明陈某等人在申领信用卡时就有非法占有的目的，所以陈某等三人的行为不属于以虚假的身份证件骗领信用卡。

（三）使用虚假的资信证明者可以纳入恶意透支持卡人范围，如申领人持有信用卡恶意透支的，构成恶意透支型信用卡诈骗，不属于使用以虚假的身份证明骗领的信用卡诈骗

行为人使用以虚假的身份证明骗取信用卡，进行信用卡诈骗，数额较大的，构成信用卡诈骗罪。但是，如果行为人以真实的身份，使用虚假的资信证明申领信用卡后，始终合格使用信用卡，其事后个人资产也足以支付透支款，就因为其在申领时使用了虚假的资信证明，就按照《刑法》第196条第1款第1项信用卡诈骗罪论处，有过度打击之嫌，所以可以将使用虚假资信证明者纳入恶意透支持卡人范围，具体理由如下：首先，符合刑法谦抑性原则。《刑法》第196条第1款前三项与第4项恶意透支间存在较大差别，无论是主观方面还是定罪金额标准都不同。如果将使用虚假资信证明者纳入恶意透支持卡人范围，则可以针对持卡人是否真实地发生恶意透支行为进行刑法评价。如果其合理使用信用卡而未发生恶意透支，其将不会被不加区分地认定为信用卡诈骗罪。其次，符合罪刑相适应的原则。《信用卡解释二》第5条规定："使用伪造的信用卡、以虚假的身份证明骗领的信用卡、作废的信用卡或者冒用他人信用卡，进行信用卡诈骗活动，数额在五千元以上不满五万元的，应当认定为刑法第一百九十六条规定的'数额较大'；数额在五万元以上不满五十万元的，应当认定为刑法第一百九十六条规定的'数额巨大'；数额在五十万元以上的，应当认定为刑法第一百九十六条规定的'数额特别巨大'"。第8条规定："恶意透支，数额在五万元以上不满五十万元的，应当认定为刑法第一百九十六条规定的'数额较大'；数额在五十万元以上不满五百万元的，应当认定为刑法第一百九十六条规定的'数额巨大'；数额在五百万元以上的，应当认定为刑法第一百九十六条规定的'数额特别巨大'"。可见恶意透支型信用卡诈骗比以虚假的身份证明骗领的信用卡诈骗起刑标准要高，所以，如果将使用虚假资信证明的行为认定为"以虚假身份证明骗领信用卡"的行为，势必会对被告人量刑过重。而根据使用虚假资信证明的行为人的犯罪的目的、行为、后果来看，将其列入恶意透支的持卡人，适用恶意透支的标准更符合罪刑相适应的原则。例案一中被告人周某福以真实的身份信息和虚假的收入、资产证明申领信用卡，不属于"以虚假的身份证明骗领信用卡"。给予其刑罚处罚的基本事实根据，应当基于其恶意透支行为，刑期档次的标准也应当是基于其恶意透支的犯罪金额。因此，本案在5年以下判处被告人有期徒刑是严格依法为之。虽然"以虚假的身份骗领信用卡"与恶意透支均构成信用

卡诈骗，但其刑罚大不相同，周某适用恶意透支型信用卡诈骗是符合法律规定的。

四、辅助信息

高频词条：

《刑法》

第196条 有下列情形之一，进行信用卡诈骗活动，数额较大的，处五年以下有期徒刑或者拘役，并处二万元以上二十万元以下罚金；数额巨大或者有其他严重情节的，处五年以上十年以下有期徒刑，并处五万元以上五十万元以下罚金；数额特别巨大或者有其他特别严重情节的，处十年以上有期徒刑或者无期徒刑，并处五万元以上五十万元以下罚金或者没收财产：

（一）使用伪造的信用卡的；

（二）使用作废的信用卡的；

（三）冒用他人信用卡的；

（四）恶意透支的。

前款所称恶意透支，是指持卡人以非法占有为目的，超过规定限额或者规定期限透支，并且经发卡银行催收后仍不归还的行为。

盗窃信用卡并使用的，依照本法第二百六十四条的规定定罪处罚。

最高人民法院《关于常见犯罪的量刑指导意见（二）》

（四）信用卡诈骗罪

1. 构成信用卡诈骗罪的，可以根据下列不同情形在相应的幅度内确定量刑起点：

（1）达到数额较大起点的，可以在二年以下有期徒刑、拘役幅度内确定量刑起点。

（2）达到数额巨大起点或者有其他严重情节的，可以在五年至六年有期徒刑幅度内确定量刑起点。

（3）达到数额特别巨大起点或者有其他特别严重情节的，可以在十年至十二年有期徒刑幅度内确定量刑起点。依法应当判处无期徒刑的除外。

2. 在量刑起点的基础上，可以根据信用卡诈骗数额等其他影响犯罪构成的犯罪事实增加刑罚量，确定基准刑。

《信用卡解释二》

第2条 明知是伪造的空白信用卡而持有、运输十张以上不满一百张的，应当认定为刑法第一百七十七条之一第一款第一项规定的“数量较大”;非法持有他人信用卡五张以上不满五十张的,应当认定为刑法第一百七十七条之一第一款第二项规定的“数量较大”。

有下列情形之一的,应当认定为刑法第一百七十七条之一第一款规定的“数量巨大”:

(一)明知是伪造的信用卡而持有、运输十张以上的;

(二)明知是伪造的空白信用卡而持有、运输一百张以上的;

(三)非法持有他人信用卡五十张以上的;

(四)使用虚假的身份证明骗领信用卡十张以上的;

(五)出售、购买、为他人提供伪造的信用卡或者以虚假的身份证明骗领的信用卡十张以上的。

违背他人意愿,使用其居民身份证、军官证、士兵证、港澳居民往来内地通行证、台湾居民来往大陆通行证、护照等身份证明申领信用卡的,或者使用伪造、变造的身份证明申领信用卡的,应当认定为刑法第一百七十七条之一第一款第三项规定的“使用虚假的身份证明骗领信用卡”。

第5条 使用伪造的信用卡、以虚假的身份证明骗领的信用卡、作废的信用卡或者冒用他人信用卡,进行信用卡诈骗活动,数额在五千元以上不满五万元的,应当认定为刑法第一百九十六条规定的“数额较大”;数额在五万元以上不满五十万元的,应当认定为刑法第一百九十六条规定的“数额巨大”;数额在五十万元以上的,应当认定为刑法第一百九十六条规定的“数额特别巨大”。

刑法第一百九十六条第一款第三项所称“冒用他人信用卡”,包括以下情形:

(一)拾得他人信用卡并使用的;

(二)骗取他人信用卡并使用的;

(三)窃取、收买、骗取或者以其他非法方式获取他人信用卡信息资料,并通过互联网、通讯终端等使用的;

(四)其他冒用他人信用卡的情形。

第6条 持卡人以非法占有为目的,超过规定限额或者规定期限透支,经发卡银行两次有效催收后超过三个月仍不归还的,应当认定为刑法第一百九十六条规定的“恶意透支”。

对于是否以非法占有为目的,应当综合持卡人信用记录、还款能力和意愿、申领和透支信用卡的状况、透支资金的用途、透支后的表现、未按规定还款的原因等情节作出判断。不得单纯依据持卡人未按规定还款的事实认定非法占有目的。

具有以下情形之一的，应当认定为刑法第一百九十六条第二款规定的“以非法占有为目的”，但有证据证明持卡人确实不具有非法占有目的的除外：

（一）明知没有还款能力而大量透支，无法归还的；

（二）使用虚假资信证明申领信用卡后透支，无法归还的；

（三）透支后通过逃匿、改变联系方式等手段，逃避银行催收的；

（四）抽逃、转移资金，隐匿财产，逃避还款的；

（五）使用透支的资金进行犯罪活动的；

（六）其他非法占有资金，拒不归还的情形。

第 8 条 恶意透支，数额在五万元以上不满五十万元的，应当认定为刑法第一百九十六条规定的“数额较大”；数额在五十万元以上不满五百万元的，应当认定为刑法第一百九十六条规定的“数额巨大”；数额在五百万元以上的，应当认定为刑法第一百九十六条规定的“数额特别巨大”。

第 9 条 恶意透支的数额，是指公安机关刑事立案时尚未归还的实际透支的本金数额，不包括利息、复利、滞纳金、手续费等发卡银行收取的费用。归还或者支付的数额，应当认定为归还实际透支的本金。

检察机关在审查起诉、提起公诉时，应当根据发卡银行提供的交易明细、分类账单（透支账单、还款账单）等证据材料，结合犯罪嫌疑人、被告人及其辩护人所提辩解、辩护意见及相关证据材料，审查认定恶意透支的数额；恶意透支的数额难以确定的，应当依据司法会计、审计报告，结合其他证据材料审查认定。人民法院在审判过程中，应当在对上述证据材料查证属实的基础上，对恶意透支的数额作出认定。

发卡银行提供的相关证据材料，应当有银行工作人员签名和银行公章。

信用卡诈骗案件裁判规则第 15 条：

持卡人必须同时具备"以非法占有为目的"和经有效催收后"仍不归还"的主客观要件，才能构成信用卡诈骗犯罪中的"恶意透支"

〔**规则描述**〕：判断持卡人的透支行为是否属于恶意透支型信用卡诈骗犯罪中的"恶意透支"，应当考虑两个基本要件：一是持卡人主观上是否具有"非法占有目的"；二是持卡人客观上是否具有经发卡行有效催收后"欠款不还"行为。这两个要件中任一要件不成立，都不能认定持卡人的透支行为属于刑法意义上的"恶意透支"，不能对其定罪处刑。

一、类案检索大数据报告

时间：2020 年 8 月 30 日之前，案例来源：Alpha 案例库，案件数量：38,716 件，数据采集时间：2020 年 8 月 30 日，本次检索共获取认定信用卡诈骗罪中恶意透支，2020 年 8 月 30 日之前 38,716 篇裁判文书。如图 15－1 所示，从案件年份分布情况可以看出当前条件下刑事案例数量的变化趋势。

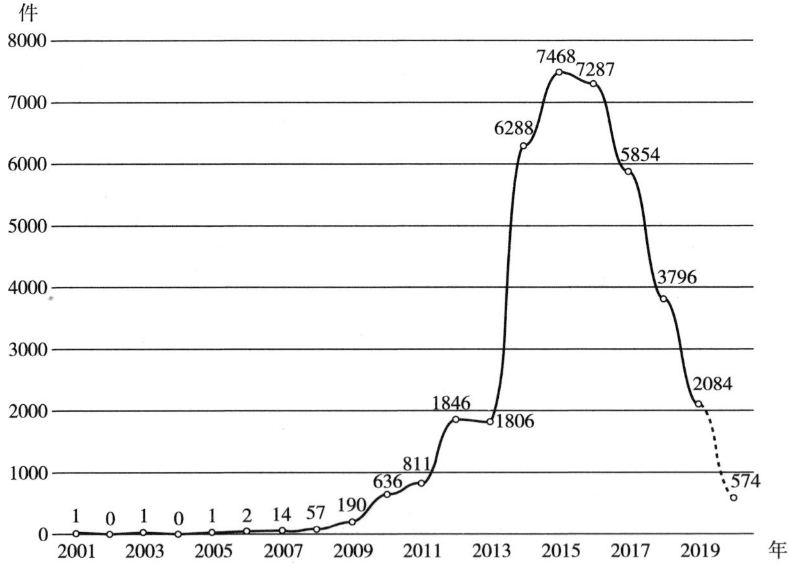

图 15－1　案件年份分布情况

如图 15 -2 所示，从案件主要地域分布情况来看，该类案件主要集中在上海市、福建省、广东省，分别占比 17.3%、9.92%、9.07%，其中上海市的案件数量最多，达到 6699 件。

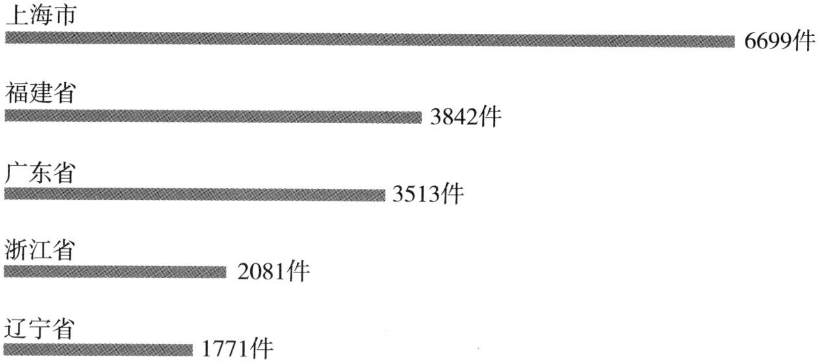

图 15 -2　案件主要地域分布情况

如图 15 -3 所示，从案件案由分类情况可以看出，当前最主要的案由是刑事，有 37,874 件，占一半以上；其次是民事。

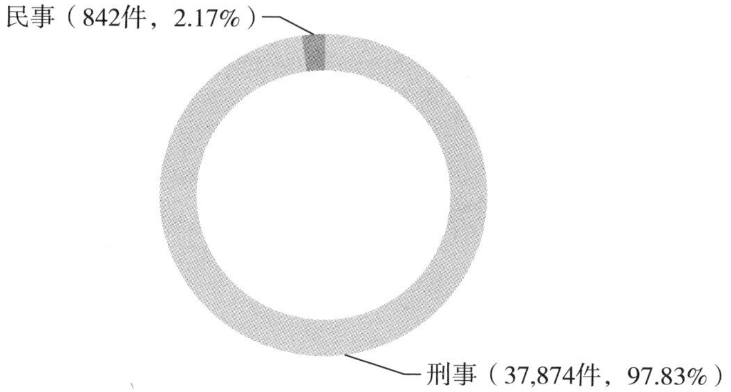

图 15 -3　案件案由分类情况

如图 15 -4 所示，从案件的程序分类统计可以得出当前的审理程序分布状况，其中一审案件有 34,513 件，二审案件有 3990 件，再审案件有 170 件，执行案件有 20 件，其他 23 件。并能够推算出一审上诉率约为 11.56%。

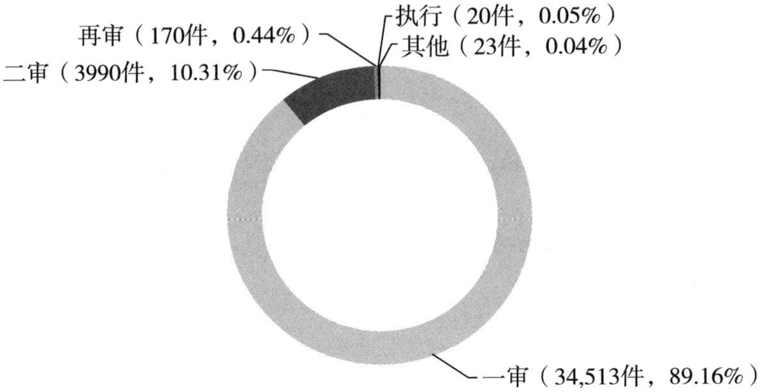

图 15－4　案件案由分类情况

如图 15－5 所示，通过对主刑的可视化可以看出，当前条件下包含有期徒刑的案件有 28,084 件，包含拘役的案件有 4869 件，包含无期徒刑的案件有 76 件，包含死刑的案件有 13 件，包含管制的案件有 13 件。

图 15－5　案件判决主刑情况

二、可供参考的例案

例案一｜王某信用卡诈骗案

【法院】

北京市第二中级人民法院

【案号】

(2019)京 02 刑终 580 号

【诉讼主体】

原公诉机关:北京市东城区人民检察院

上诉人(原审被告人):王某

【基本案情】

被告人王某于2014 年4 月26 日向中国光大银行北京分行信用卡中心申领卡号为×××的信用卡1 张,截至2015 年5 月25 日,其使用该卡共计透支本金人民币301,359.86 元,经发卡银行多次催收,超过3 个月仍未归还。后被告人王某于2018 年4 月23 日在本市房山区良乡东路56 号院阳光邑上25 号楼102 被北京市公安局东城分局天坛派出所民警抓获。涉案信用卡透支款项已全部退还。

【案件争点】

王某经透支后经银行多次催收,超过3 个月未还,如何认定被告人主观上是否有非法占有的故意。

【裁判要旨】

一审法院认为,被告人王某以非法占有为目的,恶意透支,数额较大,其行为破坏了社会主义市场经济秩序,已构成信用卡诈骗罪,依法应予刑罚处罚。宣判后,被告人提出上诉,上诉理由是:其只是因资金链断裂而暂时还不上银行欠款,没有出具虚假收入证明,不具有非法占有的目的;一审判决量刑过重。其辩护人的辩护意见为:王某主观上不具有非法占有的目的,虚假材料系银行业务员提供。

二审法院审理认为,王某犯信用卡诈骗罪的事实清楚,认定该事实的证据经一审庭审举证、质证,证据确实、充分,予以确认。对于上诉人王某所提其只是因资金链断裂而暂时还不上银行欠款,没有出具虚假收入证明,不具有非法占有的目的的上诉理由,以及辩护人所提王某主观上不具有非法占有的目的,虚假材料系银行业务员提供的辩护意见,经查,王某申领涉案信用卡的资信证明包括其在膳养天下(北京)科贸有限公司任总经理的工作收入证明及该公司企业法人营业执照,但在案北京市工商行政管理局企业登记信息材料查询单、证人董某的证言等证据证明,王某并未在该公司任职,王某在侦查阶段亦供认是其找一个叫李某军的人提供上述虚假证明材料。王某及其辩护人所提上述上诉理由和辩护意见,无证据支持。故现有证据可以认定王某使用虚假资信证明申领信用卡后透支,无法归还,根据《信用卡解释二》第6 条第3 款第2 项的规定,应当认定王某"以非法占有为目的”。故法院对上诉理由及辩护意见不予采纳的。据此,裁定驳回上诉,维持原判。

例案二 | 丁某某信用卡诈骗案

【法院】

上海市第一中级人民法院

【案号】

(2015)沪一中刑终字第2293号

【诉讼主体】

原公诉机关:上海市闵行区人民检察院

上诉人(原审被告人):丁某某

【基本案情】

2012年2月,被告人丁某某向中国工商银行股份有限公司上海市闵行支行申领牡丹信用卡1张,至案发共消费、取现透支本金计人民币78,964.30元,经发卡行多次催收,超过3个月仍不归还。

【案件争点】

丁某某行为人利用信用卡多次通过银行POS机取现,超过3个月仍不归还欠款,其行为是否构成“恶意透支”,如何认定其主观上是否具有非法占有故意以及发卡行催收是否有效。

【裁判要旨】

一审法院认为,被告人丁某某违反信用卡管理法律法规,恶意透支本金人民币7万余元,数额较大,其行为已构成信用卡诈骗罪。宣判后,被告人提出上诉称:其通过POS机交易的几笔大额钱款均系高利贷人员逼迫其套现,其主观上不具有非法占有目的,超期限不还款系被高利贷人员迫害造成客观履行不能,案发后其已归还了全部银行欠款,原判对其量刑过重,故请求二审法院对其免予刑事处罚。其辩护人提出,丁某某主观上无非法占有信用卡透支款的目的,其遭到高利贷逼迫导致家庭经济困难客观上难以还清银行全部欠款,且认定银行有效催收的证据不足。

二审法院经审理认为,丁某某在明知银行多次向其催收信用卡透支钱款的情况下仍不归还,足以证实其主观上有非法占有信用卡透支钱款的故意,其行为符合《刑法》第196条规定的“恶意透支”的情形,应认定为信用卡诈骗,且数额较大,其行为已构成信用卡诈骗罪。丁某某及其辩护人提出,丁某某主观上无非法占有信用卡透支款的目的,起诉认定银行有效催收的证据不足。经查,涉案银行提供的催收记录证实,2014年1月至同年4月银行通过系统短信、人工电话等方式多次进行了催收。上诉人丁某某到案后亦供述,其于2013年10月后即无能力归还银行欠款,银行多次向其催收欠款,其使用的手机欠费停机后,银行曾多次寄挂号信至其办卡时所填住址,还专门派人上门催收。因此,丁某某在明知银行多次向其催收信用卡透支钱款的情况下却仍不归还,足以证实其主观上有非法占有信用卡透支钱款的故意,其行为符合《刑法》第196条规定的“恶意透支”的情形,应认定为信用卡诈骗。上诉人丁某某称其所欠银行钱款中大部分是被高利贷逼迫刷出的,所用POS机登记商户名称为“光临小电器”。经查,上诉人丁某某所称的三笔钱款支出日期为2013年9月6日,丁某某既未提供相应的报案记录也无其他证据予以佐证被胁迫刷卡的事实;辩护人提供的丁某某与高利贷人员进行民事诉讼的相关法律文书,仅能说明双方之间的借贷关系尚未查清,并不能证明上述钱款系在被胁迫的情况下刷出的,故不影响对丁某某行为性质的认定。上诉人丁某某家庭经济困难不能成为其未按时归还银行欠款的理由。因此,对丁某某的上诉理由及其辩护人的相关辩护意见均不予采纳。丁某某透支信用卡本金7万余元,数额较大,依法应处5年以下有期徒刑或者拘役,并处2万元以上20万元以下罚金,原审法院已考虑上诉人丁某某到案后能如实供述自己的罪行、其家属在案发后归还上述全部欠款等情节,对其从轻处罚,并适用缓刑。一审法院定性准确,对上诉人丁某某的量刑系在法律规定的量刑幅度范围之内,并无不当,且审判程序合法。二审检察机关建议驳回上诉、维持原判的出庭意见依法有据,应予采纳。据此,裁定驳回上诉,维持原判。

例案三 | 金某某信用卡诈骗案

【法院】

上海市浦东新区人民法院

【案号】

(2011)浦刑初字第3063号

【诉讼主体】

公诉机关:上海市浦东新区人民检察院

被告人:金某尔

【基本案情】

2010年6月，被告人金某尔持自己的身份证复印件向深圳发展银行申领信用卡一张，卡号46719200001××××。2010年7月4日至2011年1月4日，被告人金某尔持该卡消费、取现，经银行多次催收，于2011年2月、4月和5月先后向银行还款300美元、200美元和100美元，共计拖欠银行本金美元35,855.51元（折合人民币232,537.32元），经银行多次催收，超过3个月仍不归还。2011年6月16日被告人金某尔被公安机关抓获，到案后如实交代了上述犯罪事实。案发后，被告人金某尔于2011年7月、10月先后向银行还款500美元、300美元。

公诉机关指控称，被告人金某尔以非法占有为目的，超过规定期限透支，并经发卡银行催收后仍不归还，数额巨大，构成信用卡诈骗罪。

被告人金某尔对起诉书指控的事实无异议，但辩解其没有诈骗的故意，故其行为不构成信用卡诈骗罪。

【案件争点】

持卡人在银行催收后归还了部分欠款，该部分还款行为是否影响银行对未归还部分欠款催收的效力。

【裁判要旨】

法院审理后认为，被告人金某尔以非法占有为目的，恶意透支，进行信用卡诈骗活动，数额巨大，其行为已构成信用卡诈骗罪。被告人金某尔到案后如实供述自己的罪行，可以从轻处罚。判决认定被告人金某尔犯信用卡诈骗罪，判处有期徒刑5年，罚金人民币5万元；

宣判后，被告人提出上诉，后又撤回上诉，现该案已经生效。

三、裁判规则提要

（一）被告人是否具有非法占有的目的，应审查被告人申领信用卡过程中有无虚假行为，透支款项的用途，行为人的还款能力等各种因素

信用卡的主要功能就是透支，是指持卡人在发卡机构信用账户上资金不足或已无资金时，经发卡行批准，允许其以超过信用卡余留资金使用信用卡进行消费的活动。如果善意的透支，按时履行还款义务，既有利于持卡人方便，也有利于增加银行的利息收入。但如果有非法占有的目的，骗取银行资金，就可能构成了“恶意透支”，被依法追究刑事责任。《信用卡解释二》第6条规定：“持卡人以非法占有为目的，超过规定限额或者规定期限透支，并且经发卡银行两次催收后超过三个月

仍不归还的，应当认定为刑法第一百九十六条规定的'恶意透支'"。并对"以非法占有为目的"作了解释：(1)明知没有还款能力而大量透支，无法归还的；(2)肆意挥霍透支的资金，无法归还的；(3)透支后逃匿、改变联系方式，逃避银行催收的；(4)抽逃、转移资金，隐匿财产，逃避还款的；(5)使用透支的资金进行违法犯罪活动的；(6)其他非法占有资金，拒不归还的行为。但现实生活中若仅凭客观上无法偿还欠款就认定为"以非法占有为目的"的恶意透支型银行卡诈骗，就无法将恶意透支型信用卡诈骗罪和透支不还的民事违约行为进行区分。所以对"以非法占有为目的"的理解仍应坚持主客观相统一的原则，综合考察行为人申领行为、透支行为、还款能力等各种因素：

一是行为人申领信用卡过程中是否存在虚假行为。银行发放信用卡时要根据行为人提供的身份材料和资信证明材料，才能准予相应的透支额度。实践中，有行为人在申领信用卡时，因不符合申领条件或不能得到较大的透支额，而虚构部分证明材料，如收入证明、房屋产权证明等虚构其资信能力的材料，但其基本身份属实，如姓名、身份、住址和户籍资料等信息真实，虽然银行还能通过提交的材料查找到持卡人，但这种情况持卡人非法占有的目的就较为明显。此种情况还不同于《刑法》第 196 条第 1 款第 1 项规定的"使用以虚假的身份证明骗领的信用卡"的情形，虚假的身份证明是指行为人完全以虚构的身份和虚假的申请资料申领信用卡，使银行无法找到真正的持卡人。如果以完全的虚假信息骗领信用卡并透支的就属于骗领型信用卡诈骗罪，不属于恶意透支型诈骗罪。例案一中王某申领涉案信用卡的提交的在膳养天下(北京)科贸有限公司任总经理的工作收入证明是虚假的，其并未在该公司任职，其用虚假资信证明申领信用卡后透支，无法归还，主观上具有非法占有的目的。

二是透支款项的方式和用途。根据资金用途判断行为人是否具有非法占有目的时，应结合全案分析行为人透支后资金的主要用途。行为人在持卡正常消费过程中，因市场环境、工作情况、家庭原因等因素影响，导致自身还款能力大幅下降，不应当认定行为人具有非法占有的目的。同时，行为人因突发变故，大量透支金额用于处理紧急事务而未及时还款的，也应当认定其属于正常使用，不具有非法占有目的。而如果行为人超出正常偿还能力，且消费用途与日常生活、经营无关，用信用卡到中介公司大额、频繁套现，或者购买奢侈品、高价非生活必需品的，则可断定具有非法占有的目的。

三是透支款项时行为人的还款能力及还款行为。透支额的归还行为反映行为人的信用状况。持卡人为了维持自己的银行信用，虽然实施了超额、超期的透支行为，但经发卡行催收后能够加以偿还。但恶意透支行为人则自始至终无还款的意愿，对还款期限和还款额根本不关心，连续透支消费，甚至通过变更通信地址、电话等方式刻意拒收发卡行的催收信息，或者在已收到催收信息后，通过隐匿、转移财产，故意造成无资产偿还的状况的，应当认定其具有非法占有的目的。

鉴于此，判断行为人是否具备非法占有的目的，不能仅依据未还款就直接推定，而审查行为人申领行为、透支行为、还款行为等多种因素。例案二中，丁某某在明知银行多次向其催收信用卡透支钱款的情况下却仍不归还，足以证实其主观上有非法占有信用卡透支钱款的故意，其行为符合《刑法》第 196 条规定的“恶意透支”的情形。

（二）认定银行有效催收，应当对银行是否实施催收、持卡人本人是否获悉催收信息进行审查

根据《刑法》第 196 条第 2 款的规定，“经发卡银行催收后仍不归还”是认定恶意透支的条件之一。《信用卡解释二》第 7 条进一步规定：“催收同时符合下列条件的，应当认定为本解释第六条规定的‘有效催收’：（一）在透支超过规定限额或者规定期限后进行；（二）催收应当采用能够确认持卡人收悉的方式，但持卡人故意逃避催收的除外；（三）两次催收至少间隔三十日；（四）符合催收的有关规定或者约定。”但现实生活中经常因为银行的催收对象、催收形式不当，导致催收无效，所以对于银行的催收是否是有效催收，应通过审查催收主体、催收的对象、催收的方式及持卡人是否获悉催收信息来予以认定。

1. 催收的主体

《信用卡解释二》第 6 条规定：“持卡人以非法占有为目的，超过规定限额或者规定期限透支，并且经发卡银行两次催收后超过三个月仍不归还的，构成恶意透支。”所以依照法律，只有银行才能进行催收。但随着经济的发展，信用卡在社会生活中的普及，信用卡透支的情况也不断发生，银行内部在催收过程中催收效率比较低，费用比较高，时间比较长，所以不少银行将催收业务外包，交给专门的讨债公司处理，讨债公司通过追回的款项获取佣金，这种形势必然鼓励了不少“讨债人员”以非法方式进行追欠活动，会造成不良社会后果。所以依据法律规定催收应是银行的业务行为，只有发卡银行基于向持卡人发放信用卡透支业务才有权向持卡人发出催收要求，其他单位或个人不能行使催收权。即使实践中催收业务外包是业内

通行做法，但除银行外的单位和个人基于各种情况向持卡人发出的催收通知、受托单位以自己的名义进行的催收也只是一种提示、帮助行为，不应发生法律效力，更不具备恶意透支型信用卡诈骗罪的成立要件的意义。

如果实际用卡人与持卡人不一致时，催收对象也一样。当实际用卡人使用信用卡违背持卡人真实意愿时，即实际用卡人以拾得、骗取、窃取、盗窃等方式获取他人信用卡后恶意透支的，其不属于恶意透支型信用卡犯罪，应是盗窃罪或者冒用他人信用卡诈骗罪，故不需要催收。当实际用卡人未违背持卡人的意愿，比如与持卡人共谋，共同使用信用卡恶意透支，或者持卡人明知实际用卡人恶意透支，放任其行为，此时对持卡人进行催收即可。因为此种情况下，持卡与实际用卡人一般存在某种关联，且双方违反了中国人民银行《银行卡业务管理办法》第 28 条“银行卡及其账户只好用经发卡银行批准的持卡人本人使用，不得出租和转借”的规定。上述情况只是明确催收对象是持卡人，是否构成恶意透支型信用卡诈骗罪，及需要追究的责任主体还需要根据案件情况予以认定。

2. 催收的对象

因为持卡人与发卡银行之间存在合同关系，因此，原则上催收是发卡银行直接向持卡人催收。但现实生活中因为发卡银行无法直接向持卡人催收，就向持卡人家属、保证人催收。如果向持卡人家属催收，即使持卡人家属是透支的实际受益者，但家属与银行没有任何法律关系，发卡银行只对家属做出通知未向持卡人作出通知的，发卡银行的催收不具有法律效力，所以银行的催收应及于本人。如果是向保证人催收，也要区分是一般保证还是连带保证。《担保法》第 17 条第 2 款规定：“一般保证的保证人在主合同纠纷未经审判或者仲裁，并就债务人财产依法强制执行仍不能履行债务前，对债权人可以拒绝承担保证责任。”所以，如果信用卡保证合同明确该保证责任为一般保证，则银行在持卡人透支后的催收对象只能是持卡人本人。但如果根据《担保法》第 27 条第 3 款规定，如果出现一般保证人的先诉抗辩权被剥夺的情形，则银行的催收可以一般保证人为对象。如果是连带保证人，根据《担保法》第 18 条规定：“连带责任保证的债务人在主合同规定的债务履行期限届满没有履行债务的，债权人可以要求债行人履行，也可以要求保证人在其范围内承担保证责任。”所以按照此规定，持卡人在透支后不还款时，发卡银行可以要求持卡人履行债务，也可以要求连带保证人在其保证范围内承担保证责任，也可以同时向持卡人和连带保证人进行催收。若发卡银行直接向保证人催收，保证人归还透支款项的，持卡人的欠款义务免除，保证人可以向持卡人进行追偿。如果保证人拒绝偿还，银行不能以保证人拒不履行作为认定持卡人构成“催收不还”的依据。此时如果保证人未告知持卡人，银行也未向持卡人催收，那对持卡人来说，并不会存在“拒不偿还”的问题，若发卡银行通过保证人通知持卡人，或者直接向持卡人发出催收通知，持卡人拒不偿还的，才能构成刑法意义的“催收不还”，持卡人构成信用卡诈骗罪。

3. 关于银行催收的形式

“催收”的本质决定了“催收”方式的多样性。催收具体实施方式可分为两种，一种是可以依约定实施的催收方式，比如信函催收、电话催收、当面催收等。另一种是依民法、民事诉讼法的相关规定，可以单方实施主张债权行为的催收方式，比如公告催收、公证催收、民事诉讼催收等。发卡银行在催收时应当首先按照约定方式实施催收，当持卡人逃避催收，或按约定无法催收时，才能使用其他合法方式实施催收。

(1)信函催告。包括邮政信函催收、传真催收、手机短信催收、电子邮件催收。实践中传真催收、电子邮件催收因取证、举证困难而较少被采用。邮政信函催收的邮递存根无法反映信函内容，一旦透支持卡人否认收到催收内容，则需要对信函内容进行证据补强。手机短信催收的，发卡银行必须向持卡人事先约定的手机上发送信息，并且应及时调取固定己方短信话单，这里第三方提供的有短信内容的通话记录是重要的间接证据。

(2)电话催收。电话催收是比较方便的催收方式，但只针对持卡人本人及委托人进行催收，这里的委托人是持卡人签订信用卡合同时与发卡银行约定的委托收信人，如果发卡银行向约定委托人以外的持卡人的亲友、同事等未得到授权的无关第三人进行催收，一旦持卡人否认收到相关信息，即使有人签收，该次催收也是无效的。另外电话催收时应当使用高质量的录音设备对催收过程进行录音。

(3)当面催收。正常情况下银行工作人员可以上门将登催收函直接送达到持卡人手里，并由持卡人签名并签注收到催收信息的时间。如果持卡人存在外出的情况，其同住成年家属签收应当视为具有同等效力，但持卡人提出反证的除外；另外，银行工作人员登门催收还可能因为持卡人避而不见等原因导致无法送达催收函，此时，银行工作人员需要邀请无利害关系的人现场作证，证明持卡人拒绝签收催收函，银行工作人员在催收记录上应记明这一点，并由现场作证人员签字确认，亦可视为具有同等效力。

(4)公告催收。持卡人为了躲避银行的催收，更改联系方式，并不通知银行。

此时银行在没有有效的联系方式能够联系持卡人的时候，银行可以采取公告催收的方式。公告送达的依据及标准，根据最高人民法院《关于审理民事案件适用诉讼时效制度若干问题的规定》和《关于审理涉及金融资产管理公司收购、管理、处置国有银行不良贷款形成的资产的案件适用法律若干问题的规定》，应当在国家级或者下落不明的当事人一方住所地的省级有影响的媒体上刊登有关公告的期限，参照民事诉讼法的规定为 60 日。公告期满，即视为催收生效。

（5）公证催收。公证是公证机构根据自然人、法人或者其他组织的申请，依照法定程序对民事法律行为、有法律意义的事实和文书的真实性、合法性予以证明的活动。民事主体可以依据《公证法》的规定，单方申请公证机构实施“保全证据”公证，而公证文书证据具有最强证据效力，根据《民事诉讼法》第 67 条规定：“经过法定程序公证证明的法律行为、法律事实和文书，人民法院应当作为认定事实的根据。”所以，当按照约定的催收方式、联系人无法找到时，发卡银行可以在公证机构的公证下向联系人实施催收，由公证机构对“发卡银行已经实施催收”进行证据保全。

（6）民事诉讼催收。“催收”的实质是发卡银行通过某种方式向透支人主张债权权利的行为，所以参照我国相关的民事法律以及司法解释中关于民事诉讼时效中断的相关规定，银行以民事救济途径通过法院向持卡人提起民事诉讼，主张债权，也是“催收”的一种方式。

4. 两次催收的起算时间及间隔时间

对于催收时间的起算点，每个银行都不相同，一般情况下，在持卡人的欠款超过透支额并且超过透支期限就启动了催收行为。但是依照《信用卡解释二》的规定，恶意透支 5 万元才能认定为数额较大，所以两次催收的时间应该从持卡人透支超过 5 万元并且超过透支期限，发卡银行针对持卡人已到期的全部欠款的第一次催收到才能认为有效。因为只有特定款项的金额超过 5 万元以上，才可以达到恶意透支型信用卡诈骗罪的构成标准，这样刑法才会对持卡人的恶意透支行为进行处罚。而 5 万元以下，则是民事调整的范围，可以针对所欠款项通过收取滞纳金等方式惩罚持卡人。同时《信用卡解释二》第 7 条第 3 项规定，“两次催收至少间隔三十日”。两次催收中间存在间隔，有利促使持卡人及时还款，达到良好的社会效果。因为催收之所以作为本罪的客观方面的必要条件，它最主要的目的不是打击犯罪而是发挥刑法慎刑特性，并使持卡人还款。

5. 关于持卡人收悉有关银行催收的信息

无论何种方式催收，均需要其他证据的印证，即查证属实的，方能认定为有效催收。原则上银行应当证明其催收内容、持卡人本人已收悉银行催收信息,否则不能认定催收的效力。这种证明最有效的方式就是由持卡人在催收函回执上签字认可,或者有电话录音的印证。如果银行在特定的时间,根据信用卡合同约定的联系人、联系方式、联系地址,发出具有特定催收内容的信息;除非持卡人能够提供符合法律规定及逻辑常理的合理辩解,否则不足以构成反证,该催收应当推定有效。如果持卡人透支后逃匿、通过变更联系方式等方式故意逃避催收,在这种情形下,要求发卡银行必须承担起实际通知持卡人的义务是不现实的。考虑发卡银行催收与人民法院民事送达有一定的相似性,故可参考最高人民法院《关于进一步加强民事送达工作的若干意见》第 6 条"当事人变更送达地址,应当以书面方式告知人民法院。当事人未书面变更的,以其确认的地址为送达地址"的规定,明确对于有证据证明持卡人故意逃避催收,不需要发卡银行的催收必须采用能够确认其收悉的方式,只要发卡银行按照与持卡人的约定进行两次催收,就可以认定为有效催收。如果持卡人外出,则其同住成年家属签收也可以视为持卡人签收,但在这种情况下应当允许持卡人提出反证。如果持卡人能够举出证据证明其确实没有收到催收函,如其因为工作或者其他原因长期在外未归,确没有收到家属签收的催收函,则催收不发生效力。例案二中,丁某某透支后,银行提供相关证据证明通过系统短信、人工电话等方式多次进行了催收。丁某某也供认银行多次向其催收欠款,其使用的手机欠费停机后,银行曾多次寄挂号信至其办卡时所填住址,还专门派人上门催收的事实,所以可以认定银行的催收是有效的。丁某某在明知银行多次向其催收信用卡透支钱款的情况下却仍不归还,构成"恶意透支"。

(三)在银行催收后,部分还款行为不能推翻银行催收的效力

催收不还是构成恶意透支型信用卡诈骗罪的重要条件之一,在银行两次催收后的 3 个月内,持卡人全额还款的,催收目的完全实现,故催收效力全部终结,持卡人不构成恶意透支。持卡人继续透支的,银行需对该部分进行两次催收并给予 3 个月的缓冲期才能入刑;持卡人归还部分欠款的,催收目的部分实现,故而对归还部分金额的催收效力终止,但对尚未归还部分的催收目的并未实现,催收继续有效。因为持卡人在申办信用卡时已经了解了银行关于透支的规定,应当在银行催收后归还全部欠款,而持卡人归还部分欠款时,其对银行催收剩余部分钱款是明知的,所以银行不需要履行两次催收以外的催收义务。持卡人在银行催收后归还部分透支款的,债务部分消灭,该部分就不属于催收不还了,不追究刑事责任,未归还

部分的债权债务关系仍然存在，持卡人对该部分仍然属于催收不还。如果持卡人归还部分透支款就直接否定银行催收的效力，就会出现恶意持卡人通过定期归还一定金额的欠款来逃脱刑事处罚的问题，而银行则需要重复的催收，这样对持卡人长期高额的透支不还行为无法以刑罚威慑。例案三中金某尔在银行催收后既有还款行为，也有继续透支行为，对银行的实际欠款余额处于不断变化中。其中，2 月的还款系在银行催收后 3 个月内归还，故从犯罪金额中扣除；但不影响银行对未归还金额的催收效力。4 月和 5 月的还款已经超过两次催收后的 3 个月期间，理论上应属于犯罪金额，但鉴于此时公安机关尚未立案，亦从犯罪金额中扣除。

四、辅助信息

高频词条：

《刑法》

第 196 条　有下列情形之一，进行信用卡诈骗活动，数额较大的，处五年以下有期徒刑或者拘役，并处二万元以上二十万元以下罚金；数额巨大或者有其他严重情节的，处五年以上十年以下有期徒刑，并处五万元以上五十万元以下罚金；数额特别巨大或者有其他特别严重情节的，处十年以上有期徒刑或者无期徒刑，并处五万元以上五十万元以下罚金或者没收财产：

（一）使用伪造的信用卡，或者使用以虚假的身份证明骗领的信用卡的；

（二）使用作废的信用卡的；

（三）冒用他人信用卡的；

（四）恶意透支的。

前款所称恶意透支，是指持卡人以非法占有为目的，超过规定限额或者规定期限透支，并且经发卡银行催收后仍不归还的行为。

盗窃信用卡并使用的，依照本法第二百六十四条的规定定罪处罚。

《信用卡解释》

全国人民代表大会常务委员会根据司法实践中遇到的情况，讨论了刑法规定的“信用卡”的含义问题，解释如下：刑法规定的“信用卡”，是指由商业银行或者其他金融机构发行的具有消费支付、信用贷款、转账结算、存取现金等全部功能或者部分功能的电子支付卡。

最高人民法院研究室《关于信用卡犯罪法律适用若干问题的复函》

一、对于一人持有多张信用卡进行恶意透支，每张信用卡透支数额均未达到 1

万元的立案追诉标准的,原则上可以累计数额进行追诉。但考虑到一人办多张信用卡的情况复杂,如累计透支数额不大的,应分别不同情况慎重处理。

二、卡银行的"催收"应有电话录音、持卡人或其家属签字等证据证明。"两次催收"一般应分别采用电话、信函、上门等两种以上催收形式。

三、若持卡人在透支大额款项后,仅向发卡行偿还远低于最低还款额的欠款,具有非法占有目的的,可以认定为"恶意透支";行为人确实不具有非法占有目的的,不能认定为"恶意透支"。

《合同法》

第 119 条　当事人一方违约后,对方应当采取适当措施防止损失的扩大;没有采取适当措施致使损失扩大的,不得就扩大的损失要求赔偿。

《信用卡解释二》

第 6 条　持卡人以非法占有为目的,超过规定限额或者规定期限透支,经发卡银行两次有效催收后超过三个月仍不归还的,应当认定为刑法第一百九十六条规定的"恶意透支"。

对于是否以非法占有为目的,应当综合持卡人信用记录、还款能力和意愿、申领和透支信用卡的状况、透支资金的用途、透支后的表现、未按规定还款的原因等情节作出判断。不得单纯依据持卡人未按规定还款的事实认定非法占有目的。

具有以下情形之一的,应当认定为刑法第一百九十六条第二款规定的"以非法占有为目的",但有证据证明持卡人确实不具有非法占有目的的除外:

(一)明知没有还款能力而大量透支,无法归还的;

(二)使用虚假资信证明申领信用卡后透支,无法归还的;

(三)透支后通过逃匿、改变联系方式等手段,逃避银行催收的;

(四)抽逃、转移资金,隐匿财产,逃避还款的;

(五)使用透支的资金进行犯罪活动的;

(六)其他非法占有资金,拒不归还的情形。

第 7 条　催收同时符合下列条件的,应当认定为本解释第六条规定的"有效催收":

(一)在透支超过规定限额或者规定期限后进行;

(二)催收应当采用能够确认持卡人收悉的方式,但持卡人故意逃避催收的除外;

(三)两次催收至少间隔三十日;

（四）符合催收的有关规定或者约定。

对于是否属于有效催收，应当根据发卡银行提供的电话录音、信息送达记录、信函送达回执、电子邮件送达记录、持卡人或者其家属签字以及其他催收原始证据材料作出判断。

发卡银行提供的相关证据材料，应当有银行工作人员签名和银行公章。

《全国法院审理金融犯罪案件工作座谈会纪要》

（三）关于金融诈骗罪

1. 金融诈骗罪中非法占有目的的认定

金融诈骗犯罪都是以非法占有为目的的犯罪。在司法实践中，认定是否具有非法占有为目的，应当坚持主客观相一致的原则，既要避免单纯根据损失结果客观归罪，也不能仅凭被告人自己的供述，而应当根据案件具体情况具体分析。根据司法实践，对于行为人通过诈骗的方法非法获取资金，造成数额较大资金不能归还，并具有下列情形之一的，可以认定为具有非法占有的目的：

（1）明知没有归还能力而大量骗取资金的；

（2）非法获取资金后逃跑的；

（3）肆意挥霍骗取资金的；

（4）使用骗取的资金进行违法犯罪活动的；

（5）抽逃、转移资金、隐匿财产，以逃避返还资金的；

（6）隐匿、销毁账目，或者搞假破产、假倒闭，以逃避返还资金的；

（7）其他非法占有资金、拒不返还的行为。但是，在处理具体案件的时候，对于有证据证明行为人不具有非法占有目的的，不能单纯以财产不能归还就按金融诈骗罪处罚。

信用卡诈骗案件裁判规则第 16 条：

持卡人申领信用卡时无非法占有目的，透支信用卡主要用于生产经营活动，后因经营困难无法及时偿还的，不宜认定为“恶意透支型信用卡诈骗”

〔**规则描述**〕：持卡人申领信用卡时无非法占有目的，透支信用卡用于正常的生产经营活动，最终因经营困难无法及时偿还信用卡透支款项的，不宜认定为“恶意透支型信用卡诈骗”。“以非法占有为目的”是恶意透支的主观要件，判断持卡人是否“以非法占有为目的”，应当综合考量持卡人信用记录、经营状况、经营困难原因、透支资金的用途等因素，而不能单纯依据未按规定还款的事实认定非法占有目的。

一、类案检索大数据报告

时间：2020 年 8 月 30 日之前，案例来源：Alpha 案例库，案件数量：321 件，数据采集时间：2020 年 8 月 30 日，本次检索共获取认定信用卡诈骗罪中以虚假身份证明骗领信用卡的行为，2020 年 8 月 30 日之前 321 篇裁判文书。如图 16 – 1 所示，从案件年份分布情况可以看出当前条件下刑事案例数量的变化趋势。

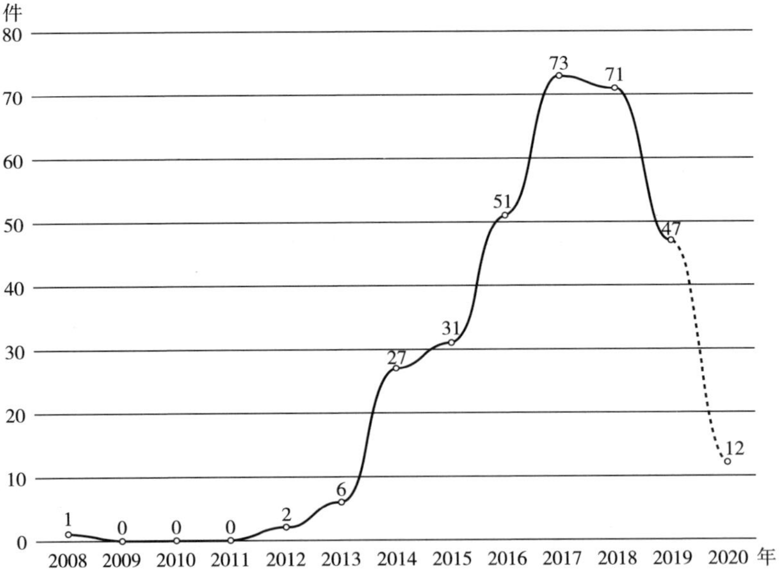

图 16 – 1　案件年份分布情况

如图 16－2 所示，从案件主要地域分布情况来看，当前刑事案例主要集中在福建省、安徽省、浙江省，分别占比 12.15％、10.28％、8.41％，其中福建省的案件量最多，达到 39 件。

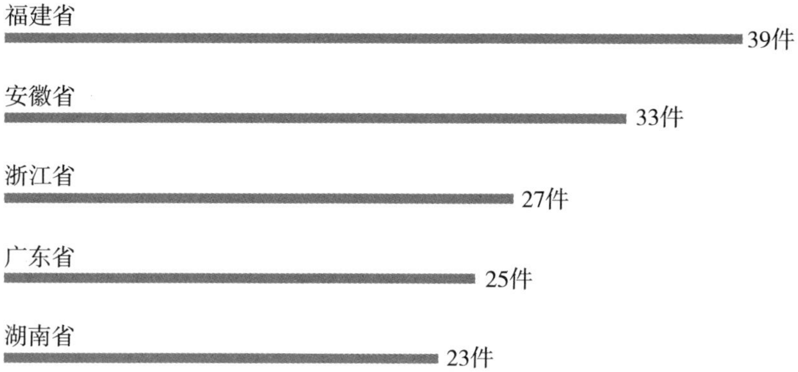

图 16－2　案件主要地域分布情况

如图 16－3 所示，从案件案由分类情况可以看出，当前最主要的案由是破坏社会主义市场经济秩序罪，有 279 件，占一半以上；其次是侵犯财产罪、妨害社会管理秩序罪、贪污贿赂罪、渎职罪。

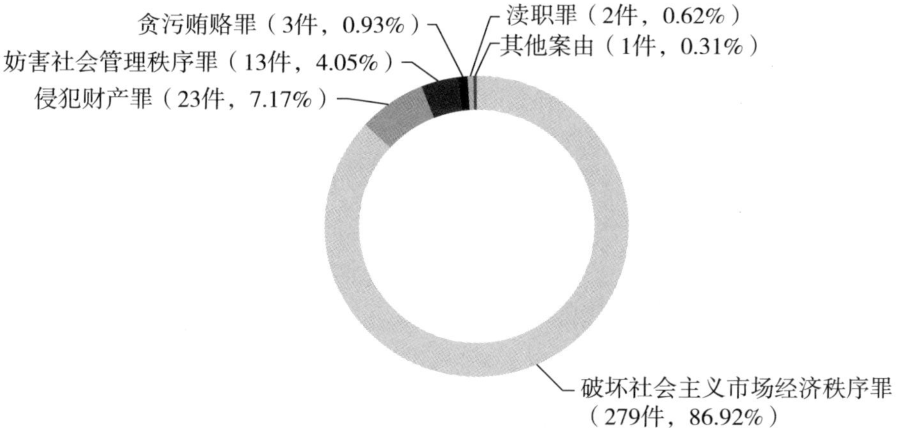

图 16－3　案件案由分类情况

如图 16－4 所示，从案件的程序分类统计可以看出当前的审理程序分布状况。一审案件有 218 件，二审案件有 101 件，再审案件有 1 件，执行案件有 1 件。

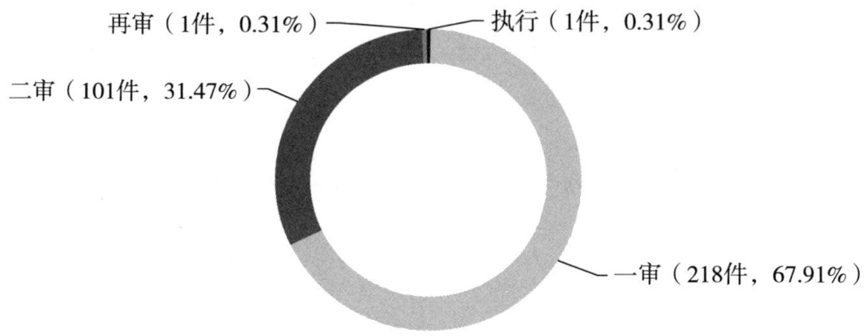

图 16－4　案件程序分类情况

如图 16－5 所示，通过对主刑的可视化可以看到，当前条件下包含有期徒刑的案件有 239 件，包含拘役的案件有 11 件，包含无期徒刑的案件有 10 件，包含管制的案件有 1 件。

图 16－5　案件判决主刑情况

二、可供参考的例案

例案一 ｜ 李某康信用卡诈骗案

【法院】

广东省茂名市茂南区人民法院

【案号】

（2017）粤 0902 刑初 167 号

【诉讼主体】

公诉机关：广东省茂名市茂南区人民检察院

被告人：李某康

【基本案情】

2012年11月，被告人李某康向中国工商银行股份有限公司茂名分行（以下简称工行茂名分行）申领信用额度为人民币5000元的牡丹贷记卡一张（卡号：62××××89）。被告人李某康领取卡后，于2013年1月向工行茂名分行对该卡申请并获批人民币50万元的临时信用额度。随后被告人李某康于2013年1月27日在茂名沃达石油化工有限公司刷卡消费500,000元，并办理了消费分期还款业务。自2015年2月4日起，被告人李某康开始无法按照银行规定的时限偿还透支款。工行茂名分行工作人员对其进行多次电话催收，2015年6月10日其最后一次还款30,000元后，被告人李某康因经营企业资金周转困难一直未能全额还款。截至2015年10月4日，该卡透支本金合计138,430.27元，透支利息41,470.85元，滞纳金7585.55元。

2015年11月5日工行茂名分行委托工作人员到茂名市公安局茂南分局经济犯罪侦查大队就本案进行报案，该大队于2015年11月5日对本案立案侦查。2016年11月5日，李某康在湛江市霞山区洲际商务酒店被湛江市公安局霞山分局解放派出所民警抓获。2016年11月7日，李某康家属将全部款息共计233,677.85元还清，工行茂名分行出具谅解书自愿对李某康表示谅解，并请求法院对其减轻或免除处罚。

另查明，被告人李某康全额出资注册资本1000万元于2009年11月11日以其儿子李某2作为法定代表人注册成立了吴某市绿色安保猪业有限公司。2012年11月28日，被告人李某康因经营吴某市绿色安保猪业有限公司急需资金周转，以其儿子李某2的名义向工行茂名分行石化支行办理个人经营贷款600万元，并以李某2、李炜瑜名下位于湛江市赤坎区新华路1号商住楼二层商场进行抵押担保。被告人李某康在逾期未能继续归还欠款后，经常与银行的工作人员李某1保持通话并表示愿意归还欠款，只是申明企业经营困难希望暂缓还款，被告人李某康被抓获归案前一天仍与银行的工作人员在其经营的企业内协商还款事宜。

【案件争点】

李某康透支信用卡用于生产经营，最终无法偿还的行为能否被认定为“恶意透支”。

【裁判要旨】

根据《刑法》第196条第1款、第2款的规定，持卡人以非法占有为目的，超过规定限额或者规定期限透支，并且经发卡银行催收后仍不归还的行为属于“恶意透支”，构成信用卡诈骗罪。2009 年《信用卡解释一》第 6 条第 1 款规定，持卡人以非法占有为目的超过规定限额或者规定期限透支，并且经发卡银行两次催收后超过 3 个月仍不归还的，应当认定为《刑法》第 196 条规定的“恶意透支”。上述规定明确了恶意透支型诈骗罪必须同时具备两个条件：第一，主观上行为人“以非法占有为目的”；第二，客观上行为人实施了“超额或者超限透支”且“经两次以上催收不还”的行为。以上两个条件缺一不可，如果持卡人仅仅是经催收不还，但没有非法占有的目的，则不属恶意透支。虽然被告人李某康被催收的次数超过两次，且超过 3 个月仍未全部归还，符合恶意透支型信用卡诈骗罪的客观要件，但是，根据恶意透支型信用卡诈骗罪中“以非法占有为目的”的具体认定，上述《信用卡解释一》第 6 条第 2 款列举了 6 种情况：(1) 明知没有还款能力而大量透支，无法归还的；(2) 肆意挥霍透支的资金，无法归还的；(3) 透支后逃匿、改变联系方式，逃避银行催收的；(4) 抽逃、转移资金，隐匿财产，逃避还款的；(5) 使用透支的资金进行违法犯罪活动的；(6) 其他非法占有资金，拒不归还的行为。从在案证据来看，无法证实被告人李某康存在上述 6 种情况。

信用卡最主要的功能就是透支从而使持卡人得以购买超出自己现有支付能力的商品或服务，银行也以各种各样的促销活动鼓励持卡人进行透支消费，因此若仅凭客观上无法偿还欠款就认定为“以非法占有为目的”的恶意透支型信用卡诈骗，就无法将恶意透支型信用卡诈骗罪和民事违约行为进行区分。

在本案中，涉案信用卡透支款项全部用于被告人的企业经营活动，后因经营困难导致信用卡欠款逾期未能归还，但从涉案信用卡还款情况及被告人李某康应对催收的态度来看，被告人李某康于 2013 年 1 月 27 日透支 500,000 元后一直都按约还款，自 2015 年 2 月 4 日起，被告人李某康开始无法按照银行规定的时限偿还透支款，但在银行的催收下，其于 2015 年 6 月 10 日还款 30,000 元，若被告人李某康是“以非法占有为目的”的恶意透支，就不会在逾期 4 个月后还向银行偿还这一笔数额不小的透支款项。同时，被告人李某康在逾期未能继续归还欠款后，经常与银行的工作人员李某 1 保持通话表示愿意归还欠款，只是申明企业经营困难希望暂缓还款，且被告人李某康被抓获归案前一天仍与银行的工作人员在其经营的企业内协商还款事宜。可见，被告人李某康一直积极与银行协商还款事宜，未有变更联系电话、变更地址等逃避催收的行为，因此，被告人李某康的行为不能认定为“以非法占有为目的”，不构成恶意透支型的信用卡诈骗罪。法院判决李某康无罪。

例案二 | 李某青信用卡诈骗案

【法院】

福建省宁德市中级人民法院

【案号】

(2017)闽09刑终396号

【诉讼主体】

抗诉机关：福建省宁德市蕉城区人民检察院

原审被告人：李某青，又名叶某姜

【基本案情】

原审被告人李某青于2010年5月5日以上海旺尔欣物资有限公司总经理叶某姜身份向中国银行宁德分行申请信用卡，并提供了上海市中山北一路1250号2号楼1701室、企业法人营业执照、机动车驾驶证等材料。2010年5月6日中国银行宁德分行向省行推荐为李某青配发至尊白金卡。经审批，2010年6月3日，李某青领取了卡号40×××833的信用卡，信用额度30万元。2010年6月7日李某青激活信用卡开始使用。2012年9月7日李某青申请临时增额为60万元，至2012年11月用卡皆属正常。2012年11月2日最后消费透支6.77万元后，李某青由于资金链断裂无法还款。虽经中国银行宁德分行工作人员以信函、电话、上门等形式催款，李某青仅于2013年3月5日、4月8日、7月6日各还款300元、200元、200元。至2013年7月19日累计透支本金598,051.19元。2014年3月18日公安机关对李某青立案侦查，并于2014年3月19日对其刑事拘留并上网追逃。2014年5月13日，李某青在上海市宝山区月新镇出租房内被上海月新派出所民警抓获。

李某青与其妻张某2共有的上海市中山北一路1250号2号1701室房产于2013年3月6日、4月8日、5月14日、6月27日先后被上海市浦东新区人民法院、宝山区人民法院、杨浦区人民法院、普陀区人民法院查封，江湾城路1299弄7号401室(复式)房产于2013年4月8日，5月13日、14日、20日，7月9日先后被上海市宝山区人民法院、杨浦区人民法院、普陀区人民法院查封，南翔镇栖林路399弄20号1－3层房产于2013年3月6日、4月8日、5月16日、7月5日先后被上海市浦东新区人民法院、宝山区人民法院、普陀区人民法院查封，宝山区淞南路111弄9号401室房产于2013年底被法院拍卖，所得款用于还深圳发展银行上海杨浦支行贷款和詹某欠款。

另查明,2008 年 3 月至 2013 年年初,原审被告人李某青及张某 2 夫妻在银行透支信用卡,欠款总计 2,723,884.99 元。李某青又名叶某姜,两个名字在福建省周某县公安局李墩派出所均载有户籍信息,其中叶某姜户籍住址周宁县前垅 57 号,居民身份证号码××××,1994 年 12 月 30 日签发;李某青户籍住址周宁县,居民身份证号码××××,2010 年 7 月 9 日签发。经周某县公安局调查,李某青、叶某姜系双重户口,叶某姜身份信息于 2013 年 2 月 27 日因多报错报被删除。

又查明,2014 年 5 月 8 日李某青因犯信用卡诈骗罪被上海市虹口区人民法院判处有期徒刑 3 年,缓刑 3 年,并处罚金人民币 3 万元。

【案件争点】

李某青透支信用卡不还的行为能否被认定为“恶意透支”。

【裁判要旨】

二审法院认为,从本案认定的事实和证据看,原审被告人李长青的行为并不符合第 2 项至第 6 项的情形。李长青行为是否属于“(1)明知没有还款能力而大量透支,无法归还的”。

1. 在案证据证实,李长青申领中国银行宁德分行 40×××83 信用卡时财产状况正常,并提供担保,其并无使用虚假的资信证明材料骗领信用卡,但认定是否具有非法占有目的,不仅要看其申领信用卡时的资信情况,还要考虑其在使用过程中的是否恶意透支。原判仅根据李长青在申领信用卡时提供担保,2012 年 9 月 7 日申请临时增额得到审批,就认定李长青的行为不符合《信用卡解释一》“明知没有还款能力而大量透支,无法归还的”之情形有误,不予支持;抗诉机关关于该点的抗诉意见有理,予以采纳。

2. 从李某青对该信用卡的使用情况、其债权债务情况、公司生产经营情况、钱款去向情况等因素判断,可以认定李某青符合“明知没有还款能力而大量透支,无法归还”的情形,主观上具有非法占有为目的。理由如下:

第一,2012 年 5 月至 11 月,李某青开始大量透支信用卡期间,李某青全部债权及全部房产价值与全部债务相抵,总负债约为 340 万元,已经处于资不抵债的状态,无还款能力。李某青明知无还款能力,不是停止透支而是向银行申请临时提高额度继续透支且无法归还,且在同一时期还大量透支多家银行信用卡无法归还,表明其不计后果恣意透支的主观心态。

首先,根据李某青供述,其在 2012 年 5 月时手上就没钱了,信用卡大笔消费是叫别人养卡，刷出来后再还进去，给别人点手续费，其中2012年5月有一笔是其向别人借款还进去后再刷出来。为维护信用卡信用，就叫别人代还，后来代还的人没有钱也找不到代还的人，所以没法维持信用卡。到了2012年9月，其向中国银行宁德分行申请临时调整信用卡额度到60万元，并透支近60万元。中国银行信用卡对账单及叶某姜信用卡临时增额情况说明证实，李某青在2012年5月30日向中国银行申请提高临时额度到55万元，同日，其现金还款279,200元后又连续POS消费3笔共计500,520元，一直到2012年9月，信用卡透支金额都在40万元以上，同年9月7日申请增加信用卡额度至60万元后，在2012年9月10日就将该信用卡透支591,074.59元，在2012年9月至11月虽有几笔几万元的还款，但在还款后几天内又透支，透支金额一直保持在50万元以上，2012年11月2日透支一笔67,700元后，透支金额达到599,201.19元，此后，经银行多次催收，直到2013年7月只归还了1150元(分5笔)，便再也没有还款。综上所述，李某青供述与银行提供的消费账单、情况说明等能够相互印证，足以证实李某青在2012年5月就已明知无法归还信用卡欠款，在2012年5月至11月，其不但没有停止消费还两次申请提高额度并不断增加透支金额至近60万元，无法归还，体现出李某青不考虑还款能力恣意透支的主观心态。

其次，李某青大量透支多家银行信用卡。从2012年9月开始，李某青在大量透支中国银行信用卡的同时，还大量透支多家银行信用卡，均无法还款。李某青在2012年9月以后恶意透支多家银行信用卡，主要表现为两种情况：一是在2012年9月以前能够正常使用信用卡，但9月以后开始大量透支信用卡，导致无法还款；二是2012年9月后开始使用信用卡即大量透支导致无法还款。由此可见，李某青在2012年5月明知无法归还信用卡的情况下，不仅大量透支中国银行信用卡，还大量透支其他多家银行信用卡，且在2012年11月以后所有银行信用卡均无法正常还款，且未用于经营活动，表明其在透支信用卡时根本不考虑还款能力，对无法还款持放任态度。

第二，李某青透支信用卡并不是用于经营活动。从李某青2012年纳税数额来看，其在2012年间基本无经营活动。如果李某青将大量透支的信用卡钱款用于经营活动，仅产生7万多的销售额是不合常理的。因此，可以认定李某青大量透支信用卡并未用于经营活动。

综上所述，可以认定李某青符合“明知没有还款能力而大量透支，无法归还”的情形，主观上具有非法占有目的。

例案三 | 董某某信用卡诈骗案

【法院】

吉林省辽源市中级人民法院

【案号】

(2017)吉04刑终32号

【诉讼主体】

原公诉机关:吉林省辽源市龙山区人民检察院

上诉人(原审被告人):董某某

【基本案情】

上诉人董某某于2014年7月2日在东丰县工商银行办理了一张卡号为××××的信用卡,并于2014年8月至10月共计透支12.992万元(其中,通过POS机刷卡提现9.939万元),大部分款项被董某某用于经营活动。同期,董某某还款8万元。2014年10月31日以后没有消费记录,但陆续还款11笔,计3.98万元(含报案材料中提到的2015年7月2日和2016年1月8日分别还款3000元)。2014年10月31日以后被发卡银行计入账单的利息、滞纳金等费用共计4.551145万元。发卡银行于2014年12月13日起对董某某进行第一次催收,同年12月16日第二次催收,直到2015年12月17日共计催收17次。后发卡银行于2016年1月21日向公安机关报案。同日,董某某被抓获。2016年2月4日,董某某通过亲友将卡内所欠本息5.6265万元全部还清。

【案件争点】

董某某超过规定期限透支信用卡不还的行为,能否被认定为“恶意透支”。

【裁判要旨】

根据《刑法》第196条第1款、第2款的规定,持卡人以非法占有为目的,超过规定限额或者规定期限透支,并且经发卡银行催收后仍不归还的行为属于“恶意透支”,构成信用卡诈骗罪。2009年《信用卡解释一》第6条第1款规定,持卡人以非法占有为目的,超过规定限额或者规定期限透支,并且经发卡银行两次催收后超过三个月仍不归还的,应当认定为《刑法》第196条规定的“恶意透支”。上述规定表明,构成恶意透支型信用卡诈骗罪必须同时具备两个条件:第一,主观上行为人“以非法占有为目的”;第二,客观上行为人实施了“超额或者超限透支”且“经两次以上催收不还”的行为。以上两个条件缺一不可，如果持卡人仅仅是经催收不还，但没有非法占有的目的，则不能认定为恶意透支。

在本案中，上诉人董某某客观上实施了超过规定期限透支且经两次以上催收不还的行为。根据《信用卡解释一》第6条第2款的规定，被告人被催收的次数超过两次，且超过3个月仍未全部归还，符合恶意透支型信用卡诈骗罪的客观要件。因此，本案关键在于判断被告人主观上是否具有非法占有的目的。根据现有证据可知，在本案中，上诉人董某某申领信用卡时没有虚构事实、隐瞒真相的行为；涉案信用卡透支款项大部分用于董某某个体商铺经营，小部分款项用于正常生活开支，而非奢侈品消费或者无节制消费；其信用卡欠款逾期未能归还主要是因为经营困难导致。从涉案信用卡还款情况及董某某应对催收的态度来看，董某某共计透支12.992万元，案发前已还款11.98万元，尚有部分余款未能如期归还。但在银行数次电话或短信催收后，董某某表示“承诺核实后进行还款”，其亲属亦向银行表示了部分还款的想法，并且确有还款行为。此外，董某某没有变更联系电话、变更地址等逃避催收的行为。因此，现有证据不能证明上诉人董某某具有“非法占有目的”，董某某的行为不构成恶意透支型的信用卡诈骗罪。本案应当认定为一般的民事纠纷。

三、裁判规则提要

(一)“以非法占有为目的”是恶意透支型诈骗的主观要素，但不得单纯依据持卡人未按规定还款的事实认定非法占有目的

近年来，随着经济的发展，信用卡诈骗罪成高发态势，信用卡诈骗共五种类型，但恶意透支型诈骗罪占90%左右。我国《刑法》第196条第2款规定，持卡人以非法占有为目的，超过规定限额或者规定期限透支，并且经发卡银行催收后仍不归还的行为属于“恶意透支”，构成信用卡诈骗罪。《信用卡解释二》第6条第1款规定“持卡人以非法占有为目的，超过规定限额或者规定期限透支，并且经发卡银行两次有收催收后超过三个月仍不归还的，应当认定为刑法第一百九十六条规定的恶意透支”，并列举了应当认定为“以非法占有为目的”的6种情形。但在司法实践中，经常出现仅因持卡人申请信用卡后透支消费，并且有经银行多次催收拒不还款的行为，没有审查犯罪嫌疑人是否具有非法占有的目的，就直接认定持卡人构成信用卡诈骗罪。还有时即使司法机关查明持卡人在透支时没有非法占有目的，只是由于事后的客观导致不能归还本息，就会认定为恶意透支型信用卡诈骗罪。经常

将“经发卡银行两次催收后超过三个月仍不归还”的客观行为直接认定“以非法占有为目的”。把持卡人事前的透支当作一个前提条件,无论是恶意透支还是善意透支,只要“经发卡银行催收后仍不归还的”一律以信用卡诈骗罪论处。而在超前消费日渐风行,网络信贷消费日渐增长的背景下,对部分借贷主体的超限消费,单纯以事后的行为判断行为人在实施构成要件行为时是否具有犯罪故意与非法占有目的,必然违反责任主义。正因如此,《信用卡解释二》第6条第2款规定“不得单纯依据持卡人未按规定还款的事实认定非法占有目的”明确了以非法占有为目的在认定恶意透支中的独立要件地位,明确了要充分考虑行为人申领信用时的主观想法以及透支后的想法及理由。只有将“以非法占有为目的”与“经银行催收后仍不归还”结合起来才能准确认定恶意透支型诈骗犯罪。例案一中,李某康申领信用卡时无非法占有的目的,并且前期正常还款,后来透支的钱款用于生产经营中,因经营困难导致信用卡欠款逾期未能归还。在经银行催收时银行积极沟通表明愿意还款,并通过努力积极偿还贷款,所以通过他还款的行为及被迫催收后的态度可以认定其没有非法占有的目的。

(二)应当通过相关证据审查持卡人是否将透支款项“用于生产经营活动”,不能一概以“透支款用于生产经营活动”否认“非法占有目的”

“透支款用于生产经营活动”,是指将透支的资金用于企业因生产经营活动所需的正常合理支出。对于将钱款用于购车、购房等情形,是否属于“资金用于生产经营”不宜一概而论,应结合行为人的主观动机、实际用途等因素综合分析后予以判定。如行为人将资金用于购买运输工具等正常的生产经营所需的工作用车或者购买生产经营所需房产等,可认定其将资金用于生产经营活动。如明显不属于生产经营所需,例如,购买豪车、海景房等,不能认定其将资金用于生产经营活动。如果持卡人透支后将钱款用于高风险投资(如期货、股票),一般不能认定为用于生产经营活动。在实际生活中,大部分的持卡人均是将资金用于合法的消费活动或者经营活动,但是,持卡人将资金用于合法的消费活动或者经营活动与其是否具有非法占有目的之间并不具有直接因果关系。在司法实践中,有些被告人为逃避法律的追究,就会以透支款用于生产经营,没有非法占有的目的等理由进行辩解,所以司法机关应通过证据来审查行为人的主观目的和客观行为,同时通过资金流向判断行为人是否有非法占有目的。《全国法院审理金融犯罪案件座谈会纪要》在集资诈骗的认定中规定:“要注意以下两点,一是不能仅选凭大数额的集资款不能返还的结果，推定行为具有非法占有的目的；二是行为人将大部分资金用于投资或生产经营活动，而将少量资金用于个人消费或挥霍的，不应仅以此便认定具有非法占有目的”。如果行为人在申领信用卡时，就打算恶意透支后拒不归还，申领到信用卡后超过规定限额或者规定期限透，并且经发卡行银行催收后仍不归还，这种情况无论持卡人是否将透支款用于生产经营，都成立恶意透支型信用卡诈骗。如果行为人申领信用卡时，提供了真实的个人信息和相关的财务状况，申请时也具有还款能力，并且在使用信用卡过程中所透支的款项，通过审查资金流向确实用于正常的生产经营活动，只是由于市场发生重大变化等客观原因，致使持卡不能按时偿还欠款，那么我们无法要求行为人在申领信用卡就能预料到因生产经营问题带来的变故，所以，即使经过发卡银行的催收而没归还的，不能认定其具有非法占有的目的。所以要审查透支款是否用于生产经营，不能单纯依据持卡人陈述将资金用“用于生产经营活动”来否认其“非法占有目的”。例案二中李某青开始大量透支信用卡期间，已经负债高达340万元，无还款能力。李某青不但没有停止透支，还在同一时期还大量透支多家银行信用卡无法归还，这些事实足以表明其具有非法占有的目的。其虽辩解钱款用于生产经营，但纳税数额已显示李某青透支信用卡并不是用于经营活动。因此，通过证据可以证明李某青大量透支信用卡并未用于经营活动。

（三）判断持卡人是否具有“非法占有目的”，需要综合考量多种因素

根据《信用卡解释二》第6条第3款规定，持卡人具有下列情形之一的，可直接推定持卡人具有非法占有的目的：(1)明知没有还款能力而大量透支，无法归还的；(2)使用虚假资信证明申领信用卡后透支，无法归还的；(3)透支后通过逃匿、改变联系方式等手段，逃避银行催收的；(4)抽逃、转移资金，隐匿财产，逃避还款的；(5)使用透支的资金进行犯罪活动的；(6)其他非法占有资金，拒不归还的情形。同时《信用卡解释二》也规定“有证据证明持卡人确实不具有非法占有目的的除外”。所以司法机关应当采纳持卡人的合理辩解，不能因为持卡人具有司法解释所规定的情节，就直接否认持卡人的合理辩解。如例案一，持卡人将透支的款项用于合法经营，由于经营发生变故无法归还，即使已经被银行催收超过3个月的期限，也不能认定其有非法占有的目的。所以不能因为持卡人具有上述(1)到(6)中的一种情形，就直接认定持卡人具有非法占有目的，而不考虑其他足以否认持卡人具有非法占有目的证据。为此2018年《信用卡解释二》第6条第2款规定：“对于是否以非法占有为目的，应当综合持卡人信用记录、还款能力和意愿、申领和透支信

用卡的状况、透支资金的用途、透支后的表现、未按规定还款的原因等情节作出判断。不得单纯依据持卡人未按规定还款的事实认定非法占有目的。”所以对于行为人是否具有“非法占有目的”,可结合以下几个方面考量:申领信用卡时提交材料是否真实,有无严重弄虚作假;使用信用卡时是否具有相对稳定的还款能力,如持卡人是否具有稳定合法的工作或者收入来源等;透支情况与收入水平是否基本相符;涉案信用卡是否存在大量套现情况;透支款项用途是否合法,是否用于违法犯罪活动;是否存在持续且有效的还款行为;透支后是否与发卡银行保持联系、积极沟通,是否存在故意逃避催收的情况。在例案一中,李某康在明知自己无还款能力的情况下,利用所持信用卡超过规定期限大量透支,在发卡银行多次催收后超过3个月仍不归还,应当认定具有“非法占有目的”;例案三中,董某某在申领信用卡时未虚构事实、隐瞒真相,其将大部分透支款项用于商铺经营,小部分款项用于正常生活开支,后因经营困难导致信用卡欠款逾期未能归还,经银行催收表示愿意还款,后偿还大部分款项,且董某无变更联系电话、住址等逃避催收的行为,故依法认定董某不具有“非法占有目的”,不构成恶意透支型的信用卡诈骗罪。

四、辅助信息

高频词条:

《刑法》

第177条之一 有下列情形之一,妨害信用卡管理的,处三年以下有期徒刑或者拘役,并处或者单处一万元以上十万元以下罚金;数量巨大或者有其他严重情节的,处三年以上十年以下有期徒刑,并处二万元以上二十万元以下罚金:

(一)明知是伪造的信用卡而持有、运输的,或者明知是伪造的空白信用卡而持有、运输,数量较大的;

(二)非法持有他人信用卡,数量较大的;

(三)使用虚假的身份证明骗领信用卡的;

(四)出售、购买、为他人提供伪造的信用卡或者以虚假的身份证明骗领的信用卡的。

窃取、收买或者非法提供他人信用卡信息资料的,依照前款规定处罚。

银行或者其他金融机构的工作人员利用职务上的便利,犯第二款罪的,从重处罚。

第196条 有下列情形之一,进行信用卡诈骗活动,数额较大的,处五年以下有期徒刑或者拘役，并处二万元以上二十万元以下罚金；数额巨大或者有其他严重情节的，处五年以上十年以下有期徒刑，并处五万元以上五十万元以下罚金；数额特别巨大或者有其他特别严重情节的，处十年以上有期徒刑或者无期徒刑，并处五万元以上五十万元以下罚金或者没收财产：

（一）使用伪造的信用卡，或者使用以虚假的身份证明骗领的信用卡的；

（二）使用作废的信用卡的；

（三）冒用他人信用卡的；

（四）恶意透支的。

前款所称恶意透支，是指持卡人以非法占有为目的，超过规定限额或者规定期限透支，并且经发卡银行催收后仍不归还的行为。

盗窃信用卡并使用的，依照本法第二百六十四条的规定定罪处罚。

《信用卡解释》

全国人民代表大会常务委员会根据司法实践中遇到的情况，讨论了刑法规定的“信用卡”的含义问题，解释如下：刑法规定的“信用卡”，是指由商业银行或者其他金融机构发行的具有消费支付、信用贷款、转账结算、存取现金等全部功能或者部分功能的电子支付卡。

《信用卡解释二》

第6条 持卡人以非法占有为目的，超过规定限额或者规定期限透支，经发卡银行两次有效催收后超过三个月仍不归还的，应当认定为刑法第一百九十六条规定的“恶意透支”。

对于是否以非法占有为目的，应当综合持卡人信用记录、还款能力和意愿、申领和透支信用卡的状况、透支资金的用途、透支后的表现、未按规定还款的原因等情节作出判断。不得单纯依据持卡人未按规定还款的事实认定非法占有目的。

具有以下情形之一的，应当认定为刑法第一百九十六条第二款规定的“以非法占有为目的”，但有证据证明持卡人确实不具有非法占有目的的除外：

（一）明知没有还款能力而大量透支，无法归还的；

（二）使用虚假资信证明申领信用卡后透支，无法归还的；

（三）透支后通过逃匿、改变联系方式等手段，逃避银行催收的；

（四）抽逃、转移资金，隐匿财产，逃避还款的；

（五）使用透支的资金进行犯罪活动的；

（六）其他非法占有资金，拒不归还的情形。

第 7 条 催收同时符合下列条件的，应当认定为本解释第六条规定的“有效催收”：

（一）在透支超过规定限额或者规定期限后进行；

（二）催收应当采用能够确认持卡人收悉的方式，但持卡人故意逃避催收的除外；

（三）两次催收至少间隔三十日；

（四）符合催收的有关规定或者约定。

对于是否属于有效催收，应当根据发卡银行提供的电话录音、信息送达记录、信函送达回执、电子邮件送达记录、持卡人或者其家属签字以及其他催收原始证据材料作出判断。

发卡银行提供的相关证据材料，应当有银行工作人员签名和银行公章。

第 8 条 恶意透支，数额在五万元以上不满五十万元的，应当认定为刑法第一百九十六条规定的“数额较大”；数额在五十万元以上不满五百万元的，应当认定为刑法第一百九十六条规定的“数额巨大”；数额在五百万元以上的，应当认定为刑法第一百九十六条规定的“数额特别巨大”。

第 11 条 发卡银行违规以信用卡透支形式变相发放贷款，持卡人未按规定归还的，不适用刑法第一百九十六条‘恶意透支’的规定。构成其他犯罪的，以其他犯罪论处。

信用卡诈骗案件裁判规则第 17 条：

对信用卡“分期付款”恶意透支数额的认定，不应将尚未到期的分期付款数额计算在恶意透支数额中。如持卡人拒不还款，仍需要满足经两次催收超过 3 个月方可认定为恶意透支

〔**规则描述**〕：银行同意持卡人分期还款的，应视为与持卡人达成新的合意，还款数额、还款期限应按照分期后的具体情况予以确认。此后，除持卡人与银行有特殊约定，如持卡人拒不还款，仍需要满足经两次催收超过 3 个月方可认定为恶意透支。

一、类案检索大数据报告

时间：2020 年 8 月 30 日之前，案例来源：Alpha 案例库，案件数量：2648 件，数据采集时间：2020 年 8 月 30 日，本次检索共获取认定信用卡诈骗罪中分期付款的犯罪数额，2020 年 8 月 30 日之前 2648 篇裁判文书。如图 17－1 所示，从案件年份分布情况可以看出当前条件下刑事案例数量的变化趋势。

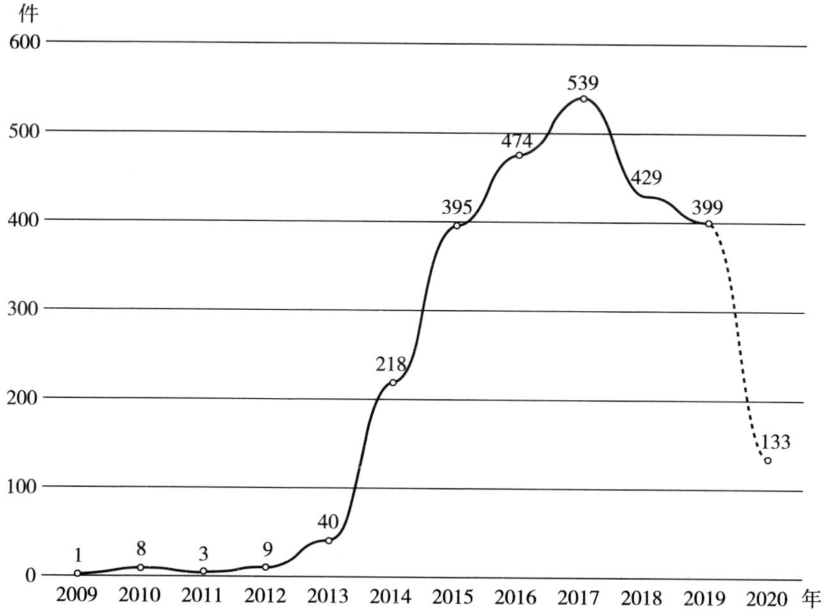

图 17－1　案件年份分布情况

如图 17 －2 所示，从案件主要地域分布情况来看，当前刑事案例主要集中在广东省、福建省、河南省，分别占比 9.74%、9.67%、7.06%，其中广东省的案件量最多，达到 258 件。

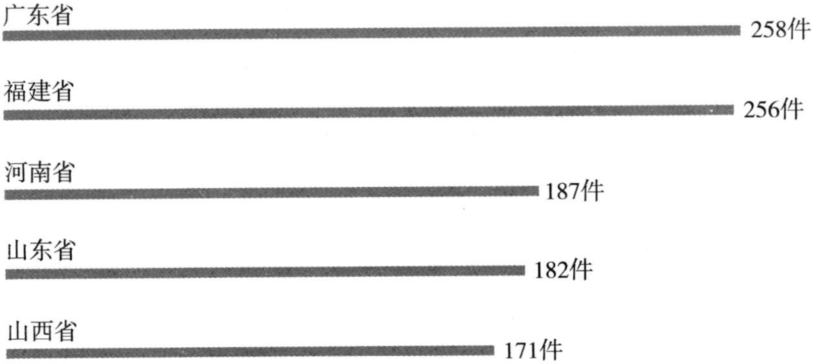

图 17 －2　案件主要地域分布情况

如图 17 －3 从案件案由分类情况可以看出，当前最主要的案由是破坏社会主义市场经济秩序罪，有 1942 件，占一半以上；其次是侵犯财产罪，妨害社会管理秩序罪，危害公共安全罪。

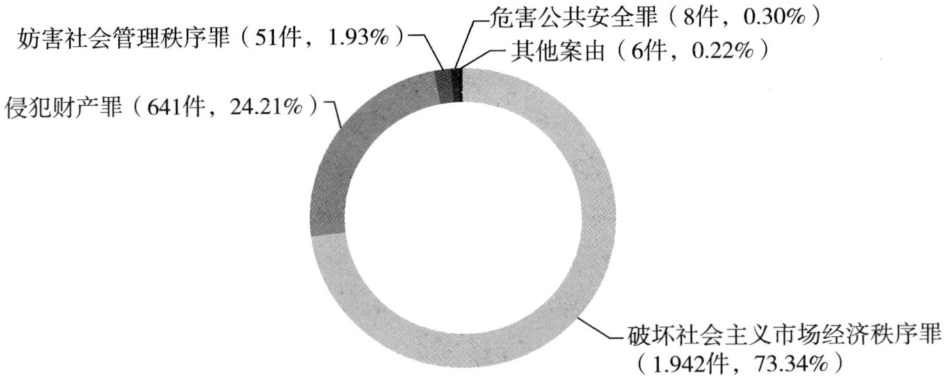

图 17 －3　案件案由分类情况

如图 17 －4 所示，从案件的程序分类统计可以得出当前的审理程序分布状况，其中一审案件有 2036 件，二审案件有 596 件，再审案件有 13 件，执行案件有 1 件，死刑复核案件有 2 件，并能够推算出一审上诉率约为 29.27%。

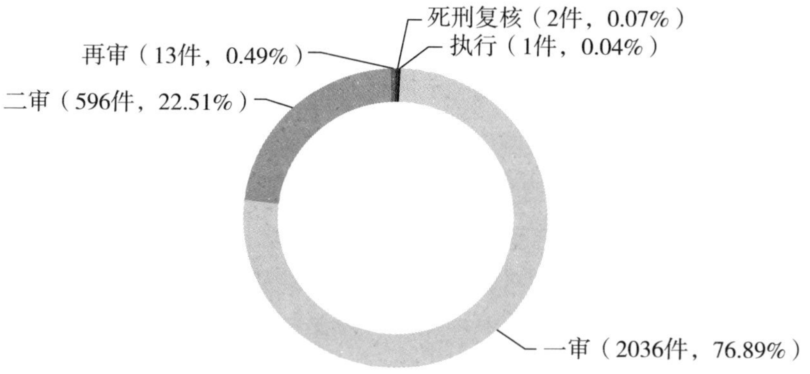

图 17－4　案件程序分类情况

如图 17－5 所示，通过对主刑的可视化可以看出，当前条件下包含有期徒刑的案件有 2079 件，包含拘役的案件有 84 件，包含无期徒刑的案件有 27 件，包含死刑的案件有 4 件，包含管制的案件有 2 件。

图 17－5　案件判决主刑情况

二、可供参考的例案

例案一｜蔡某某信用卡诈骗案

【法院】

福建省厦门市中级人民法院

【案号】

（2012）厦刑终字第 364 号

【诉讼主体】

原公诉机关:福建省厦门市思明区人民

上诉人(原审被告人):蔡某某

【基本案情】

2007年12月10日,被告人蔡某某向光大银行厦门分行申办了两张信用卡,共享信用额度为5000元,后于2008年12月14日升级合并为一张白金信用卡,信用额度调整为8.7万元。2011年5月,经蔡某某申请,光大银行厦门分行又追加授予蔡某某临时信用额度4.35万元。自同年7月24日起,蔡某某持卡消费、套现透支出现连续逾期的情形。截至2012年1月24日,共透支本金12万余元,拖欠利息5026.63元、滞纳金1.3万余元,其中透支本金12万余元中包含蔡某某未逾期的分期消费未出账单金额3万余元。同年5月4日,蔡某某在其住处被公安机关抓获归案,并如实供述了上述事实。同年5月18日,蔡某某的亲属代其向被害银行偿还透支本金12.6万元。

【案件争点】

尚未到期的分期付款数额是否属于恶意透支的犯罪数额。

【裁判要旨】

一审法院审理认为,被告人蔡某某以非法占有为目的,超过规定期限透支,并且经发卡银行多次催收后超过3个月仍不归还,恶意透支本金共计12万余元,数额巨大,其行为已构成信用卡诈骗罪。鉴于蔡某某到案后如实供述自己罪行,当庭亦自愿认罪,认罪态度较好,且其家属已代为偿还全部透支本金,被害单位的经济损失得以挽回,故决定对其依法从轻处罚。法院判决:蔡某某犯信用卡诈骗罪,判处有期徒刑5年,并处罚金5万元。

蔡某某不服,提起上诉。

二审法院审理认为,上诉人蔡某某以非法占有为目的,超过规定期限透支,经发卡银行多次催收后超过3个月仍不归还,恶意透支本金共计9.4万余元,数额较大,其行为已构成信用卡诈骗罪。原判认定上诉人蔡某某信用卡诈骗犯罪的部分事实清楚,证据确实、充分,定罪准确,但在认定信用卡诈骗数额时,将截至2012年5月4日光大银行厦门分行报案,蔡某某尚未逾期超过3个月的透支本金数额3万余元一并计入不当,致认定事实和适用法律有误,应予纠正。鉴于蔡某某到案后如实供述犯罪事实,认罪、悔罪态度较好,其亲属已代为偿还全部透支本金,被害单位亦对其表示谅解,并综合考虑蔡某某恶意透支信用卡系为其女儿治病,其情可宥,决定予以从轻处罚并宣告缓刑。法院改判：蔡某某犯信用卡诈骗罪，判处有期徒刑3年，缓刑3年，并处罚金2万元。

例案二 | 梁某信用卡诈骗案

【法院】

上海市宝山区人民法院

【案号】

(2010)宝刑初字第46号

【诉讼主体】

公诉机关：上海市宝山区人民检察院

上诉人(原审被告人)：梁某

【基本案情】

2006年11月至2008年6月，梁某分别在招商银行、华夏银行、中国民生银行、中国建设银行、中国工商银行、交通银行、中国银行广东发展银行、深圳发展银行、平安银行上海银行申领信用卡后恶意透支使用，分别透支银行本金3351.24元、2573.82元9801.68元、6571.67元、2731.22元9113.58元、4484.4元、16,567.68元7691.87元、3309,2元、24,065.45元，共计人民币131,252.19元。之后，经银行多次催收后仍未予归还。梁某使用华夏银行、交通银行、广东发展银行、深圳发展银行、上海银行信用卡消费后，就部分金额申请了分期付款。至案发时，仍有部分款项尚未到期，亦未经银行两次催收超过3个月不予归还。其中，华夏银行4323.7元、交通银行20,056,18元、广东发展银行14,992.96元、深圳发展银行161,754元，案发后，梁某的家属已归还全部透支款息。

【案件争点】

行为人申请分期还款，对于符合未到约定还款期限，未经发卡银行两次催收后超过3个月仍不归还条件的分期付款款项，应否认定其行为系恶意透支，并计入犯罪金额。

【裁判要旨】

法院认为，被告人梁某以非法占有为目的，超过规定期限透支，并且经发卡银行两次催收后超过3个月仍不予归还，数额较大，其行为已构成信用卡诈骗罪，应予处罚。公诉机关指控的要犯罪事实清楚，证据确实、充分，罪名成立。关于被告人梁某及其辩护人提出恶意透的数额计算问题，经查，被告人梁某分别使用华夏银行、交通银行、广东发展银行、上银行、深圳发展银行卡消费后有部分申请了分期付款，其中未到期还款金额不符合恶意透支认定中关于“超过规定期限透支”的规定，不应全额计入，据此，被告人梁某在华夏银行消费金额4323.7元、交通银行消费金额20,056.18元、广东发展银行消费金额1492.96元、深圳发展银行消费金额1617.54元均不计入犯罪金额。被告人梁某在被抓获后，如实供述司法机关尚未掌握的其他同种罪行，可依法酌情从轻处罚，被告人及其辩护人的相关辩护意见，法院予以采纳。被告人梁某案发后归还了上述11家银行的全部本息，可依法从轻处罚，同时，被告人梁某认罪态度较好，可酌情从轻处罚。判决被告人梁某犯信用卡诈骗罪，判处有期徒刑3年，缓刑3年，并处罚金人民币2万元。

例案三 | 栗某某信用卡诈骗案

【法院】

河南省安阳市殷都区人民法院

【案号】

(2014)殷刑初字第169号

【诉讼主体】

公诉机关：河南省安阳市殷都区人民检察院

上诉人(原审被告人)：栗某某

【基本案情】

2012年9月5日，被告人栗某某在中国建设银行安阳分行申请办理了一张信用卡，后正常消费还款。2013年9月23日，栗某某通过小广告虚构购买汽车的理由在郑州市金水区河南某某汽车销售服务有限公司刷卡“套现”40万元人民币，并且办理了36期分期付款业务，每期(每月)需还款11,111.11元。办理分期时被告人栗某某承诺“本人承诺申请所购车分期额度仅在中国建设银行指定经销商使用，不用于其他用途，不通过虚假交易等欺诈活动套取现金。如有上述行为，中国建设银行有权要求本人提前一次性偿还全部欠款”。2013年9月26日第一期，被告人栗某某还了分期付款手续费48,000元和第一期11,111.11元；2013年10月26日第二期，被告人还款570.11元；2013年11月26日第三期，被告人还款14.71元；2013年12月26日第四期，被告人未还款；2014年1月26日第五期，被告人还款

11,000元;2014年2月26日第六期,被告人未还款;2014年2月27日银行方面撤销了分期要求被告人提前一次性偿还全部欠款。从银行方面的催收记录显示:2014年3月6日,联系本人,本人称资金紧张,分析利弊,略提司法,无家电单电,自己做工程,保持手机畅通,约定周天下午2点联系,申请36期分期,查询可受理;2014年3月21日,联系本人,本人称先还11,400元,保留账户下期再协商,分析利弊,确定明天下午2点前还首付款,保留账户,剩余尝试分期,每月工资收入在2000元以上,申请36期,约定明天下午2点再联系;2014年3月26日,联系本人,本人称资金有问题,告之今日逾期额为387,397.80元,要求其务必还款。2014年6月30日安阳市公安局殷都分局立案,2014年7月17日被告人亲属全额还款414,357元。

【案件争点】

持卡人对于尚未到期的分期款项是否有非法占有的目的。

【裁判要旨】

被告人栗某某以非法占有为目的,超过规定期限透支本金55,081.84元,经发卡银行催收后仍不归还,数额较大,其行为构成信用卡诈骗罪,安阳市殷都区人民检察院指控被告人栗某某犯信用卡诈骗罪罪名成立。

本案中信用卡“分期付款”恶意透支数额的认定,究竟是应当以经银行两次催收后超过3个月仍不归还的全部数额来计算,还是要将尚未到期的分期消费数额不计入恶意透支数额是本案的焦点。首先,从法律规定恶意透支的认定条件来看。根据最高人民法院、最高人民检察院《信用卡解释一》第6条的规定,持卡人以非法占有为目的,超过规定限额或者规定期限透支,并且经发卡银行两次催收后超过3个月仍不归还的,应当认定为《刑法》第196条规定的“恶意透支”。可见,非法占有目的、超过规定期限是认定恶意透支的要件。而本案中一方面,尚未到期的分期消费的还款期限未到,无法推定持卡人在主观上对于尚未到期的分期消费未出账单数额具有非法占有目的。另一方面,被告人在被银行催收时还在协商办理分期付款事宜,银行方面也查询可以办理。其次,从权责对等的契约原则来看。银行经被告人申请同意为其办理分期付款业务,被告人依约缴纳了高额的分期付款手续费48,000元,那么发卡银行就应遵守约定赋予被告人享有分期履行还款义务的权利。银行单方取消持卡人分期付款业务没有将已支付的分期付款手续费用于冲还透支本金,明显违反公平、对等原则,更何况这种单方调整民事法律关系进而影响甚至加重持卡人承担刑事责任的情形,在刑法理念上也是不允许的。因此,本案的恶意透支数额不应当将未到期的分期付款数额包括在内。截至 2014 年 3 月 30 日之前的欠款本金为本案的恶意透支数额,经计算为 55,081.84 元。被告人栗某某认罪态度较好,且案发后归还了银行全部本金、利息、滞纳金等共计 414,357 元,应对其从轻处罚。被告人栗某某系初犯,经调查评估宣告缓刑对所居住社区没有重大不良影响,不致再危害社会,予以宣告缓刑,判决被告人栗某某犯信用卡诈骗罪,判处有期徒刑 2 年,缓刑 3 年,并处罚金 30,000 元。

三、裁判规则提要

信用卡诈骗是我国常见的一种金融犯罪,近年来呈现爆发式增长态势,银行为了吸引信用卡分期付款,是指持卡人使用信用卡进行大额消费时,由银行向商户一次性支付持卡人所购商品(或服务)的消费资金,然后让持卡人分期向银行还款的过程。银行会根据持卡人申请,通过账务处理将已透支的本金一次性扣除,之后根据分期期数,逐步计入透支本金,持卡人只要按照每月入账金额进行偿还。而银行在寄给持卡人的对账单上显示的欠款余额也作相应调整,分期本金从欠款余额中扣除。然而,在持卡人享受便利的同时,这种新颖的消费方式却给信用卡诈骗罪恶意透支数额的认定带来了新的挑战。司法实践中,关于"分期付款"恶意透支的犯罪金额认定的方法有三种意见:第一种意见认为,持卡人与银行达成分期付款协议时,银行已经将钱款付给了特约商户,如持卡人出现到期未还的情况下,应视为分期付款债务全部到期,持卡人应一次性偿还全部剩余未还的分期付款本金及手续费,即将全部欠款金额视为犯罪金额。第二种意见认为,信用卡分期付款实是持卡人根据与银行的约定,在每个账单周期内向银行归还当期透支款的行为。因此案发时,持卡人实际应还而未还周期内的分期透支款才是恶意透支款。对于尚未到期的分期透支款,不应计算。第三种意见认为,对于分期付款的恶意透支本金,应当以其不归还后经发卡银行催收并且已过 3 个月不还的分期数额计算为信用卡诈骗数额。

(一)尚未到期的分期付款数额,不应当计算为恶意透支的犯罪数额

首先,从法律规定恶意透支的认定条件来看,根据《信用卡解释二》第 6 条第 1 款的规定,持卡人以非法占有为目的,超过规定限额或者规定期限透支,并且经发卡银行两次催收后超过 3 个月仍不归还的,应当认定为《刑法》第 196 条规定的"恶意透支"。由此持卡人是否具有非法占有发卡银行资金的主观故意是区分"善意透

支”和“恶意透支”的标准，但是行为人是否具有非法占有目的，是以其客观行为来进行推定的。为了更直观地区分“善意透支”和“恶意透支”的界限，《信用卡解释二》列举了应当认定为以非法占有为目的的 6 种情形，即明知没有还款能力而大量透支，无法归还的；肆意挥霍透支资金，无法归还的；透支后逃匿、改变联系方式，逃避银行催收的；抽逃、转移资金、隐匿财产，逃避还款的；使用透支的资金进行违法犯罪活动的；其他非法占有资金，拒不返还的。对于司法实践中有的持卡人因短期资金周转不灵或者因客观原因无法及时还款的情形，持卡人只要按照发卡行要求的最低还款额进行还款，或者向发卡行说明情况，积极设法归法，则可以排除非法占有目的。此时持卡人只需承担民事上违约责任，按规定还本付息，而不会承担刑事责任。如果有证据证明被告人申请分期款是为了实现非法占有的目的，如行为人申请分期还款后弃卡不用等，这种情况下应将消费透支的全额认定为犯罪数额。但多数持卡人在申请分期付款之后，仍正常还款、消费，特别是尚未到期的分期消费的还款期限还未到，是无法推定持卡人在主观上对于尚未到期的分期消费未出账单数额具有非法占有的目的，所以尚未到期的分期付款数额不符合恶意透支认定中关于“超过规定期限透支”的规定，不应全额计入。

其次，从持卡人与银行之间的契约原则来看，既然发卡银行经持卡人申请同意为其办理分期付款业务，且持卡人依约定缴纳了高额的分期付款手续费，那么发卡银行就应遵守约定赋予持卡人享有分期履行还款义务的权利。当持卡人出现逾期还款超过规定时间的情况下，由于银行在催收时未涉及未到期还款金额部分，所以银行不能将未到期的分期消费未出账单金额认定为恶意透支数额范围。另外，如果双方没有约定，银行单方取消分期还款，是不具有法律效力的。尤其是目前很多银行在提供该项业务时，根本不会与持卡人签订协议明确双方的权利义务，如果银行收取高额分期付款手续费的同时又允许其单方取消分期还款，显然会造成双方的权责不对等，对持卡人不公平，也违背了契约原则。当然，如果双方有书面协议，对此问题可另当别论。

最后，从认定证据角度看，对法律事实的认定应当有充分的证据认证，如果只是因为持卡人对已到期部分金额没有按时归还就推定为所有金额都不能够按时归还是没有法律依据的。因为持卡人很有可能因为特殊情况导致无法归还欠款，而当特殊情况消失后依然能够归还，所以不能够认定其以后都无法归还。另外，从法律的严谨性来看，也不应该对持卡人的行为进行无证据的推定。

例案二中，被告人梁某使用华夏银行、交通银行、广东发展银行、上海银行、深圳发展银行卡消费后有部分申请了分期付款，所以其对尚未到期的款项有不予归还的权利，尚未到期的分期消费的还款期限还未到，是无法推定梁某在主观上对于尚未到期的分期消费未出账单数额具有非法占有的目的，所以梁某在华夏银行消费金额4323.7元、交通银行消费金额20,056.18元、广东发展银行消费金额1492.96元、深圳发展银行消费金额1617.54元不属于恶意透支认定中关于“超过规定期限透支”的规定，不应全额计入。

例案三中银行经栗某某申请同意为其办理分期付款业务，被告人依约缴纳了高额的分期付款手续费48,000元，如果银行单方取消持卡人分期付款业务，让被告人提前归还尚未到期的款项，那么银行是无权收到高额分期付款的手续费的。被告人栗某某对尚未到期的款项是否具有非法占有的故意，要在该款项到期后，经银行催收才能予以认定。所以本案中截至2014年3月30日之前的欠款本金为本案的恶意透支数额，经计算为55,081.84元。

（二）分期付款恶意透支的犯罪数额必须满足已到期的分期付款金额和经银行催收两个条件，缺一不可

第一，恶意透支型信用卡诈骗罪的认定中，有效催收是很重要的部分，是恶意透支型信用卡诈骗罪的犯罪构成要件，如果不经过两次有效催收，就根本不具备推定持卡人就该部分金额有非法占有目的的客观事实基础，那么持卡人的透支不还行为便不能认定为信用卡诈骗罪。《信用卡解释二》中对“有效催收”情形作了规定，其中一项为“在透支超过规定限额或者规定期限后进行”，即要求催收是在透支款项到期之后进行，如果持卡人透支的欠款尚未到期，此时发卡银行对持卡人进行催收也是无效的。只有发卡银行对已经到期的透支欠款进行两次有效催收持卡人超过3个月仍不归还，才可认定为恶意透支，因此，恶意透支的数额应根据银行的催收数额来认定。

第二，从持卡人主观认识角度看，由于透支行为人主观方面意图认定的复杂性，不宜扩大认定持卡人具有非法占有目的。持卡人透支的总金额虽然远超其每个周期应还的数额，但是根据其与银行的分期还款协议，尚未到期的款项其可暂不归还，不归还尚未到期的款项是持卡人的权利，持卡人主观上认识到的其需要归还的款项系其银行对其进行催收的已经到期的款项，如果持卡人超过3个月拒不归还，也只能认定其对银行催收部分钱款具有非法占有故意，而不能推定其对透支的全部钱款均具有非法占有目的。

第三，从罪刑相适应原则看，如果以持卡人已到期的周期内未还的金额来认定犯罪数额，会导致犯罪数额的不确定以及量刑不均衡的情况。例如，两个人透支了同样的金额，均分期还款，也均未按期还款，但是因为银行报案时间的不同或者公安机关立案时间不同，导致二人在不同的还款周期被立案，那么二人的犯罪金额是不同，这样明显是不合理的。

第四，从刑事谦抑性原则看。我国《刑法》及相关司法解释对恶意透支的认定作了严格的规定，目的就是避免将持卡人纳入刑事打击范围。所以，在司法实践中，计算分期付款的恶意透支数额时，应从刑事谦抑性精神出发考虑，坚持有利于被告人的原则从严掌握，即严格按照经银行两次催收后超过 3 个月未还的到期分期消费已出账单数额来计算。信用卡透支对于银行来说具有一种高风险性，国家将由正常透支最终演变来的恶意透支行为上升到刑法层面进行规范，也是出于保护正常金融秩序。也正是由于刑事惩罚力度强，所以认定分期付款情形的犯罪数额更应从严掌握，即不应当将尚未到期的分期付款金额一并计入，也不应当将未经银行催收的数额计入在内，这也是符合我国刑事宽严相济的刑事政策精神。

例案一中，2012 的 5 月 4 日光大银行厦门分行报案时，虽然蔡某某共有 12 万余元未还，但是，经发卡银行多次催收后超过 3 个月仍不归还的本金只有 9.4 万余元，其余 3 万元尚未逾期超过 3 个月，不属合恶意透支认定中“经两次有效催次超过 3 个月仍不归还的”的规定所以不应计入信用卡诈骗的犯罪数额。

四、辅助信息

高频词条：

《刑法》

第 196 条 有下列情形之一，进行信用卡诈骗活动，数额较大的，处五年以下有期徒刑或者拘役，并处二万元以上二十万元以下罚金；数额巨大或者有其他严重情节的，处五年以上十年以下有期徒刑，并处五万元以上五十万元以下罚金；数额特别巨大或者有其他特别严重情节的，处十年以上有期徒刑或者无期徒刑，并处五万元以上五十万元以下罚金或者没收财产：

（一）使用伪造的信用卡的；

（二）使用作废的信用卡的；

（三）冒用他人信用卡的；

（四）恶意透支的。

前款所称恶意透支，是指持卡人以非法占有为目的，超过规定限额或者规定期限透支，并且经发卡银行催收后仍不归还的行为。

《信用卡解释》

全国人民代表大会常务委员会根据司法实践中遇到的情况，讨论了刑法规定的“信用卡”的含义问题，解释如下：刑法规定的“信用卡”，是指由商业银行或者其他金融机构发行的具有消费支付、信用贷款、转账结算、存取现金等全部功能或者部分功能的电子支付卡。

最高人民法院研究室《关于信用卡犯罪法律适用若干问题的复函》

一、对于一人持有多张信用卡进行恶意透支，每张信用卡透支数额均未达到1万元的立案追诉标准的，原则上可以累计数额进行追诉。但考虑到一人办多张信用卡的情况复杂，如累计透支数额不大的，应分别不同情况慎重处理。

三、若持卡人在透支大额款项后，仅向发卡行偿还远低于最低还款额的欠款，具有非法占有目的的，可以认定为“恶意透支”；行为人确实不具有非法占有目的的，不能认定为“恶意透支”。

《信用卡解释二》

第8条 恶意透支，数额在五万元以上不满五十万元的，应当认定为刑法第一百九十六条规定的“数额较大”；数额在五十万元以上不满五百万元的，应当认定为刑法第一百九十六条规定的“数额巨大”；数额在五百万元以上的，应当认定为刑法第一百九十六条规定的“数额特别巨大”。

第9条 恶意透支的数额，是指公安机关刑事立案时尚未归还的实际透支的本金数额，不包括利息、复利、滞纳金、手续费等发卡银行收取的费用。归还或者支付的数额，应当认定为归还实际透支的本金。

检察机关在审查起诉、提起公诉时，应当根据发卡银行提供的交易明细、分类账单（透支账单、还款账单）等证据材料，结合犯罪嫌疑人、被告人及其辩护人所提辩解、辩护意见及相关证据材料，审查认定恶意透支的数额；恶意透支的数额难以确定的，应当依据司法会计、审计报告，结合其他证据材料审查认定。人民法院在审判过程中，应当在对上述证据材料查证属实的基础上，对恶意透支的数额作出认定。

发卡银行提供的相关证据材料，应当有银行工作人员签名和银行公章。

第10条 恶意透支数额较大，在提起公诉前全部归还或者具有其他情节轻微情形的，可以不起诉；在一审判决前全部归还或者具有其他情节轻微情形的，可以免予刑事处罚。但是，曾因信用卡诈骗受过两次以上处罚的除外。

第11条 发卡银行违规以信用卡透支形式变相发放贷款，持卡人未按规定归还的，不适用刑法第一百九十六条‘恶意透支’的规定。构成其他犯罪的，以其他犯罪论处。

信用卡诈骗案件裁判规则第 18 条:

行为人实施恶意透支型信用卡诈骗的犯罪数额,应当以其在公安机关刑事立案时尚未归还的实际透支的本金数额计算

〔**规则描述**〕:在恶意透支型信用卡诈骗案件中,犯罪数额以公安机关刑事立案为起算时间节点。行为人在逾期后、公安机关立案前归还的数额,应当认定为归还实际透支的本金,不得计入恶意透支数额。恶意透支的数额仅限于行为人实际透支的本金数额,不包括利息、复利、滞纳金、手续费等发卡银行收取的费用。

一、类案检索大数据报告

时间:2020 年 8 月 30 日之前,案例来源:Alpha 案例库,案件数量:34, 260 件,数据采集时间:2020 年 8 月 30 日,本次检索共获取认定信用卡诈骗中恶意透支的犯罪数额,2020 年 8 月 30 日之前 34, 260 篇裁判文书。如图 18 –1 所示,从案件年份分布情况可以看出当前条件下刑事案例数量的变化趋势。

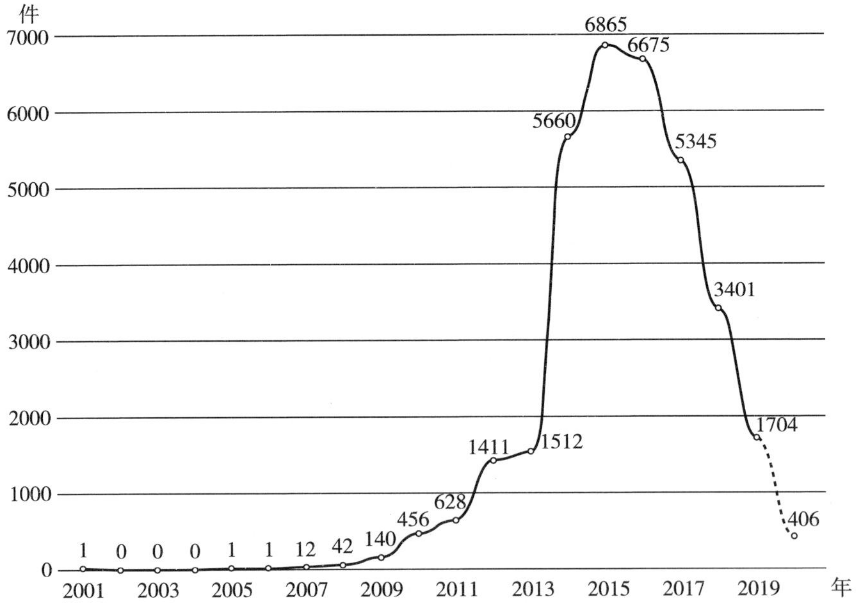

图 18 –1　案件年份分布情况

如图 18 –2 所示，从案件主要地域分布情况来看，当前刑事案例主要集中在上海市、福建省、广东省，分别占比 17.97%、10.64%、9.03%，其中上海市的案件量最多，达到 6156 件。

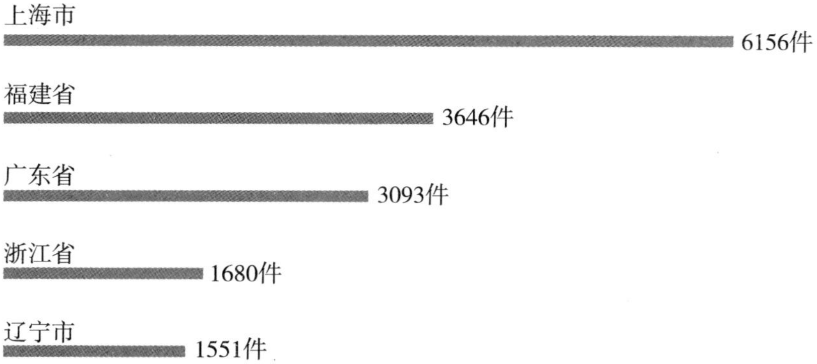

图 18 –2　案件主要地域分布情况

如图 18 –3 所示，从案件案由分类情况可以看出，当前最主要的案由是破坏社会主义市场经济秩序罪，有 33, 237 件，占一半以上；其次是侵犯财产罪，妨害社会管理秩序罪，侵犯公民人身权利、民主权利罪，危害公共安全罪。

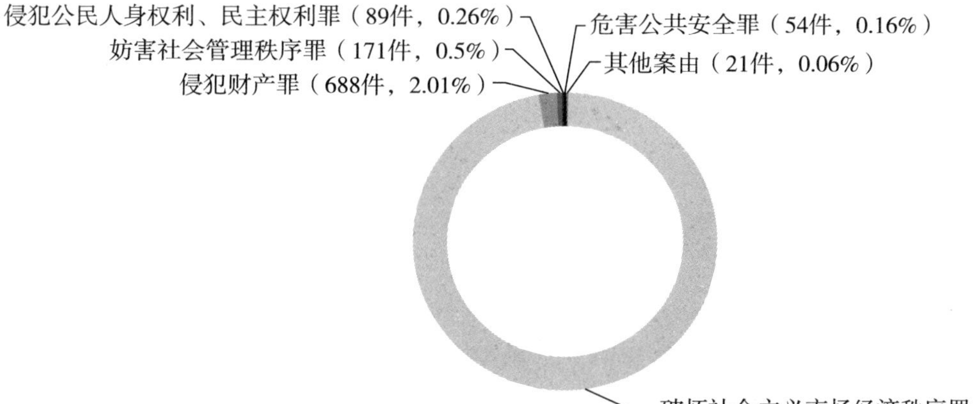

图 18 –3　案件案由分类情况

如图 18 –4 所示，从案件的程序分类统计可以得出当前的审理程序分布状况，其中一审案件有 30, 865 件，二审案件有 3268 件，再审案件有 92 件，执行案件有 19 件，其他 16 件，并能够推算出一审上诉率约为 10.59%。

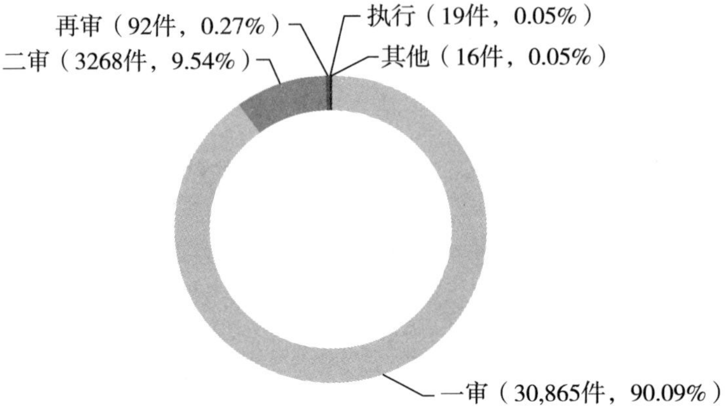

图 18－4 案件程序分类情况

如图 18－5 所示，通过对主刑的可视化可以看出，当前条件下包含有期徒刑的案件有 25, 472 件，包含拘役的案件有 4337 件，包含无期徒刑的案件有 74 件，包含死刑的案件有 12 件，包含管制的案件有 12 件。

图 18－5 案件判决主刑情况

二、可供参考的例案

例案一 | 张某某信用卡诈骗案

【法院】

湖南省高级人民法院

【案号】

(2017)湘刑核80895954号

【诉讼主体】

原公诉机关：湖南省郴州市苏仙区人民检察院

被告人(原上诉人)：张某某

【基本案情】

一审法院经审理查明，2010年11月29日，张某某在中国农业银行股份有限公司××分行营业部以郴州福城租赁服务部总经理的名义办理了一张授信额度为20万元的白金贷记卡。自2013年4月8日起至6月27日，张某某持该信用卡先后以取现或消费方式共计透支22.2729万元。2013年4月15日，张某某办理了为期6个月的分期还款，同年6月9日，张某某偿还透支欠款2.2万元，后经中国农业银行股份有限公司××分行十余次书面和电话催收，张某某一直未归还剩余的20.0729万元透支款。案发后，张某某于2014年1月9日归还被害单位中国农业银行股份有限公司××分行透支款本息共计22.32424万元。

张某某不服一审判决，提出上诉，称其于2013年4月15日办理了19.780618万元的分期消费，此后银行每月均收取了张某某的分期手续费1186.84元，张某某最后一笔分期款32,967.6元的还款日期为2013年11月13日，而其在2014年1月9日已归还了全部透支款项，最后一笔款项的归还时间没有超过3个月，因此，其犯罪数额不应为221,749元，应扣除已经归还的32,967.6元，实际透支款应为1,667,814元。

【案件争点】

持卡人办理分期付款后，在公安机关刑事立案后、发卡行经过两次以上催收但未超过3个月的透支款项能否计入恶意透支的犯罪数额。

【裁判要旨】

一审法院认为，被告人以非法占有为目的，违反信用卡管理法规，超过规定期限透支信用卡，经发卡银行多次催收后超过3个月仍不归还，系恶意透支，且数额达20.0729万元，数额巨大，其行为已构成信用卡诈骗罪。鉴于张某某认罪态度较好，并已主动偿还了被害单位全部透支款本息，可以对其从轻处罚。宣判后，被告人一方提起上诉。二审法院经审理认为，上诉人在使用信用卡过程中透支20余万元，经银行催收后，超过3个月仍有16万余元未还，其行为符合法律规定的恶意透支情形，构成信用卡诈骗罪。关于上诉人提出的“一审判决认定部分事实不清，信用卡欠款数额存在矛盾”的辩解理由及其辩护人提出“张某某的透支金额应为166,781.4元”的辩护意见。经查,张某某于2013年4月15日办理了19.780618万元的分期消费,并于6月9日偿还了透支欠款2.2万元,其最后一笔分期款32,967.6元的还款日为2013年11月13日,没有超过规定期限3个月,因而上述款项不应计入恶意透支的犯罪数额,故采纳被告人及其辩护人的辩解意见,即其犯罪数额应为221,749元-22,000元-32,967.6元=166,781.4万元。同时,鉴于被告人犯罪情节较轻,认罪态度好,有悔罪表现,且在案发后即归还了全部银行欠款,取得了被害单位的谅解,社区矫正调查的结果也显示,张某某群众关系很好,没有犯罪前科,监管条件好,建议适用社区矫正。综上所述,二审法院认为对张某某适用最低法定刑依然过重,与其罪责不相适应,为了体现罪刑相适应原则,决定对张某某减轻处罚,在法定刑以下判处刑罚。

例案二 | 陈某某信用卡诈骗案

【法院】

广西壮族自治区北海市中级人民法院

【案号】

(2018)桂05刑终190号

【诉讼主体】

原公诉机关:广西壮族自治区合浦县人民检察院

上诉人(原审被告人):陈某某

【基本案情】

2014年5月6日,被告人陈某某向中国农业银行山口支行申领了一张信用卡,卡号为:46××67,该卡授信额度为100,000元。截至2017年8月25日,该卡的欠款总额为119,372.59元,其中透支本金95,124.59元,利息18,377.13元,逾期还款违约金5870.87元,透支逾期天数277天。在此期间,经银行多次催收,但陈某某拒不归还透支本息。陈某某于2017年8月23日被抓获归案后,其家属于9月6日将该卡的欠款及孳息全部还清。

【案件争点】

发卡行的利息和滞纳金应否计入“恶意透支”数额。

【裁判要旨】

一审法院审理认为，被告人陈某某以非法占有为目的，利用信用卡恶意透支，数额巨大，其行为已构成信用卡诈骗罪。被告人陈某某归案后能如实供述其犯罪事实，依法可以从轻处罚。被告人陈某某家属已代其归还透支的银行款项，依法可以酌情从轻处罚。综上所述，依法对其从轻处罚。依照《刑法》第 196 条第 1 款第 4 项和第 2 款、第 67 条第 3 款、第 52 条、第 53 条之规定，认定被告人陈某某犯信用卡诈骗罪，判处有期徒刑 5 年 6 个月，并处罚金人民币 5 万元。

宣判后，被告人陈某某上诉，提出其系初犯，其是因帮妻子偿还赌债，实在没有钱还才拖欠信用卡透支款，迫于无奈要到茂名市电白区打工还债，其家属在其被抓后不久已帮其偿还全部的信用卡透支本金和利息，其认罪态度好，有悔罪表现，原判对其量刑过重，请求二审撤销原判，对其改判更轻的刑罚。

二审法院审理认为，上诉人陈某某以非法占有为目的，恶意透支信用卡本金人民币 95,124.59 元，进行信用卡诈骗活动，数额较大，其行为触犯《刑法》第 196 条第 1 款第 4 项、第 2 款之规定，已构成信用卡诈骗罪。上诉人陈某某归案后如实供述自己的罪行，依法可以从轻处罚。上诉人陈某某的家属已代其偿还全部透支款息给银行，可以从轻处罚。关于原判量刑是否适当的问题，经查，根据修改后自 2018 年 12 月 1 日起施行的《信用卡解释二》第 8 条的规定，恶意透支，数额在 5 万元以上不满 50 万元的，应当认定为《刑法》第 196 条规定的“数额较大”，第 9 条第 1 款的规定，恶意透支的数额，是指公安机关刑事立案时尚未归还的实际透支的本金数额，不包括利息、复利、滞纳金、手续费等发卡银行收取的费用。在本案中，上诉人陈某某恶意透支本金人民币 95,124.59 元，属数额较大，依照《刑法》第 196 条第 1 款的规定，应对其判处 5 年以下有期徒刑或者拘役，并处 2 万元以上 20 万元以下罚金，因此，原判对陈某某判处有期徒刑 5 年 6 个月不当，法院予以纠正，陈某某上诉请求法院对其改判更轻刑罚的上诉意见法院予以采纳。上诉人陈某某因本案于 2017 年 8 月 24 日至 9 月 8 日被刑事拘留，依照《刑法》第 47 条的规定，该被羁押的期间应予折抵刑期 16 日。原判认定的犯罪事实清楚，证据确实、充分，定罪准确，审判程序合法，唯量刑过重，据此改判上诉人陈某某犯信用卡诈骗罪，判处有期徒刑 1 年，并处罚金人民币 3 万元。

例案三 | 罗某某信用卡诈骗案

【法院】

福建省福州市中级人民法院

【案号】

(2014)榕刑终字第483号

【诉讼主体】

原公诉机关:福建省福州市鼓楼区人民检察院

上诉人(原审被告人):罗某某

【基本案情】

一审法院经审理查明,2006年8月8日,2007年3月19日、9月2日、12月19日和2008年3月23日,被告人罗某某先后向民生银行福州分行申办了5张信用卡,后开通信用卡进行透支消费。截至2013年3月27日,上述信用卡账户共计透支本金人民币168,463.21元,并拖欠利息及其他费用。其间,经中国民生银行工作人员多次催收后超过3个月,被告人罗某某拒不归还透支本息。2013年5月15日,被告人罗某某被公安机关抓获。2013年5月20日,其家属代其还清中国民生银行信用卡的部分欠款人民币120,000元。

被告人罗某某及其辩护人辩称,在银行卡透支后,罗某某分别于2013年4月6日还款500元,18日还款600元,5月1日还款500元,这些还款应从透支额度中扣除。同时,被告人系主动到侦查机关投案,应认定为自首。

二审法院经审理查明,截至2013年3月27日,罗某某所申办的5张民生银行福州信用卡账户共透支本金人民币168,463.21元,此后罗某某分别于2013年4月6日还款500元,4月18日还款600元,5月1日还款500元,共计还款1600元。此外,在案件审理期间,上诉人罗某某亲属代其还清中国民生银行信用卡剩余欠款人民币46,863.21元。

【案件争点】

持卡人在发卡行多次催收后超过3个月、公安机关刑事立案之前归还的1600元应否计入“恶意透支”数额。

【裁判要旨】

一审法院认为,被告人以非法占有为目的,恶意透支人民币共计168,463.21元,数额巨大,已构成信用卡诈骗罪,鉴于其能够如实供述罪行,并部分退赃,可依法从轻处罚，判处被告人罗某某犯信用卡诈骗罪，判处有期徒刑5年6个月，并处罚金人民币5万元，并退还中国民生银行股份有限公司福州分行人民币48,463.21元。一审判决后，被告人提出上诉。二审法院经审理后，认为上诉人罗某某在公安机关立案前所还的1600元应从透支金额中扣除，一审法院认定上诉人涉案金额有误，应予纠正，同时鉴于上诉人罗某某有自首情节，依法应予以减轻处罚；系初犯，已退出全部赃款，且已缴纳全部罚金，有悔罪表现，社会危害性较小，宣告缓刑对所居住的社区没有重大不良影响，可对其适用缓刑，依法改判：上诉人罗某某犯信用卡诈骗罪，判处有期徒刑3年，缓刑3年，并处罚金人民币5万元；退出的赃款人民币46,863.21元，返还中国民生银行股份有限公司福州分行。

三、裁判规则提要

（一）恶意透支犯罪数额应为实际透支的本金数额、不包括利息、复利、滞纳金、手续费等发卡银行收取的费用

1. 恶意透支的数额即实际透支的本金的认定

当合法持卡人持信用卡恶意透支构成犯罪时，发卡银行通常向公安机关提交的是持卡人利用信用卡透支消费的交易记录明细，以及发卡银行内部软件计算形成的合法持卡人透支本金、利息、滞纳金等费用明细，而认定为持卡人恶意透支的犯罪数额的依据就是持卡人透支消费的本金数额。《信用卡解释二》第9条明确了"恶意透支，是指公安机关刑事立案时尚未归还的实际透支的本金数额，不包括利息、复利、滞纳金、手续费等发卡银行收取的费用。归还或者支付的数额，应当认定为归还实际透支的本金"。如果持卡人办卡时就有非法占有的目的，并且透支后经发卡银行两次催收，超过3个月仍未归还的情况下，持卡人所透支消费的全部金额就应作为恶意透支行为的犯罪数额，此时无须计算利息、复利、滞纳金、手续费等等发卡银行收取的费用。但实践中，信用卡虽有透支逾期，但仍然可以正常使用，银行信用卡账单系统计算方式依照《信用卡业务管理办法》第57条规定："发卡银行应当在信用卡领用合同中明确规定以持卡人相关资产偿还信用卡贷款的具体操作流程：发卡银行收到持卡人还款时，按下顺序对其信用卡账户的各项欠款进行冲还：逾期1－90天（含）的，按照先应收利息或各项费用、后本金的顺序进行冲还；逾期91天以上的，按照先本金、后应收利息或各项费用的顺序进行冲还。"根据以上规定，信用卡逾期1－90天时，还款优先偿还费用、利息等，这就导致尽管持卡人偿还一部分，未偿还部分的本金仍然在持续产生利息和费用，对持卡人显失公平。事

实上很多持卡人使用信用卡透支与还款行为相互交错,如何确定恶意透支行为的时间点,对于准确认定犯罪数额至关重要。但如果持卡人既有透支也有还款行为,并且透支行为和还款行为均符合发卡银行规定的数额及期限要求,即持卡人在一段时间内的透支为善意透支,而过一段时间之后,持卡人以非法占有为目的,没有继续按照银行规定的期限和数额还款,那么恶意透支的犯罪数额应以持卡人第一笔没有按银行规定归还的项款的时间为分界点。在此之前,持卡人正常透支消费后按银行对账单还款的行为,是持卡人与银行之间的民事借贷行为,其支付利息的行为也只是正常的履行义务的行为,与其后期的恶意透支行为并无关联,即使归还的钱款中包括部分利息、手续费等费用,也不应将其正常透支期间支付的利息视为对其后其恶意透支的本金的归还。但之后持卡人进行恶意透支至银行两次催收后满 3 个月止,如果持卡人归还部分钱款,应视为优先偿还本金,而不是优先偿还发卡行所收取的费用,并应将该期间的还款数额从犯罪数额中予以扣除。即在持卡人正常使用信用卡一段时间之后开始实施恶意透支行为的,恶意透支犯罪数额 = 正常使用过程中尚未归还的本金 + 以非法占有为目的恶意透支的实际透支的款项 - 公安机关立案之前偿还的钱款。如果持卡人进行恶意透支,经银行两次催收但未满 3 个月的数额,因没有达到恶意透支"经两次催收后超过 3 个月未归还"这一要件,所以不能计算在恶意透支的犯罪数额中。在司法实践中,恶意透支的数额认定,应当根据发卡银行提供的交易明细、分类账单(透支账单、还款账单)等证据材料,结合犯罪嫌疑人、被告人及其辩护人所提辩解、辩护意见及相关证据材料,审查认定恶意透支的数额;恶意透支的数额难以确定的,应当依据司法会计、审计报告,结合其他证据材料审查认定。例案一中,张某某 2013 年 4 月 15 日本办理了 19 万余元的分期消费,并于 6 月 9 日偿还了透支欠款 2.2 万元,这就可以视为优先偿还本金,从犯罪数额中扣除。而张某某最后一笔分期款 33,967.6 元的还款日为 2013 年 11 月 13 日,没有超过规定期限 3 个月,因而这部分款项也不应计算恶意透支的犯罪数额中。

2. 恶意透支型信用卡诈骗犯罪中的犯罪数额不包括利息等发卡银行收取的费用

2009 年《信用卡解释一》中明确了恶意透支型犯罪数额的外延,即"恶意透支的数额,不包括复利、滞纳金、手续费等发卡银行收取的费用。"《信用卡解释一》中没有明确列举利息是否应当纳入恶意透支的犯罪数额中,之后在司法实践中对于利息是否应纳入恶意透支的犯罪数额中存在不同的理解。2018 年修订的《信用卡解释二》明确规定，恶意透支的数额不包括利息、复利、滞纳金、手续费等发卡银行收取的费用，从而将利息排除在恶意透支的犯罪数额之外。之所以不将银行利息列为犯罪数额理由如下：

(1)利息属于间接损失不应计入犯罪金额

从现行刑法的立法精神来看，对犯罪数额的计算，只考虑对被告人造成的直接经济损失，而不计算间接损失，因为间接损失无法计算和衡量。信用卡是发卡行与持卡人之间是一种民事法律关系，其本质是债权债务关系；双方通过《领用信用卡协议》确定权利义务，持卡人有透支的权利，但也承担着按时还款的义务，而一旦不履行义务就会产生相应的责任。这种责任就是在协议中实际上已经约定的利息、滞纳金、手续费等费用。这些费用并不是银行的直接损失，而只是银行与持卡人约定的持卡人违反还款义务时承担的违约责任，不能称为银行的直接损失。由此，持卡人恶意透支行为造成银行最直接的损失是本金，即在案发时间内的实际消费额与实际还款额的差额，而利息、手续费、滞纳金等收益，是银行的间接损失，不应由刑法调整。另外利息随着时间在变化之中的，如果将利息计入犯罪数额，势必会造成侦查、起诉、审判阶段的犯罪数额不会相同。也会因为犯罪人被追究刑事责任的早晚而影响定罪和量刑，导致无法客观公正的处理案件。

(2)利息不计入犯罪金额符合刑法谦抑性的要求

《刑法》第 196 条规定了 5 种信用卡诈骗类型，与“使用伪造的信用卡、使用以虚假身份证明骗领的信用卡的、使用作废的信用卡的、冒用他人信用卡的”这 4 种类型相比，恶意透支型信用卡诈骗罪的社会危害性较小，在犯罪数额认定方法上应当与其他类型信用卡诈骗保持一致。另外 2001 年《全国法院审理金融犯罪案件工作座谈会纪要》规定：“金融诈骗犯罪定罪量刑的数额标准和犯罪数额的计算。……在具体认定金融诈骗犯罪的数额时，应当以行为人实际骗取的数额计算。对于行为人实施金融诈骗活动而支付的中介费、手续费、回扣等，或者用于行贿、赠与等费用，均应计入金融诈骗的犯罪数额。但应当将案发前已归还的数额扣除。”1996 年最高人民法院《关于审理诈骗案件具体应用法律的若干问题的解释》规定：“对于多次进行诈骗，并以后次诈骗财物归还前次诈骗财物，在计算诈骗数额时，应当将案发前已经归还的数额扣除，按实际未归还的数额认定，量刑时可将多次行骗的数额作为从重情节予以考虑。”所以对恶意透支型信用卡诈骗的犯罪数额应以行为人实际获取数额为准，不应包括利息，否则将导致信用卡诈骗罪内部、各金融诈骗犯罪以及诈骗类犯罪之间出现明显的量刑失衡。

(3)对于透支本金所产生的利息、滞纳金等间接损失,应当通过民事救济途径解决

利息、滞纳金等虽然是间接损失,但对银行来说也是预期收益,也应受到法律保护。但刑事审判只限于保护被害人的直接经济损失,对于间接经济损失,即使是物质损失,也不能以追缴或者返还的方式在刑事裁判中判决。因此,银行可通过民事救济途径解决。2012 年修改后的《刑事诉讼法》第 99 条规定:“被害人由于被告人的犯罪行为而遭受物质损失的,在刑事诉讼过程中,有权提起附带民事诉讼。如果是国家机关、集体财产遭受损失的,人民检察院在提起公诉的时候,可以提起附带民事诉讼。”由该规定可知,对于透支本金所产生的利息、滞纳金等间接损失,不能通过附带民事诉讼解决。确有正当理由,应当通过民事救济途径解决的,被害人可以另行提起民事诉讼。

例案二中,一审法院将利息计入了持卡人恶意透支的犯罪数额中,二审法院经审理后将利息从犯罪数额中予以扣除,从而保证了定罪量刑的正确性。

(二)归还透支款息对犯罪数额的影响

《信用卡解释二》中规定,恶意透支犯罪数额的起算时间以公安机关刑事立案为节点,即持卡人在公安机关刑事立案时尚未归还的实际透支数额,为行为人恶意透支的犯罪数额。这也意味着,如果持卡人在公安机关刑事立案前偿还了透支的信用卡额度,即使还款时已经超过了发卡行两次乃至多次催缴后的 3 个月,但因其不具备刑法意义上的“非法占有目的”,故不再将该数额计入“恶意透支的犯罪数额”中。这一规定既有助于鼓励持卡人还款,也有助于发卡银行及时挽回损失,维持我国信用卡业务管理秩序。案发后,持卡人本人或者其亲友、保证人等还款主体退还了全部或者部分透支款的,该退还行为并不影响恶意透支犯罪数额的认定,退还部分的数额不能从恶意透支的犯罪数额中扣减,仅仅能够作为量刑情节酌情予以考虑。在例案三中,持卡人罗某某虽然在发卡行多次催收后超过 3 个月仍未归还透支款项,但是在公安机关正式立案前归还了部分款项,对于该部分已经归还的款项,持卡人不再具有非法占有的目的,因而不应纳入“恶意透支”的犯罪数额。

(三)恶意透支型信用卡诈骗犯定罪量刑标准

犯罪数额是指犯罪行为直接侵害的并以人民币形式表现出来的经济利益数额。恶意透支型信用卡诈骗犯罪属于数额犯,犯罪数额的认定犯罪成立和量刑的

重要依据，只是区分罪与非罪、罪重与罪轻的重要依据。一般的透支行为与犯罪型恶意透支，主观上都具有非法占有的目的，客观上都实施了超过规定其限透支并经银行催收后仍不归还的行为，但只有达到犯罪“数额较大”以上程度，才能依法定罪量刑。但比较2009年《信用卡解释一》和2018年《信用卡解释二》可以发现，2018年《信用卡解释二》中将恶意透支型信用卡诈骗犯罪的定罪量刑数额标准提升至2009年《信用卡解释一》规定标准的5倍。具体如下：2009年《信用卡解释一》中规定，持卡人恶意透支的数额在1万元以上不满10万元的，应当认定为《刑法》第196条规定的“数额较大”；数额在10万元以上不满100万元的，应当认定为《刑法》第196条规定的“数额巨大”；数额在100万元以上的，应当认定为《刑法》第196条规定的“数额特别巨大”。因此，犯罪数额达到1万元以上，构成信用卡诈骗犯罪，达到10万元、100万元以上，达到不同法定刑升格标准。而2018年《信用卡解释二》中则规定，持卡人恶意透支的数额在5万元以上不满50万元的，应当认定为《刑法》第196条规定的“数额较大”；数额在50万元以上不满500万元的，应当认定为《刑法》第196条规定的“数额巨大”；数额在500万元以上的，应当认定为《刑法》第196条规定的“数额特别巨大”。据此，恶意透支的数额达到5万元以上，才能构成信用卡诈骗犯罪，达到50万元、500万元以上的，才能构成不同法定刑升格标准。

（四）恶意透支行为的从宽处理原则

2018年《信用卡解释二》第10条规定：“恶意透支数额较大，在提起公诉前全部归还或者具有其他情节轻微情形的，可以不起诉；在一审判决前全部归还或者具有其他情节轻微情形的，可以免予刑事处罚。但是，曾因信用卡诈骗受过两次以上处罚的除外。”这一规定适度放宽了从宽处理的时间节点和诉讼阶段。结合《信用卡解释二》第9条中关于“恶意透支的数额，是指公安机关刑事立案时尚未归还的实际透支的本金数额”的规定，可以看出，如果持卡人在公安机关刑事立案前能够归还实际透支的本金数额，则公安机关不会作为刑事案件进行立案。即使在公安机关立案后，如果持卡人能够归还实际透支数额的，也将获得从宽处理，即持卡人只要在“提起公诉前”（含立案侦查、审查起诉和提起公诉阶段）归还全部恶意透支款项或者具有其他情节轻微情形的，检察机关可以作不起诉处理；在检察机关提起公诉后、一审判决前归还全部恶意透支数额或者具有其他情节轻微情形的，人民法院可以对其免予刑事处罚。这些规定，可谓是目前宽严相济刑事政策在恶意透支型信用卡犯罪中的体现。目前,虽然恶意透支型的信用卡诈骗犯罪存在高发态势,但是并不能因此过分夸大其社会危害性。一味地科以重刑,对持卡人来说有失公平,容易忽视银行自身的问题,而对银行来说,其关注的重心往往在于尽量追回被恶意透支的资金,不关注被告人的刑罚,所以免罚规定的存在,显然具有缓和刑法苛责的作用。需要指出的是,鉴于2018年《信用卡解释二》调高了恶意透支的定罪量刑标准,故对于恶意透支达到"数额巨大""数额特别巨大"标准的,不适用该条规定的从宽内容。此外,对于曾因信用卡诈骗受过两次以上处罚的,也不适用本条规定。在例案一中,持卡人张某某恶意透支的数额超过10万元,按照当时的法律规定属于"数额巨大",依法应当判处5年以上10年以下有期徒刑,但是二审法院考虑到持卡人能够在案发后归还全部银行欠款,且具有其他多个从轻量刑情节,认为对其适用最低法定刑依然过重,与其罪责不相适应,为了体现罪责刑相适应原则,决定对其减轻处罚,在法定刑以下判处刑罚。虽然这一做法发生在2018年《信用卡解释二》出台之前,但其实际上契合了新《信用卡解释二》的精神,因而值得肯定。

四、辅助信息

高频词条:

《刑法》

第196条 有下列情形之一,进行信用卡诈骗活动,数额较大的,处五年以下有期徒刑或者拘役,并处二万元以上二十万元以下罚金;数额巨大或者有其他严重情节的,处五年以上十年以下有期徒刑,并处五万元以上五十万元以下罚金;数额特别巨大或者有其他特别严重情节的,处十年以上有期徒刑或者无期徒刑,并处五万元以上五十万元以下罚金或者没收财产:

(一)使用伪造的信用卡,或者使用以虚假的身份证明骗领的信用卡的;

(二)使用作废的信用卡的;

(三)冒用他人信用卡的;

(四)恶意透支的。

前款所称恶意透支,是指持卡人以非法占有为目的,超过规定限额或者规定期限透支,并且经发卡银行催收后仍不归还的行为。

《信用卡解释》

全国人民代表大会常务委员会根据司法实践中遇到的情况,讨论了刑法规定的“信用卡”的含义问题，解释如下：刑法规定的“信用卡”，是指由商业银行或者其他金融机构发行的具有消费支付、信用贷款、转账结算、存取现金等全部功能或者部分功能的电子支付卡。

最高人民法院研究室《关于信用卡犯罪法律适用若干问题的复函》

一、对于一人持有多张信用卡进行恶意透支，每张信用卡透支数额均未达到1万元的立案追诉标准的，原则上可以累计数额进行追诉。但考虑到一人办多张信用卡的情况复杂，如累计透支数额不大的，应分别不同情况慎重处理。

三、若持卡人在透支大额款项后，仅向发卡行偿还远低于最低还款额的欠款，具有非法占有目的的，可以认定为“恶意透支”；行为人确实不具有非法占有目的的，不能认定为“恶意透支”。

《信用卡解释二》

第8条 恶意透支，数额在五万元以上不满五十万元的，应当认定为刑法第一百九十六条规定的“数额较大”；数额在五十万元以上不满五百万元的，应当认定为刑法第一百九十六条规定的“数额巨大”；数额在五百万元以上的，应当认定为刑法第一百九十六条规定的“数额特别巨大”。

第9条 恶意透支的数额，是指公安机关刑事立案时尚未归还的实际透支的本金数额，不包括利息、复利、滞纳金、手续费等发卡银行收取的费用。归还或者支付的数额，应当认定为归还实际透支的本金。

检察机关在审查起诉、提起公诉时，应当根据发卡银行提供的交易明细、分类账单（透支账单、还款账单）等证据材料，结合犯罪嫌疑人、被告人及其辩护人所提辩解、辩护意见及相关证据材料，审查认定恶意透支的数额；恶意透支的数额难以确定的，应当依据司法会计、审计报告，结合其他证据材料审查认定。人民法院在审判过程中，应当在对上述证据材料查证属实的基础上，对恶意透支的数额作出认定。

发卡银行提供的相关证据材料，应当有银行工作人员签名和银行公章。

第10条 恶意透支数额较大，在提起公诉前全部归还或者具有其他情节轻微情形的，可以不起诉；在一审判决前全部归还或者具有其他情节轻微情形的，可以免予刑事处罚。但是，曾因信用卡诈骗受过两次以上处罚的除外。

第11条 发卡银行违规以信用卡透支形式变相发放贷款，持卡人未按规定归还的，不适用刑法第一百九十六条“恶意透支”的规定。构成其他犯罪的，以其他犯罪论处。

信用卡诈骗案件裁判规则第 19 条：

当被告人既实施了恶意透支型信用卡诈骗，又实施了普遍型信用卡诈骗，在量刑时，可选择有利于被告人的原则，将两种行为的数额累计以后，适用恶意透支型信用卡诈骗的量刑档次进行量刑

〔**规则描述**〕：恶意透支型的信用卡诈骗罪的数额标准，与其他类型的信用卡诈骗罪的数额标准不一样，如果出现两种行为方式相交织的情况可将恶意透支的数额与其他类型信用卡诈骗的数额累计，根据总额来认定该信用卡诈骗罪的数额。在量刑时如果按照其他类型信用卡诈骗罪的量刑档次，那么就抹杀了司法解释刻意从严认定恶意透支型信用卡诈骗罪的本意，无法将恶意透支与其他类型的信用卡诈骗在量刑上区分开来。因此，在这种情形下，应当基于刑法谦抑性原则，选择有利于犯罪嫌疑人的量刑标准，将两种行为的数额累计以后，适用恶意透支型信用卡诈骗的量刑档次进行量刑。

一、类案检索大数据报告

时间：2020 年 8 月 30 日之前，案例来源：Alpha 案例库，案件数量：1065 件，数据采集时间：2020 年 8 月 30 日，本次检索共获取认定信用卡诈骗罪的量型标准，2020 年 8 月 30 日之前 1065 篇裁判文书。如图 19 －1 所示，从案件年份分布情况可以看出当前条件下刑事案例数量的变化趋势。

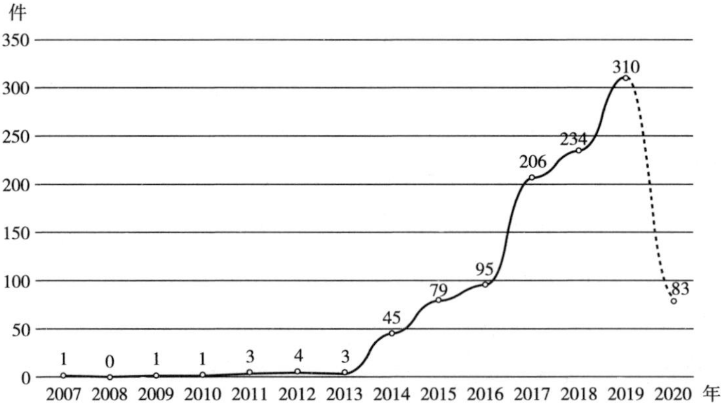

图 19 －1　案件年份分布情况

如图 19 –2 所示,从案件主要地域分布情况来看,当前刑事案例主要集中在广东省、福建省、安徽省,分别占比 13.24%、11.74%、6.67%,其中广东省的案件量最多,达到 141 件。

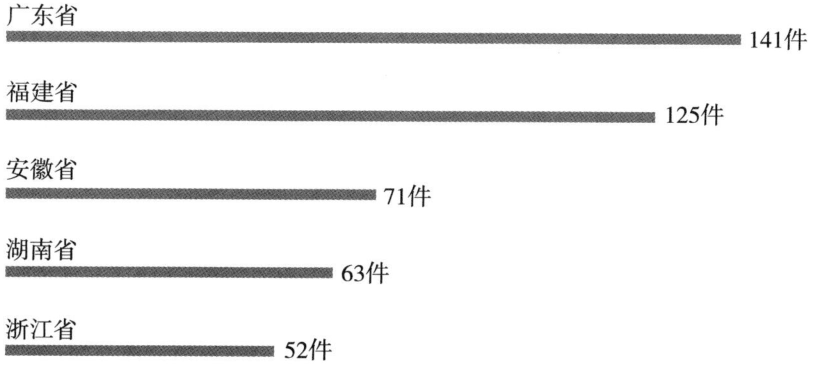

图 19 –2　案件主要地域分布情况

如图 19 –3 所示,从案件案由分类情况可以看出,当前的案由分布由多至少分别是侵犯财产罪,破坏社会主义市场经济秩序罪,妨害社会管理秩序罪,危害公共安全罪,侵犯公民人身权利、民主权利罪,其他案由。

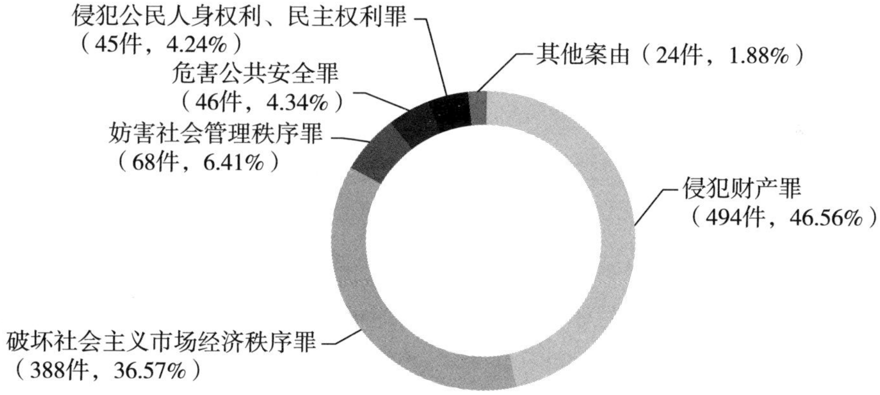

图 19 –3　案件案由分类情况

如图 19 –4 所示,从案件的程序分类统计可以看出当前的审理程序分布状况。一审案件有 794 件,二审案件有 256 件,再审案件有 8 件,执行案件有 2 件,其他 5 件。

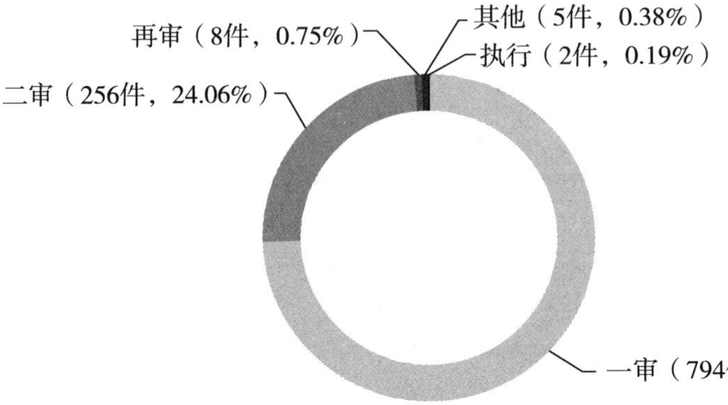

图 19－4　案件程序分类情况

如图 19－5 所示，通过对主刑的可视化可以看到，当前条件下包含有期徒刑的案件有 827 件，包含拘役的案件有 74 件，包含无期徒刑的案件有 26 件，包含死刑的案件有 9 件，包括管制的案件有 2 件。

图 19－5　案件判决主刑情况

二、可供参考的例案

例案一｜张某、俞某、陈某信用卡诈骗案

【法院】

上海市第二中级人民法院

【案号】

(2010)沪二中刑终字第132号

【诉讼主体】

抗诉机关：上海市宝山区人民检察院

原审被告人：张某

原审被告人：俞某

原审被告人：陈某

【基本案情】

被告人张某、俞某、陈某结伙，于2008年9月至12月，经预谋，由被告人张某、俞某利用工作便利得到的客户资料，分别冒用和某、武某、王某的名义至光大银行申请办理3张信用卡，由被告人陈某谎称申请人系其公司员工，通过银行核卡程序。后被告人张某、俞某、陈某共从上述3张信用卡内套取现金人民币48,000元(以下币种均为人民币)，其中被告人陈某得款2000元，余款由被告人张某、俞某分赃花用。案发后，被告人张某、俞某已全额退赔赃款。被告人陈某还自2008年4月起，先后在中国民生银行股份有限公司上海分行及广东发展银行股份有限公司上海分行申领两张信用卡后透支取款、消费，并经银行多次催收仍不予归还。至案发，共透支银行本金56,967.31元。另查明，被告人陈某、张某、俞某在接到公安机关电话传唤后主动到案，并如实交代了上述犯罪事实。

【案件争点】

恶意透支与普通型信用卡诈骗并存时的数额能否累计处罚。

【裁判要旨】

一审法院认为，被告人张某、俞某结伙被告人陈某，以非法占有为目的，使用以虚假的身份证明骗领的信用卡进行诈骗，数额较大；被告人陈某恶意透支，数额较大，其行为均已构成信用卡诈骗罪，应依法惩处。公诉机关指控被告人陈某、张某、俞某的犯罪事实清楚，证据确凿，罪名成立。在共同犯罪中，被告人张某、俞某系主犯，被告人陈某系从犯，应依法从轻处罚。鉴于被告人陈某有自首情节，认罪态度较好，可依法从轻处罚；被告人张某、俞某有自首情节，认罪态度较好，系初犯，且能积极退赔赃款，可依法从轻处罚并适用缓刑。宣判后上海市宝山区人民检察院向上海市第二中级人民法院提出抗诉，认为被告人陈某的行为分别触犯《刑法》第196条第1款第1项以虚假身份骗领信用卡并使用及第4项恶意透支，在触犯的两款行为分别构成犯罪的情况下，应当对两款的犯罪金额予以累加后综合量刑。被告人陈某的犯罪金额累计超过10万元,应当认定为数额巨大,依法应处5年以上有期徒刑。虽然被告人陈某具有从犯、自首等法定从轻、减轻处罚情节,但结合其前科、犯罪行为、数额,且无积极退赃情形,原审法院判处其有期徒刑3年,并处罚金人民币3万元,属于适用法律错误,量刑明显不当。

二审法院经审理后认为,被告人张某、俞某、陈某共同冒用他人信用卡,进行信用卡诈骗活动,诈骗数额48,000元;被告人陈某还以非法占有为目的,恶意透支56,967.31元,3名被告人的行为均已构成信用卡诈骗罪,其中被告人张某、俞某的犯罪数额较大,被告人陈某的犯罪数额巨大,应依法予以惩处。被告人张某、俞某具有自首情节,且能退缴违法所得,原审法院对被告人张某、俞某犯信用卡诈骗罪依法从轻处罚并适用缓刑并无不当,应予维持。但原审法院对被告人陈某犯信用卡诈骗罪,未认定数额巨大,属适用法律不当的抗诉意见,应予采纳。被告人陈某在共同冒用他人信用卡诈骗犯罪中属从犯,且具有自首情节,故依法对其减轻处罚。

例案二 | 赵某、石某信用卡诈骗案

【法院】

山西省忻州市中级人民法院

【案号】

(2017)晋09刑终14号

【诉讼主体】

原公诉机关:山西省忻州市忻府区人民检察院

上诉人(原审被告人):赵某

上诉人(原审被告人):石某

【基本案情】

自2006年以来,被告人赵某、石某共同经营的忻州市佳程印业有限公司资金周转困难,二人商议办理一批信用卡进行透支以缓解公司困难。随后,石某、赵某以给公司职工办理工资卡为名,收取董某1、董某2等20多名公司职工的身份证,连同赵某出具的公司职工虚假工资证明,到工商银行忻州牡丹支行给职工申请办理了具备透支功能的信用卡,同时二人也办理了信用卡,并存放于公司办公室,在没有真实交易的背景下,用上述透支卡在本公司以及其他公司的POS机上刷卡透

支，将资金用于公司周转或个人消费，合计透支205,832.69元。其中：赵某所办卡号为5233的卡透支本金102,391.39元，2012年5月19日至6月1日，归还106,000元；石某所办的卡号5232卡透支35,335.13元，2012年6月11日归还40,000元；石某所办的卡号4580卡透支7549.85元；董某1的卡透支9503.6元；董某2的卡透支6239.42元；戎某的卡透支7929.52元；董某3的卡透支9248.98元；赵某的卡透支7443.54元；石某1的卡透支6200.06元；石某2的卡透支9603.36元；崔某的卡透支2190.98元；郝某1的卡透支2196.86元。2017年1月3日上述所欠本金全部还清。办卡银行出具谅解书。

【案件争点】

恶意透支与普通型信用卡诈骗并存时应如何处罚。

【裁判要旨】

一审法院认为，被告人赵某、石某编造虚假工资证明为公司职工骗领信用卡，并冒用骗领的信用卡透支60,556.32元，被告人赵某、石某为自己办理信用卡后恶意透支145,276.37元，数额巨大，其行为已构成信用卡诈骗罪，且属共同犯罪。公诉机关指控成立。被告人赵某、石某当庭认罪，认罪态度较好，且在案发后积极归还透支款项146,000元，有一定的悔罪表现，对其可酌情从轻处罚。恶意透支的数额是指持卡人以非法占有为目的，超过规定限额或者规定期限透支，并且经发卡银行两次催收后超过3个月拒不归还的数额或尚未归还的数额。不包括复利、滞纳金、手续费等发卡银行收取的费用。故赵某所办卡号为5233的银行卡透支数额应认定为102,391.39元。宣判后，原审被告人赵某不服，以原判认定事实不清为由，提出上诉。原审被告人石某不服，以原判认定事实错误、未分犯罪中的主次作用为由，提出上诉。

二审法院认为，上诉人（原审被告人）赵某、石某编造虚假工资证明为公司职工骗领信用卡，并冒用骗领的信用卡透支60,556.32元，被告人赵某、石某为自己办理信用卡后恶意透支145,276.37元，数额巨大，其行为已构成信用卡诈骗罪，且属共同犯罪。被告人赵某、石某认罪态度较好，二人在公安机关立案后人民法院判决宣告前已全部偿还透支款项本金，且得到发卡行的谅解，也没有其他恶劣情节，对二人依法可依法在法定刑以下减轻处罚，并依法报告最高人民法院核准。

例案三 | 宋某信用卡诈骗案

【法院】

内蒙古自治区包头市中级人民法院

【案号】

(2019)内02刑终131号

【诉讼主体】

原公诉机关:内蒙古自治区包头市九原区人民检察院

上诉人(原审被告人):宋某

【基本案情】

2016年2月至5月,被告人宋某利用给他人代办信用卡的名义,违反信用卡管理规定,多次冒用他人信用卡并使用,实施如下犯罪行为:

1.2015年7月20日,被害人庞某由被告人宋某代办申领华夏银行信用卡,信用额度5000元。后宋某在庞某不知情的情况下,利用庞某给其提供的预留手机号码,于2015年8月22日将该信用卡激活。后宋某冒用该信用卡消费,至2016年3月1日,宋某透支本金共计4791元。

2.2015年12月8日,被害人郝某由被告人宋某代办申领包商银行信用卡,信用额度15,000元。后宋某在郝某不知情的情况下,利用郝某给其提供的预留手机号码,于2015年12月23日将该信用卡激活。后宋某冒用该信用卡消费,至2016年3月19日,宋某透支本金共计14,992元。

3.2015年12月12日,被害人王某由被告人宋某代办申领华夏银行信用卡,信用额度5000元。后宋某在王某不知情的情况下,利用王某给其提供的预留手机号码,于2016年2月26日将该信用卡激活。后宋某冒用该信用卡消费,至2016年3月19日,宋某透支本金共计4950元。

4.2015年12月14日,被害人杨某由被告人宋某代办申领中国邮件储蓄银行信用卡,信用额度6000元。后宋某在杨某不知情的情况下,利用杨某给其提供的预留手机号码,于2016年1月14日将该信用卡激活。后宋某冒用该信用卡消费,至2016年3月1日,宋某透支本金共计5996.5元。

5.2015年12月25日,被害人杨某由被告人宋某代办申领中国建设银行龙卡信用卡,信用额度15,000元。后宋某在杨某不知情的情况下,利用杨某给其提供的预留手机号码,于2016年1月8日将该信用卡激活。后宋某冒用该信用卡消费，至2016年3月25日，宋某透支本金共计14,882元。

6.2015年12月25日，被害人张某2由被告人宋某代办申领中国建设银行龙卡信用卡，信用额度15,000元。后宋某在张某2不知情的情况下，利用张某2给其提供的预留手机号码，于2016年1月7日将该信用卡激活。后宋某冒用该信用卡消费，至2016年3月25日，宋某透支本金共计14,998元。

7.2016年1月13日，被害人张某3由被告人宋某代办申领中国建设银行龙卡信用卡，信用额度10,000元。后宋某在张某3不知情的情况下，利用张某3给其提供的预留手机号码，于2016年2月26日将该信用卡激活。后宋某冒用该信用卡消费，至2016年3月25日，宋某透支本金共计9998元。

上述透支本金合计70,607.5元，被告人宋某已将上述冒用他人信用卡透支的款项偿还。

【案件争点】

本案应依据普通型信用卡诈骗数额标准量刑还是依据恶意透支型信用卡诈骗数额标准量刑。

【裁判要旨】

一审法院认为，被告人宋某以非法占有为目的，未经合法持卡人同意而冒用他人信用卡，共计透支本金70,607.5元，数额巨大，其行为已构成信用卡诈骗罪。包头市九原区人民检察院指控罪名成立，应予支持。被告人案发后如实供述自己的犯罪行为，认罪态度较好，且主动偿还了透支的金额。综合考虑以上情节，可依法从轻处罚。宣判后，原审被告人宋某不服，提起上诉。其上诉理由是2017年6月至2018年1月其已经归还被害人杨某和张某2二人2.7万元，部分被害人出具谅解书。上诉人宋某系初犯、偶犯、无前科，请求二审法院依法从轻、减轻处罚。

二审法院经审理认为，上诉人宋某以非法占有为目的，未经合法持卡人同意而冒用他人信用卡，共计透支本金70,607.5元，数额巨大，其行为已构成信用卡诈骗罪。针对上诉人宋某辩称其案发前向杨某、张某2退还部分款项的上诉理由，经审查包头市公安局九原区分局于2016年9月29日对宋某冒用杨某、张某2、张某3信用卡涉嫌信用卡诈骗案，2016年11月7日对宋某冒用庞某、郝某、王某信用卡涉嫌信用卡诈骗案决定刑事立案，而上诉人宋某的退款行为均发生于刑事立案之后，故其该上诉理由及辩解法院不予采纳。针对上诉人宋某的其他上诉理由，原审法院已经在量刑时综合考虑其案发后如实供述自己的犯罪行为，认罪态度较好，且主动偿还了透支的金额等从轻情节，故法院不予采纳。原审法院判决认定事实清楚，证据确实、充分,定罪准确,适用法律正确,量刑适当,审判程序合法,依法应予维持。

三、裁判规则提要

《刑法》第196条信用卡诈骗罪规定了4种不同的信用卡诈骗行为,即使用伪造的信用卡或者使用以虚假的身份证明骗领的信用卡进行诈骗、使用作废的信用卡进行诈骗、冒用他人信用卡进行诈骗和恶意透支。其中,恶意透支型信用卡诈骗与其他3种信用卡诈骗行为类型不同,恶意透支本质上系持卡人与发卡银行的民事债权纠纷,不宜过分依靠刑法解决。2001年最高人民检察院、公安部《关于经济犯罪案件追诉标准的规定》第46条规定了信用卡诈骗案的追诉标准,4种行为类型的信用卡诈骗数额规定均是5000元以上。然而,随着市场经济的飞速发展带来了金融业的高度繁荣,金融交易的非现金化及支付手段的多样化也增加了金融行业的运行风险,信用卡诈骗罪案件呈现逐年上升态势便是体现。根据司法大数据分析发现,近年来,信用卡诈骗罪案件占全部金融诈骗犯罪的八成以上,而恶意透支型信用卡诈骗罪又占信用卡诈骗罪的八成,有的地方甚至更高。故2009年12月16日施行的最高人民法院、最高人民检察院《信用卡解释一》改变了关于4种不同形式的信用卡诈骗都以5000元以上为追诉标准的规定,对普通型信用卡诈骗和恶意透支型信用卡诈骗的入罪、法定刑升格规定了不同的犯罪数额。自2018年12月1日起施行的最高人民法院、最高人民检察院《信用卡解释二》又适度调整了恶意透支的定罪量刑数额标准,进一步完善了恶意透支数额的计算方法。2009年《信用卡解释一》第5条第1款规定,使用伪造的信用卡、以虚假的身份证明骗领的信用卡、作废的信用卡或者冒用他人信用卡,进行信用卡诈骗活动,数额在5000元以上不满5万元的,应当认定为《刑法》第196条规定的"数额较大";数额在5万元以上不满50万元的,应当认定为《刑法》第196条规定的"数额巨大";数额在50万元以上的,应当认定为《刑法》第196条规定的"数额特别巨大"。第6条第3款规定,恶意透支,数额在1万元以上不满10万元的,应当认定为《刑法》第196条规定的"数额较大";数额在10万元以上不满100万元的,应当认定为《刑法》第196条规定的"数额巨大";数额在100万元以上的,应当认定为《刑法》第196条规定的"数额特别巨大"。2018年《信用卡解释二》关于普通型信用卡诈骗罪数额标准没有变化,但关于恶意透支数额标准规定发生变化,第8条规定,恶意透支,数额在5万元以上不满50万元的,应当认定为《刑法》第196条规定的"数额较大";数额在

50万元以上不满500万元的，应当认定为《刑法》第196条规定的“数额巨大”；数额在500万元以上的，应当认定为《刑法》第196条规定的“数额特别巨大”。可见，普通型信用卡诈骗与恶意透支型信用卡诈骗在入罪和法定刑升格上都要求不同的数额标准。那么行为人在实施前3种行为之一的基础上又恶意透支时，即出现同类不同种行为交合的情况，应如何认定数额，以何标准进行定罪处罚，是司法实践中的常见问题。

（一）多次实行同一种信用卡诈骗行为数额认定

刑法中对于同类同种数额，无论是违法数额还是犯罪数额，只要未经处理的，均按照累计数额处罚。即将行为人实施多次同类危害行为涉及的未经处理的数额累积相加起来定罪处罚。这里数额的累计，既包括多次同类犯罪数额的累计，也包括多次同类违法数额的累计，还包括二者混同。如《刑法》第201条（逃税罪）第3款规定，对多次实施前两款行为，未经处理的，按照累计数额计算。司法实务中，对于诈骗等刑法没有明文规定累计数额处罚的同类同种数额通常也做累计处罚的处理。这也符合罪责刑相一致原则，有利于打击犯罪，也可以使量刑精确化，并有利于自首的认定。如例案一、例案二中，被告人均存在多次冒用他人信用卡或多次恶意透支的情况，对各被告人冒用他人信用卡的数额及恶意透支数额均分别进行了累计计算。此外，对于入罪或法定刑升格标准相同的普通型信用卡诈骗，因入罪和法定刑升格标准相同，数额可以累计计算。

（二）多次实行普通型信用卡诈骗又恶意透支的数额认定

对此应区分以下几种情形：

1. 行为人实施了普通型信用卡诈骗并恶意透支的。此种情形下，应以普通型信用卡诈骗的数额标准定罪量刑，不以恶意透支的数额标准进行评价。此种情况下，透支行为是前述普通型信用卡诈骗行为的获益行为，透支是前行为获利的方式，前行为与透支行为存在内在逻辑关系，前行为的社会危害性也明显大于恶意透支行为，因此，应以普通型信用卡诈骗的构罪数额标准进行定罪处罚。如例案三中，法院认定，被告人宋某以非法占有为目的，多次冒用他人信用卡透支本金70,607.5元，数额巨大。按照2018年《信用卡解释二》的规定，是按照普通型信用卡诈骗数额在5万元以上不满50万元的“数额巨大”标准认定的，而非恶意透支数额在5万元以上不满50万元的“数额较大”标准认定的。

2. 行为人既实施了普通型信用卡诈骗又实施其他恶意透支的。因入罪、法定刑升格标准不同,此种情形下对于两种行为数额可以累计,但累计数额后必须以入罪、法定刑升格标准较高的行为即适用恶意透支型信用卡诈骗的数额标准进行量刑,否则会加重行为人的刑事责任。这样处理,在司法实务中适用简便,也更符合有利于被告人的精神。如果普通型信用卡诈骗与恶意透支数额各自累计后均不符合各自的入罪数额标准,但累计后导致入罪或者法定刑升格的,必须累计数额处罚,否则将放纵犯罪。对于累计数额后不会导致法定刑升格的,不予累计,采取从一重再酌情从重处罚即可。如例案一中,被告人陈某实施普通型信用卡诈骗,骗取4.8万元,属数额较大,应处5年以下有期徒刑或者拘役。恶意透支5.6万余元,属数额较大,也应处5年以下有期徒刑或者拘役。如果不累计两种信用卡诈骗的数额,而是从一重再酌情从重处罚,对陈某就只能处5年以下有期徒刑或者拘役。累计数额后为10.4万余元,以恶意透支型信用卡诈骗的数额标准进行处罚,属数额巨大,应处5年以上10年以下有期徒刑。可见,本案如不累计就会出现恶意透支10.4万余元的刑事责任,重于使用以虚假身份证明骗领的信用卡诈骗4.8万元及恶意透支5.6万余元的刑事责任这种罪刑不均衡现象,故二审对一审判决进行了纠正。例案二中,被告人赵某、石某冒用他人信用卡透支6万余元、恶意透支14.5万余元,均属数额巨大,数额累计后未导致法定刑升格,故法院认定事实时未予累计,采取从一重再酌情从重的方式处罚。

四、辅助信息

高频词条:

《刑法》

第196条 有下列情形之一,进行信用卡诈骗活动,数额较大的,处五年以下有期徒刑或者拘役,并处二万元以上二十万元以下罚金;数额巨大或者有其他严重情节的,处五年以上十年以下有期徒刑,并处五万元以上五十万元以下罚金;数额特别巨大或者有其他特别严重情节的,处十年以上有期徒刑或者无期徒刑,并处五万元以上五十万元以下罚金或者没收财产:

(一)使用伪造的信用卡,或者使用以虚假的身份证明骗领的信用卡的;

(二)使用作废的信用卡的;

(三)冒用他人信用卡的;

(四)恶意透支的。

前款所称恶意透支，是指持卡人以非法占有为目的，超过规定限额或者规定期限透支，并且经发卡银行催收后仍不归还的行为。

盗窃信用卡并使用的，依照本法第二百六十四条的规定定罪处罚。

……

《信用卡解释二》

为依法惩治妨害信用卡管理犯罪活动，维护信用卡管理秩序和持卡人合法权益，根据《中华人民共和国刑法》规定，现就办理这类刑事案件具体应用法律的若干问题解释如下：

第 1 条 复制他人信用卡、将他人信用卡信息资料写入磁条介质、芯片或者以其他方法伪造信用卡一张以上的，应当认定为刑法第一百七十七条第一款第四项规定的“伪造信用卡”，以伪造金融票证罪定罪处罚。

伪造空白信用卡十张以上的，应当认定为刑法第一百七十七条第一款第四项规定的“伪造信用卡”，以伪造金融票证罪定罪处罚。

伪造信用卡，有下列情形之一的，应当认定为刑法第一百七十七条规定的“情节严重”：

（一）伪造信用卡五张以上不满二十五张的；

（二）伪造的信用卡内存款余额、透支额度单独或者合计数额在二十万元以上不满一百万元的；

（三）伪造空白信用卡五十张以上不满二百五十张的；

（四）其他情节严重的情形。

伪造信用卡，有下列情形之一的，应当认定为刑法第一百七十七条规定的“情节特别严重”：

（一）伪造信用卡二十五张以上的；

（二）伪造的信用卡内存款余额、透支额度单独或者合计数额在一百万元以上的；

（三）伪造空白信用卡二百五十张以上的；

（四）其他情节特别严重的情形。

本条所称“信用卡内存款余额、透支额度”，以信用卡被伪造后发卡行记录的最高存款余额、可透支额度计算。

第 2 条 明知是伪造的空白信用卡而持有、运输十张以上不满一百张的，应当认定为刑法第一百七十七条之一第一款第一项规定的“数量较大”；非法持有他人信用卡五张以上不满五十张的，应当认定为刑法第一百七十七条之一第一款第二项规定的“数量较大”。

有下列情形之一的，应当认定为刑法第一百七十七条之一第一款规定的“数量巨大”：

（一）明知是伪造的信用卡而持有、运输十张以上的；

（二）明知是伪造的空白信用卡而持有、运输一百张以上的；

（三）非法持有他人信用卡五十张以上的；

（四）使用虚假的身份证明骗领信用卡十张以上的；

（五）出售、购买、为他人提供伪造的信用卡或者以虚假的身份证明骗领的信用卡十张以上的。

违背他人意愿，使用其居民身份证、军官证、士兵证、港澳居民往来内地通行证、台湾居民来往大陆通行证、护照等身份证明申领信用卡的，或者使用伪造、变造的身份证明申领信用卡的，应当认定为刑法第一百七十七条之一第一款第三项规定的“使用虚假的身份证明骗领信用卡”。

第3条　窃取、收买、非法提供他人信用卡信息资料，足以伪造可进行交易的信用卡，或者足以使他人以信用卡持卡人名义进行交易，涉及信用卡一张以上不满五张的，依照刑法第一百七十七条之一第二款的规定，以窃取、收买、非法提供信用卡信息罪定罪处罚；涉及信用卡五张以上的，应当认定为刑法第一百七十七条之一第一款规定的“数量巨大”。

第4条　为信用卡申请人制作、提供虚假的财产状况、收入、职务等资信证明材料，涉及伪造、变造、买卖国家机关公文、证件、印章，或者涉及伪造公司、企业、事业单位、人民团体印章，应当追究刑事责任的，依照刑法第二百八十条的规定，分别以伪造、变造、买卖国家机关公文、证件、印章罪和伪造公司、企业、事业单位、人民团体印章罪定罪处罚。

承担资产评估、验资、验证、会计、审计、法律服务等职责的中介组织或其人员，为信用卡申请人提供虚假的财产状况、收入、职务等资信证明材料，应当追究刑事责任的，依照刑法第二百二十九条的规定，分别以提供虚假证明文件罪和出具证明文件重大失实罪定罪处罚。

第5条　使用伪造的信用卡、以虚假的身份证明骗领的信用卡、作废的信用卡或者冒用他人信用卡，进行信用卡诈骗活动，数额在五千元以上不满五万元的，应当认定为刑法第一百九十六条规定的“数额较大”；数额在五万元以上不满五十万元的，应当认定为刑法第一百九十六条规定的“数额巨大”；数额在五十万元以上的，应当认定为刑法第一百九十六条规定的“数额特别巨大”。刑法第一百九十六条第一款第三项所称“冒用他人信用卡”，包括以下情形：

（一）拾得他人信用卡并使用的；

（二）骗取他人信用卡并使用的；

（三）窃取、收买、骗取或者以其他非法方式获取他人信用卡信息资料，并通过互联网、通讯终端等使用的；

（四）其他冒用他人信用卡的情形。

第6条　持卡人以非法占有为目的，超过规定限额或者规定期限透支，经发卡银行两次有效催收后超过三个月仍不归还的，应当认定为刑法第一百九十六条规定的“恶意透支”。

对于是否以非法占有为目的，应当综合持卡人信用记录、还款能力和意愿、申领和透支信用卡的状况、透支资金的用途、透支后的表现、未按规定还款的原因等情节作出判断。不得单纯依据持卡人未按规定还款的事实认定非法占有目的。

具有以下情形之一的，应当认定为刑法第一百九十六条第二款规定的“以非法占有为目的”，但有证据证明持卡人确实不具有非法占有目的的除外：

（一）明知没有还款能力而大量透支，无法归还的；

（二）使用虚假资信证明申领信用卡后透支，无法归还的；

（三）透支后通过逃匿、改变联系方式等手段，逃避银行催收的；

（四）抽逃、转移资金，隐匿财产，逃避还款的；

（五）使用透支的资金进行犯罪活动的；

（六）其他非法占有资金，拒不归还的情形。

第7条　催收同时符合下列条件的，应当认定为本解释第六条规定的“有效催收”：

（一）在透支超过规定限额或者规定期限后进行；

（二）催收应当采用能够确认持卡人收悉的方式，但持卡人故意逃避催收的除外；

（三）两次催收至少间隔三十日；

（四）符合催收的有关规定或者约定。

对于是否属于有效催收，应当根据发卡银行提供的电话录音、信息送达记录、信函送达回执、电子邮件送达记录、持卡人或者其家属签字以及其他催收原始证据材料作出判断。

发卡银行提供的相关证据材料,应当有银行工作人员签名和银行公章。

第8条 恶意透支,数额在五万元以上不满五十万元的,应当认定为刑法第一百九十六条规定的“数额较大”;数额在五十万元以上不满五百万元的,应当认定为刑法第一百九十六条规定的“数额巨大”;数额在五百万元以上的,应当认定为刑法第一百九十六条规定的“数额特别巨大”。

第9条 恶意透支的数额,是指公安机关刑事立案时尚未归还的实际透支的本金数额,不包括利息、复利、滞纳金、手续费等发卡银行收取的费用。归还或者支付的数额,应当认定为归还实际透支的本金。

检察机关在审查起诉、提起公诉时,应当根据发卡银行提供的交易明细、分类账单(透支账单、还款账单)等证据材料,结合犯罪嫌疑人、被告人及其辩护人所提辩解、辩护意见及相关证据材料,审查认定恶意透支的数额;恶意透支的数额难以确定的,应当依据司法会计、审计报告,结合其他证据材料审查认定。人民法院在审判过程中,应当在对上述证据材料查证属实的基础上,对恶意透支的数额作出认定。

发卡银行提供的相关证据材料,应当有银行工作人员签名和银行公章。

第10条 恶意透支数额较大,在提起公诉前全部归还或者具有其他情节轻微情形的,可以不起诉;在一审判决前全部归还或者具有其他情节轻微情形的,可以免予刑事处罚。但是,曾因信用卡诈骗受过两次以上处罚的除外。

第11条 发卡银行违规以信用卡透支形式变相发放贷款,持卡人未按规定归还的,不适用刑法第一百九十六条“恶意透支”的规定。构成其他犯罪的,以其他犯罪论处。

第12条 违反国家规定,使用销售点终端机具(POS机)等方法,以虚构交易、虚开价格、现金退货等方式向信用卡持卡人直接支付现金,情节严重的,应当依据刑法第二百二十五条的规定,以非法经营罪定罪处罚。

实施前款行为,数额在一百万元以上的,或者造成金融机构资金二十万元以上逾期未还的,或者造成金融机构经济损失十万元以上的,应当认定为刑法第二百二十五条规定的“情节严重”;数额在五百万元以上的,或者造成金融机构资金一百万元以上逾期未还的,或者造成金融机构经济损失五十万元以上的,应当认定为刑法第二百二十五条规定的“情节特别严重”。

持卡人以非法占有为目的，采用上述方式恶意透支，应当追究刑事责任的，依照刑法第一百九十六条的规定，以信用卡诈骗罪定罪处罚。

第 13 条 单位实施本解释规定的行为，适用本解释规定的相应自然人犯罪的定罪量刑标准。

信用卡诈骗案件裁判规则第20条：
信用卡诈骗等财产犯罪中，被告人行为部分既遂、部分未遂，应视具体情况采用既遂吸收未遂或者重刑吸收轻刑的原则处理

〔**规则描述**〕：区分信用卡诈骗罪的既遂、未遂标准不能与诈骗罪等传统财产犯罪相脱离，仅以造成信用卡管理秩序受侵害这一非物质性结果即认定构成信用卡诈骗既遂并不妥当；应视具体情况采用既遂吸收未遂或者重刑吸收轻刑的原则处理。

一、类案检索大数据报告

时间：2020年8月30日之前，案例来源：Alpha案例库，案件数量：2914件。采集时间：2020年8月30日，本次检索共获取认定信用卡诈骗罪的中既遂，2020年8月30日之前2914篇裁判文书。如图20－1所示，从案件年份分布情况可以看出当前条件下刑事案例数量的变化趋势。

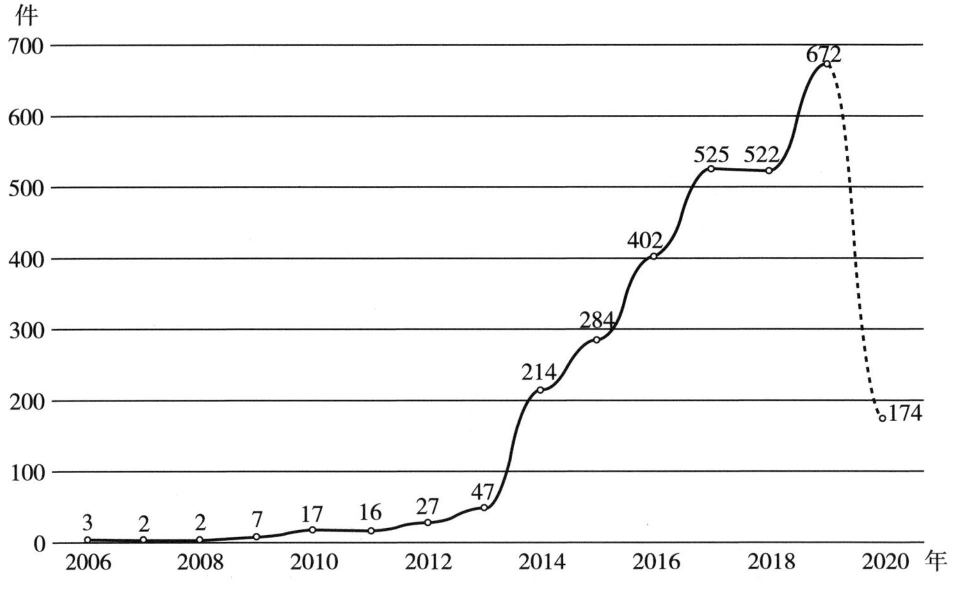

图20－1　案件年份分布情况

如图 20－2 所示，从案件主要地域分布情况来看，当前刑事案例主要集中在广东省、浙江省、福建省，分别占比 11.94%、10.57%、9.81%，其中广东省的案件量最多，达到 348 件。

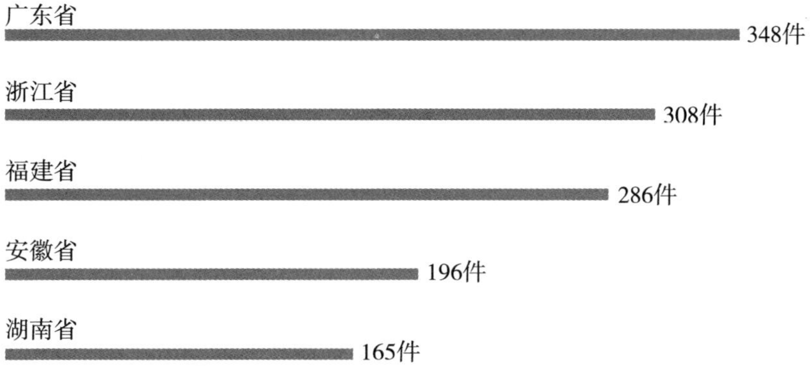

图 20－2　案件主要地域分布情况

如图 20－3 所示，从案件案由分类情况可以看出，当前最主要的案由是侵犯财产罪，有 1686 件，占一半以上；其次是破坏社会主义市场经济秩序罪，妨害社会管理秩序罪，侵犯公民人身权利、民主权利罪等。

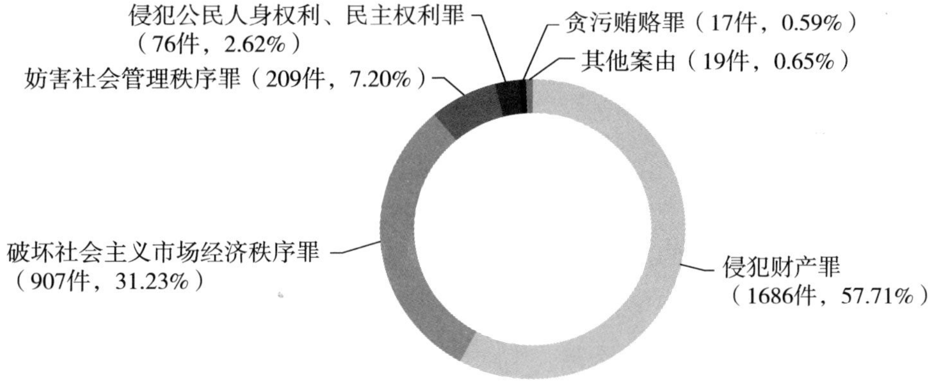

图 20－3　案件案由分类情况

如图 20－4 所示，从案件的程序分类统计可以看出当前的审理程序分布状况。一审案件有 2049 件，二审案件有 842 件，再审案件有 20 件，其他案件有 3 件。

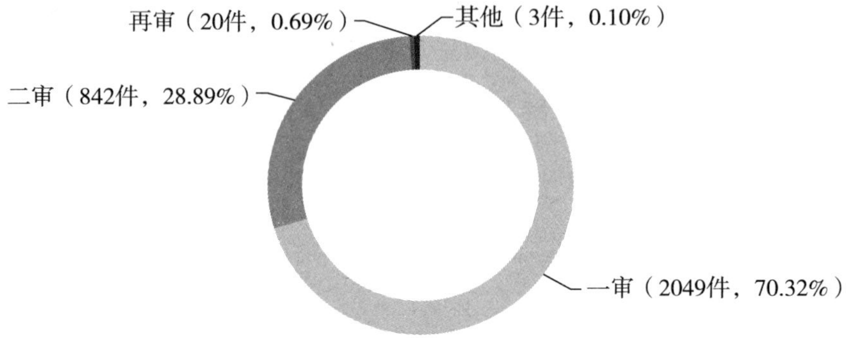

图 20－4　案件程序分类情况

如图 20－5 所示，通过对主刑的可视化可以看到，当前条件下包含有期徒刑的案件有 2178 件，包含拘役的案件有 155 件，包含无期徒刑的案件有 36 件，包含死刑的案件有 7 件，包含管制的案件有 8 件。

图 20－5　案件判决主刑情况

二、可供参考的例案

例案一｜纪某、张某等十四人信用卡诈骗案

【法院】

上海市高级人民法院

【案号】

(2008) 沪高刑终字第 32 号

【诉讼主体】

原公诉机关：上海市人民检察院第一分院

上诉人（原审被告人）：纪某、张某、程某、施某、童某、钱某、蒋某、陈某、邬某、孙某、王某1、朱某、王某、吴某

【基本案情】

2005年7月至2006年4月，被告人纪某提供他人名下的境外信用卡，与被告人张某、程某、施某、童某、钱某、蒋某、陈某、邬某、孙某、王某1、朱某、王某、吴某等人分别结伙，经共谋并约定分赃比例后，利用张某等13名被告人控制或使用下的POS机，冒用信用卡真实持卡人的名义，先后多次刷卡套取现金或消费，共计731万余元，其中130余万元因银行发现涉嫌欺诈交易而未予实际支付。具体是：纪某参与信用卡诈骗731万余元，其中未遂130余万元；张某参与信用卡诈骗422.0667万元，其中未遂71.255万元；程某参与信用卡诈骗244.667万元，其中未遂50余万元；施某参与信用卡诈骗191.597万元，其中未遂50余万元；童某参与信用卡诈骗151.63万元；钱某参与信用卡诈骗144.08万元，其中未遂27.065万元；蒋某参与信用卡诈骗128.56万元，其中未遂42.91万元；陈某参与信用卡诈骗76.1367万元，其中未遂9.935万元；邬某参与信用卡诈骗37.84万元，其中未遂8.625万元；孙某参与信用卡诈骗37.68万元，全部未遂；王某1参与信用卡诈骗17.7万元；朱某参与信用卡诈骗9.17万元；王某参与信用卡诈骗6.15万元；吴某参与信用卡诈骗6.1万元。

【案件争点】

本案是否存在信用卡诈骗未遂。

【裁判要旨】

一审法院认为，被告人纪某与被告人张某、程某、施某、童某、钱某、蒋某、陈某、邬某、孙某、王某1、朱某、王某、吴某等人分别结伙冒用他人信用卡进行诈骗活动，其行为均已构成信用卡诈骗罪。关于各被告人的行为是否系使用伪造的信用卡，从现有证据来看，由于本案所涉信用卡均未扣押在案，尚不能确定各被告人使用的信用卡系伪造；但现有证据同时证明，各被告人均明知本人非信用卡的真实持有人，故可以认定各被告人的行为系“冒用他人信用卡”。关于本案部分信用卡诈骗行为是否应认定为未遂，法院认为，认定信用卡诈骗罪的既遂标准不能与传统财产犯罪相脱离，仅根据妨害信用卡管理秩序这一非物质性结果就认定信用卡诈骗罪的既遂并不妥当，因此，在被告人尚未实际控制钱款、被害人亦未实际遭受财产损

失的情况下,不宜认定信用卡诈骗既遂。关于全案主从犯的认定,法院认为,公诉机关对于被告人纪某系主犯,陈某、邬某、孙某、王某1、朱某、王某、吴某7名被告人系从犯的认定是合理的。但是,公诉机关对于张某、程某、施某、童某、钱某、蒋某6名被告人既不认定为主犯,也不认定为从犯并不妥当。从本案事实来看,张某、程某、童某、钱某、蒋某等5名被告人参与犯罪金额(包括既遂与未遂)均在100万元以上,犯罪节数均在2节以上,且在共同犯罪中系积极主动,故应依法认定为主犯;施某虽然参与数额亦在100万元以上,参与犯罪节数为2节,但施某系受程某安排、指使参与本案第1节犯罪事实,且施某没有参与该节犯罪的分赃,而该节犯罪数额占施某参与全部犯罪数额的绝对多数,因此,可以认定施某在共同犯罪中起次要作用,依法应认定为从犯。综合考虑各名被告人的从犯、犯罪未遂、自首、立功、交待同种较重罪行及退缴赃款等情节,对纪某依法从轻处罚,对施某、蒋某、陈某、邬某、孙某、王某1、朱某、王某、吴某均依法减轻处罚,并对朱某、王某、吴某依法适用缓刑。宣判后,被告人纪某、施某以量刑过重为由提出上诉。

二审法院经审理后,裁定驳回上诉,维持原判。

例案二 | 骆某信用卡诈骗案

【法院】

上海市第一中级人民法院

【案号】

(2007)沪一中刑初字第169号

【诉讼主体】

公诉机关:上海市人民检察院第一分院

被告人:骆某

【基本案情】

2007年1月28日至30日,被告人骆某(马来西亚国籍)作为非真实持卡人,使用卡号末四位为5903的VISA国际信用卡,在上海市数家超市、商场刷卡购物,骗购了价值人民币46,178元(以下币种均为人民币)的移动电话、茶叶、服装、拉杆箱等商品。

同年1月30日晚,被告人骆某持另一张伪造的卡号末四位为3755的VISA国际信用卡,在上海市家乐福超市金桥店欲骗购价值共计7336元的两部移动电话时被当场识破并抓获。被告人所持的卡号末四位为 3755 的信用卡被当场缴获，而卡号末四位为 5903 的信用卡未被缴获到案。

【案件争点】

被告人信用卡诈骗部分既遂、部分未遂，应如何量刑。

【裁判要旨】

一审法院认为，被告人骆某以非法占有为目的，冒用他人信用卡在中华人民共和国境内进行诈骗活动，数额较大，其行为已构成信用卡诈骗罪，依法应处 5 年以下有期徒刑或者拘役，并处 2 万元以上 20 万元以下罚金。此外，骆某使用伪造的信用卡骗购价值 7336 元的商品未遂，在量刑时予以考虑。辩护人关于骆某系被胁迫参与实施犯罪，应当减轻或免除处罚的意见，既没有相应的证据予以佐证，也与骆某积极主动地实施信用卡诈骗行为的事实不符，法院不予采纳。骆某庭审中认罪态度较好，酌情从轻处罚。

例案三 蔡某、王某等信用卡诈骗、窃取、收买、非法提供信用卡信息、伪造、变造金融票证案

【法院】

安徽省铜陵市中级人民法院

【案号】

(2017)皖 07 刑终 176 号

【诉讼主体】

抗诉机关：安徽省铜陵市铜官区人民检察院

上诉人(原审被告人)：蔡某

上诉人(原审被告人)：王某

上诉人(原审被告人)：肖某

原审被告人：张某

原审被告人：付某

【基本案情】

2015 年年初，上诉人蔡某、王某，原审被告人张某共同商议，利用改装的 POS 机盗取消费者信用卡信息与密码后伪造信用卡使用，骗取信用卡客户资金。3 人经向他人学习改装技术后，由蔡某、张某负责改装 POS 机，王某负责线下推销、安

装经改装的POS机，蔡某负责在网上推销经改装的POS机，并将安装POS机用户的商户信息在第三方支付平台报备、注册，掌管窃取的信用卡信息与密码资料，伪造信用卡，王某负责使用伪造的信用卡骗取资金后3人均分。

2015年5月，上诉人蔡某与祁某1通过QQ联系，将一台改装POS机以5000元价格销售给祁某1。祁某1利用其维修POS机的工作便利，先后将该台POS机安装于铜陵市小农家饭店、铜陵市和谐大酒店明珠店内，窃取刷卡消费者的信用卡信息及密码几十余条。祁某1将窃取的被害人刘某1的信用卡信息提供给蔡某伪造信用卡取款，约定分成比例。2015年8月28日蔡某将伪造的刘某1信用卡交上诉人王某取款，王某持伪造的信用卡，于当日在陕西省西安市交通银行ATM(自动柜员机)持续提现9次，共提取现金18,000元由蔡某、王某及张某均分。为继续获取该信用卡账户内剩余款项，蔡某将该信用卡信息转发他人，该账户于当日在西安市、大连市、青岛市、上海市被消费或者转账。刘某1该账户于当晚共损失109,500余元。

案发后，原审被告人张某的亲属代为退赔18,000元。

【案件争点】

被告人信用卡诈骗部分既遂、部分未遂，应如何量刑。

【裁判要旨】

一审法院认为，被告人蔡某、王某、肖某、张某以非法占有为目的，合谋利用非法获取的他人银行卡信息资料与密码，伪造信用卡并使用，窃取他人账户内资金，其中，被告人蔡某、王某犯罪既遂158,000元，被告人肖某犯罪既遂140,000元，数额巨大；被告人张某犯罪既遂18,000元，数额较大。被告人蔡某、王某、肖某、张某在实施信用卡诈骗活动中，尚有大量他人信用卡信息未来得及造出伪卡去使用，因意志以外原因信用卡诈骗未能得逞，属犯罪未遂；以数量众多的他人信用卡账户资金为目标，威胁到276人信用卡账户资金的安全，犯罪情节严重。蔡某另有诈骗10万元左右的犯罪故意因意志以外原因未能得逞。前述被告人的行为均构成信用卡诈骗罪，应予追究刑事责任。对被告人蔡某、王某、肖某以所对应的量刑幅度较重的“数额巨大”既遂部分确定基准刑，对信用卡诈骗未遂部分，作为量刑酌定情节考虑。对被告人张某以所对应的量刑幅度较重的“具有其他严重情节”未遂部分确定基准刑，对诈骗数额较大的既遂部分，作为量刑酌定情节考虑。在共同犯罪中，各被告人共同提起犯意，在犯罪中分工合作，密切配合，犯罪既遂后共同分赃，不宜区分主从犯，但蔡某所起的作用相对较大，张某所起的作用相对较小，对各被告人按照其所参与的犯罪及在犯罪中所起的作用、犯罪情节予以判处。宣判后，安徽省铜陵市铜官区人民检察院抗诉认为：一审判决认定事实错误。本案证据证实蔡某为非法占有刘某1信用卡内全部资金，与祁某1共谋，将信用卡信息非法提供给他人，从而有他人非法占有卡内资金145,531元。蔡某虽然未个人占有，但其提供信用卡信息与第三人占有资金之间具有因果关系，对被害人造成的实际财产损失，应当认定为信用卡诈骗犯罪既遂。上诉人蔡某及其辩护人认为：一审认定信用卡诈骗罪的第二起事实，只有各被告人的供述，没有被害人及银行交易流水，事实不清，证据不足。上诉人王某及其辩护人认为：一审认定其信用卡诈骗罪的第二起事实，只有各被告人的供述，没有被害人及银行交易流水，事实不清，证据不足。一审量刑过重，王某的犯罪数额是18,000元，系投案自首，认罪悔罪态度较好，且愿退赃，对王某应当在3年以下有期徒刑量刑并适应缓刑。上诉人肖某及其辩护人认为肖某应系从犯，希望能对其从宽处罚。原审被告人张某对一审判决没有意见，其辩护人认为：指控的第一起犯罪事实中被盗刷的145,531元不能排除与他人有关，原判认定犯罪未遂正确，张某在信用卡诈骗犯罪中，只知道18,000元款项，对剩余的14万余元的事不知情。出庭检察员认为：蔡某、王某、肖某、张某以非法占有为目的，合谋利用非法获取的他人银行卡信息伪造信用卡并使用，窃取他人账户内资金，其中蔡某、王某参与犯罪既遂158,000元，蔡某犯罪未遂109,500元，肖某犯罪既遂140,000元，数额巨大；张某犯罪既遂18,000元，数额较大。

二审法院经审理认为，关于上诉人蔡某、王某及原审被告人张某与祁某1信用卡诈骗的数额问题。制造伪卡并使用的诈骗数额，应当以制作伪卡时，卡内存款余额或者透支额度计算。蔡某、王某及原审被告人张某事先共谋用伪造的信用卡诈骗，2015年8月28日，蔡某用祁某1提供的被害人刘某1信用卡信息制作伪卡，蔡某、王某及张某均明知，并按照约定交王某取现，所取现金3人均分，3人系共同犯罪。在案的交易明细显示，涉案的刘某1卡号尾号为4193的徽商银行借记卡，于2015年8月28日在铜陵市以外的多个城市被消费、取现共计为161,531元，但刘某1报案损失和卡内余额为109,562元，原判以被害人报案就低认定并无不当。在案证据证明，王某持伪造的信用卡在西安提现18,000元后，卡内余款无法取现，蔡某与祁某1共谋将该卡信息转而提供给他人的行为，在案证据不足以证实王某、张某与蔡某、祁某1有共谋，原判认定王某、张某对91,500余元损失不承担责任并为不当。刘某1银行卡中另外被消费的经济损失，现有证据认定为蔡某等人实际所得的关联性证据不足，原判认定为犯罪未遂并无不当，原判认为王某、张某对未遂部分不承担刑事责任,抗诉机关未对该判决部分提出抗诉,法院二审予以维持。关于一审判决认定上诉人蔡某、王某、肖某信用卡诈骗 140,000 元的问题。经查,虽然蔡某、王某、肖某均有供述,肖某提供信用卡信息,蔡某在车中制作了多张伪卡交王某取款,但伪造的是哪家银行发的、何种性质的信用卡,信用卡持有人是谁均无证据证明即没有查清被害人,取款数额、取款情节 3 名被告人的供述也不一致且无交易消费或者套现、提现的银行流水等证据佐证。该起事实只有被告人的供述,没有其他证据证明,认定该起犯罪事实的证据没有达到确实、充分的程度。故原判以被告人供述相对稳定的 140,000 元就低认定证据不足,上诉人及辩护人认为该节事实不清,证据不足的上诉理由、辩护意见成立,法院予以采纳。上诉人蔡某、王某、肖某及原审被告人张某以非法占有为目的,合谋利用非法获取的他人银行卡信息资料与密码,伪造信用卡并使用,其行为破坏了金融管理秩序,应当依法予以惩处。其中蔡某、王某、张某使用伪造的信用卡窃取他人账户内资金 18,000 元,数额较大,上诉人蔡某诈骗未遂 91,500 余元,数额巨大,行为均构成信用卡诈骗罪。对蔡某以"数额巨大"未遂部分确定基准刑,对信用卡诈骗既遂部分,作为量刑酌定情节考虑。原判认定的部分事实不清,对上诉人蔡某、王某、肖某及原审被告人张某定性错误。抗诉机关关于本案罪数的抗诉意见及上诉人蔡某、肖某等人关于诈骗 140,000 元事实不清、证据不足的上诉理由及辩护人的辩护意见成立,本院予以采纳,并依法予以改判。

三、裁判规则提要

关于信用卡诈骗罪既、未遂区分标准,未遂形态的处罚等具体行为的认定上存有分歧。

(一)信用卡诈骗罪既、未遂区分标准

信用卡诈骗罪,是指用虚构事实或者隐瞒真相的方法,利用信用卡进行诈骗,骗取数额较大的财物的行为。本罪是从全国人民代表大会常务委员会《关于惩治破坏金融秩序犯罪的决定》第 14 条的规定,吸收改为《刑法》的具体规定的。1979 年《刑法》没有对信用卡诈骗罪这一具体罪名进行明确规定,若出现一般以诈骗罪定罪处罚。1997 年《刑法》沿袭了全国人大常委会决定的内容,将信用卡诈骗罪的法定刑进行明确规定。本罪侵犯的客体是国家对信用卡的管理制度和公私财产所有权,具有双重性的危害结果,故对该罪既、未遂区分标准存在争议。一种意见认

为，行为人只要非法使用了信用卡，即使未成功转移被害人财产，国家对信用卡的管理制度便遭到了破坏，即构成信用卡诈骗既遂；另一种意见认为，该罪属于财产类型的犯罪，与侵犯财产罪既遂标准一样，应当以行为人是否实际控制财物作为区分既遂与未遂的标准。对此，在司法实务中，一般认为区分信用卡诈骗罪的既、未遂标准不能与诈骗罪等传统财产犯罪相脱离，仅以造成信用卡管理秩序受到侵害这一非物质性结果即认定构成信用卡诈骗既遂并不妥当。首先，从主观方面来看，该罪由故意构成，并且具有非法占有他人资金的目的，行为人虽然实施了冒用他人信用卡的行为，但主观上并没有冒用他人信用卡诈骗财物的目的，属于违反信用卡管理和使用方面的规定的违规行为，不能作为犯罪处理。《信用卡解释二》第12条也规定，持卡人以非法占有为目的，违反国家规定，使用销售点终端机具（POS机）等方法，以虚构交易、虚开价格、现金退货等方式恶意透支，应当追究刑事责任的，以信用卡诈骗罪定罪处罚。其次，根据法律规定，利用信用卡诈骗的行为，除符合相关犯罪构成要件外，骗取的财物必须达到"数额较大"的标准，才构成犯罪，《信用卡解释二》第5条规定，使用伪造的信用卡、以虚假的身份证明骗领的信用卡、作废的信用卡或者冒用他人信用卡，进行信用卡诈骗活动的数额标准；第8条规定了恶意透支的数额标准，如果行为人使用伪造的信用卡实际骗取的公私财物数额不大，可以由有关部门对其实施的欺诈行为进行行政处罚。再次，如果使用伪造的信用卡、以虚假的身份证明骗领的信用卡、作废的信用卡或者冒用他人信用卡即构成既遂，是将该罪等同于行为犯，而行为犯无未遂，即信用卡诈骗罪没有犯罪停止形态，不利于鼓励行为人停止犯罪，不利于保护被害人财产。最后，信用卡诈骗罪是从诈骗罪中分离出来的，其与诈骗罪是特殊法条和普通法条的关系，具备诈骗罪基本的犯罪构成，一般来说，如某种行为成立信用卡诈骗罪，那该行为一定符合诈骗罪的构成要件，故信用卡诈骗罪的既、未遂区分标准也应参照诈骗罪，即以行为人是否实际控制财物作为区分既遂与未遂的标准。例案一中，关于上诉人（原审被告人）纪某等人冒用信用卡真实持卡人名义，先后多次刷卡套取现金或消费计731万余元，其中130余万元因银行发现涉嫌欺诈交易而未予实际支付，对于该130余万元，纪某等人尚未实际控制钱款，被害人亦未实际遭受财产损失，应认定为信用卡诈骗未遂。

（二）信息卡诈骗罪既、未遂并存时的处罚

大陆法系关于处罚未遂犯的法理依据主要有三种学说。主观的未遂论认为犯

罪行为是行为人意思或性格的体现,故尽管未得逞,但由于其不是自动终止犯罪,行为人有主观恶性,因此,在主观心态的违法性意识上未遂犯相比于既遂犯并无不同。客观的未遂论从刑法规范机能是保护重要的生活利益出发,应当从侵害法益的危险中去找未遂犯处罚的依据。折中的未遂论认为未遂犯的处罚根据在于犯罪意思,但只有当表征主观犯意的行为对法学秩序产生影响时才应该处罚。我国刑法学界除上述三种观点外还提出了主客观相统一的刑事责任理论,认为犯罪构成是犯罪概念的具体化,因此,犯罪构成是否具备是追究刑事责任的根据,而犯罪构成包括四个方面,缺少任一方面就不构成犯罪,也就失去了刑事责任的根据。犯罪的未完成形态具备了犯罪构成 4 个方面的构成要件,只是在满足中个构成要件的具体构成要件之要素方面与犯罪的完成形态有所差异。从《刑法》关于未遂犯的条文看,我国刑法采用的是偏向于主观的未遂论,这是处罚数额犯未遂的法理依据。《刑法》第 23 条则是法律依据,盗窃、抢劫、诈骗等相关司法解释也明确规定了对部分数额犯未遂进行刑事处罚。

在财产犯罪中,数额犯的既、未遂并存一般指同一主体进行多次同种犯罪行为,如多次诈骗、信用卡诈骗、盗窃等,有的行为既遂、有的行为未遂,对此,应先明确罪数问题,然后才是量刑问题。我国刑法的司法实务不存在同种数罪的情况,故对多个同质行为应以一罪论处。既遂、未遂并存可分为四种情形:一是均构成犯罪;二是既遂部分构成犯罪,未遂数额或情节不符合定罪处罚规定;三是既遂部分不构成犯罪,未遂问题符合定罪处罚规定;四是均不构成犯罪,但两者数额累计构成犯罪。对第四种情形,不应将两者累计计算,在未规定其他情节标准的情况下,全案任何情况下均不应认定犯罪。对前三种情形,我国目前的司法实务一般采用重刑吸收轻刑的做法。即如果既遂数额法定刑更高按既遂论处,未遂数额作为量刑情节考虑;反之则按未遂论处,既遂数额作为量刑情节考虑。如最高人民法院、最高人民检察院《关于办理盗窃刑事案件适用法律若干问题的解释》第 12 条规定,盗窃既有既遂,又有未遂,分别达到不同量刑幅度的,依照处罚较重的规定处罚;达到同一量刑幅度的,以盗窃罪既遂处罚。《关于办理诈骗刑事案件具体应用法律若干问题的解释》第 6 条规定,诈骗既有既遂,又有未遂,分别达到不同量刑幅度的,依照处罚较重的规定处罚;达到同一量刑幅度的,以诈骗罪既遂处罚。综上所述,在财产犯罪中,行为人部分行为既遂、部分行为未遂,不应将既遂额与未遂额累加作为行为人定罪量刑的依据,应视具体情况采用既遂吸收未遂或者重刑吸收轻刑的原则处理。例案二中,被告人骆某冒用他人信用卡骗购商品,骗得财物价值

46,178 元，并使用伪造的信用卡诈骗价值 7336 元的财物未遂，法院以既遂额 46,178 元为基准对被告人量刑，认定被告人信用卡诈骗数额较大。例案三中，上诉人蔡某、王某、张某使用伪造的信用卡窃取他人账户内资金 18,000 元，数额较大，蔡某诈骗未遂 91,500 余元，数额巨大，对蔡某以“数额巨大”未遂部分确定基准刑，对信用卡诈骗既遂部分，作为量刑酌定情节考虑。上述做法符合我国法律规定。

四、辅助信息

高频词条：

《刑法》

第 196 条 有下列情形之一，进行信用卡诈骗活动，数额较大的，处五年以下有期徒刑或者拘役，并处二万元以上二十万元以下罚金；数额巨大或者有其他严重情节的，处五年以上十年以下有期徒刑，并处五万元以上五十万元以下罚金；数额特别巨大或者有其他特别严重情节的，处十年以上有期徒刑或者无期徒刑，并处五万元以上五十万元以下罚金或者没收财产：

（一）使用伪造的信用卡，或者使用以虚假的身份证明骗领的信用卡的；

（二）使用作废的信用卡的；

（三）冒用他人信用卡的；

（四）恶意透支的。

前款所称恶意透支，是指持卡人以非法占有为目的，超过规定限额或者规定期限透支，并且经发卡银行催收后仍不归还的行为。

盗窃信用卡并使用的，依照本法第二百六十四条的规定定罪处罚。

第 266 条 诈骗公私财物，数额较大的，处三年以下有期徒刑、拘役或者管制，并处或者单处罚金；数额巨大或者有其他严重情节的，处三年以上十年以下有期徒刑，并处罚金；数额特别巨大或者有其他特别严重情节的，处十年以上有期徒刑或者无期徒刑，并处罚金或者没收财产。本法另有规定的，依照规定。

《信用卡解释二》

第 5 条 使用伪造的信用卡、以虚假的身份证明骗领的信用卡、作废的信用卡或者冒用他人信用卡，进行信用卡诈骗活动，数额在五千元以上不满五万元的，应当认定为刑法第一百九十六条规定的“数额较大”；数额在五万元以上不满五十万元的，应当认定为刑法第一百九十六条规定的“数额巨大”；数额在五十万元以上的，应当认定为刑法第一百九十六条规定的“数额特别巨大”。

刑法第一百九十六条第一款第三项所称“冒用他人信用卡”，包括以下情形：

（一）拾得他人信用卡并使用的；

（二）骗取他人信用卡并使用的；

（三）窃取、收买、骗取或者以其他非法方式获取他人信用卡信息资料，并通过互联网、通讯终端等使用的；

（四）其他冒用他人信用卡的情形。

第6条 持卡人以非法占有为目的，超过规定限额或者规定期限透支，经发卡银行两次有效催收后超过三个月仍不归还的，应当认定为刑法第一百九十六条规定的“恶意透支”。

对于是否以非法占有为目的，应当综合持卡人信用记录、还款能力和意愿、申领和透支信用卡的状况、透支资金的用途、透支后的表现、未按规定还款的原因等情节作出判断。不得单纯依据持卡人未按规定还款的事实认定非法占有目的。

具有以下情形之一的，应当认定为刑法第一百九十六条第二款规定的“以非法占有为目的”，但有证据证明持卡人确实不具有非法占有目的的除外：

（一）明知没有还款能力而大量透支，无法归还的；

（二）使用虚假资信证明申领信用卡后透支，无法归还的；

（三）透支后通过逃匿、改变联系方式等手段，逃避银行催收的；

（四）抽逃、转移资金，隐匿财产，逃避还款的；

（五）使用透支的资金进行犯罪活动的；

（六）其他非法占有资金，拒不归还的情形。

第8条 恶意透支，数额在五万元以上不满五十万元的，应当认定为刑法第一百九十六条规定的“数额较大”；数额在五十万元以上不满五百万元的，应当认定为刑法第一百九十六条规定的“数额巨大”；数额在五百万元以上的，应当认定为刑法第一百九十六条规定的“数额特别巨大”。

……

第12条 违反国家规定，使用销售点终端机具（POS机）等方法，以虚构交易、虚开价格、现金退货等方式向信用卡持卡人直接支付现金，情节严重的，应当依据刑法第二百二十五条的规定，以非法经营罪定罪处罚。

实施前款行为，数额在一百万元以上的，或者造成金融机构资金二十万元以上逾期未还的，或者造成金融机构经济损失十万元以上的，应当认定为刑法第二百二十五条规定的"情节严重"；数额在五百万元以上的，或者造成金融机构资金一百万元以上逾期未还的，或者造成金融机构经济损失五十万元以上的，应当认定为刑法第二百二十五条规定的"情节特别严重"。

持卡人以非法占有为目的，采用上述方式恶意透支，应当追究刑事责任的，依照刑法第一百九十六条的规定，以信用卡诈骗罪定罪处罚。

全国人民代表大会常务委员会《关于惩治破坏金融秩序犯罪的决定》

十四、有下列情形之一，进行信用卡诈骗活动，数额较大的，处五年以下有期徒刑或者拘役，并处二万元以上二十万元以下罚金；数额巨大或者有其他严重情节的，处五年以上十年以下有期徒刑，并处五万元以上五十万元以下罚金；数额特别巨大或者有其他特别严重情节的，处十年以上有期徒刑或者无期徒刑，并处没收财产：

（一）使用伪造的信用卡的；

（二）使用作废的信用卡的；

（三）冒用他人信用卡的；

（四）恶意透支的。

盗窃信用卡并使用的，依照刑法关于盗窃罪的规定处罚。

最高人民法院、最高人民检察院《关于办理诈骗刑事案件具体应用法律若干问题的解释》

第5条 诈骗未遂，以数额巨大的财物为诈骗目标的，或者具有其他严重情节的，应当定罪处罚。

利用发送短信、拨打电话、互联网等电信技术手段对不特定多数人实施诈骗，诈骗数额难以查证，但具有下列情形之一的，应当认定为刑法第二百六十六条规定的"其他严重情节"，以诈骗罪（未遂）定罪处罚：

（一）发送诈骗信息五千条以上的；

（二）拨打诈骗电话五百人次以上的；

（三）诈骗手段恶劣、危害严重的。

实施前款规定行为，数量达到前款第（一）、（二）项规定标准十倍以上的，或者诈骗手段特别恶劣、危害特别严重的，应当认定为刑法第二百六十六条规定的"其他特别严重情节"，以诈骗罪（未遂）定罪处罚。

第6条 诈骗既有既遂，又有未遂，分别达到不同量刑幅度的，依照处罚较重的规定处罚;达到同一量刑幅度的以诈骗罪既遂处罚。

最高人民法院《全国法院审理经济犯罪案件工作座谈会纪要》

二、关于贪污罪

(一)贪污罪既遂与未遂的认定

贪污罪是一种以非法占有为目的的财产性职务犯罪,与盗窃、诈骗、抢夺等侵犯财产罪一样,应当以行为人是否实际控制财物作为区分贪污罪既遂与未遂的标准。对于行为人利用职务上的便利,实施了虚假平账等贪污行为,但公共财物尚未实际转移,或者尚未被行为人控制就被查获的,应当认定为贪污未遂:行为人控制公共财物后,是否将财物据为己有,不影响贪污既遂的认定。

最高人民法院、最高人民检察院《关于办理盗窃刑事案件适用法律若干问题的解释》

第12条 盗窃未遂,具有下列情形之一的,应当依法追究刑事责任:

(一)以数额巨大的财物为盗窃目标的;

(二)以珍贵文物为盗窃目标的;

(三)其他情节严重的情形。

盗窃既有既遂,又有未遂,分别达到不同量刑幅度的,依照处罚较重的规定处罚;达到同一量刑幅度的,以盗窃罪既遂处罚。

图书在版编目(CIP)数据

信用卡诈骗案件裁判规则 / 唐亚南主编. -- 北京 : 法律出版社, 2021
ISBN 978-7-5197-5341-2

Ⅰ. ①信… Ⅱ. ①唐… Ⅲ. ①信用卡-诈骗罪-研究-中国 Ⅳ. ①D924.354

中国版本图书馆 CIP 数据核字(2021)第 020113 号

信用卡诈骗案件裁判规则
XINYONGKA ZHAPIAN ANJIAN CAIPAN GUIZE

唐亚南 主编

责任编辑 程 岳 连晓敏
装帧设计 李 瞻

出版 法律出版社
总发行 中国法律图书有限公司
经销 新华书店
印刷 固安华明印业有限公司
责任校对 周合芝 周诗湄
责任印制 胡晓雅

编辑统筹 司法实务出版分社
开本 710 毫米×1000 毫米 1/16
印张 21
字数 361 千
版本 2021 年 3 月第 1 版
印次 2021 年 3 月第 1 次印刷

法律出版社/北京市丰台区莲花池西里 7 号(100073)
网址/www.lawpress.com.cn
投稿邮箱/info@lawpress.com.cn
举报维权邮箱/jbwq@lawpress.com.cn
销售热线/400-660-8393
咨询电话/010-63939796

中国法律图书有限公司/北京市丰台区莲花池西里 7 号(100073)
全国各地中法图分、子公司销售电话:
统一销售客服/400-660-8393/6393
第一法律书店/010-83938432/8433　西安分公司/029-85330678　重庆分公司/023-67453036
上海分公司/021-62071639/1636　深圳分公司/0755-83072995

书号:ISBN 978-7-5197-5341-2　**定价**:55.00 元
(如有缺页或倒装,中国法律图书有限公司负责退换)